Nicht ohne meine Schwestern

Celeste Jones | Kristina Jones | Juliana Buhring

Nicht ohne meine Schwestern

Gefangen und missbraucht in einer Sekte – unsere wahre Geschichte

Aus dem Englischen von Hedda Pänke

Weltbild

Die englische Originalausgabe erschien 2007
unter dem Titel *Not Without My Sisters*
bei HarperElement, An Imprint of HarperCollinsPublishers.

Besuchen Sie uns im Internet:
www.weltbild.de

Genehmigte Lizenzausgabe für Verlagsgruppe Weltbild GmbH,
Steinerne Furt, 86167 Augsburg

Übersetzung: Hedda Pänke
Umschlaggestaltung: Atelier Seidel – Verlagsgrafik, Teising
Umschlagmotiv: plainpicture/Bildhuset, Hamburg
Bildtafelteil: ASS. 1-18: © Green Shirt Ltd.
ASS. 19: © 2007 by Susan Greenhill
Gesamtherstellung: CPI Moravia Books s.r.o., Pohorelice
Printed in the EU
ISBN 978-3-86800-600-1

2014 2013 2012 2011
Die letzte Jahreszahl gibt die aktuelle Lizenzausgabe an.

INHALT

Für unsere Schwester Davida

Meiner Schwester in Trauer:
Wie gut ich dich verstanden habe.
Die Qual in deinen Augen;
Den Schmerz, die Verzweiflung.
Du hast einen aussichtslosen Kampf geführt,
und du hast ihn verloren
und bist gestorben.
Ich werde für dich die Tränen
vergießen über ein Leben,
das du nie mehr leben wirst.
Die Tränen, die du nie mehr vergießen kannst.
Madonna des Leidens,
vom kalten Gewand des Todes umfangen.
Ich habe mit dir geweint.
Jetzt weine ich für dich.
Denn ich kann noch weinen.
Der Lauf der Tränen hat sich gewandelt.
Schlafe, meine Schwester,
weine nicht mehr.

Inschrift auf Davidas Grabstein, *Juliana 2005*

Mit Tinte geschriebene Lügen können keine Tatsachen verschleiern, die in Blut geschrieben wurden.

Lu Xun (1881–1936)

VORWORT

IM JANUAR 2005 starb unsere Schwester Davida an einer Überdosis Drogen. Sie war dreiundzwanzig Jahre alt. Davidas Tod erschütterte uns alle tief, obwohl wir ihr Leid und ihre Verzweiflung nachempfinden konnten. Jede von uns hat auf ihre Weise mit Erinnerungen an schmerzliche Verluste, Misshandlungen und Hilflosigkeit zu kämpfen, da wir unter dem unheilvollen Einfluss einer religiösen Sekte aufwuchsen: den »Children of God« oder »Kindern Gottes«.

Von frühester Kindheit an hat man uns systematisch misshandelt: physisch, psychisch, emotional und sexuell. Wir wurden von unseren Eltern getrennt und gemeinschaftlich in dieser Organisation aufgezogen, die auch als »The Family« oder »Die Familie« bekannt ist.

Im Gegensatz zu unseren Eltern, die alle Brücken zu ihrem früheren Leben abgebrochen hatten, bekamen wir nie eine Chance, unseren Lebensweg selbst zu bestimmen. Isoliert von der Umwelt, wurden wir von Angst beherrscht – von Angst vor den Behörden, vor der Polizei, vor Ärzten und Sozialarbeitern und von der noch viel größeren Furcht vor dem Zorn Gottes, der uns drohte, sollten wir die »Familie« jemals verlassen.

Unsere Kindheit wurde von einem Mann bestimmt: David Berg. Einem Mann, dem wir zwar nie begegneten, der aber ständig um uns war wie ein unsichtbarer Geist. Er war die verhängnisvolle und verderbliche Macht hinter den »Kindern Gottes«.

David Berg betrachtete sich gern als gütige Vaterfigur und bezeichnete uns als »Kinder Davids«. Er sah sich in der Nachfolge von König David und des Propheten Moses und nannte sich »Moses David« oder kurz »Mo«. Die Kinder waren gehalten, ihn »Großvater« zu nennen. Er war das Oberhaupt unserer Gemeinschaft, die Leitfigur, der Prophet, »unser Licht in der Finsternis«. Die Regeln, die wir zu befolgen hatten, waren von seinen Worten bestimmt. Wir lasen jedes Detail über sein Leben, seine Visionen, seine Neigungen und Abneigungen, über die Frauen, mit denen er schlief, über die Kinder, an denen er sich verging. Schon in einem sehr frühen Alter lernten wir seine Worte auswendig und widmeten jeden Tag viele Stunden der Lektüre seiner Schriften, den Mo-Briefen. »Word Time«, »Lektüre«, war ein wesentlicher Teil unseres täglichen Lebens. Es wäre schwer, wenn nicht sogar unmöglich, über unser Leben zu schreiben, ohne den beherrschenden Einfluss zu erwähnen, den David Berg auf unser Schicksal hatte.

Von Geburt an wurden wir darauf getrimmt, die Gebote und Regeln der Sekte zu befolgen. Uns blieb keine Wahl, und wir kannten nichts anderes. Niemals hörten wir unseren Vater eine eigene Meinung äußern, immer hieß es: »Großvater hat gesagt …« Wurden wir bestraft, dann geschah es, weil wir gegen Mos Gebote verstoßen hatten; wurden wir gelobt, dann dafür, dass wir uns wie »treue Jüngerinnen« benahmen. Unser Vater war Berg blind ergeben und sein Glaube an die Vorhersagen und Prophezeiungen des Mannes unerschütterlich. Falls er sich jemals fragte, ob etwas davon echt war oder ob es sich nur um Hirngespinste – Lug und Trug – handelte, so hat er es zumindest nie erwähnt, nicht einmal hinter verschlossenen Türen.

Berg lehrte, dass Geburtenkontrolle eine Rebellion gegen Gott sei, und so wurden innerhalb weniger Jahre Tausende von Kindern in der Sekte geboren. Er prahlte damit, dass wir die »Hoffnung der Zukunft« wären – eine ganz neue Generation, rein und unverdorben von der Außenwelt. Man sagte uns, es sei ein großes Privileg, in die »Familie« hineingeboren worden zu sein und darin aufwachsen zu dürfen, frei von den Zwängen des »Systems«, wie die Welt außerhalb der Sekte genannt wurde. Es sei unsere Bestimmung, Gottes Endzeitkämpfer zu werden und unser Leben der guten Sache zu widmen. Berg sagte voraus, dass die Welt 1993 untergehen werde und wir künftig im Paradies zur Elite gehören würden. Da unserem Leben auf Erden nur eine kurze Frist zugemessen war, gestattete man uns nicht, einfach nur Kinder zu sein. Man unterdrückte unsere Individualität, und wir waren lediglich Werkzeuge, derer man sich bediente, um die kollektiven Ziele der Sekte zu unterstützen.

Den größten Schaden fügte uns Bergs »Gebot der Liebe« zu. Gott war Liebe, und Liebe war gleichbedeutend mit Sex. Sich einem anderen Menschen körperlich hinzugeben, galt als höchster Ausdruck von Liebe. Da das Alter in Bergs »Gebot der Liebe« kein Tabu darstellte, wurden die Kinder der »Familie« zur Befolgung seiner pädophilen Philosophie genötigt. Seine eigenen Kinder und Enkelkinder litten gleichermaßen unter seinen inzestuösen Neigungen.

In diesem Buch schildern wir unsere emotionale Reise von der frühesten Kindheit, als wir in die Sekte hineingeboren wurden, durch unsere Teenagerjahre, in denen uns zunächst insgeheime, dann aber immer größere Zweifel kamen, bis zu dem Punkt, an dem wir uns schließlich zu befreien versuchten wie Schmetterlinge aus einem klebrigen Spinnennetz. Es ist eine Geschichte von Dunkel und Licht, von der Versklavung der Seele, von Erlösung und Befreiung. Wir haben es überstanden – viele andere nicht. Tausende Kinder aus der zweiten Generation der »Familie« mussten mit den verheerenden Folgen des blinden Vertrauens ihrer Eltern in einen Anführer fertig werden, der behauptete, die Stimme Gottes auf Erden zu sein. Diejenigen, die den Mut aufbrachten, offen über ihre Leiden zu sprechen, wurden von ihren ehemaligen Peinigern geschmäht und verleumdet. Wir hoffen, dass Sie beim Lesen unserer Geschichte die Stimmen der Kinder hören, die zum Verstummen gebracht werden sollten.

Celeste Jones, Kristina Jones, Juliana Buhring
England 2007

EINLEITUNG

DIE SEKTE »KINDER GOTTES« entstand Ende der Sechzigerjahre unter den Hippies und Aussteigern von Huntington Beach im Süden Kaliforniens. Ihr Gründer David Berg kam 1919 in Oakland in Kalifornien zur Welt. Seine Mutter Virginia Lee Brandt Berg war eine gefeierte Predigerin der Christian Missionary Alliance. 1944 heiratete Berg Jane Miller, eine Jugendarbeiterin bei der Baptistischen Kirche. Nach der Geburt ihres zweiten Kindes wurde Berg Pastor an einer Christian Missionary Alliance Church in Arizona, wurde jedoch nach nur zwei Jahren seines Amtes enthoben, angeblich wegen eines Sexskandals. Diese Maßnahme begründete seine lebenslange Verbitterung über kirchliche Institutionen.

Im Dezember 1967 zog Berg mit seiner Familie – seiner Frau Jane, später »Mutter Eva« genannt, und ihren vier Kindern Deborah, Faithy, Aaron und Hosea – zu seiner achtzigjährigen Mutter nach Huntington Beach. Sie hatte dort einen Coffeeshop namens Light Club eröffnet und bot den Hippies, Surfern und Aussteigern, die sich am Pier versammelten, neben Sandwiches auch erbauliche Predigten an. Aber als das brave Saubermann-Image des Light Club bei den langhaarigen Hippies auf wenig Gegenliebe stieß, erkannte Mrs Berg eine Chance für Sohn und Enkelkinder, die jungen Leute mit dem anzusprechen, was sie wirklich bewegte: die Musik und das leidenschaftliche Aufbegehren ihrer Zeit. Innerhalb kurzer Zeit zogen David Berg und seine Familie die Jugendlichen mit Parolen und Botschaften gegen das System und den Vietnamkrieg in Scharen an.

Bei Fahrten quer durch die Vereinigten Staaten gelang es der Gruppe, immer mehr Anhänger zu gewinnen, und sie gründete bald an vielen Orten kleine Gemeinden. In den Medien fanden ihre Aktivitäten große Beachtung, und nachdem sie in einigen Artikeln »Kinder Gottes« genannt worden war, übernahm die Gruppe diesen Namen.

Nach etlichen Affären mit einigen seiner Anhängerinnen fand Berg in seiner jungen und ambitionierten Sekretärin Karen Zerby alias »Maria« eine glühende und bedingungslose Gefährtin. Nachdem er seine von ihm getrennt lebende Frau Jane und seine verstorbene Mutter öffentlich als »Alte Kirche« gebrandmarkt hatte, bezeichnete er Maria und die »Kinder Gottes« als die »Neue Kirche« und sich selbst als den letzten Propheten der Endzeit. Er legte sich das Pseudonym »Moses David« zu und setzte sich so mit König David und dem Propheten Moses gleich, der die Kinder Israels aus der ägyptischen Gefangenschaft (dem »System«) in das Gelobte Land geführt hatte. Berg beschloss die Gründung einer Dynastie. Seine zahlreichen Residenzen erhielten den Namen »The King's House«, und er krönte sich und Maria zu König und Königin.

Viele Jahre lang leitete ein Gremium die Sekte, vornehmlich Angehörige von Berg, die allgemein »Königliche Familie« genannt wurden. Von den Verwandten erwartete er, dass sie ihm und den anderen Sektenführern unbedingten Gehorsam leisteten. Der einzige Kontakt zwischen Berg und seinen Sektenmitgliedern erfolgte durch seine zahlreichen Schriften mit dem Titel *Mo Letters,* Mo-Briefe, in denen er seine Glaubensgrundsätze, Überzeugungen und Anordnungen für die richtige Gemeindeführung ebenso kundtat wie seine Prophezeiungen und Offenbarungen, die ihm angeblich direkt von Gott zuteilwurden.

Anfang der Siebzigerjahre gerieten die »Kinder Gottes« ins Visier der Medien und der Behörden, da Eltern bei ihren Kindern bedenkliche Persönlichkeitsveränderungen festgestellt hatten, nachdem diese sich der Sekte angeschlossen hatten. Noch beängstigender war die Tatsache, dass jeder Kontakt zu den Familienangehörigen abgebrochen wurde und manche Kinder sogar bei Nacht und Nebel verschwanden und jahrelang nicht wieder auftauchten.

Um der negativen Publicity und möglichen Gerichtsverfahren zu entgehen, floh Berg nach Europa und empfahl seinen Anhängern, sich ebenfalls abzusetzen. In einem Massenexodus verließ die Gruppe die Vereinigten Staaten, um in anderen Ländern zu missionieren und neue Sektenmitglieder zu rekrutieren, zunächst in Europa. 1972 kamen Berg und Maria nach England.

Weil er immer mehr um seine persönliche Sicherheit besorgt war, zog er sich allmählich von seinen Anhängern zurück und hielt seine Aufenthaltsorte geheim. In dieser Zeit der Abgeschiedenheit experimentierten Berg und Maria mit einer neuen Methode, um mit Hilfe des Sex Konvertiten und Anhänger zu gewinnen, dem berüchtigten »Flirty Fishing«. Indem er in seinen Briefen ihre Erfahrungen dokumentierte, machte Berg die Sektenmitglieder nach und nach mit seinen Vorstellungen bekannt. Darüber hinaus veröffentlichte er eine neue Offenbarung: das »Gebot der Liebe«. Berg erklärte, dass die Zehn Gebote überholt seien. Alles, was aus Liebe geschah (auch Sex), war in Gottes Augen heilig. Ehebruch, Inzest, außerehelicher Sex und Geschlechtsverkehr mit Kindern waren keine Sünde, wenn sie »aus Liebe« geschahen. Er forderte die Befolgung seines Gebots der Liebe und des Flirty Fishing, und von den Anhängern wurde verlangt, nach diesen Vorstellungen zu leben oder sich von ihm zu trennen. Daraufhin verließen zwei Drittel der Mitglieder die Sekte und markierten damit das Ende der »Kinder Gottes« und den Beginn der »Family of Love«, der »Familie der Liebe«.

1979 enthüllte Berg in einem Brief mit dem Titel »Sex in meiner Kindheit«, dass ein Kindermädchen ihn als Kleinkind mit oralen Praktiken bekannt gemacht habe, was ihm höchst angenehm gewesen sei. Er betonte, so etwas sei völlig normal, ganz natürlich und daran sei absolut nichts Verwerfliches. In den folgenden Jahren wurden in weiteren Mo-Briefen und anderen Publikationen der »Familie der Liebe« die Forderung erhoben, dass Kindern sexuelle Kontakte mit anderen Kindern und Erwachsenen erlaubt sein sollten – und viele Erwachsene in der Familie hörten diese Botschaft mit Freuden und setzten sie in die Tat um.

♦ ♦ ♦

Christopher Jones kam im Dezember 1951 in der Nähe von Hameln in Deutschland zur Welt, als Sohn von Glen Jones, einem Offizier der britischen Armee, und Krystina, einer jungen Polin, die er bei einem Einsatz in Palästina kennengelernt hatte. Nach dem Besuch eines Internats in Cheltenham ging er an das Rose Burford College, um Schauspieler zu werden. Nach vier Semestern brach er das Studium ab und trat 1973 den »Kindern Gottes« bei. Er hatte mit sieben verschiedenen Frauen fünfzehn Kinder, darunter Celeste, Kristina und Juliana, und gehört der Sekte immer noch an.

Rebecca Jones wurde im März 1957 als Tochter einer gutbürgerlichen Familie im Süden von England geboren. Ihr Vater Barry Home war Bauingenieur, ihre Mutter Margaret eine überzeugte Hausfrau. Obwohl die Eltern nicht religiös waren, schickten sie Rebecca mit fünf Jahren in die örtliche Sonntagsschule. Mit zwölf wurde sie Lehrerin an der Sonntagsschule und zwei Jahre später getauft. Noch in der Schule kam Rebecca mit den »Kindern Gottes« in Berührung, trat ihnen mit sechzehn bei, lernte unseren Vater kennen und heiratete ihn 1974. Sie bekamen drei gemeinsame Kinder, darunter Celeste und Kristina, bevor sie sich trennten. 1987 verließ Rebecca die Sekte.

Serena Buhring wurde im Oktober 1956 in der Nähe von Hannover in Deutschland geboren. Ihr Vater war Architekt und ihre Mutter eine begabte Musikerin, die Klavier, Geige und Cello spielte. Serena reiste als Hippie durch Indien, wo sie sich den »Kindern Gottes« anschloss. Unseren Vater lernte sie nach dessen Trennung von Rebecca kennen und hatte mit ihm drei Kinder, unter ihnen Juliana. Serena ist noch immer Mitglied der Sekte.

Erster Teil

Celestes Geschichte

1 *Daddys kleines Mädchen*

ICH SPIELTE ALLEIN im Vorgarten eines weißen Hauses nahe dem kleinen Fischerdorf Rafina in Griechenland. In unserem Garten standen drei Olivenbäume, ein Aprikosen-, ein Feigen- und ein Pfirsichbaum, alle schwer beladen mit Früchten. Ich saß im Schatten einer großen, alten Pinie. Von der Sonne war die Erde knochentrocken und ausgedörrt, und ich vergnügte mich damit, mit einem Stein Bilder in den Sand zu zeichnen. Ich war fünf Jahre alt.

An meine Mutter konnte ich mich kaum erinnern, nur daran, dass sie Gitarre spielte und »Jesus liebt mich, das weiß ich, weil die Bibel es mir sagt« sang, während ich mit meiner jüngeren Schwester Kristina auf einem Etagenbett spielte – doch das war in einem anderen Land. Ich hing sehr an Mum und sprach jeden Tag von ihr, obwohl ich sie seit zwei Jahren nicht mehr gesehen hatte. Ich vermisste sie, meine Schwester und meinen kleinen Bruder David. Verzweifelt klammerte ich mich an die Hoffnung, dass Mum zurückkommen würde, und fragte meinen Dad immer wieder: »Warum hat sie uns verlassen?«

»Mum hat beschlossen, mit einem anderen Mann zusammenzuleben, aber ich konnte mich nicht von dir trennen. Du warst die Älteste, und wir standen uns doch immer besonders nah, oder?« Ich nickte, denn ich liebte Dad genauso wie meine Mum, aber ich fand es ungerecht, mich zwischen ihnen entscheiden zu müssen.

»Und was ist mit Kristina und David?«, wollte ich wissen.

Dad nahm mich in die Arme. »Sie waren zu klein«, erklärte er mir. »Sie brauchten noch die enge Nähe ihrer Mutter.«

Dad verbrachte täglich viele Stunden in dem provisorischen Aufnahmestudio im Keller unseres Hauses und produzierte und arbeitete als Discjockey für die Radiosendung *Music with Meaning*. Deshalb hatte ich ein Kindermädchen, eine junge Deutsche, die Serena hieß. Ich konnte sie nicht leiden und machte ihr das Leben so schwer wie möglich, indem ich mich allem verweigerte, was sie vorschlug. Serena hatte lange, glatte dunkle Haare und braune Augen, die durch eine Brille mit dicken Gläsern vergrößert wurden. Die arme Serena. Obwohl sie ihr Möglichstes tat, mich für sich zu gewinnen, war ich fest entschlossen, sie nicht zu mögen. Ich fand, dass sich ihr deutscher Akzent komisch anhörte, und sie versuchte ständig, mich mit Weizenkeimen und ungesüßtem Joghurt zu füttern und mir löffelweise Lebertran einzuflößen, dessen Geruch und Geschmack ich nicht ausstehen konnte.

Wir gehörten den »Kindern Gottes« an, einer streng geheimen Glaubensgemeinschaft mit Verbindungen, die sich über die ganze Welt erstreckten. Der Anführer und Prophet hieß David Berg. Wir kannten ihn unter dem Namen »Moses David«, mein Dad nannte ihn »Mo«, und ich nannte ihn »Großvater«. Er schrieb uns vor, was wir sagten, taten und dachten, sogar unsere Träume. Alles in unserem Leben, selbst die belanglosesten Details wie unser Essen, wurde von Mo diktiert. Er hatte erklärt, dass wir uns gesund ernähren und auf weißen Zucker unbedingt verzichten sollten, und Serena richtete sich begeistert nach seinen Vorschriften. »Davon bekommst du starke Knochen und Zähne«, sagte sie zu mir, aber damit schmeckte es auch nicht besser. Sie war nicht grausam, aber streng, und ich betrachtete sie als unwillkommenen Eindringling in mein Leben. Als sie zu uns kam, hatte Dad mir gesagt, dass sie drei

Monate bleiben würde, und ich zählte die Tage bis zu ihrer Abreise.

An dem Tag, als ich unter der Pinie spielte, hob ich plötzlich den Kopf und sah, wie Dad und Serena auf die Veranda traten. Sie standen sehr nah beieinander, und ich spürte instinktiv, dass irgendetwas zwischen ihnen knisterte.

»Schätzchen, ich muss dir etwas Tolles sagen.« Während mein großer, gut aussehender Dad, den ich mehr liebte als alles auf der Welt, das sagte, drehte er sich um und zog Serena in seine Arme.

Als ich auf die beiden zuging, bemerkte ich das Strahlen in ihren Gesichtern. Oh nein, stöhnte ich unhörbar. Das sieht gar nicht gut aus.

»Wir haben beschlossen, uns zusammenzutun«, verkündete mein Dad mit einer Stimme, die für meinen Geschmack viel zu glücklich klang. »Serena wird deine neue Mutter.«

»Nein!«, schrie ich. »Ich hasse sie!« Ich konnte es nicht einmal über mich bringen, ihren Namen auszusprechen. »Ich will meine Mutter wiederhaben. Warum kann sie nicht zu uns zurückkommen?« Ich brach in Schluchzen aus, drehte mich um, rannte in eine Ecke des Gartens und drehte ihnen den Rücken zu.

Besorgt kam Dad mir nach. Er legte seine Hand auf meine Schulter. »Süße, du weißt, dass deine Mutter für immer fort ist. Sie kommt nicht zurück.«

»Aber ich will mit meiner Schwester und meinem Bruder zusammen sein. Es ist einfach gemein.« Schmollend schob ich die Unterlippe vor.

»Aber du hast hier so viele Schwestern und Brüder, mit denen du spielen kannst«, wandte Dad ein.

»Das ist nicht dasselbe«, protestierte ich.

»Wir sind alle eine Familie. – Denk an deine Unterlippe. Du wirst noch darüber stolpern, wenn du nicht aufpasst.«

Ich lächelte dünn, wenn auch nur, um Dad einen Gefallen zu tun.

Mo sagte, dass wir unsere natürlichen Familien nicht überbewerten sollten. Unsere Brüder und Schwestern bei den »Kindern Gottes« seien unsere wahre Familie. Aber ich wollte auf meine Mutter, Kristina oder den kleinen David nicht verzichten, auch wenn ich allmählich vergaß, wie sie aussahen.

Auf dem einzigen Foto, das Dad von Mum hatte, stand sie hinter einem Zwillingsbuggy, in dem ich neben meiner kleinen Schwester saß. Ich betrachtete das Bild intensiv. Mum hatte Haare, die ihr bis zur Taille reichten, blaue Augen und ein strahlendes Lächeln.

»Sie ist sehr schön«, sagte ich. »Und das da ist meine Schwester?« Wegen der schlechten Qualität des Fotos konnte ich ihr Gesicht nicht genau erkennen. Kristina war noch klein, ungefähr ein Jahr alt, mit zwei Zöpfchen. Ich war achtzehn Monate älter und sah ihr sehr ähnlich. Jede von uns hatte ein hübsches Baumwollkleidchen an und einen Sonnenhut auf dem Kopf. So angestrengt ich auch auf das Foto starrte, ich konnte nicht die leiseste Erinnerung an sie heraufbeschwören, und ich fühlte eine bohrende Leere in meinem Inneren.

Dad erzählte mir, wie er und Mum uns immer mitnahmen, wenn sie auf der Straße Menschen bekehren wollten. »Ich schob den Kinderwagen Leuten in den Weg, drückte ihnen eine Broschüre in die Hand und erzählte von Jesus und wie sie gerettet werden konnten. Inder lieben nun einmal Kinder, und ihr habt so niedlich ausgesehen. Die Leute haben euch in die Backen gezwickt und mit euch geplaudert. Sie fanden, dass sie nicht unhöflich sein konnten, wenn ihr wie zwei kleine Engel zu ihnen aufschaut.«

»Hast du ein Bild von David?«, wollte ich wissen.

»Das wurde aufgenommen, als er gerade drei Monate alt war«, antwortete Dad und zeigte mir ein kleines Schwarz-Weiß-Foto.

»Oh, ist der süß«, rief ich aus. »Sieh dir doch nur seine Pausbäckchen an!« David lag auf dem Bauch und stützte breit lächelnd den Kopf auf seine dicken Ärmchen.

Meine eigenen Erinnerungen waren nur spärlich, wie eine Reihe flüchtiger Schnappschüsse. Vieles von dem, was ich wusste, hatte mir Dad in unseren seltenen gemeinsamen Momenten erzählt. Dabei kletterte ich auf seinen Schoß, und er gab ausgewählte Bruchstücke preis, die sich nach und nach zu einem größeren Bild zusammenfügten. Aber es war immer nur das halbe Bild; über Mum erzählte er mir kaum etwas.

Vielleicht um sie für mich lebendig zu erhalten, bat ich Dad oft, mir zu erzählen, wie er und Mum sich kennengelernt, wie sie geheiratet hatten und wie ich geboren wurde. Ohne großen Erfolg; erst als ich erwachsen war, erfuhr ich endlich die ganze Geschichte.

»Deine Mum war jung und sehr schön, gerade siebzehn Jahre alt, als wir heirateten. Ich war zweiundzwanzig.«

Ich war immer voller Fragen. »Und dein Dad?«

Dad erzählte mir, dass sein Vater Jurist und Militärrichter bei der britischen Armee gewesen war. An seine Mutter konnte er sich kaum erinnern, da er sie mit vier Jahren verloren hatte und sein Vater bald nach ihrem Tod eine neue Ehe eingegangen war. Er und sein Halbbruder wurden in ein Internat in Cheltenham geschickt.

»Im Internat war ich ziemlich rebellisch. Ich wurde sogar von der Schule verwiesen, weil ich eine Protestaktion initiiert hatte, bei der sich einige von uns in der Haupthalle verbarrikadierten.«

»Warum? Wogegen hast du denn protestiert?«, fragte ich.

»Die Männer von der Schulaufsicht haben uns bei fast jeder Gelegenheit verprügelt, ganz gleich, was wir getan hatten. Nachts kamen sie in die Schlafräume und leuchteten uns mit der Taschenlampe ins Gesicht, um uns zu wecken. Diese ungerechte Behandlung hatten wir satt und beschlossen, uns dagegen zu wehren.«

Nach dem Rauswurf schrieb er sich an einer Schauspielschule in London ein und reiste in den Ferien durch Europa. »Ich war auf der Suche nach dem Sinn des Lebens«, fügte er erklärend hinzu.

Ernst und gespannt lauschte ich seinen Schilderungen, wie er auf der Suche nach dem Sinn des Lebens viele spiritistische Bücher gelesen und sich mit Okkultismus und Meditation befasst hatte.

Ich erschauerte. Von Mo war uns unablässig eingehämmert worden, dass Drogen und Alphabettafeln für spiritistische Sitzungen gefährlich waren, weil sie dem Satan die Tür zu unserem Geist öffnen konnten.

Dad schloss seine Schilderung von diesen Jahren mit dem Geständnis: »Am Ende war ich tief deprimiert und desillusioniert vom Leben.«

»War der Besuch der Schauspielschule denn nicht dein großer Wunsch?«

»Sie konnte mir nichts geben. Ohne den Herrn ist alles bedeutungslos. Nichts als Schall und Rauch, mein Schatz.«

An diesem Tiefpunkt bekam er eines Tages Besuch von einem Freund, der gerade aus Istanbul zurückgekommen war. Der junge Mann hatte vorgehabt, zu Fuß nach Indien zu pilgern, war aber unterwegs von den »Kindern Gottes« bekehrt worden und nun nach England zurückgekehrt, um Gottes Wort zu verbreiten.

Dad war verblüfft über die einschneidende Veränderung im Wesen seines früher leicht wirren und von Drogen benebelten Freundes. Jetzt schien er selbstsicher zu sein, zielstrebig und voller Energie. »Das hätte er alles den ›Kindern Gottes‹ zu verdanken, sagte er. Das hat mich neugierig gemacht.«

In der Hippie-Ära mit ihrem Wunsch nach Liebe und Frieden wirkte die von den »Kindern Gottes« verbreitete Botschaft faszinierend: ein neues Leben in Christus zu finden, auszusteigen, in Gemeinschaft zu leben, dem Konsum zu entsagen und alle Besitztümer zu teilen, genau wie die ersten Jünger. Doch hier ging es nicht bloß um eine weitere fanatische amerikanische Sekte – es war Gottes Endzeitarmee, die Elite, die eine verlorene und dringend der Rettung bedürftige Welt durch ihre dunkelste Stunde geleiten wollte.

Die »Kinder Gottes« glaubten, dass mit dem nahenden Ende der Welt alles andere Streben im Leben sinnlos war. Das überzeugte Dad. Er verschenkte fast alles, was er besaß, und tauchte mit einem kleinen Koffer auf der Schwelle einer Kommune in Hollingbourne in Kent auf, bereit für sein künftiges Leben als Jünger.

In der Erinnerung begannen seine Augen zu strahlen. »Es war unglaublich. Man lebte unter einem Dach und teilte sämtliche Dinge wie die ersten Christen in der Apostelgeschichte. Es war die Familie, nach der ich immer gesucht hatte.«

Von den Mitgliedern wurde verlangt, dass sie sich für ihr neues Leben einen biblischen Namen wählten. Dad entschied sich für Simon Peter. Seine Aufgabe bestand nun darin, auf die Straßen hinauszugehen und Zeugnis abzulegen. Das war die Bezeichnung für ihre Bekehrungsversuche. Gegen eine Spende Broschüren zu verteilen, wurde »Litnessing« genannt.

Um Einfälle nie verlegen, dachte sich Dad eine neue Masche für das Spendensammeln aus. Lachend erzählte er mir davon. »Ich verkleidete mich als Clown mit einer dicken roten Knollennase und einem witzigen Hut mit einem wippenden kleinen Plastikvogel.«

Er zog eine Grimasse, hob die Hand und wedelte mit den Fingern über dem Kopf. »Ich wette, du hast wahnsinnig komisch ausgesehen«, kicherte ich.

»Bestimmt, aber vergiss nicht, ich war ein Clown. Clowns *müssen* komisch aussehen. Ich sprang den Passanten in den Weg und brachte sie zum Lachen, bevor ich ihnen ein Traktat überreichte und um eine Spende bat. Ich wurde ein Top-Spendensammler. Jede Woche brachte ich der ›Familie‹ Hunderte von Pfund ein.«

Lachend versuchte ich mir vorzustellen, wie sich Dad in London zum Clown machte, in einer Stadt, an die ich mich nicht erinnern konnte, obwohl ich dort geboren war. Da Betteln und Hausieren gesetzlich verboten war, bekam Dad oft Probleme mit der Polizei. Natürlich konnte er in dem, was er tat, nichts Unrechtes erkennen. Er befolgte nur Gottes Gebot.

Dad berichtete mir, dass er meine Mum in Hollingbourne kennengelernt hatte, da sie am selben Tag wie er der Kommune beigetreten war. In ihrem jugendlichen Idealismus hielt sie die »Kinder Gottes« für eine ehrbare Missionierungsgesellschaft. Sie war erst sechzehn und in der Schule von der Sekte angeworben worden. Bevor meine Eltern legal heirateten, wurden sie von den »Kindern Gottes« »vermählt«. Nach drei Tagen Flitterwochen im Lake District zogen sie in ein großes Haus in Hampstead, das die Sekte übernommen hatte.

Dad nutzte seine Schauspielausbildung bei seinen Auftritten für die »Kinder Gottes« und zitierte ganze Passagen aus den Mo-Briefen, den Botschaften des Propheten, die als Leitfaden für uns Jünger regelmäßig an alle Kommunen verschickt wurden. Mein Vater liebte seine Auftritte, und seine Begabung machte ihn bald zu einer Art Star innerhalb der Gruppe. Angespornt von seinem Erfolg, nahm er etliche der Mo-Briefe auf Kassette auf und schickte sie unter dem Titel *Wild Wind* an andere Kommunen, damit die Jünger sie sich anhörten. Während Dad vollauf beschäftigt und zufrieden war, ging es meiner mittlerweile schwangeren Mutter ziemlich schlecht, und es muss eine große Erleichterung für sie gewesen sein, als ich nach drei Tage andauernden, heftigen Wehen am 29. Januar 1975 in einem kleinen Mansardenzimmer des Hauses in Hampstead zur Welt kam.

Ihre Aufgaben als junge Eltern hielten Mum und Dad nicht davon ab, die Welt zu retten. Missionierungsteams wurden ausgeschickt, und in einer »Prophezeiung« erhielten meine Eltern den Auftrag, nach Indien zu gehen. Jünger durften keinen eigenen Willen haben, sondern hatten dem Willen Gottes zu folgen, indem sie beteten und dann von Ihm mit Prophezeiungen belohnt wurden. Diese Prophezeiungen versahen alle Entscheidungen, die getroffen werden mussten, mit dem Stempel des Göttlichen.

In Wahrheit waren von den britischen Behörden Untersuchungen über die Aktivitäten der Sekte eingeleitet worden, vor allem über ihr aggressives Spendensammeln und Missionieren. Daher hatte Mo den Jüngern befohlen, Großbritannien zu verlassen und sich nach besseren Möglichkeiten umzusehen, beispielsweise in Indien, Südamerika und dem Fernen Osten – Gegenden, in denen die Behörden weit weniger daran interessiert sein würden, was eine Gruppe westlicher Aussteiger trieb.

Nach der Ankunft in Indien zog unsere kleine Familie in eine Wohnung in Bombay, die über drei Zimmer verfügte, die wir mit zwei weiteren Paaren und zwei alleinstehenden Brüdern teilten. Nach ein paar Wochen fanden meine Eltern eine Zweizimmer-Wohnung in Khar, einem anderen Bezirk von Bombay. Da ständig andere Jünger bei uns übernachteten, herrschte meistens drangvolle Enge. Bis auf zwei Betten, einen Tisch und Stühle im Wohnzimmer gab es kaum Möbel.

Mum war wieder hochschwanger, doch bis zur Geburt schliefen sie und Dad auf Laken, die sie auf dem Fußboden ausbreiteten, weil die Matratzen voller Wanzen waren. Häufig hielten sich bis zu zwanzig Personen in der Wohnung auf, und Mum gab sich große Mühe, damit der Hausbesitzer nichts davon merkte. Meine Schwester kam im Juni 1976 in einem nahe gelegenen Privatkrankenhaus zur Welt und erhielt den Namen von Dads Mutter: Kristina. Obwohl ich erst achtzehn Monate alt war, liebte ich sie vom ersten Moment an. Ich legte mich neben sie auf Mums Laken und bedeckte sie zärtlich mit schmatzenden Küssen. Ich wurde die in ihre kleine Schwester vernarrte »Ältere« und sah Mum gern dabei zu, wie sie Kristina wickelte und stillte. Für mich war sie Nina.

Für Dad stellten viele Dinge in Indien einen gewaltigen Kulturschock dar. Obwohl er als Hippie auf Zypern und in Israel gewesen und quer durch Europa gereist war, hasste er die Hitze, den Schmutz und die Krankheiten, denen er in Bombay ausgesetzt war. Er zog sich eine böse Hepatitis zu und verbrachte nach Kristinas Geburt einige Wochen im Krankenhaus.

»Das schlechte Wasser und das Essen machten mich krank. Ich bekam eine schwere Diarrhö, durch die ich bis auf die Knochen abgemagert bin. Und ich fand es beschämend, als Ausländer auf den Straßen Broschüren anbieten zu müssen wie ein Bettler, wo es bereits unendlich viele andere Bettler gab und Kinder, die kein Dach über dem Kopf hatten und nichts zu essen«, erzählte er mir.

Genug Essen zu beschaffen erwies sich für meine Eltern und die anderen Sektenmitglieder als großes Problem. Zunächst hatten sie kaum Geld, weil sie sich mit dem Verkauf der Broschüren über Wasser halten mussten. Manchmal konnten sie sich tagelang nichts anderes leisten als Reis und Linsen, oder sie mussten an Marktständen um übrig gebliebenes Obst und Gemüse bitten. Natürlich war das für die »Kinder Gottes« kein Betteln. Als Auserwählte Gottes hatten sie ein Anrecht darauf, den Reichtum der Erde gratis zu bekommen. Aber arme Bauern um Almosen zu bitten, empfand Dad als entwürdigend. Dennoch hielt er seine Abneigung gegen das Spendensammeln unter den Ärmsten der Armen für eine Eingebung des Teufels, der ihn dazu verleiten wollte, seiner Berufung zu entsagen.

Während er weiterhin stoisch durch die Gluthitze von Bombay marschierte, bemühte sich Dad, seiner Rolle mehr Sinn zu geben. Er war intelligent und hatte eine gute Ausbildung genossen. Danach hatte er begonnen, für den örtlichen Radiosender zu arbeiten und dort Jingles zu schreiben. Mo zufolge stand die »Letzte Schlacht von Armageddon« kurz bevor, und wenn Dad sich nicht ein bisschen beeilte, würde er nicht einmal die Menschen in Indien retten.

Plötzlich erinnerte er sich an die *Wild Wind*-Kassetten, die ihm in London viel Lob eingebracht hatten. Es war sogar davon die Rede gewesen, das Radio zu nutzen, um die Botschaft weiterzuverbreiten. Ihm kam die Idee, eine Reihe von halbstündigen Sendungen aufzunehmen, die er *Music with Meaning* nennen und Lokalsendern anbieten würde. Er könnte die Programme im Alleingang produzieren, die Texte schreiben, sie vortragen und als DJ fungieren.

Von Anfang an hatten die »Kinder Gottes« Musik als Köder benutzt, um Interesse zu wecken und Aufmerksamkeit zu erregen. Gemeinsames Singen zum Lob Jesu wurde »Inspiration« genannt und gehörte zum Alltag der Jünger. Die Gemeinschaft zog viele Musiker und andere Künstler an, darunter auch Jeremy Spencer, den ehemaligen Gitarristen von Fleetwood Mac, der eines Tages auf der Straße bekehrt wurde und eine Konzerttournee abbrach, um in eine Kommune in San Francisco einzutreten. Statt um Rock'n'Roll ging es nun um Songs, die auf der Bibel und den Mo-Briefen basierten. Dad beschloss, sein Talent für die Weiterverbreitung von Gottes Wort einzusetzen. Eine ihn vollauf befriedigende Aufgabe war genug Motivation für ihn, in Indien zu bleiben.

Mit sichtlichem Stolz erzählte mir Dad von der Verwirklichung seiner Pläne. »Wir boten Radiosendern *Music with Meaning* kostenlos an. Ich wusste, dass ein gut gemachtes Musikprogramm die Botschaft cool rüberbringen und junge Hörer anziehen würde. Anstatt mich in der brütenden Hitze durch die Straßen zu schleppen, um vor einer Handvoll Leute Zeugnis abzulegen und in der Woche vielleicht ein oder zwei Seelen zu bekehren, konnte ich *Millionen* erreichen!«

»Das war eine großartige Idee, Dad«, rief ich und fand ihn einfach wundervoll.

Als Mo von den Sendungen erfuhr, lobte er Dad für seinen Pioniergeist und half bei der Finanzierung des Projekts. Mein Vater hatte den Propheten persönlich nie kennengelernt – das war nur wenigen seiner Anhänger vorbehalten –, aber seine Nachrichten und Anordnungen wurden uns durch die Mo-Briefe oder die sogenannten »Hirten« übermittelt. Dad arbeitete Tag und Nacht für seine Radiosendungen, während sich Mum um meine Schwester und mich kümmerte. Mittlerweile erwartete Mum ihr drittes Kind und fühlte sich gar nicht gut. Aber trotz ihrer Schwangerschaft musste sie weiterhin in die Hitze hinaus, um mit dem Verkauf von Broschüren Geld zu verdienen. Täglich legte sie viele Kilometer zu Fuß zurück und schob meine Schwester im Kinderwagen vor sich her.

Viele von Mos Anhängern waren ihren Partnern treu wie meine Eltern, und bewahrten sich eine Art von Privatsphäre, obwohl die beschränkten Wohnverhältnisse in den Kommunen das kaum zuließen. Aber 1978 erreichte die Kommunen einer von Mos Briefen aus dem Jahr 1974, in dem er erklärte, wir seien alle »eine Familie«, in der es Gott zufolge so etwas wie Ehebruch nicht gab. Sex sei der höchste Ausdruck von Liebe und Hingabe, und es wurde »Teilen« genannt. Die »Kinder Gottes« waren inzwischen die »Familie der Liebe«, und das im wahrsten Sinne des Wortes.

Manchen Jüngern fiel es schwer, sich an die neuen Freiheiten zu gewöhnen, während andere nur zu gern die Chance ergriffen, Sex mit wechselnden Partnern zu haben. Meine Eltern begannen, mit anderen Partnern zu schlafen, obwohl ich glaube, dass Dad daran mehr Gefallen fand als Mum. Mit zwei kleinen Kindern und schwanger mit einem dritten, stand Sex ohnehin nicht ganz oben auf ihrer Liste. Aber Mum war eine überzeugte Gläubige und befolgte die Gebote des Propheten gehorsam, obwohl sie mit heftigen Eifersuchtsgefühlen zu kämpfen hatte. Sie fühlte sich vernachlässigt und ungeliebt und verfiel darüber hinaus nach der Geburt meines Bruders David im April 1978 in eine tiefe Depression. Als der zuständigen »Hirtin« auffiel, wie still meine Mutter geworden war und wie traurig sie aussah, wollte sie wissen, ob etwas nicht stimmte. Mum vertraute ihr an, dass sie sich in ihrer Ehe zunehmend unglücklich fühlte. Die Hirtin erzählte dies einem der Oberen, und meine Mutter wurde weggeschickt, um sich über den Fortgang ihrer Ehe Gedanken zu machen. Eben war Mum noch bei mir gewesen, im nächsten Moment brach sie mit David zu einer Kommune in Madras auf.

Sechs Wochen später kehrte Mum in Begleitung eines jungen Mannes aus Madras zurück, eines Bruders aus Australien mit Namen Joshua, der sich unsterblich in sie verliebt hatte. Das führte zu weiteren Komplikationen in der Beziehung meiner Eltern zueinander und schließlich zu ihrer Trennung.

Eines Morgens erschien unerwartet die Polizei in unserer Wohnung und forderte die ausländischen Bewohner auf, das Land unverzüglich zu verlassen. Offenbar waren einige der zur Sekte bekehrten jungen Inderinnen so schockiert und beunruhigt über die in den Kommunen herrschende Promiskuität, dass sie sich ihren Eltern anvertrauten, die prompt Anzeige erstatteten. Auf Ersuchen verzweifelter Eltern im Westen, die nach ihren vermissten Kindern suchten, schaltete sich Interpol ein. Hastig packten wir unsere Habseligkeiten zusammen, und die Kommune wurde geschlossen.

Mum und Joshua beschlossen, mit Kristina und David nach England zurückzukehren. »Aber ich habe darauf bestanden, dass du bei mir bleibst«, sagte Dad. »Von dir konnte ich mich nicht trennen.«

Mein Vater sah so gut aus, dass ich mir nicht vorstellen konnte, dass ihn jemand freiwillig verließ. Aber obwohl er mich meinen Geschwistern vorgezogen hatte, war ich untröstlich über den Verlust meiner Mutter.

Dad zog mich an sich und sagte: »Du warst so furchtbar traurig und hast dich nach Mum buchstäblich verzehrt. Nichts konnte dich trösten. Schließlich habe ich versprochen, mit der Wahl einer neuen Partnerin noch zu warten. Für den Fall, dass deine Mutter ihre Meinung ändert.«

Ich glaubte seinen Beteuerungen, ob sie nun ehrlich gemeint waren oder nicht, und seine Worte gaben mir die Hoffnung, dass der Bruch unserer Familie nur vorübergehend war, eine Hoffnung, die ich in den nächsten zwei Jahren über zwei Kontinente im Herzen trug.

Zwei Wochen später flogen wir nach Dubai. Dad war ziemlich verzweifelt, da er Indien inzwischen lieben gelernt hatte und die Zukunft mehr als ungewiss schien. In Dubai erhielt mein Vater überraschend einen Anruf von Mos jüngster Tochter Faithy. Sie war in Griechenland unterwegs gewesen, um nach einem geeigneten Ort für ein neues Projekt zu suchen. Faithy hatte Charisma und Ausstrahlung sowie eine Art, mit Worten umzugehen, die jeden überzeugte. Sie hatte die Absicht, die talentiertesten Musiker, Sänger und Songschreiber zusammenzubringen, um mit ihrer Hilfe weitere Anhänger für die »Familie« zu gewinnen.

»Simon Peter«, begann sie, »Mo ist sehr erfreut über deine Erfolge mit *Music with Meaning*. Er hat die Absicht, die Produktion der Sendungen zu unterstützen und für ihre weltweite Ausstrahlung zu sorgen.«

Die Programme sollten umfangreicher und sehr viel kommerzieller gestaltet werden, um neue Hörer anzuziehen und sie durch intensive Betreuung an die »Familie« zu binden – mit lokalen *Music with Meaning*-Clubs, einer Zeitschrift und Einladungen zu Zusammenkünften. Von Faithy persönlich angerufen zu werden galt als große Ehre, und Dad war überglücklich, volle Unterstützung für sein Projekt zu bekommen. Er hatte stets den brennenden Wunsch, neue Seelen zu erreichen und zu bekehren. Nicht unbedingt praktisch veranlagt, war er froh, die Organisation den Anführern der »Familie« überlassen zu können, damit er sich ganz auf die Sendungen konzentrieren konnte.

Und so trafen wir Ende 1979 in Athen ein. Wir überquerten die Halbinsel, um die Ostküste zu erreichen, und der Anblick der hoch in den blauen Himmel ragenden hellen Berge war atemberaubend. Während wir durch dunkle Pinienhaine fuhren, konnte ich das Meer glitzern sehen und die Fischerboote im alten Hafen von Rafina.

Unser Haus war eine der typischen modernen griechischen Villen: weiß getüncht und mit einem roten Ziegeldach. Im Garten wuchsen Obstbäume, struppiges Gras, gelbe Mimosen und Olivenbäume. Gleich in der Nähe am Meer gab es einen großen Campingplatz, das Coco Camp. Die eine Hälfte der Stellplätze wurde von normalen Urlaubern genutzt, die andere war für uns, die »Familie«, gebucht worden. Immer mehr Wohnwagen und Caravans trafen ein, bis ungefähr zweihundert Leute versammelt waren. Es waren Musiker und Techniker, die man eigens ausgewählt hatte, damit sie Dad bei seinem Projekt unterstützten.

Tagsüber lief ich im Freien herum und spielte mit den Kindern auf dem Campingplatz oder am Strand. Wir sammelten große, bunte Kieselsteine, Muscheln, tote Seesterne oder Seeigel. Es gab so unendlich viel zu sehen und zu tun, dass ich von morgens bis abends draußen spielte. Meine Haare wurden tagelang nicht gebürstet, und ich erinnere mich, dass sich irgendwann eine amerikanische Sängerin und Songschreiberin namens Wendy zu mir setzte, um mir mit einem Kamm die verfilzten Locken zu entwirren.

Manchmal lag ich abends stundenlang gelangweilt auf meinem Bett, weil Dad bis spät in die Nacht im Studio mit Faithy Berg und Jeremy Spencer arbeitete, dem früheren Gitarristen von Fleetwood Mac. Faithy hatte beschlossen, ihn als Zugpferd einzusetzen, um *Music with Meaning* für Radiosender attraktiv zu machen.

Um zu verhindern, dass ich völlig verwilderte, besorgte Faithy eine Reihe von Kindermädchen, damit sie sich um mich kümmerten. Die Erste war eine verheiratete Frau namens Rosa. Ihr folgte Crystal, eine temperamentvolle Amerikanerin mit Schmollmund und schulterlanger hellbrauner Haarmähne. Sie war alles andere als mütterlich, fluchte wie ein Kesselflicker – nicht gerade das, was man von einer guten Christin erwartete – und bekam ständig Schwierigkeiten, weil sie zu viel trank. Crystal behauptete gelegentlich über mich: »Die Kleine ist ein bisschen bockig. Wenn sie will, kann sie entzückend sein, aber wenn nicht, ist sie echt grauenhaft.« Ich gebe zu, dass ich eigensinnig sein konnte – besonders ihr gegenüber. Ich hasste sie, weil ich wusste, dass sie sich Dad schnappen wollte, und war entschlossen, jede zwischen ihnen aufblühende Romanze im Keim zu ersticken. Was mir nicht gelang. Dad hatte eine Affäre mit ihr, aber sie war nur kurzlebig.

Der Einzige, auf den ich hörte, war Dad. Ich liebte ihn mehr als alles auf der Welt und bemühte mich sehr, ihm zu gefallen. Außerdem rechnete ich fest damit, dass meine Mutter jederzeit zurückkommen könnte, obwohl wir uns voneinander verabschiedet hatten und obwohl es so war, als sei sie schon seit einer Ewigkeit fort.

Aber warum konnte ich mich nur nicht an sie erinnern? Warum nicht einmal an den furchtbaren Moment unserer Trennung in Bombay?

Als Dad meine Verzweiflung nicht mehr ertrug, rief er Mum in London an, damit ich mit ihr sprechen konnte.

Mit zitternden Fingern griff ich nach dem Telefon und konnte kaum glauben, dass ich endlich wieder ihre Stimme hören würde. »Wann kommst du, Mummy?«, fragte ich sehnsüchtig.

»Ich habe dich sehr lieb, Celeste. Ich bemühe mich, bald zu dir zu kommen«, hörte ich eine Stimme am anderen Ende der Leitung, die ich nicht erkannte. »Deine Schwester Kristina und dein Bruder David lieben dich auch und möchten dich gern wiedersehen.«

Sie hatte gesagt, dass sie zu uns zurückkommen würde! Ich war überglücklich.

»Es ist alles ausgemacht«, sagte Dad zu mir, nachdem er den Hörer aufgelegt hatte. »Die Tickets sind schon gebucht. Jetzt dauert es nicht mehr lange, mein Schatz.«

Ich sah Crystal an, die in der Nähe saß, und verkündete triumphierend: »Du brauchst nicht mehr zu bleiben. Meine Mummy kommt wieder zurück.«

Crystal zog ein finsteres Gesicht. Ein paar Wochen später beendete die Leitung der »Familie« – die in allem das letzte Wort hatte, auch in Liebesdingen – die Beziehung, weil sie der Meinung war, Crystal sei nicht gut genug für meinen Vater, ihren neuen Medienstar. Eine Ansicht, der ich aus vollem Herzen zustimmte. Ich konnte an nichts anderes denken als daran, dass ich bald wieder mit meiner Mum zusammen sein würde, mit ihr und meinen Geschwistern. Ich sehnte mich danach, dass sie mich zärtlich an sich drückte, mir die Haare bürstete, für mich da war, wenn ich sie brauchte. Aber die Zeit verging, und es geschah – nichts. Es fiel mir sehr schwer, meine Ungeduld zu zügeln. Jeden Tag dachte ich an meine Mutter und fragte Dad nach ihr. Wann kommt sie zurück? Wann ist sie endlich hier? Wann?

Als ich Dad eines Tages zum x-ten Mal nach Mum fragte, konnte er nicht länger aufschieben, mir das zu sagen, was mich in Verzweiflung stürzen musste. »Sie hat es sich anders überlegt. Sie bleibt bei Joshua.«

Mit weit aufgerissenen Augen starrte ich ihn an und spürte, dass mein Herz klopfte und flatterte wie ein verängstigter Vogel. Ich verstand das alles nicht. Warum hatte sie ihre Meinung geändert? Wer war dieser Joshua, der sie uns genommen hatte? Ich konnte es nicht verstehen und wollte mich mit der Endgültigkeit der Trennung nicht abfinden. Meine Erinnerungen an sie waren inzwischen verblasst, ich wusste ja nicht einmal mehr, wie sie aussah – aber sie war meine Mutter, auch wenn ich sie seit Jahren nicht mehr gesehen hatte. Ich war weiterhin fest entschlossen, dass niemand ihren Platz einnehmen sollte, ganz gleich, was geschah.

2 *Loveville*

WIR BESASSEN EIN KLEINES, zerbeultes Auto, kaum mehr als eine Schrottkiste. Die Rückbank hatten die früheren Eigentümer entfernt (deswegen war es relativ billig gewesen), sodass man auf dem Boden sitzen musste. Mit heruntergelassenen Hosen lagen mein Freund Nicki und ich hinten aufeinander und probierten Sex, wie wir es bei den Erwachsenen gesehen hatten. Wir waren beide fünf Jahre alt. Aber irgendetwas machten wir offensichtlich falsch, und es war nur ein Spiel.

»Du kitzelst mich ja!«

»Nein, tu ich nicht.«

»Doch. Autsch. Mein Bein steckt fest.«

Ich hörte ein unterdrücktes Lachen, hob den Kopf und sah, dass Nickis Mutter Patience uns durch das Autofenster amüsiert beobachtete. Hastig rappelte ich mich hoch und schob Nicki von mir.

Er entdeckte seine Mutter und wurde puterrot.

»Schon gut, ihr könnt ruhig weitermachen«, sagte sie.

Aber ich war verlegen und kam mir albern vor. Auf einmal war es kein Spaß mehr. Doch Schuldgefühle verspürte ich nicht. Bei der »Familie der Liebe« galt vieles als Sünde, aber Sex gehörte nicht dazu. Mo zufolge war es Gottes Wille, dass alle, selbst neugeborene Babys, sexuelle Erfahrungen machen.

Wenn jemand Dads *Music with Meaning* einschaltete, hörte sich die Botschaft geradezu idyllisch an: Liebe war die Antwort auf alle Probleme der Welt – Liebe zu geben, in Liebe miteinander zu leben. Mo hatte Dad instruiert, Jesus in den Sendungen nicht zu erwähnen. Das war eine wichtige Strategie, weil viele Hörer nicht wussten, was sie da eingeschaltet hatten und dass die Sendung von einer Sekte produziert wurde, und dann auch noch von einer sehr dubiosen. Doch einige Songs waren da weniger zurückhaltend. Jeremy Spencers Song *Too Young for Love* basierte auf einem Mo-Brief mit dem Titel Kinderbraut, in dem Mo die Ansicht vertrat, dass Kinder mit elf oder zwölf Jahren alt genug waren für Sex, Heirat und Kinder.

Mo wollte eine neue Generation von Kindern wie ich, die innerhalb der »Familie der Liebe« zur Welt kamen und »das System« nie kennengelernt hatten. Die unbefleckt wären von den Sünden eines früheren Lebens. Um zu beweisen, dass er an dieses Paradies auf Erden glaubte, das er »Loveville« nannte, schickte Berg Mitglieder seiner eigenen Familie zu uns, damit sie mit uns zusammenlebten.

Zunächst einmal war da Faithy, seine jüngste und loyalste Tochter, deren blaue Augen fast fanatisch funkelten. Und dann seine Enkelin, die neunjährige Mene, die zu einem Star von *Music with Meaning* wurde. Als ich sie zum ersten Mal sah, kam sie mir mit ihren klaren blauen Augen, dem milchweißen Teint und den blonden Haaren vor wie ein Engel. Sie hatte eine zarte, sanfte Stimme und einen verträumten Ausdruck in den Augen und benahm sich wie das perfekte »Familie«-Kind: stets ein Lächeln auf den Lippen, folgsam, die Bibel lesend oder daraus zitierend.

Außer bei Proben oder Aufnahmen im Studio verbrachten wir kaum Zeit miteinander. Nie habe ich mit Mene draußen gespielt. Ich glaube, das war ihr nicht erlaubt.

Jeder beteiligte sich in irgendeiner Form an den Radiosendungen und Videoshows von *Music with Meaning,* und wie jedes Kind machte es mir Spaß, meine Talente zu zeigen. Es gab Musiker, Techniker, Schneiderinnen und Sekretärinnen. Zu den berühmteren Mitgliedern des Teams gehörten das Ehepaar Peter und Rachel Pioneer, ein Gesangsduo aus Dänemark, sowie die Sängerinnen und Songschreiberinnen Joan and Windy, die keinen Hehl aus ihrer Bisexualität machten. Der Norweger Zack Lightman arbeitete als Kameramann und Beleuchter, während seine Frau Lydia Kostüme und Kulissen entwarf. Sue, eine Amerikanerin mit braunen Augen und einem bezaubernden Lächeln, war die Club-Sekretärin. Jeremy Spencers Frau Fiona galt als »Königinmutter« des Camps. Das Ehepaar lebte mit Antonio zusammen, unserem feurigen italienischen Koch, und Fiona hatte mit den beiden Männern sieben Kinder.

Im Zentrum des Camps war ein Armeezelt aufgestellt. Es diente als Ort für Versammlungen und im Winter, wenn die Abende kühl waren, als Speiseraum. Zwei große Gasöfen erwärmten die Bühne, und als Beleuchtung benutzten wir Kerosinlampen. Um so viele Menschen zu verpflegen, war ein ganzes Team nötig, dessen Aufgabe darin bestand, auf dem Markt und in örtlichen Geschäften Lebensmittel zu schnorren.

Bei warmem Wetter nahmen wir unsere Mahlzeiten an langen Tischen und Bänken unter den Bäumen ein. Das Essen war frisch und schmeckte – im Allgemeinen – köstlich. Unser Frühstück bestand aus Griesbrei, der mit braunem Zucker, Honig oder Melasse gesüßt wurde. Meist kochte Antonio solche einfachen italienischen Gerichte, die selbst für zweihundert hungrige Menschen relativ schnell zubereitet werden können: Pasta mit Tomatensauce oder Eintopf mit Rindfleisch, Kartoffeln und Karotten.

Von den Kindern wurde gutes Benehmen erwartet. Selbst die Jüngsten mussten während der ausgedehnten Versammlungen brav und ruhig auf den harten Holzbänken im Zelt sitzen. Diese Sitzungen waren unglaublich langweilig, und ich flüchtete mich oft genug in die Traumwelt meiner Gedanken. Darüber hinaus fiel es mir ungeheuer schwer, während der langen Gebete die Augen geschlossen zu halten. Also schlug ich beide Hände vors Gesicht und blinzelte durch die Finger.

Sobald Faithy das Leben im Camp organisiert hatte, übertrug sie die Leitung einem Ehepaar, Paul und Marianne Peloquin, um sich in Puerto Rico um eine spanische Version der Sendung – *Musica Con Vida* – zu kümmern.

Paul und Marianne nahmen ihre Aufgabe ernst – zu ernst. Das kinderlose Ehepaar hatte sich viele Jahre lang vergebens einen Sohn gewünscht. Paul stammte aus Quebec, hatte pechschwarze Haare, braune Augen und sprach Englisch mit starkem französischem Akzent. Er war ein richtiger Charmeur, hatte jedoch ein aufbrausendes Temperament und konnte unvermittelt aus der Haut fahren. Marianne war Französin, eine wohlproportionierte, große Frau mit tief liegenden Augen und einer markanten Nase. Zu ihren Pflichten gehörte es, das Tagesprogramm aufzustellen und jedem seine Aufgaben für den kommenden Tag zuzuweisen.

Wecken war um 7.30 Uhr, und nach dem Frühstück lief ich zum »Blauen Haus« hinüber, unserer Gemeinschaftsschule, deren Anstrich an das verblichene Blau vieler Fischerboote erinnerte. Auf dem Stundenplan standen »Word Time« und dogmatische Unterweisung. Unsere Lehrer waren Johnny Appleseed, Fiona Spencer und Nickis Mutter Patience. Wir bekamen Schautafeln mit biblischen Szenen gezeigt und lasen *True Komix* – illustrierte Mo-Briefe für Kinder. Normalerweise kam alle zwei Wochen mit der Post eine wahre Flut dieser Briefe und Bücher von Mo und Maria an. Jede Kommune hatte einen Briefkasten, zu dem der für die Kommune Zuständige einen Schlüssel hatte. Es war organisiert wie ein geheimes Kommandounternehmen.

An sonnigen Tagen fand die Lektüre im Schatten der Pinien auf dem Campingplatz statt. Hätten Sonntagsschullehrer diese *True Komix* zu Gesicht bekommen, wären sie in Ohnmacht gefallen. Sie zeigten unverhüllte Nacktheit und krasse Sexszenen ebenso wie grauenhafte Dämonen und bizarre Traumfantasien, die Mo zufolge den Willen Gottes deutlich machten. »Mo ist der Prophet für die heutige Zeit. Das Sprachrohr, mit dem Er uns Seine neue Botschaft verkündet«, erklärten unsere Lehrer. »Für die System-Christen bleibt der göttliche Geist unerreichbar. Sie sind ›alte Schläuche‹, die den neuen Wein nicht aufnehmen können.«

Gott, Jesus, Engel und der Teufel waren reale Bestandteile unseres Alltags. Unser Wohlverhalten belohnte Jesus, unsere Vergehen bestrafte der Teufel. Unsere Indoktrination war umfassend, und schon der leiseste Zweifel würde dem Teufel Tür und Tor öffnen. An eine Bilderfolge aus den *True Komix* erinnere ich mich noch genau. Sie zeigte den Teufel als Kobold mit Hörnern und Forke. Ein kleines Mädchen sitzt mit ihm und vier »Zweifelchen« am Tisch, und der Teufel gießt dem Mädchen Tee ein. Auf dem nächsten Bild versinkt das Mädchen im Treibsand und gleitet unrettbar zurück ins »System«, weil der Teufel und seine »Zweifelchen« es in ihren Bann gezogen haben. »Es ist gefährlich, mit dem Teufel Tee zu trinken«, lautete die Botschaft.

Einige der *True-Komix*-Geschichten handelten von Davidito, Davida und Techi, den Kindern der Königlichen Familie. Wir kannten sie bereits aus den Davidito-Briefen als Beispiele dafür, wie »revolutionäre« Kinder im Sinne Gottes erzogen werden. Mos Sekretärin und zweite Ehefrau »Maria« hatte zwei Kinder: Davidito und Techi. Davidito war nach einem Flirty Fishing mit einem Hotelkellner auf Teneriffa 1975 zur Welt gekommen – nur drei Tage vor mir, und das machte mich sehr stolz. Techis Vater war Timothy, Marias Liebhaber und Mos rechte Hand. Timothy sei engagiert worden, damit er »seinen Samen spendet«, schrieb Mo in seinen Briefen und bezeichnete Techi als seine Tochter. Ihr ungewöhnlicher Name sei ihm in einer Vision gekommen, als ihn während einer Krankheit (kurz vor ihrer Geburt im Jahr 1979) der Geist eines kleinen Mädchens besucht habe. Er erklärte Techi zu einer Reinkarnation und versuchte, diese buddhistische Vorstellung mit den christlichen Doktrinen zusammenzubringen.

Davida war die Tochter von Daviditos Kindermädchen Sarah Keller, die sich selbst Sarah Davidito nannte. Alle drei Kinder gehörten zur Königlichen Familie und wuchsen abgeschottet in Mos Residenz auf. Die Kinder der Königlichen Familie hatten großen Einfluss auf mein Leben. Sie waren für uns Idole, zu denen wir aufblickten, und wir verfolgten ihr Leben in den Mo-Briefen, die wir lasen, mit großem Interesse und großer Neugier.

Nach der Mittagsruhe durften wir draußen spielen. Meine besten Freundinnen waren Renee und Daniella, zwei Schwestern. Ich mochte ihre Mutter Endureth und betrachtete sie als eine Art zweite Mutter. Mit Serena als Stiefmutter konnte ich mich noch immer nicht abfinden, und ich beachtete sie meistens nicht. Vermutlich bildete ich mir ein, ich könnte auf diese Weise so tun, als gäbe es sie gar nicht. Darüber hinaus hatte Serena mit ihrer sechs Monate alten Tochter Mariana alle Hände voll zu tun, und außerdem war sie inzwischen von meinem Vater hochschwanger. Das führte schließlich dazu, dass ich immer mehr Zeit mit Endureth und ihrem Mann Silas verbrachte. Meine Schwester Kristina war ungefähr genauso alt wie Daniella, und ich sprach ständig von ihr, obwohl ich wusste, dass sie mit meiner Mutter und dem kleinen David in Indien war. Durch das Zusammensein mit meinen Freundinnen in ihrer Familienatmosphäre konnte ich mir einreden, ich hätte Schwestern. Tagsüber spielten wir miteinander, und nachts schliefen wir gemeinsam in einem großen Doppelbett hinten im Caravan.

Meine andere Freundin hieß Armi. Wir hätten nicht unterschiedlicher aussehen können. Sie hatte glatte schwarze Haare und braune Augen wie ihre Mutter, eine Amerikanerin mit indianischen Vorfahren. Im Februar 1972 war sie als eines der ersten Kinder innerhalb der »Kinder Gottes« geboren worden. Ihr Vater Jeremiah Russell gehörte zu den ersten fünfzehn Anhängern von Mos Gemeinde in Huntington Beach. Er war Musiker und schrieb Songs für *Music with Meaning.* Armi hatte die musikalische Begabung ihres Vaters geerbt und das Auftreten eines Stars. Ich wünschte mir brennend, so zu sein wie sie, so gut singen zu können und in ihren Kreis aufgenommen zu werden. Wir lachten über die gleichen Scherze, vertrauten einander unsere Geheimnisse an, und sie brachte mir viele Dinge bei, beispielsweise einen Körper in den richtigen Proportionen zu zeichnen, anstatt den Hals als Dreieck und eine Hand als Kreis. Sie war es auch, die mir dabei half, meinen britischen Akzent loszuwerden und »amerikanisch« zu sprechen wie die meisten anderen Kinder.

Armi und Mos Enkelin Mene teilten das gleiche Schicksal. Ihre Eltern waren von Mo aufgefordert worden, ihre Töchter mit der Zusicherung nach Loveville zu schicken, sie könnten nach sechs Monaten wieder zurückkehren. Doch das geschah nie. Stattdessen blieben sie in der Obhut von Paul und Marianne Peloquin.

Niemand wagte es, gegen Mos Anordnungen aufzubegehren. Er war schließlich der Prophet. Uns wurde die Überzeugung eingebläut, dass wir den Willen Gottes erfüllen, wenn wir seine Anordnungen ausführen. Im Rückblick ist klar, dass wir nur Spielzeuge und sein Gefolge waren, das er dazu benutzte, seinen Ehrgeiz, seine Lust und seine Fantasien zu befriedigen. Als Mo von den Frauen verlangte, nackt für ihn zu tanzen und es auf Video aufzunehmen, rief Paul uns alle zusammen, selbst die dreijährigen Mädchen, um uns Mo-Briefe mit dem Titel

»Die Verherrlichung Gottes im Tanz« und »Nacktheit kann sehr schön sein« vorzulesen.

»Dem Herrn sei Dank! Ist es nicht ein ganz besonderes Privileg, für den König tanzen zu dürfen?«

Erregt antworteten die erwachsenen Frauen mit einem vielfachen »Lobet den Herrn« und »Amen« auf Pauls Frage.

Paul fuhr fort: »In diesen Briefen gibt er uns genaue Anweisungen, wie es ausgeführt werden soll. Der Herr sei gelobt.«

In den nächsten Tagen beobachtete ich, wie die Frauen sich Musikstücke und durchsichtige Schleier aussuchten und dann ihre Tänze vorführten. Danach sagte Paul zu den Mädchen: »Das ist für Davidito bestimmt, also zeigt ihm euer bezauberndstes Lächeln.«

Nachdem Armi, Mene, Renee und Daniella für den kleinen Prinzen getanzt hatten, war ich an der Reihe. Paul suchte zwei Songs für mich aus und wickelte mir einen Schleier um den Hals, den ich während des Tanzes ablegen sollte. Er griff zur Kamera und gab mir Anweisungen.

»Beweg dich im Rhythmus der Musik!« Er machte es mir vor. »Winde dich wie eine Schlange, und fahr dir dabei über den Po, Süße.»

Ich ahmte einfach die Bewegungen nach, die ich zuvor bei den erwachsenen Frauen gesehen hatte.

»Gut. Sehr gut! Und jetzt wirf Davidito Luftküsse zu, damit er weiß, dass du ihn wirklich liebst.«

Es fiel mir schwer, seinen Anordnungen zu folgen und gleichzeitig zu lächeln. Es gibt das Video noch immer, und ich habe mir als Erwachsene das sechsjährige Kind angesehen, das ich damals war. Ich starre in die Kamera, als wollte ich sie verführen. Am meisten verblüffte mich der unschuldig-wissende Ausdruck in meinen Augen. Was die Sache in der Rückschau noch schlimmer macht, ist die Tatsache, dass Davidito damals auch erst sechs Jahre war. Das sagt mir, dass Mo, dieser alte Mann, mit den

Videoaufnahmen seinen kleinen Namensvetter nach seinem Vorbild formen wollte, während der dreckige alte Mann sich beim Betrachten dieser Tänze seinen Fantasien hingab.

Von da an wurden von uns Mädchen regelmäßig Nacktaufnahmen gemacht und an Mo geschickt. Er teilte uns mit, dass er sie zur täglichen Inspiration um sich haben wollte – ein Euphemismus für Masturbation. Heute weiß ich, wie Mo sich »inspirieren« ließ. Damals ahnten wir nicht, dass er bald an den Punkt kommen würde, an dem er sich seine Lieblingsmädchen aussuchen und bringen lassen würde, damit sie seine persönliche Lust befriedigten. Die Eltern hegten den naiven Glauben, dass die Kinder in »guten Händen« waren, obwohl sie nicht wussten, wo sich ihre Töchter befanden, und obwohl sie nicht einmal mit ihnen in Verbindung treten konnten. Doch das lag alles noch in der Zukunft, und zum Glück wusste ich nicht, welches Schicksal einigen meiner Freundinnen bevorstehen sollte.

Sex war in unserer Welt absolut alltäglich. Die Erwachsenen hatten keinerlei Hemmungen, sich in unserem Beisein zu paaren, und ermutigten uns, zu masturbieren und unseren Körper zu erkunden. Auf diese Weise wurde unsere kindliche Neugierde missbraucht, auch wenn man uns ermahnte, das auf gar keinen Fall vor Fremden zu tun oder in deren Gesellschaft darüber zu reden. »Das System verabscheut Sex«, wurde uns erklärt. »Dort hält man ihn für schmutzig und für eine Sünde.«

Wenn es sehr heiß war, liefen alle im Badeanzug oder in Shorts herum. Ich fand nichts dabei, nur eine Unterhose anzuhaben wie die anderen Kinder. Im Alter von fünf oder sechs Jahren war ich in hohem Maß sexualisiert und ohne jede Scheu oder Scham.

Mein Vater hat sich mir nie in unschicklicher Weise genähert und sich auch nicht vor meinen Augen sexuell betätigt, aber ich nehme an, dass er über die Vorgänge Bescheid wusste.

Sein bester Freund war Solomon Touchstone, ein Schlagzeuger, der sonntags mit uns häufig zum Lunch in eine kleine Taverne am Hafen ging. Wie Dad stammte Solomon aus London, und die beiden machten gern Witze in einem derben Cockney-Dialekt. Solomon war nicht groß – etwa einsfünfundsechzig –, gut aussehend, und alle Frauen mochten ihn. Ich auch, denn er war ausgesprochen witzig und schenkte mir seine Aufmerksamkeit.

Sexuelles Verhalten war für uns normal. Alle umarmten und küssten sich ständig. Für mich war es nur ein Spiel. Aber meine Zutraulichkeit und mein Verlangen nach Aufmerksamkeit, Liebe und Anerkennung wurden in erschreckender Weise ausgebeutet. Der freundliche, lustige Solomon, der beste Freund meines Vaters, war nur einer von vielen Männern, die meine kindliche Zuneigung missbrauchten. Wenn wir allein in seinem Wohnwagen waren, forderte er mich auf, für ihn zu tanzen, und masturbierte dabei auf seinem Bett.

»Du bist so unglaublich sexy!«, stöhnte er dann.

Kein Wunder, dass ich auf dem für Mo bestimmten Video diesen unschuldig-wissenden Ausdruck in den Augen hatte. Ich war unschuldig, begriff aber schnell, was Männer anmachte. Die einzig positive Aufmerksamkeit von den Erwachsenen bekamen wir, wenn wir taten, was sie von uns verlangten, wenn wir kokett oder sexy waren. Kinder sehnen sich nach Anerkennung, und ich war da keine Ausnahme. Wir wurden belohnt, wenn wir »fügsam« waren und das taten, was Gott angeblich von uns wollte. Trotzig Nein zu sagen oder prüde zu reagieren, war des Teufels und konnte uns ernste Probleme bereiten. Ich lernte schnell zu flirten, um Aufmerksamkeit zu erregen, und wusste nicht, wie man sich sonst in männlicher Gesellschaft verhalten sollte.

Der Peruaner Manuel war ein weiterer Mann, der uns jungen Mädchen nachstellte. Er und seine deutsche Frau Maria gaben uns Tanzunterricht. Auch sie waren kinderlos. Er hatte dunkle Augen und einen intensiven, fast durchdringenden Blick, der mir Unbehagen verursachte. Die jüngeren Mädchen erregten seine besondere Aufmerksamkeit, vor allem Mene und Armi. Maria gefiel sich in lesbischen Spielen mit anderen Frauen, und beide brachten den Mädchen bei, das, was sie taten, zur Belustigung der Männer nachzuahmen. Weil ich jünger war, blieb ich von vielen Sexspielen verschont, zu denen man meine Freundinnen zwang. Im Vergleich zu ihnen hatte ich noch Glück. Aber ganz konnte ich der Sache nicht entgehen.

Eines Nachmittags kam Manuel in den Wohnwagen von Silas und Endureth, in dem Renee, Daniella und ich oft zusammen schliefen. Ich kannte mich im Caravan aus und betrachtete ihn als ein zweites Zuhause. Die roten Vorhänge waren zugezogen. Er befahl mir, mich aufs Bett zu legen, zog mir das Höschen aus und küsste mich. »So machen das die erwachsenen Frauen«, erklärte er, während er sich über mich kniete und anfing, sich an mir zu reiben, ohne in mich einzudringen, bis er schließlich einen Orgasmus hatte.

Als sich das klebrige weiße Zeug auf mich ergoss, verspürte ich Ekel. Ich hatte zuvor noch nie Sperma gesehen. Es fühlte sich widerlich und abstoßend an. Manuel holte ein paar Zellstofftücher, wischte mich sauber und ging in die kleine Wohnwagentoilette. Verwirrt und benommen blieb ich auf dem Bett liegen. Es war wie in einem Albtraum: Man will schreien oder etwas sagen, aber nichts kommt einem über die Lippen. Ich wurde von einer Flut von Gefühlen und Gedanken übermannt, konnte sie aber nicht ausdrücken. Selbst als die Erwachsenen mich direkt fragten, was ich dachte, geriet ich in eine Art Panik und konnte nicht antworten.

Wenn ich Erwachsene beim Sex beobachtete, sah es aus, als würden sie es genießen; warum war mir das nicht möglich? Diese Männer wollten in mir das Bewusstsein wecken, dass ein kleines Mädchen wie ich das Gleiche in Männern erregen konnte wie eine erwachsene Frau. Meine Selbstwahrnehmung war gestört, und ich hatte keine Vorstellung von meiner Verletzlichkeit und davon, dass ich mich von erwachsenen Frauen unterschied.

Obwohl in vielerlei Hinsicht von uns erwartet wurde, dass wir uns wie Erwachsene benahmen, waren wir alle noch kleine Kinder. Mindestens einmal in der Woche versammelten sich die Bewohner von Loveville zu einem Tanzabend, der gewöhnlich als Orgie endete. Wie üblich wurden wir uns selbst überlassen, während sich die Erwachsenen – das heißt, alle über zwölf – ungehemmt dem Sex hingaben.

An einem dieser Abende sahen Renee, Daniella und ich zu, wie die Erwachsenen nackt miteinander tanzten, und beschlossen, ihnen einen Streich zu spielen. Der Reihe nach schlichen wir uns von hinten an ein Paar heran und kniffen ihn oder sie ins Hinterteil. Es war ein Riesenspaß, zu sehen, wie sie entsetzt zusammenfuhren. Doch wenn sie sich umdrehten, um den Übeltäter zu schnappen, hatten wir uns längst kichernd in Sicherheit gebracht.

Wir sollten mit niemandem außerhalb der »Familie« über unsere »sexuelle Freiheit« reden. Mir wurde gesagt, dass die Menschen im System kein Verständnis für die Privilegien hätten, die der Herr uns gewährte, und ich lernte bald, ein Doppelleben zu führen.

Ich weiß noch, dass wir an einem Vormittag in einem Waisenhaus auftraten, bevor wir nach einer Mittagspause nach Athen fahren sollten, um bei einem lokalen TV-Sender ein Weihnachtslied zu singen. Wir parkten am Straßenrand, zogen die Vorhänge des Van zu und begannen das, was die Erwachsenen »Liebe leben« oder »Kuschelzeit« nannten.

Mein Lehrer Johnny Appleseed legte sich neben mich, küsste mich auf den Mund und streichelte mich. Er öffnete seine Hose, führte meine Hand an seinen Penis und brachte mich dazu, ihm beim Masturbieren zu helfen. Aber es endete schließlich damit, dass er sich selbst befriedigte, während ich neben ihm lag. Ich bemerkte, dass alle um uns herum mit Sex beschäftigt waren. Johnny hatte die Augen fest geschlossen, sein Mund stand offen, er keuchte und stöhnte. Als er fertig war, sprach er ein Gebet.

»Gott, ich danke dir, dass wir deine Liebe miteinander teilen dürfen«, betete er, drehte sich auf die Seite und schlief ein.

Die ganze Zeit hatte ich Angst. Immerhin war er mein Lehrer, und die Vorhänge schlossen nicht vollständig. Ich hörte die Schritte der Leute, die vorbeigingen, und befürchtete, dass jeden Moment jemand hereinschauen und uns entdecken könnte.

Als es schließlich Zeit für unseren Auftritt im Fernsehstudio war, kämmten die Erwachsenen uns die Haare, als wäre nichts geschehen, und bedachten uns mit ein paar aufmunternden Worten. »Wenn wir da drinnen sind, vergesst nicht zu lächeln und Gottes Liebe zu zeigen. Macht euch keine Sorgen wegen der Kamera, wie Großvater gesagt hat. Singt einfach, wie euch ums Herz ist, und denkt an die verlorenen Seelen, die euch zusehen werden.«

Wir verließen den Van und betraten das Studio. Der Moderator fand uns »großartig«, und wir zogen eine gut einstudierte Show ab. Natürlich hatte keiner der Zuschauer auch nur die geringste Ahnung von dem, was sich nur eine Stunde zuvor hinter den geschlossenen Vorhängen des Van abgespielt hatte.

Wenn Besucher zu uns auf den Campingplatz kamen, zogen sich alle ein bisschen konservativer an, und ich wusste, dass es Themen gab, über die mit »Außenseitern« nicht gesprochen wurde – über Sex und über unseren Propheten –, und dass man die Mo-Briefe und andere Publikationen, wie die Davidito-Briefe, wegräumte.

»Schätzchen, meine Eltern – dein Großvater und deine Großmutter aus England – kommen uns besuchen«, sagte Dad eines Morgens, nachdem er einen Brief von ihnen bekommen hatte.

»Aber wir nennen doch Mo Großvater«, wandte ich ein. »Ist das ein anderer Großvater?«

»Ja. Er heißt Glen und ist mein Dad.«

Aber es könnte mich verwirren, wenn ich ihn auch Großvater nenne, überlegte ich, aber nach ein paar Minuten des Nachdenkens hatte ich das Problem gelöst. »Vielleicht nenne ich ihn Großpapa, das bringt mich nicht durcheinander. Bin ich ihnen schon einmal begegnet?«

»Ja, in London. Als du noch ein Baby warst«, antwortete Dad. »Ich wollte ihm gegenüber Zeugnis ablegen, aber mein Vater ließ sich nicht bekehren. Er blieb uneinsichtig, aber vielleicht gelingt es mir diesmal, seine Seele zu retten.«

Ständig redete Dad davon, Seelen retten zu wollen. Er war fest davon überzeugt, dass sie nach dem Tod in die Hölle kommen würden, wenn sie sich nicht zu Jesus hinwendeten. Ein solches Schicksal wollte Dad seinen Eltern ersparen.

Als sie ankamen, fiel mir sofort der Unterschied in ihrem Aussehen und Verhalten auf – wie zurückhaltend sie wirkten und dass Dads Stiefmutter Penny sich ganz anders kleidete als die Frauen der »Familie«. Sie trug eine langärmelige Bluse und Hosen, und ihre Haare waren kurz geschnitten und dauergewellt. Penny küsste mich auf die Wange, aber es gab keine überschwänglichen Umarmungen, obwohl sie sich offensichtlich über das Wiedersehen freuten.

»Meine Güte«, sagte Penny, »du bist aber groß geworden, seit wir dich das letzte Mal gesehen haben.«

Am Abend ihrer Ankunft bereitete Antonio ein köstliches Pastagericht zu, dass wir an einem Tisch unten den Bäumen einnahmen. Faithy Berg war gerade zu Besuch, stellte sich Dads

Eltern vor und äußerte sich in glühenden Worten über *Music with Meaning.* Windy, Peter und Rachel spielten Gitarre und sangen Songs aus der Radiosendung. Dad strahlte vor Stolz wie ein kleiner Junge. Als wäre er glücklich, seinen Eltern zeigen zu können, was er erreicht hatte.

Am nächsten Tag machten wir mit ihnen eine Besichtigungstour durch den Ort, aber am lebhaftesten sind mir die Geschichten in Erinnerung, die Großpapa aus seiner Zeit als junger Offizier der Britischen Armee in Palästina erzählte. »Eines Tages stellte ich beim Aufwachen fest, dass man mir nachts mein Bett unter dem Allerwertesten weggestohlen hatte«, schmunzelte er.

Der Besuch meiner Großeltern und die Gespräche meines Vaters über seine leibliche Mutter gaben mir ein großartiges Gefühl. Ich fand es wundervoll, neben der »Familie« auch »ganz richtige« Verwandte zu haben. Nach der Abreise von Großpapa Glen und Großmutter Penny schrieb ich ihnen Briefe, schickte kleine Bilder oder Basteleien und hoffte, sie bald wieder zu treffen.

Vielleicht waren es die Geschichten über die Vergangenheit und über die Familie, die in Dad einen Wunsch auslösten. Er wollte mehr über seine Mutter in Erfahrung bringen und erhielt von Mo die Erlaubnis zu einer Reise nach Polen, um dort Nachforschungen nach seiner Familie mütterlicherseits anzustellen. Es gelang ihm, in Krakau eine noch lebende Verwandte ausfindig zu machen, und er kam voller Geschichten und mit Fotos von meiner Großmutter Krystina zurück. Auf ihrem Hochzeitsfoto sah sie mit ihren braunen Augen und ihren glänzenden dunklen Haaren einfach wunderschön aus. Stolz erzählte mir Dad, dass ich meine gute Singstimme von ihr geerbt hätte. Traurigerweise bekam sie im Alter von nur vierundzwanzig Jahren eine Krankheit, bei der das Gehirn degeneriert, ähnlich wie BSE, an der sie innerhalb von wenigen Monaten starb. Damals war Dad erst dreieinhalb Jahre alt und konnte sich daher nicht an sie erinnern, er liebte sie aber so abgöttisch wie ich meine Mum.

Ich merkte, wie ähnlich wir uns waren, und verstand, warum er mich nie zwang, Serena als Stiefmutter zu akzeptieren. Immer wieder äußerte ich den Wunsch, meine Mum in Indien zu besuchen, aber Dad entgegnete, das wäre zu kostspielig und außerdem müsste er für die Ausstrahlung der Sendung hier sein. Er schlug vor, stattdessen ein Tonband für sie aufzunehmen. Ich sang meine Lieblingslieder aus *Music with Meaning* und schlug dazu ein Tamburin. Als ich den Text vergaß, half Solomon Touchstone mir weiter. Darüber hinaus zitierte ich aus den Mo-Briefen und aus der Bibel. Zum Schluss erklärte ich Kristina und David, wie sehr ich sie liebte, und bat sie, »gute Zeugen für Jesus« zu sein.

Bevor ich mich verabschiedete, sagte ich: »Wenn ich euch hier nicht wiedersehe, dann treffen wir uns im Paradies.«

Genau das sagte Dad auch immer, wenn ich mit ihm darüber sprach, wie sehr ich meine Mum und meine Geschwister vermisste: »Du wirst sie bald wiedersehen; wenn nicht hier, dann im Paradies.«

Das Ende der Welt stand kurz bevor, und schon bald wären wir alle wieder miteinander vereint. Was mein Vater sagte, war die Wahrheit. Er wusste einfach alles. Er war auch sehr angesehen, wie ich eines Abends feststellen konnte, als wir alle zu einem großen Fest zusammenkamen. Es wurde das Jubiläum von *Music with Meaning* gefeiert, und zu meiner großen Begeisterung erfuhr ich, dass Simon Petrus – mein Dad! – aus diesem Anlass als Gründer der Radioshow geehrt werden sollte. Ich glaube, mein Vater konnte kaum glauben, dass er und seine Arbeit vom Propheten selbst auf diese Weise anerkannt wurden. Mo hatte den Tag zum »Simon Peter's Day« erklärt und meinen Dad in einem Brief sogar »heilig« genannt.

Beglückt und stolz wich ich meinem Vater den ganzen Abend nicht von der Seite. Als die Jubiläumstorte angeschnitten wurde, überreichte Paul Dad einen Umschlag mit einer großen Summe Geld. »Das ist für dich, Simon. Du kannst es nach deinem Gutdünken verwenden und bekommst außerdem eine Woche Urlaub. Es ist der gerechte Lohn für deine Arbeit im Dienst Gottes. Was du gesät hast, sollst du auch ernten. Der Herr sei gelobt.«

Aus Anlass dieses glücklichen Tages gab es eine weitere Belohnung: drei Tage Urlaub für jeden. Natürlich freuten sich alle für Dad und scharten sich um ihn, um ihn zu loben und ihm zu danken. Er strahlte über ihre Anerkennung, und ich strahlte mit ihm, als ich dicht neben ihm stand und bewundernd zu ihm aufblickte – zu meinem Vater.

Nach unserem dreitägigen Familienurlaub brachte Dad Serena, die im achten Monat schwanger war, nach Patmos, während ich bei Silas, Endureth und meinen Freundinnen Renee und Daniella zurückblieb. Als Dad wiederkam, zeigte er mir die Fotos, die sie auf der Insel aufgenommen hatten.

»Wir sind auf Eseln geritten. Es war ziemlich holprig, und ich konnte ein paar Tage nicht mehr richtig sitzen.« Er lachte.

»Und was hast du sonst noch gemacht?«, fragte ich neugierig, denn ich wollte unbedingt erfahren, was er ohne mich unternommen hatte.

»Na ja, wir sind zu der Höhle gegangen, in der der Apostel Johannes die Apokalypse schrieb. Stell dir vor, wir waren genau an dem Ort, an dem ihm die letzten Stunden vor dem Ende der Welt offenbart wurden!«

Ein paar Wochen später, am 2. Juni 1981, wurde meine Halbschwester Juliana in einem kleinen Krankenhaus in Rafina geboren. Ich konnte es gar nicht erwarten, sie zu sehen. Solomon Touchstone holte Dad, Serena und Juliana mit dem Auto ab.

Die Tür ging auf, und ich erblickte ein süßes, winziges Baby in Serenas Arm, das die Augen fest geschlossen hatte.

»Darf ich sie halten?«, fragte ich aufgeregt.

»Sicher«, erwiderte Serena. »Aber sei vorsichtig.«

Behutsam legte sie mir das Baby in den Arm. Ich fand, dass sie aussah wie eine kleine Puppe, aber als ich sie hochheben wollte, stieß sie mit dem Kopf gegen die Autotür und begann zu schreien.

»Oje«, rief ich entsetzt. Schnell nahm Serena mir ihre kleine Tochter ab und tröstete sie. Aber sie machte mir zum Glück keine Vorwürfe.

Dad umarmte mich, und wir gingen alle ins Haus. »Wie heißt sie denn?«, fragte ich.

»Wir wollen sie Juliana Faithful nennen«, antwortete Dad. Ich war selig über meine neue Schwester und sah zu, wie Serena dem Baby die Windeln wechselte und es stillte. Ich versuchte sogar, Juliana selbst zu stillen – und handelte mir damit ein paar purpurne Knutschflecken ein. Doch nachdem sich die erste Begeisterung über meine kleine Schwester gelegt hatte, sah ich sie und Mariana wegen unseres großen Altersunterschieds bis auf die Sonntage nur selten. Ich war lieber mit Renee und Daniella zusammen. Nie empfand ich Eifersucht auf unseren Familienzuwachs. Ich war Dads »Große«, und er versicherte mir, dass niemand meinen Platz einnehmen würde.

Die Sonntage waren unsere freien Tage, die einzige Zeit, die ich mit Dad und unserer kleinen Familie verbrachte. Ich freute mich zwar auf den Feiertag, fürchtete mich aber vor den traditionellen nachmittäglichen Zusammenkünften, bei denen sich alle im großen Gemeinschaftszelt einfanden und auf den Holzbänken vor einem Fernseher Platz nahmen.

Einmal sprach Paul zur Einführung ein Gebet und verkündete dann sichtlich erregt: »Uns wird ein ganz besonderes Privileg zuteil. Hier in meinen Händen halte ich Videobänder mit dem

Titel *Garden of Eden.* Mo hat uns hier in Loveville gestattet, diese Aufnahmen anzuschauen, aber niemand darf mit einem Außenstehenden über diese Aufnahmen reden oder darüber, wie er aussieht.«

Erst schwiegen alle schockiert, dann begannen sie aufgeregt zu wispern, während das erste Band gezeigt wurde. Bis auf einige wenige Vertrauenspersonen wusste niemand, wie David Berg aussah. Sein Nachname wurde in den internen Publikationen nie erwähnt, und auf Bildern wurde Moses David mit einem Löwenkopf dargestellt. Das geschah, um seine Identität und seinen Aufenthaltsort zu verheimlichen, da bereits nach ihm gefahndet wurde. Regelmäßige – ausnahmslos negative – Medienberichte hatten zu erhöhter Aufmerksamkeit in der Öffentlichkeit geführt und Behörden rund um die Welt alarmiert. So führte David Berg alias Großvater Mo ein von seinem inneren Kreis bewachtes Schattenleben und reiste mit einem gefälschten Pass von einem Land ins andere.

Ich war wahnsinnig neugierig darauf, wie Großvater Mo tatsächlich aussah, und starrte gespannt auf den Bildschirm. Er hatte tief liegende Augen, eine Halbglatze und einen langen hellblonden Bart. Bekleidet war er mit einer dunkelbraunen Robe, und um seinen Hals hing an einer Kette ein großes hölzernes Joch. Er entsprach haargenau meiner Vorstellung von einem Propheten.

Es kam mir vor, als wäre Jesus auf Erden erschienen. Um mich herum hörte ich unterdrückte Seufzer und leises Gemurmel.

»Was für eine Ehre …«

»Ein großes Privileg …«

»Der Herr sei gelobt. Hallelujah!«

In dem Moment, als Mo zu sprechen begann, wurde es still im Raum. Als er »in Zungen« redete, fielen sie ein. Sie rissen die Arme hoch wie er und verfolgten wie gebannt jede seiner Bewegungen. Ich blickte von einem zum anderen und fragte mich, was hier eigentlich vor sich ging. Ich verstand nicht, was sie sagten, denn ich konnte nicht in Zungen reden. Als sie zu weinen und schreien begannen, fragte ich mich, was mir da entging. Manchmal war die Atmosphäre so emotional aufgeladen, dass ich fühlte, wie mich ein leiser Schauer überlief – wie Gänsehaut. Hatte Jesus mich berührt? Die anderen sagten, genauso fühle es sich an. Jeder schien beim Anschauen der Videos von Jesus berührt worden zu sein, und ich wünschte mir, mir ginge es ähnlich, doch das war nie der Fall.

In den nächsten Wochen verbrachten wir viel Zeit mit den Videobändern. Mo predigte über die Endzeit, interpretierte Passagen aus dem Buch Daniel und aus der Offenbarung und sagte voraus, dass bald ein Weltherrscher, der Antichrist, erscheinen und die letzten sieben Jahre der Menschheit einleiten würde. Nach seinen Berechnungen würde Christus im Jahr 1993 auf die Erde zurückkehren.

Alle priesen Gott. Niemand schien entsetzt oder besorgt über das nahe Ende der Welt. Mo betonte, der Antichrist würde Mitte 1986 auftauchen – in gerade einmal fünf Jahren. Ich war knapp sieben Jahre alt, und fünf Jahre waren für mich eine lange Zeit.

Die *Garden of Eden*-Bänder leiteten einen großen Exodus aus Europa ein. Mo hatte uns befohlen, in die südliche Hemisphäre auszuweichen, um der atomaren Verseuchung zu entgehen, die den Westen bald heimsuchen würde. Daraufhin verkündete Paul Peloquin, dass wir nach Sri Lanka gehen würden, um dort ein neues Loveville aufzubauen. Damals sagte man uns nichts, aber später fand ich heraus, dass Mo und seine engsten Vertrauten Frankreich verlassen hatten – wo die *Garden of Eden*-Filme aufgenommen worden waren –, um sich erst nach Südafrika und dann nach Sri Lanka zu begeben. Wir würden einfach in die Fußstapfen unseres Propheten treten.

Ein paar Tage später erzählte mir Dad, dass man ihn vorausschicken würde, um in Sri Lanka einen passenden Ort für ein neues Loveville zu suchen.

»Ich will nicht, dass du weggehst, Dad«, weinte ich. »Du wirst mir fehlen.«

»Keine Angst, mein Schatz. In ein paar Monaten bin ich wieder da«, versuchte er mich zu beruhigen.

Als er sich verabschiedete, klammerte ich mich an ihn wie ein Baby, und Serena musste mich von ihm wegreißen.

3 *Ein Leib*

»WO WERDEN WIR IN SRI LANKA WOHNEN?«, wollte ich wissen.

»Wart's ab. Das ist eine Überraschung«, erwiderte Dad und zwinkerte mir zu. »Weißt du eigentlich, dass ein Rundfunksender in Sri Lanka zum ersten Mal *Music with Meaning* ausgestrahlt hat? Es ist ein wundervolles Land, und die Menschen sind der göttlichen Botschaft gegenüber sehr aufgeschlossen.«

Da ich wusste, dass Pakistan ein Nachbarland von Indien ist, starrte ich bei der Zwischenlandung in Karatschi neugierig aus dem Fenster des Flughafens. Die Luft roch vage vertraut, nach exotischen Gewürzen und Benzin. Ich war dem Ort, an dem ich meine Mutter zum letzten Mal gesehen hatte, sehr nah und doch so fern. Ich dachte an meine Schwester Kristina. Wenn wir doch nur in Bombay zwischengelandet wären, dachte ich. Dann hätte ich sie sehen können. Dann wurde es Zeit, die Maschine nach Colombo, der Hauptstadt von Sri Lanka, zu besteigen, und ich wurde erfasst von der Vorfreude auf unsere Landung auf einer Insel im Indischen Ozean.

Nach dem langen Flug ruhten wir uns zwei Tage lang in einer Hotelanlage in Colombo aus, bevor wir weiterreisen wollten. Die Luft war schwül und erfüllt vom Duft der Frangipaniblüten, den heiligen Blumen, die die Buddhisten bei ihren Zeremonien verwenden. Überall wuchsen diese Bäume, deren leuchtende Blüten in Büscheln herabhingen, und der Boden darunter war mit einem duftenden Teppich aus Dottergelb, Weiß, Pink und Rot bedeckt. Mein erster Tag in diesem wunderschönen exotischen Land bleibt mir unvergesslich. Vor allem fielen mir Unmengen schwarze, laut krächzende Vögel auf. Als ich im Park des Hotels unter einer Bananenstaude hindurchging, fühlte ich plötzlich etwas Warmes. Angewidert stellte ich fest, dass mir eine Krähe auf den Kopf geschissen hatte.

Am nächsten Tag verstauten wir unsere Habseligkeiten in dem klimatisierten Bus, den wir für die dreistündige Fahrt in die Berge gemietet hatten, und ich brannte vor Neugier auf unser neues Zuhause. »Wart einfach ab, bis wir da sind«, sagte Dad nur, als ich wieder einmal wissen wollte, wie es eigentlich aussah. Im Bus starrte ich fasziniert aus dem Fenster. Die Vegetation war ganz anders als im kargen, felsigen Griechenland. Hier gab es üppige Palmen und Felder mit fruchtbarem roten Boden, auf denen schwarze Büffel ihre mühselige Arbeit verrichteten, und auf den Hügeln waren terrassenförmige Teeplantagen angelegt. Wegen des Monsuns fallen auf der Insel Unmengen von Regen, und in zahlreichen Seen spiegelten sich Himmel und Berge. Alles wirkte unendlich friedlich. Begeistert blickte ich mich um und nahm die neuen Eindrücke in mich auf.

Schließlich erreichten wir die Farm aus der Kolonialzeit, die Dad als unser neues Zuhause gefunden hatte. Es gab ein großes Haupthaus und etliche Nebengebäude. Dad führte mich herum und zeigte mir lange Reihen von Erdbeerpflanzen, rote und grüne Chilistauden sowie die ausgedehnten Zuckerrohrfelder ganz am Ende des Grundstücks.

Das Haupthaus war überraschend geräumig, mit einem riesigen Wohnzimmer mit gewölbter Decke und einem Fußboden aus weißem Marmor. Unsere kleine Familie bezog einen der schönsten Räume, ein großes, luftiges Wohnzimmer mit angeschlossenem Bad. Im Garten hinter dem Haupthaus bauten wir bald nach dem Einzug einen Swimmingpool, und innerhalb weniger Monate lernte ich Brustschwimmen und Kraulen. So schnell wie möglich installierte Dad sein Studio, damit er seine Arbeit ohne Unterbrechung fortsetzen konnte.

An unseren freien Tagen unternahmen Dad und ich immer etwas miteinander. Manchmal gingen wir in den zwanzig Minuten entfernten Ort. Den Berg hinunter ging es wie der Wind, aber der Rückweg war eine echte Plage. Die Frauen im Ort trugen farbenfrohe Saris und die Männer Lungis, lange Baumwollhemden, die an der Taille zusammengeknotet waren. Ihr Oberkörper war nackt und glänzte in der feuchten Hitze. Obwohl ich versuchte, sie nicht offen anzustarren, verblüfften mich die Ohrläppchen der Frauen. Sie hingen fast bis auf ihre Schultern herab. »Was ist mit ihren Ohren los?«, fragte ich Dad leise.

»Oh, zu besonderen Anlässen tragen sie schwere Goldohrringe«, erklärte er mir. »Das Gewicht zieht ihre Ohrläppchen herunter. Das ist in vielen Gegenden der Welt durchaus üblich.«

Es machte mich froh und glücklich, mit meinem Vater allein zusammen zu sein. Er war dann anders als sonst – entspannter und lockerer, weil keine Regeln befolgt werden mussten. Zu zweit machten wir uns auf »Abenteuersuche«, wie er es nannte. Wir packten ein kleines Lunchpaket ein, marschierten über die Bergpfade der Umgebung und sahen atemberaubende Dinge: von schroffen Felswänden stürzende Wasserfälle, sprudelnde Bäche, dichtes Unterholz voller Vögel und Schmetterlinge, uralte, unglaublich hohe Bäume.

Das Einzige, wovor ich mich fürchtete, waren die Blutegel. Irgendwie fanden diese Biester ihren Weg durch meine Strümpfe, und oft entdeckte ich drei oder vier an jedem Bein, die mir das Blut aussaugten. Dad zeigte mir, wie man die Egel loswerden konnte. Man musste sie mit Salz bestreuen, dann fielen sie ab. Ich hasste es, nach Hause zurückzukehren, weil wir uns dann im gemeinsamen Wohnraum zum Gottesdienst versammeln mussten, der von Paul und Marianne Peloquin geleitet wurde. Diese

Zeremonie beendeten wir stets mit dem Abendmahl nach christlicher Tradition.

An einem Sonntag las uns Paul einen neuen Mo-Brief mit dem Titel »Kommender Bund« vor. In einer Offenbarung war unserem Propheten kundgetan worden, dass unserer Gemeinschaft sexuelle Bedeutung zukam. Wir waren alle eins, wir gehörten einander mit Leib und Seele:

»Sind wir wirklich eine vollkommene Gemeinschaft? Eine vollkommene Einheit? Sind wir im Geist wie auch im Fleisch völlig eins? Wie lang ist es her, seit ihr euch einem anderen hingegeben habt, einem Bruder, einer Schwester – oder selbst einem Fisch? Jesus gab seinen Leib sogar für die Unbekehrten hin! Habt ihr das getan? Vielleicht müsst ihr euch nur von eurer Selbstsucht und euren Ängsten befreien: Angst vor Liebe, Angst vor Sex, Angst vor Schwangerschaft, Angst vor Krankheit, Angst vor Bindung, Angst vor der Zukunft, Angst vor dem Unbekannten, Angst vor dem Fleischlichen!«

Paul hörte auf zu lesen und streifte seine Kleider ab. Sämtliche Anwesenden, auch die Kinder, folgten seinem Beispiel. Er begann in Zungen zu reden – »*Heddida. Schebidida. Schedbreda.* Hallelujah. Wir danken dir, Jesus …« –, und unvermittelt brachen alle in Schreie und unverständliches Gestammel aus, rissen die Arme hoch und lobten den Herrn.

Verblüfft blickte ich mich um, erstaunt über den Anblick der Erwachsenen, denen die Tränen über die Wangen liefen. Dieser plötzliche Ausbruch emotionaler Euphorie war mir absolut unverständlich.

Ich war noch jung, aber ich war nicht auf den Kopf gefallen. Für mich ergab das alles keinen Sinn. Wieso zeigte man unserem Heiland Jesus seine Ehrerbietung dadurch, dass man sich auszog? Alle saßen nackt da und umarmten einander, während Paul den Brief zu Ende las. Doch es sollte noch schlimmer kommen, denn Paul zeigte uns, wie wir von nun an den Wein zu uns nehmen sollten.

»›Jetzt wurde kundgetan, dass wir alle *ein* Leib sind – das Brot‹«, las Paul vor, »und *ein* Geist – der Wein. Deshalb will ich aus *einem* Kelch trinken, wie sie es ehedem getan haben. Die Protestanten benutzen in ihren Kirchen viele kleine Becher und befolgen so nie das Gebot des Herrn. Und sie brechen das Brot vorher, also erkennen sie auch hier nicht, dass man *ein* Leib werden muss. Ich sage euch, das ist eine großartige Botschaft für die ›Familie‹! Ein Fleisch, ein Körper, ein Geist! Auch sexuell – eine Braut Christi. Eine Ehefrau! *Ein* Leib!«

Alle stellten sich paarweise zusammen, und die Männer wurden aufgefordert, ihren Schluck aus dem Abendmahlkelch direkt in den Mund ihrer Partnerin weiterzugeben. Als der Wein herumgereicht wurde, nahm der Mann neben mir einen Schluck und drückte seinen Mund auf meinen. Der mit Speichel vermischte Rotwein schmeckte abscheulich. Für eine Siebenjährige war das der Gipfel des Ekels, und ich schluckte so wenig wie möglich.

Weil Jesus dem Johannes-Evangelium zufolge Wasser in Wein verwandelt hatte, hatte Mo stets betont, dass es erlaubt sei, Alkohol zu trinken, und in Griechenland wurde er zu den Mahlzeiten oder abends zur Entspannung getrunken. Jetzt räumte Mo in einer Art Bekenntnisbrief ein, dass er Alkoholiker war, der sich durch übermäßiges Trinken die Speiseröhre und den Magen ruiniert hatte. Aber die Schuld für seine Ausschweifungen wies er jenen zu, die ihn verlassen und verraten hatten.

»Wie ihr seht, bin ich nicht wie andere Priester, die ihre Sünden verheimlichen«, schrieb er in seinen Bekenntnissen. »Ich bin ein schrecklicher Sünder, aber Gott hat mich auserwählt, euch zu führen und zu leiten. Gott hat David auch dann noch zum König von Israel gemacht, als er Uria ermordet hatte, um dessen Frau heiraten zu können. Ich bin nur ein Mensch mit vielen Fehlern, aber wenn der Geist über mich kommt, bin ich Gottes Prophet und König.«

Diese Mischung aus Offenheit und falscher Bescheidenheit fand das beabsichtigte Echo. »Wie demütig er ist«, seufzte Dad. »Wenn ich doch so sein könnte wie er.« Aber langsam begann ich, die Doppelmoral zu erkennen und dass die Erwachsenen bereit zu sein schienen, alle seine Ausfälle zu entschuldigen, weil er der »Gesalbte Gottes« war.

Ständig forderte Maria uns in Briefen auf, Bittgebete für Mos Gesundheit zu sprechen, und warf uns einen Mangel an Inbrunst vor, wenn er ernsthaft erkrankte und keine feste Nahrung zu sich nehmen konnte. Häufig mussten wir fasten und für die Heilung unseres Propheten beten. Während dieses dreitägigen Fastens waren auch Sex und Alkohol untersagt. Selbst die Kinder unter zwölf Jahren bekamen nur eine dünne Suppe zu essen, und der Hunger war ebenso schwer zu ertragen wie die langen, ermüdenden Gebete.

Unser Koch Antonio hatte bisher Wein gekeltert, indem er Trauben in großen Glasbottichen fermentierte. So war immer Alkohol da. Und einige konnten sich offenbar nicht beherrschen. Eines Morgens fiel mir auf, wie nervös die Erwachsenen waren, als wir alle in den Gemeinschaftsraum zitiert wurden. Als Letzter stürmte Paul Peloquin herein. Seine Miene verhieß nichts Gutes.

»Die Sünde hat bei uns Einzug gehalten!«, schrie er. »Dem Teufel wurde Zugang gewährt!«

Mir war klar, dass etwas Unerhörtes geschehen sein musste, wenn er sich derart aufregte, und ich lauschte gespannt. Seinen wütend hervorgestoßenen Worten konnte ich schließlich entnehmen, dass sich einer der Männer – Paul Michael – etwas »Perverses« mit Endureth, der Mutter von Renee und Daniella, erlaubt hatte. Ich versuchte mir vorzustellen, was das gewesen sein könnte. Während Paul so sehr tobte, dass ihm Schaum vor dem Mund stand, und wild mit den Armen fuchtelte, fragte ich mich verängstigt, was er als Nächstes tun würde und warum auch die Kinder angeschrien wurden. Ich hatte nichts getan, sondern hatte im Bett gelegen und geschlafen.

»Verdammt noch mal, es ist zu einer regelrechten Orgie gekommen!«, schrie Paul. »Antonio, bring sofort die Weinbehälter und Flaschen her, und stell sie hier auf den Tisch!«

Folgsam rannte Antonio ein paarmal in den Lagerraum und stellte insgesamt etwa fünfzehn Behälter auf den Tisch.

»Ist das alles?«, wollte Paul wissen.

»Ja«, erklärte Antonio und setzte sich.

Paul griff nach einem der großen Glasbehälter. Er konnte ihn kaum anheben. »Hier wird nicht mehr getrunken. Basta! Wenn dieses Zeug unsere Gemeinschaft vergiftet, dann muss es eben verschwinden. Und wenn ihr glaubt, ich meine es nicht ernst …«

Ich konnte den Blick nicht von ihm wenden, als er einen Behälter nach dem anderen in den Patio hinausschleuderte. Zehn Minuten lang war nichts zu hören als das Klirren von Glas.

Voller Entsetzen blickte ich auf das zerbrochene Glas und die Weinlachen im Garten. Ich fragte mich, ob Paul darüber nachgedacht hatte, wer die Scherben wegräumen würde und wie gefährlich sie waren.

»Wir werden intensiv beten und fasten«, verkündete er. »Und in den nächsten drei Monaten gibt es keinen Tropfen Alkohol.«

Schuldbewusst und bußfertig fielen alle auf die Knie und flehten zwei Stunden lang Gott um Vergebung an. Der Fußboden war aus kaltem, hartem Marmor. Meine Knie begannen zu schmerzen, und in meinen Beinen kribbelte es. Als das Schluchzen und Wehklagen um mich herum langsam erstarb, war ich erleichtert und hoffte, dass wir endlich aufstehen konnten. Doch dann begannen die Weissagungen. Ich versuchte, eine bequemere Position einzunehmen, hatte aber Angst, dass Paul es bemerken und mich bestrafen würde.

Ich hatte allen Grund, mich vor ihm zu fürchten. Einmal hatte er mich grausam bestraft, weil ich angeblich ungehorsam gewesen war. Unter Armis Kopfkissen hatte man einen Zettel gefunden, den sie aus Spaß geschrieben und mit einem falschen Namen unterzeichnet hatte. Es sollte ein Scherz sein, aber derartige Scherze wurden sehr ernst genommen. Alle Kinder wurden in den Gemeinschaftsraum zitiert. Paul befahl uns, die Augen zuzumachen und fest geschlossen zu halten, während er einen der Mo-Briefe vorlas. Als er »Amen« sagte, schlug ich prompt die Augen auf.

»Wie kannst du es wagen, dich mir zu widersetzen, Celeste! Du bist aufsässig und ungehorsam!«, schrie er. Zunächst wusste ich nicht, was ich eigentlich falsch gemacht hatte, doch dann erinnerte ich mich daran, dass er von uns verlangt hatte, die Augen nicht nur während des Gebets, sondern während des gesamten Briefs geschlossen zu halten. Ich versuchte, ihm das zu erklären.

»Widersprich mir nicht! Verlass den Raum und stell dich draußen an die Wand. Sofort!«

Vor Empörung bebend, ging ich hinaus und stellte mich neben Renee, die bereits vor mir aus dem Raum geschickt worden war, weil sie nicht still gesessen hatte. Nach einer halben Stunde rief er uns wieder hinein und befahl mir streng, im Stehen weiter zuzuhören.

Ich bemühte mich wirklich, seiner Anordnung Folge zu leisten, aber nach einiger Zeit begannen mir die Knie vor Schwäche zu zittern. Ich verlagerte mein Gewicht und lehnte ein Bein an die hinter mir stehende Couch.

»Schon wieder! Ungehorsam!« Der Mann schien die scharfen Augen eines Adlers zu haben. »Du hast es nicht anders gewollt, Celeste. Lasst euch das alle eine Lehre sein.« Er forderte mich auf, eine Hand auszustrecken und schlug pausenlos darauf ein. Der Schmerz war so heftig, dass ich mein Handgelenk eine Woche lang kaum bewegen konnte. In der Nacht weinte ich mich leise in den Schlaf, erschöpft, schmerzgeplagt und wütend über die ungerechte Bestrafung und Erniedrigung vor meinen Mitschülern.

Ich hasste Unehrlichkeit und Ungerechtigkeit. Unsere Lehrerin Patience hatte ein ähnlich cholerisches Temperament wie Paul und entsprach damit so gar nicht dem Namen, den sie für sich gewählt hatte. Wenn wir etwas falsch machten, fluchte sie, und wenn wir versuchten, uns zu rechtfertigen, verpasste sie uns eine Ohrfeige. »Hör auf, mir zu widersprechen«, fauchte sie.

Einmal, als wir Schönschrift übten, hatte ich Mühe, ihren Anweisungen zu folgen. Sie trat neben mich und schlug mein Heft zu. »Bist du so dumm oder tust du nur so?«, keifte sie mich an. »Los, in die Ecke mit dir, wenn du nicht ordentlich schreiben willst.«

Meine Mutter würde mich nie so behandeln, dachte ich, als ich eine halbe Stunde lang in der Ecke stand.

Ich dachte oft an meine Mum. Da ich wusste, dass Sri Lanka im Süden von Indien liegt, hoffte ich, dass wir sie, Kristina und David einmal besuchen könnten oder dass sie zu uns kommen würde. Immer stellte ich mir Mum genauso vor wie Dad. Er war nie unberechenbar, schlecht gelaunt oder brutal. Deshalb liebte ich ihn sehr. Ich wollte ihn auf keinen Fall enttäuschen und bemühte mich, brav und gehorsam zu sein. Er schlug mich nur sehr selten, und wenn, dann nur, weil andere Eltern von ihm verlangten, dass er mich bestrafte – zum Beispiel, als ich während eines Streits ein anderes Mädchen mit einem Zeltpflock bedrohte oder meinem Freund Koa ein paar Murmeln stahl, weil seine Mutter ihm verboten hatte, damit zu spielen. Nie bekam ich von Dad mehr als sechs Schläge mit der flachen Hand oder mit einem Hausschuh.

»Glaub mir, Schätzchen, es tut mir mehr weh als dir, dich bestrafen zu müssen«, sagte er dann immer und seufzte. Seine Stimme und sein Gesichtsausdruck brachten mich dazu, ihm zu glauben.

»Du weißt, dass Jesus für unsere Sünden am Kreuz gestorben ist«, fuhr er fort. »Er hat deine Seele gerettet, da willst du ihn doch nicht enttäuschen, oder?«

Ich schüttelte den Kopf und stellte mir Jesus am Kreuz vor, blutend, mit Nägeln in den Händen und in den Füßen. Ich hatte den Film *Jesus von Nazareth* gesehen, und die Todesszene war erschreckend. Aber dass ich meinen Dad enttäuscht hatte, empfand ich als schlimmer. Nachdem er mir ins Gewissen geredet hatte, legte er mich übers Knie und zählte die Schläge: »Eins … zwei … drei … vier … fünf … sechs.«

Ich bemühte mich, nicht zu schluchzen. Normalerweise biss ich die Zähne zusammen und kniff die Augen zu, denn ich hatte meinen Stolz und wollte nicht, dass er meine Tränen sah. Dad war nie nachtragend. Sobald er mich wieder auf die Füße gestellt hatte, hätte man meinen können, es wäre gar nichts gewesen. Wenn doch nur alle Erwachsenen so sein könnten wie er, dachte ich. Er war mein Held. Nichts und niemand kam an ihn heran. Deswegen fiel es mir auch schwer, andere Autoritäten zu akzeptieren.

Die Monsunzeit in Central Hill Country, wo wir lebten, dauert von September bis November, und um dem nassen und kalten Wetter zu entkommen, packten wir unsere Sachen und zogen an die Nordostküste der Insel, wo es wärmer war. Die Ferienanlage, in die wir uns begaben, bestand aus einer Gruppe von Bungalows und einem Swimmingpool und war nur fünf Minuten vom Strand entfernt. Unsere kleine Familie bezog einen eigenen kleinen Bungalow. Juliana, die inzwischen zwei Jahre alt war, vertrug die Hitze nicht, und ihre Haut war bald über und über mit Hitzepickeln bedeckt. Sie kratzte sich die ganze Zeit, bis sie blutete. Serena rieb ihre Haut mit pinkfarbener Zinksalbe ein, um den Juckreiz zu lindern. Sie tat mir sehr leid, da sie außerdem auch noch an Kopfschorf litt. Es war kein Wunder, dass sie schon früh schwimmen gelernt hatte.

Die dreijährige Mariana hatte Angst vor Wasser und weigerte sich hineinzugehen, aber Juliana liebte es und konnte gar nicht genug bekommen. Oft sagte ich scherzhaft, sie sei wie ein kleiner Fisch.

Jeder Tag war wie ein Ferientag. Selbst die Schule machte Spaß, wenn wir auf dem Balkon von Patiences Bungalow saßen und sie uns zeigte, wie man aus Muscheln eine Kette macht. Aber wir hatten nie die Chance, in unserem neuen Refugium heimisch zu werden. Einige Monate zuvor hatte sich herumgesprochen, dass ein Mitglied der »Familie« Mo am Swimmingpool eines Hotels in Colombo gesehen hatte. Sein Aufenthaltsort war bekannt geworden, und Mo verließ mit seinem Gefolge unverzüglich die Insel. In seinen endlosen, ausschweifenden Briefen betonte er stets, dass die »Familie« sein größtes Sicherheitsrisiko darstellte, weil die Mitglieder offenbar nichts für sich behalten könnten. Er sollte eigentlich unser Hirte sein, unser Prophet, der uns liebte. Und trotzdem war er seinen Anhängern gegenüber so misstrauisch und lief vor ihnen davon. Ich fragte mich, warum.

Zudem änderte Mo häufig seine Meinung und seine Ansichten, verlangte aber von uns, dass wir ihm jedes Wort glaubten. Wir hatten den Westen verlassen müssen, um einem Atomkrieg zu entgehen, doch dann, kaum ein Jahr später, bezeichnete Mo seine Interpretation der Schrift als falsch und erklärte, vor der Machtübernahme des Antichrist sei mit einem atomaren Krieg nicht zu rechnen. Stattdessen würde zunächst Jesus auf die Erde zurückkehren, um jene, die an ihn glaubten, in den Himmel zu führen. Dennoch machte ich mir weiter Sorgen darüber, was wir in der Zeit der Großen Trübsal zu erdulden hatten.

»Ich möchte nicht als Märtyrerin sterben, Dad, oder gefoltert werden.«

»Keine Angst, Liebling«, versuchte er, mich zu beruhigen. »Gott wird uns die Mittel geben, um den Feind zu besiegen.«

Als ginge es um ein Staatsgeheimnis, zwinkerte er mir zu, öffnete die Schublade seiner Kommode und holte eine Socke heraus. »Schau her, das hier ist unser Geld für die Flucht, falls wir in Gefahr kommen«, sagte er und zeigte mir zwei Goldmünzen, die er in der Socke versteckt hatte. Jeder Familie war eine gewisse Summe Gold übergeben worden, mit der Anordnung, nur im äußersten Notfall darauf zurückzugreifen.

Der Notfall trat schneller ein als erwartet. Kurz nach meinem achten Geburtstag im Januar 1983 brach zwischen den für ihre Unabhängigkeit kämpfenden Tamil Tigers und den Singhalesen ein Bürgerkrieg aus. Unsere Ferienanlage lag mitten im Kampfgebiet, und wir mussten sie innerhalb von ein paar Tagen verlassen. Achtsitzige Militärmaschinen brachten die mehr als hundert Mitglieder der »Familie« in kleinen Gruppen zum Flughafen. Unsere Goldmünzen wurden umgetauscht und für die Tickets verwendet. Alle, die für die Produktion von *Music with Meaning* unverzichtbar waren, sollten auf die Philippinen fliegen. Die anderen begaben sich nach Indien und in benachbarte Länder. Ich hatte keine Ahnung, wo es hingehen sollte – von den Philippinen hatte ich noch nie etwas gehört –, aber ich war froh, dass ich mich nicht von meinen Freundinnen trennen musste, von Armi, Mene, Renee und Daniella. Ganz gleich, was auch geschah, wir würden zusammenbleiben, und das machte mir den Flug ins Ungewisse ein bisschen leichter.

4 *Hinter Mauern*

UNSER NEUES HEIM unterschied sich in nichts von den anderen Häusern in dieser wohlhabenden Gegend von Manila. Es gab zwölf Schlafräume, einen Swimmingpool, ein Basketballfeld und einen Tennisplatz. Das Grundstück war von einer zweieinhalb Meter hohen, mit Glasscherben gespickten Mauer umgeben, um Einbrecher abzuschrecken. Aber die Mauern engten mich ein, schlossen mich von der Außenwelt ab wie in einem Kloster.

Ich war es gewöhnt, unbeschränkt im Freien zu spielen – auf dem Campingplatz, auf der Farm, am Strand. Hier, am Rand einer Millionenstadt mit ihrer verseuchten Umwelt, fühlte ich mich eingesperrt, und es gab keine Möglichkeit, dem ständigen Verkehrslärm und den eng beieinander wohnenden Menschen zu entkommen.

Unsere fünfköpfige Familie bekam ein Zimmer im ersten Stock. Dad und Serena schliefen in einem Doppelbett, die Kleinen und ich in einem dreistöckigen Etagenbett. Bald nach dem Einzug verkündeten uns Paul und Marianne, dass wir nun offiziell ein »World Services Home« seien. »Das bedeutet erhöhte Vorsicht. Alle müssen ihren Namen ändern.«

Später fragte ich Dad nach dem Grund. Einen anderen Namen als Celeste konnte ich mir nicht vorstellen.

»Das ist eine Sicherheitsmaßnahme«, erklärte er. »Mitglieder der ›Familie‹ könnten uns auf der Straße erkennen. Neue Namen werden jeden durcheinanderbringen, der uns zufällig sieht oder uns draußen reden hört. Wir haben eine wichtige Aufgabe, und wenn unsere Feinde herausfinden, wo wir sind, würde das Gottes Werk schaden.«

Jetzt mussten wir uns also verstecken wie Mo, selbst vor der »Familie«, die wir doch angeblich unterhielten.

»Wie wäre es mit Rebecca, meinem zweiten Vornamen?«, schlug ich vor.

Dad freute sich. »Den Namen Rebecca haben meine Eltern ausgesucht.«

»Und was ist mit dir? Wie willst du heißen?«

»Ich habe mir den Namen Happy ausgesucht.«

Diese Namenswahl fand ich ziemlich sonderbar, aber noch schlimmer war, dass er sich einen Schnauzbart wachsen ließ. Ich sagte ihm, dass er grauenhaft aussehe damit, und zu meiner Erleichterung rasierte er ihn sich bald wieder ab. Als World Services Home unterstanden wir Mos und Marias direkter Kontrolle und waren für die Durchsicht und die Herausgabe der Mo-Briefe, der Videos und anderer Publikationen für die »Familie« zuständig. World Services Homes unterschieden sich von den normalen Kommunen und wurden durch Abgaben der anderen Mitglieder der »Familie« finanziert. Anfang der Siebzigerjahre hatte Mo diese Abgabe auf zehn Prozent aller Einkünfte aus dem Verkauf von Broschüren, Spenden und Erbschaften festgelegt. Im Laufe der Zeit wurde der Satz erhöht und betrug während unseres Aufenthalts auf den Philippinen dreizehn Prozent. Wenn eine Kommune ihren Zehnten nicht pünktlich zahlte, wurde sie aus der Gemeinschaft ausgeschlossen, bis sie ihre Schuld beglichen hatte.

Die Regeln in einem World Service Home waren strenger, und unsere Freiheit wurde erheblich eingeschränkt. Wir durften niemandem unsere Adresse oder Telefonnummer geben und nicht einmal sagen, in welchem Land wir lebten. Privatbriefe wurden vor dem Verschicken von Paul und Marianne gelesen, und sie öffneten auch die an uns adressierte Post, bevor sie sie uns weitergaben. Ich habe unsere Adresse nie erfahren, und das einzige Telefon im Haus befand sich im Zimmer von Paul und Marianne.

Obwohl ich kaum Kontakt zu meiner Mutter hatte, wusste sie aus unseren Videos, dass ich erst in Griechenland und dann in Sri Lanka lebte. Jetzt durfte ich ihr nichts mehr erzählen. Ich durfte nicht einmal über das Wetter reden oder darüber, was es zu essen gab, weil das unseren Aufenthaltsort hätte verraten können. Ich schrieb ihr einen Brief – noch eine dieser kleinen, traurigen Botschaften ins Blaue –, in dem aber nur mehr stehen durfte, dass es mir gut ging und dass ich fleißig lernte. Mit meinem Brief schickte ich ihr, meiner Schwester und meinem Bruder kleine Geschenke, die ich während des Schulunterrichts gebastelt hatte. Zu meiner Freude erhielt ich wenige Monate später einen Brief von meiner Schwester. Von dem, was darin stand, ist mir wenig im Gedächtnis geblieben, doch in dem Umschlag steckte auch ein Foto von Kristina. Sie stand auf einer Veranda, mit hohen Bananenstauden im Hintergrund.

Ich kann nicht ausdrücken, was ich empfand, als ich das Foto anschaute. Das letzte Bild, das ich von Kristina gesehen hatte, war ein Schnappschuss, den Dad in Griechenland von ihr und mir im Kinderwagen gemacht hatte. Jetzt war sie ungefähr sieben Jahre alt, ein großes Mädchen mit schulterlangen dunkelbraunen Haaren und wunderschönen blauen Augen.

Ich hütete das Bild wie meinen Augapfel und bewahrte es zusammen mit meinen anderen Schätzen in einer kleinen Schachtel auf. Aber warum hatte mir Mum kein Foto von sich geschickt oder selbst einen Brief geschrieben? Ich fand das ziemlich mysteriös, aber schließlich war ja fast alles in meinem Leben geheimnisumwittert.

Manila brütete in der tropischen Sonne, und alle liefen mit einem Sarong um die Taille oder in Unterwäsche herum, auch im Garten. Obwohl wir uns bemühten, nicht aufzufallen, hatte es sich in der Nachbarschaft herumgesprochen, dass Ausländer hierhergezogen waren. In der Nähe unseres Haus standen ein paar Kokospalmen, und ein Einheimischer kletterte auf eine der Palmen, um in den Garten der »Fremden« zu schauen – und wurde mit dem Anblick barbusiger Frauen in aufreizenden Dessous belohnt. Es lag auf der Hand, dass nun jeder Mann, der auf einen Baum klettern konnte, in unseren Garten spähen würde. Damit war unsere Sicherheit ernsthaft bedroht. Anstatt zu dezenterer Bekleidung zu raten, kam jemand auf die brillante Idee, Schilder mit der Aufschrift »Vorsicht – Spanner« anzufertigen. Sobald ein Mann auf einer Kokospalme entdeckt wurde, sollten die Warnschilder an allen Türen angebracht werden, die in den Garten führten. Wenn die Luft wieder rein war, konnte das Leben wieder seinen normalen Gang gehen – das heißt, den Gang, den wir für normal hielten: Erwachsene, die sich am Swimmingpool dem Sex hingaben, Wäsche aufhängten oder in Unterwäsche Federball spielten.

Music with Meaning war fünf Jahre lang eine Art Zugpferd der »Familie«, aber als Medien und Behörden herausfanden, dass die »Kinder Gottes« hinter der Sendung standen, strahlte der Rundfunk sie nicht mehr aus. Die »Familie« musste neue Wege suchen, um überleben zu können. Es war ein trauriger Tag, als Dad seine letzte *Music with Meaning*-Sendung produzierte. Er nahm mich mit ins Studio hinunter, wo er seine Bänder zusammenpackte. Ich wusste, wie enttäuscht er war, mit *Music with Meaning* aufhören zu müssen. Genau wie ich verabscheute er es, ans Haus gefesselt zu sein, doch er sagte mir, er habe sich damit abgefunden und betrachte es als Teil seiner Arbeit im Dienste des Herrn.

»Man hat mir ein neues Projekt übertragen«, erklärte mir Dad. »Großvater hat mich gebeten, Geschichten für Kinder über das Leben von Davidito, Davida und Techi in seinem Haus zu schreiben. Sie sollen den Titel *Life with Grandpa* bekommen. Ich habe zwar noch nie Geschichten für Kinder geschrieben, aber ich will's probieren.« Dad versuchte immer, optimistisch zu bleiben, aber er gab zu, dass ihm die Arbeit im Studio fehlen würde.

»Aber wie willst du über sie schreiben, wenn du sie gar nicht richtig kennst?«, wollte ich wissen.

»Sie schicken mir alle Informationen, die ich brauche, und in den Mo-Briefen steht viel, was bisher noch nicht veröffentlicht wurde.«

Schließlich wurde *Life with Grandpa* eine Serie von sieben Comicbänden.

Nachdem die Zeit von *Music with Meaning* um war, wurde unserem World Services Home ein neues Projekt übertragen; wir sollten eine Reihe von Tonbändern produzieren und sie unter dem Namen *Heaven's Magic* auf den Markt bringen. Armi, Mene und ich verbrachten Stunden mit Windy, um Harmonien und Aufnahmetechniken zu lernen. Ich freute mich auf die Aufnahmen, weil es meine gleichförmigen Tage unterbrechen würde.

Zur selben Zeit bekam unser Home außerdem ein Projekt, Farbposter herzustellen, die man verteilen konnte, und einige Mitglieder von anderen World Services Homes kamen, um daran mitzuarbeiten. Einer von ihnen war Eman Artist. Er war von Mo beauftragt worden, die Poster und außerdem eine Reihe von Comics mit dem Titel *Heaven's Girl* zu illustrieren. Mo schrieb, er habe von einem jungen Mädchen geträumt, das übernatürliche Kräfte hatte und die Feinde Gottes, die Streitmacht des Antichrist, in der Endzeit besiegen würde. Sie war auch eine Expertin im Flirty Fishing. Mo forderte uns auf, uns *Heaven's Girl* zum Vorbild zu nehmen, damit auch wir Superheldinnen im Dienst des Herrn würden und mit Gottes Blitzstrahlen die

Feinde vernichteten, indem wir sie blendeten. Einige von uns würden dagegen als Märtyrer für den Glauben sterben. Ich zweifelte nicht daran, dass das geschehen würde – und zwar bald.

Eman brauchte ein Modell, das zu Mos Beschreibung des *Heaven's Girl* passte. Alle weiblichen Wesen im Haus posierten halb nackt vor ihm, und die Fotos von ihnen wurden Mo zur Begutachtung geschickt. Letzten Endes entschied sich Mo für seine Enkeltochter Mene. Er erklärte sogar, sie könnte diejenige sein, die uns in Erfüllung seiner Vision in die entscheidende Schlacht der Endzeit führt. Eman Artist zeichnete ein Bild von Mene als *Heaven's Girl,* auf dem sie mit ausgestreckten Armen eine Knute in der Hand hält, während sich die Erde auftut und die Soldaten des Antichrist verschlingt.

Einen Monat später verschwand Mene, die inzwischen zwölf Jahre alt war. Keinem wurde gesagt, wohin. Wenn jemand »verschwand«, bedeutete das normalerweise, dass er oder sie sich an einen geheimen Ort begeben hatte, beispielsweise in ein anderes World Services Home oder in Großvaters Residenz.

»Weißt du, wo Mene hin ist?«, fragte ich Armi eines Abends.

Sie nickte. »Sie wohnt jetzt bei Großvater.«

Zu dieser Zeit wurden die größeren Familien aus unserem Haus aufgefordert, in andere Kommunen umzuziehen. Fiona und Antonio verließen uns mit ihren Kindern, um in Manila eine Kommune aufzubauen. Ich musste mich von meinen Freundinnen Renee und Daniella trennen, die mit ihren Eltern Silas und Endureth wegzogen. Sie blieben zwar in Manila, aber sie hätten auch ans Ende der Welt ziehen können. Zwischen der World-Services-Elite und den gewöhnlichen Mitgliedern der »Familie« war kein Kontakt erlaubt. Jetzt gab es nur noch vier Kinder in meinem Alter: Armi, Michael sowie Patiences Söhne Patrick und Nicki.

Obwohl ich erst neun Jahre alt war, musste ich oft zusammen mit Armi die kleineren Kinder hüten, wenn die Erwachsenen eine Zusammenkunft hatten oder sich am Samstagabend einen Film ansahen. Eines Abends las ich meinen kleinen Schwestern Mariana und Juliana aus einem Comic vor, bevor ich sie ins Bett brachte. Zum Spaß beschloss ich, ihnen einen Streich zu spielen. Ich schlug das Buch zu und verkündete streng: »Stellt auch an die Wand. Ihr seid sehr unartig gewesen und habt eine Tracht Prügel verdient.«

Die beiden waren brave kleine Mädchen und folgten meinem Befehl. Ich ging mit der vierjährigen Mariana ins Bad, legte sie übers Knie, legte sacht eine Hand auf ihren Po und schlug mit der anderen Hand darauf. Sofort begriff sie, dass es ein Scherz war, und begann zu kichern. Ich musste auch lachen und bat sie, ihrer Schwester nichts zu verraten. »Okay«, flüsterte sie.

Juliana war schon am Schluchzen, als ich sie hereinrief. Ich ging davon aus, dass auch sie den Spaß verstand, obwohl sie erst drei war. »Jetzt bist du an der Reihe«, erklärte ich mit ganz strenger Stimme.

»Nein, nein! Bitte nicht ...« Sie wurde hysterisch, und ihr brach der Schweiß aus.

Ich legte sie übers Knie und machte das Gleiche wie mit Mariana. Aber Juliana verstand nicht, dass es nur Spaß war. Sie begann, laut zu schreien, und flehte mich an, damit aufzuhören. Sofort stellte ich sie auf die Füße und erklärte ihr, dass ich auf meine Hand geschlagen hatte und nicht auf ihren Po. Doch sie schrie weiter. Ihr Hitzeausschlag brach aus, und ihr ganzer Körper war schweißüberströmt. Ich hatte zuvor schon mitbekommen, dass sie mit hysterischen Anfällen und mit Schweißausbrüchen reagierte, wenn sie zur Strafe geschlagen wurde, aber zum ersten Mal sah ich Panik und Verzweiflung in ihren Augen. Schon der Gedanke, sie könnte noch einmal geschlagen werden, versetzte sie in namenlose Angst.

Ich schämte mich über mich selbst, kühlte Juliane unter der Dusche ab und tat alles, um sie abzulenken und zu trösten.

Mariana versicherte Juliana, dass auch sie nicht wirklich geschlagen worden war, und langsam beruhigte sie sich. Ich machte mir große Vorwürfe und beschloss in dieser Nacht, dass ich später meine eigenen oder fremde Kinder niemals körperlich züchtigen würde. Zum ersten Mal begriff ich, dass auch Kinder ein Anrecht auf Respekt haben, und erkannte, wie entwürdigend und falsch die Menschen, die uns eigentlich leiten und führen sollten, uns behandelten. Schläge zerstören nur das Vertrauen von Kindern in Menschen, zu denen sie aufschauen und von denen sie geliebt werden wollen. Ich fand es furchtbar, wenn ich ins Gesicht geschlagen wurde, eine Kopfnuss verpasst bekam oder übers Knie gelegt wurde, und schwor mir, es nie zu vergessen.

Nicht lange nach diesem Ereignis wurde unsere kleine Familie getrennt. Man schickte Serena mit Mariana und Juliana in ein anderes World Services Home in einem Nachbarbezirk von Manila, obwohl sie drei Monate zuvor ihren Sohn Victor geboren hatte, der in unserem Haus blieb und von einem kinderlosen Ehepaar adoptiert wurde.

Mir wurde nie gesagt, warum Victor neue Eltern bekam oder warum Dad und Serena ihn sich wegnehmen ließen. Fragen waren nicht gestattet, aber es war ziemlich verwirrend. Es kam mir vor wie eine Bestrafung für Serena und Dad, aber ich konnte mir nicht vorstellen, was sie getan haben sollten. Ich dachte, ich und Dad würden allein zusammenleben, jetzt, wo Serena fort war, doch dann sagte Marianne zu mir:

»Du wirst bei Michael und Patience wohnen.«

»Aber warum kann ich nicht bei Dad bleiben?«, jammerte ich.

»Bei Patience bist du besser aufgehoben. Sie kann sich richtig um dich kümmern.«

Alles in mir wehrte sich gegen diese Veränderung. Patience war für mich der letzte Mensch, mit dem ich zusammenleben wollte, und ich fürchtete mich vor der Trennung von meinem geliebten Dad. Aber es half alles nichts, ich sah ihn nur noch einmal in der Woche, an unserem freien Tag, wenn wir Serena und die Kleinen besuchten.

An einem Sonntag sahen Dad und ich uns die *Benny Hill Show* auf Video an. In einer Szene war Benny Hill Nachrichtensprecher, und der Gag beruhte auf einem Wortspiel mit Fish and Chips.

»Hmm, Fish and Chips!«, seufzte Dad und leckte sich die Lippen. »Mit Essig drauf und in Zeitungspapier gewickelt. Das ist das Einzige, das ich an England vermisse.«

»Igitt!«, rief ich. »Zeitungen sind schmutzig, Dad. Da bekommst du doch die ganze Druckerschwärze an die Hände.«

Er schüttelte lächelnd den Kopf. »Damit schmeckt es nur noch besser. Eines Tages fahren wir zwei nach England, und dann kaufe ich dir Fish and Chips«, versprach er mir.

Es war das erste Mal, dass Dad in Erinnerungen schwelgte oder dass ich ihn etwas Positives über England sagen hörte. Mo schwadronierte oft gegen Amerika und den Westen als »Jauchegruben der Ungleichheit«, und Dad glaubte, dass Gott England bald für seine Ablehnung der »Kinder Gottes« richten würde.

Jedes Wort von Mo war Befehl; selbst seine Vorlieben und Abneigungen wurden übernommen. Zu meinem Aufgaben gehörte es, abends den Tisch zu decken, und eines Tages wurde mir befohlen, weder Gabeln noch Messer, sondern nur Löffel neben die Teller zu legen. Nach dem Essen fragte ich Dad, warum.

»Na ja, Großvater hat gesagt, dass man nur einen Löffel braucht. Schau ...« Er griff nach einem Löffel, um es mir zu demonstrieren. »Man kann sogar die Kante zum Teilen benutzen. Messer und Gabel braucht man eigentlich gar nicht. Das Essen fällt sowieso bloß durch die Zinken.«

»Aber ich mag Gabeln«, wandte ich ein.

Ich fand das lächerlich. Wir durften keinen schwarzen Pfeffer verwenden, Frauen durften keine Jeans tragen, und die Männer mussten ihre kurzen Unterhosen gegen Boxershorts austauschen, nur weil Mo sie missbilligte. Obst und Gemüse mussten zwanzig Minuten lang in Salzwasser eingeweicht werden, was ihnen einen grauenhaften Geschmack gab. Salz sollte angeblich Keime abtöten. Mo rühmte sich stets, wie bedürfnislos er war, und erklärte, seine Kindheit während der Weltwirtschaftskrise in den Dreißigerjahren hätte ihn zur Sparsamkeit erzogen. Zum »Baden« reichte ihm eine Schüssel Wasser, er klebte Rabattmarken und benutzte eine Papierserviette gleich mehrfach: Erst wischte er sich nach dem Essen damit den Mund ab, dann putzte er seine Brille, seine Nase und schließlich auch noch den Allerwertesten.

Pfui Spinne, dachte ich, als ich das las. Das ist ja ekelhaft …

Er erklärte auch, dass drei Blatt Toilettenpapier nach dem Stuhlgang genügten. Das wurde innerhalb der »Familie« zur Regel. Ständig rief man uns mahnend die Heilige Schrift in Erinnerung – »Die Augen des Herrn sind überall und sehen das Gute wie das Böse« –, und ich bemühte mich sehr, die drei Blatt so gut wie möglich zu verwenden. Ich war davon überzeugt, dass Jesus mich auf die Toilette begleitete, um zu überwachen, dass ich nicht mehr Papier benutzte, als ich durfte. Zu dieser Zeit keimte in mir der Verdacht auf, dass Mo in der Nähe lebte. Sein Aufenthaltsort war zwar ein großes Geheimnis, aber mir fiel auf, dass Paul und Marianne Peloquin oft für ein paar Tage verschwanden, um uns, wenn sie zurückkamen, über neue Anordnungen, Projekte und »Nachrichten von Großvater« zu informieren. Paul erzählte auch oft von Mos häuslicher Umgebung und führte neue Gepflogenheiten ein, die er bei seinen Besuchen kennengelernt hatte.

»Ich möchte, dass jeder von euch aufschreibt, mit wem er in die Dates-Planung aufgenommen werden möchte«, erklärte er eines Abends. »Da nicht garantiert werden kann, dass ihr eure Wunschpartner auch bekommt, solltet ihr eure zweite und dritte Wahl benennen.« So »großzügig« war man uns Kindern gegenüber nicht, denn Armi und mir befahl Paul kurzerhand, einmal in der Woche ein »Date«, besser gesagt Sex, mit Patrick und Nicki zu haben, die damals zwölf und neun Jahre alt waren.

Ich erinnere mich, dass Nicki und ich mit fünf Jahren auf dem Campingplatz herumalberten und im Spaß die Sexspiele nachahmten, die wir bei den Erwachsenen gesehen hatten. Ich mochte ihn sehr. Aber regelmäßig und gegen meinen Willen dazu gezwungen zu werden, empfand ich als widerwärtig.

Neben den Sextreffen mit den Jungen mussten Armi und ich auch den erwachsenen Männern zur Verfügung stehen. Paul Peloquin verlangte, dass ich vor ihm masturbierte, und erklärte, es errege ihn, mir dabei zuzusehen. Ich fand es abscheulich, führte jedoch die Bewegungen aus, die man mir beigebracht hatte, und hatte nur Angst, dass er mich schlagen würde, wenn ich ihm nicht zu Willen war.

Man hatte mir gegenüber so oft und nachdrücklich Unrecht für Recht erklärt, dass meine natürlichen Instinkte völlig verschüttet waren, und doch hatte sich in mir eine innere Stimme erhalten, die mir sagte, was richtig und was falsch war. Sex mit Männern, die alt genug waren, um mein Vater zu sein, war eindeutig falsch. Ihre Übergriffe waren ein körperlicher Missbrauch, den ich erdulden musste. Ich konnte mich nicht dagegen wehren. Dad hätte mich davor bewahren können, doch das tat er nicht.

Jeremy Spencer arbeitete als Illustrator mit Dad an den *Life with Grandpa*-Büchern und wohnte in dem kleinen, abgelegenen Mädchenzimmer. Bei unseren Treffen ließ er ein Tonband mit Saxofonmusik laufen. Inzwischen wusste ich, was ich tun musste: mich ausziehen, beten, ihn küssen und dann mit der Hand befriedigen. Jeremy masturbierte auch mich, bis ich das

Gefühl hatte, ganz wund gescheuert zu sein. Ich versuchte, mich so zu drehen, dass er eine andere Stelle berührte, und konnte nie verstehen, warum er – und die anderen Männer – nie ein Ende finden konnten. Aber wenn ich sagte, es mache mir keinen Spaß, warfen sie mir vor, ich sei prüde oder eingebildet. Und ich tat so, als hätte ich einen Orgasmus, damit sie endlich aufhörten.

Weil von uns erwartet wurde, dass wir »lieben und teilen«, wurde mein Protest als Rebellion angesehen, und das kam vom Teufel. Eman Artist arbeitete direkt mit Mo zusammen und wurde als etwas Besonderes betrachtet. Er konnte sich die Frauen oder Mädchen aussuchen, nach denen ihm der Sinn stand. Er war ein kleiner, übergewichtiger Mann, trug eine Brille und hatte kaum noch Haare, obwohl er erst Anfang dreißig war. Mir begannen gerade Brüste zu wachsen, und Eman liebte es offenbar, hinter mich zu treten, um sie zu befühlen. Dabei drückte er so fest zu, dass ich befürchtete, er wollte mich erdrücken.

»Du tust mir weh«, beschwerte ich mich und schob ihn weg.

»Ah, unser Prinzesschen«, höhnte er. »So empfindlich und stolz …«

Es gelang mir eine Zeit lang, ihm aus dem Weg zu gehen, doch dann kam der gefürchtete Moment, an dem er mich aufforderte, zu ihm in sein Zimmer zu kommen. Ich konnte schon den Gedanken nicht ertragen, mit ihm allein sein zu müssen, und vertraute mich in meiner Verzweiflung meiner Lehrerin Sally an.

»Er ist schrecklich zudringlich und widerlich«, sagte ich.

»Manchmal ist es nicht leicht, sich hinzugeben, aber Gott verleiht uns die Kraft, es zu tun. Warum beten wir nicht miteinander, Süße?«

Sally legte ihre Hand auf meine Schulter.

Niedergeschlagen lauschte ich ihrem Gebet und kam mir verraten und hilflos vor. Wenn sie nicht bereit war, mir zu helfen, wer dann? Sie gab mir ihr Tonbandgerät und schlug vor, dass ich Eman Musik vorspielte und für ihn tanzte. Sally begleitete mich sogar zu Eman Artists Zimmer. Ich hasste sie. Ich hasste es, den Schwanz eines perversen, fetten Mannes in den Mund zu nehmen, der sich mir aufdrängte, obwohl er wusste, dass ich ihn nicht ausstehen konnte. Aber das Schlimmste war die Art und Weise, wie er über mich triumphierte. Er hatte Macht über mich, und ich konnte nichts dagegen tun.

Grinsend öffnete er seinen Hosenschlitz. »Hol mir einen runter«, forderte er und drückte mir seinen Penis in den Mund, bis ich glaubte, ersticken zu müssen. Eman Artist stöhnte und schnaufte, aber nichts geschah. Er befahl mir, für ihn zu tanzen und mir lasziv über Po und Schenkel zu streichen. Doch auch das führte ihn nicht zum ersehnten Orgasmus, und das machte ihn nur noch wütender und erbarmungsloser. Nach einer halben Ewigkeit durfte ich endlich aus seinem Zimmer stolpern und weinte mich in meinem Bett in den Schlaf. Das Schlimmste war vorbei, aber ich hatte danach noch jahrelang Albträume.

Es kam mir nicht in den Sinn, meinem Dad von dem Vorfall zu erzählen oder davon, wie ich mich fühlte. Schon gar nicht, nachdem ich einmal zu ihm ins Zimmer gekommen war und ihn halb ausgezogen mit Armi auf seinem Bett entdeckt hatte. Bestürzt und verwirrt verließ ich den Raum wieder. Die Vorstellung, dass mein Dad ein »Date« mit meiner besten Freundin hatte, erschütterte mich. Er tat es also auch – genau wie alle anderen. Natürlich würde er mir nicht helfen. Ich redete mit ihm nicht über meine sexuellen »Erfahrungen«, und er fragte mich auch nicht danach. Ich sah ihn ja auch kaum noch. Seiner väterlichen Verantwortung ledig, war er nur noch dem Namen nach mein Vater. Meine Zeit verbrachte ich hauptsächlich mit Michael und Patience, die nun meine Pflegeeltern waren.

Aber für Michael war ich mehr als eine Tochter. Wie alle Mädchen lief ich tagsüber im Unterhöschen herum. Nachdem wir eines Tages eine Partie Federball gespielt hatten, trat er neben mich und zupfte leicht an meinen Hosenbund.

»In der letzten Zeit warst du ein sehr braves Mädchen. Zur Belohnung sollten wir uns zu einem Date treffen«, sagte er.

Ich brachte eine Art Lächeln zustande, aber in mir begehrte alles auf. Was für eine Belohnung soll das sein? Dein Penis in meinem Mund ist keine Belohnung für mich. Das war das Letzte, was ich wollte. Schließlich hielt ich es nicht mehr aus. Ich hatte genug von allem, was mit Sex zu tun hatte. Ich hatte die Nase voll von dieser Hölle, die nie zu enden schien, und beschloss, das Risiko einzugehen und mit Paul Peloquin zu sprechen. Viel zu verlieren hatte ich schließlich nicht. »Ich will keine Dates mehr. Sie machen mir keinen Spaß. Ich habe es satt«, erklärte ich.

Sein Gesicht wurde puterrot. »Aus dir spricht der Geist der Rebellion«, schrie er mich an. »Geh sofort in mein Zimmer, und warte dort auf mich.«

Maßlose Angst packte mich. Was stand mir jetzt bevor? Als er rund eine Stunde später den Raum betrat, verkündete er, dass er mir einen Brief von Mo vorlesen müsse. Er trug den Titel »Das aufsässige Mädchen« und war an eine Frau gerichtet, die gegen lesbischen Sex mit Keda protestiert hatte, einer seiner Assistentinnen.

Paul münzte den Inhalt des Briefes auf mich. »Genau das ist auch dein Problem. Du bist so selbstgerecht und anmaßend, du hältst dich für etwas Besseres. Glaubst du vielleicht, du wärst klüger als Gott?«, tobte er. »Es ist die Aufgabe der Frau, sich dem Mann hinzugeben und seine Bedürfnisse zu befriedigen. Hier geht es nicht um dich. Du solltest vielmehr zur Hingabe bereit sein und ein bisschen mehr Liebe zeigen, verdammt noch mal. Du gibst dem Bösen nach, Mädchen. Aufsässigkeit ist Teufelswerk.«

Ich musste einen »Bekenntnis- und Reuebrief« schreiben, aber tief in meinem Inneren hasste ich Paul. Ich hasste es, zum

Sex gezwungen zu werden und keine Möglichkeit zu haben, mich dem zu entziehen. Meine Wut auf Paul Peloquin wurde so groß, dass ich mir sogar wünschte, er wäre tot. In mir stauten sich so viele Gefühle auf, die ich nicht ausdrücken konnte, dass ich befürchtete, ich würde verrückt werden. Manchmal ging ich am späten Nachmittag in den Garten, um ein paar Minuten allein zu sein und meinen Gedanken nachhängen zu können. Eines Abends nach Sonnenuntergang hörte ich hinter der hohen Mauer einen betörenden Song. Ich blieb stehen und lauschte den Worten, während Nachtfalter um die bereits eingeschalteten Gartenlaternen tanzten.

»*Flashback warm nights … suitcases of memories … time after time …*«

Wie gebannt hörte ich weiter zu. In den Liedern, die wir sangen, ging es ausnahmslos um den Glauben, um Bekehrung, um Jesus und die Bibel, aber der Text dieses Songs faszinierte mich. Er handelte von romantischer Liebe, Wehmut und Herzschmerz.

»*You're calling to me … I can't hear what you've said …*«

Am liebsten wäre ich in sehnsüchtiges Schluchzen ausgebrochen.

»*If you're lost you can look and you will find me … time after time …*«

Abend für Abend lief ich in der Dämmerung in den Garten und wartete darauf, den Song wieder zu hören. Wer immer ihn auch spielen ließ, konnte nicht wissen, dass ich auf der anderen Seite der Mauer lauschte und vor mich hin träumte. Von vier hohen Mauern eingeschlossen und fast ohne Abwechslung dachten wir Kinder uns Möglichkeiten aus, um wenigstens etwas Spaß zu haben. Armendria und ich brachten uns Spagat, Radschlagen und Flickflack bei. Zusammen mit den Jungen stellten wir sogar ein halbstündiges Akrobatikprogrammm zusammen, das wir voller Stolz den Erwachsenen vorführten. In guten wie in schlechten Zeiten waren Armi und ich unzertrennliche Freundinnen, die einander alles anvertrauten. Und als ich herausfand, dass sie zum »Teen Training« ins King's House – Mos Residenz – geschickt würde, war ich verzweifelt. Es galt als großes Privileg, in seine Residenz eingeladen zu werden, und ich fragte mich, warum mir diese Ehre nicht zuteilwurde, was ich falsch gemacht hatte. Damals hatte ich keine Ahnung, dass es sich dabei nicht um eine Ehre, sondern um eine Art Fegefeuer handelte.

»Es kommt zu einigen personellen Veränderungen«, sagte mir Marianne, nachdem sie mich in ihr Zimmer zitiert hatte. »Und es ist wohl am besten, wenn du zu Serena ziehst. Hier gibt es bald niemanden mehr in deinem Alter.« Michael und Patience würden künftig mit ihren Söhnen in einer anderen Kommune in Manila wohnen.

»Und was ist mit meinem Dad?«, erkundigte ich mich.

»Er wird hier für die Produktion von *Life with Grandpa* gebraucht«, entgegnete sie schroff und bemühte sich gar nicht erst, mir diese Nachricht schonend beizubringen, obwohl ihr meine entgeisterte Miene nicht entgangen sein konnte.

Ich brach in Tränen aus. Auf einen Schlag wurden mir mein Dad und meine beste Freundin genommen. Vielleicht tat ich ihr nun doch ein bisschen leid, denn sie erklärte, dass der kleine Victor zu seiner Mutter zurückmüsse und die Gefahr bestehe, dass er sie in den letzten sechs Monaten vergessen habe. Ich sollte ihn begleiten. »Er kennt dich, das wird es ihm leichter machen«, fügte sie hinzu.

Victor war ein kleiner Engel mit seinen Pausbacken und den großen braunen Augen. Ich hatte von Anfang an nicht begreifen können, warum man ihn von Serena getrennt hatte. Aber schließlich gab es kaum Entscheidungen, die für mich irgendeinen Sinn machten. Doch ich hatte Mitleid mit ihm, und da ich wusste, dass mir ohnehin keine Wahl blieb, stimmte ich zu.

Am Abend vor meinem Abschied vom World Services Home schlossen Armi und ich einen Pakt. Bis zur Großen Trübsal war nicht mehr lange hin, und wir schworen einander, uns dann am Rand des Dschungels außerhalb von Manila zu treffen. Ich war eine begeisterte Leserin der *Survival Sam Comix*, in denen detailliert beschrieben wurde, wie man Fallen stellt, sich in der Wildnis ernährt und frisches, klares Wasser findet. Wir stellten eine Liste überlebenswichtiger Dinge zusammen: ein Seil, Streichhölzer, Tabletten, um das Wasser zu desinfizieren, und ein Schweizer Armeemesser.

»Ich werde da sein und auf dich warten«, verkündete ich. »Versprichst du, dass du auch kommst – ganz gleich, was passiert?«

»Ich schwöre es«, antwortete Armi.

Es war sicher ein ziemlich fantastischer Plan, aber ich glaubte ganz fest daran, und irgendwie fiel mir der Abschied so leichter.

5 *Indoktrination*

MIT DEM KLEINEN VICTOR auf dem Arm kam ich am Abend an meinem Bestimmungsort – dem Haus von Dan und Tina – an. Ich hatte keine Vorstellung, wie meine Zukunft aussah, und unwillkürlich krampfte sich mir der Magen zusammen.

Außer sich vor Freude kam Serena mit Mariana und Juliana ins Wohnzimmer geeilt. »Victor! Wie groß du geworden bist!«, rief sie aus. Ich gab ihn ihr, aber er erkannte seine eigene Mutter nicht mehr wieder, begann, ängstlich zu schreien, und schlug mit seinen dicken Ärmchen auf ihr Gesicht ein.

Schluchzend und mit hochrotem Kopf streckte er mir beide Ärmchen entgegen. Ich nahm ihn auf den Arm und wiegte ihn hin und her, während Serena niedergeschlagen zusah. Ich war die Einzige, die er kannte, aber er schrie stundenlang weiter. Ich tat, was ich konnte, um ihn zu trösten, aber er sehnte sich nach der einzigen Mutter, die er kannte – nach Claire.

Schließlich zeigte man mir, wo ich schlafen würde: ganz oben auf einem Etagenbett in einer zu einem Kinderzimmer umgebauten Veranda. Ich war viel zu aufgeregt, um einschlafen zu können, und lag in der Dunkelheit wach und fragte mich, wofür man mich in die Verbannung geschickt hatte. Es war die totale Isolation. Es gab keine Kontakte, weder telefonisch noch durch Besuche.

Dan und Tina hatten vier Kinder: Peter, der genau wie ich zehn Jahre alt war, zwei jüngere Söhne und eine kleine Tochter. In dem Haus gab es vier Schlafzimmer, und neben Serena und ihren beiden Töchtern lebten noch zwei weitere Paare dort: Peter und Rachel Pioneer, die ich von der Arbeit für *Music with Meaning* kannte, sowie Joseph und Talitha, ein deutsches Ehepaar mit starkem Akzent. Juliana hatte sich mit deren vierjähriger Tochter Vera angefreundet, und die beiden verbrachten die meiste Zeit mit Talitha.

Nach den vielen Monaten der Trennung fiel es mir schwer, mich wieder an das Zusammensein mit Serena zu gewöhnen. Sie kam mir vor wie eine völlig Fremde, und zunächst beschäftigte ich mich vor allem mit Victor. Es dauerte zwei Wochen, bis er zu weinen aufhörte, und nach sechs Wochen deutete nichts mehr darauf hin, dass er seine Pflegefamilie vermisste.

Zum ersten Mal begann ich, so etwas wie Mitleid für Serena zu empfinden, die viele Jahre lang mit Schwächezuständen zu kämpfen hatte, die ihr besonders während der Schwangerschaft das Gehen erschwerten, und zu dieser Zeit erwartete sie ihr drittes Kind von Dad. Ihre Knie schwollen auf den doppelten Umfang an und behinderten sie dabei, im Haus zu helfen. Dann bekam Victor Tuberkulose, eine Krankheit, die im Fernen Osten noch immer häufig auftritt. Die medizinische Versorgung war teuer. Schließlich wurde beschlossen, dass sie nach Deutschland fliegen sollten, um Victor behandeln zu lassen. In den Westen zurückgeschickt zu werden, galt als Schande, und bei Ärzten Zuflucht zu suchen, bedeutete nicht mehr und nicht weniger, als dass Serena wankelmütig im Glauben war und tiefere Probleme hatte. Alles wurde unter dem Siegel größter Verschwiegenheit vorbereitet, und Serena verabschiedete sich von niemandem. Am Tag ihrer Abreise bat mich Tina, Juliana ein bisschen abzulenken.

»Fliegt sie denn nicht mit?«, fragte ich.

»Nein. Das wäre zu anstrengend für Serena. Sie ist im achten Monat schwanger, und Victor ist sehr krank. Als Älteste wird Mariana in der Lage sein, sie ein wenig zu entlasten.« Mariana war gerade erst fünf.

Juliana tat mir sehr leid; sie musste jetzt ohne ihre Mutter auskommen, genau wie ich – nur mit dem Unterschied, dass auch Dad nicht da war. Spontan beschloss ich, sie zu »bemuttern«. Dan und Tina übernahmen die Vormundschaft für uns. Ich war zehn, und Juliana war vier Jahre alt. Gegen Tina hatte ich nichts, aber vor Dan fürchtete ich mich und bemühte mich nach Kräften, ihm aus dem Weg zu gehen. Er verprügelte seine Söhne mit einer Fliegenklatsche aus Metall; oft verpasste er ihnen hundert Schläge hintereinander. Ihre Schmerzensschreie ließen mir das Blut in den Adern gefrieren. Nach einer Tracht Prügel war ihr Hintern tagelang blutig und geschwollen.

Ständig lebte ich in der Angst, dass er eines Tages auch mich schlagen würde, doch glücklicherweise tat er das nie. Am meisten hatten seine beiden jüngeren Söhne unter ihm zu leiden, und sie benahmen sich oft selbst gewalttätig und gingen auf mich los, als wollten sie mich für ihre Schmerzen büßen lassen. Einmal versuchten sie sogar, mich zu erwürgen. Das machte mir fast noch mehr Angst, und ich fing an, mich in mich selbst zurückzuziehen. Juliana zog bei Joseph und Talitha ein, aber im Gegensatz zu mir blieb sie von Dans brutalen Ausbrüchen nicht verschont. Ich konnte nicht verhindern, dass er sie täglich verprügelte – meistens weil sie ins Bett gemacht hatte. Eine Strafe, die ich grausam und ungerecht fand. Wenn eins der Kinder geschlagen wurde, gellten die Schreie durch das ganze Haus, und ich hockte, vor Angst zitternd, in einer Ecke, bis es endlich vorbei war.

Ich schloss die Augen, biss die Zähne zusammen und flehte lautlos: Komm wieder, Dad. Bitte, komm doch endlich wieder. Die Hoffnung, dass er meine lautlosen Gebete hören und mich retten würde, ließ mich alles irgendwie überstehen.

Es sollte noch ein ganzes langes Jahr vergehen, bis er eines Tages ohne jede Vorankündigung mit Jeremy Spencer in der Tür stand. Jetzt wusste ich, was Serena empfunden hatte, als sie endlich Victor wiedersah. »Dad!«, rief ich und schlang die Arme um ihn.

Er zog mich fest an sich. »Wie geht es meinem Mädchen?«

»Oh Dad, ich habe dich schrecklich vermisst.«

»Na, jetzt sind wir ja wieder zusammen. Wir ziehen auf eine Farm!«

»Auf eine Farm? Wo?«

»In Macau.«

»Wo ist das, Dad?«

»Macau ist eine portugiesische Kolonie in der Nähe von Hongkong. Wir werden auf der Farm von Hosea leben. Du weißt doch, wer Hosea ist, oder?« Die Frage hätte er sich sparen können. Jeder kannte die Namen sämtlicher Mitglieder der Königlichen Familie auswendig.

Etwas in mir war neugierig auf Mos jüngsten Sohn, über den ich in den Mo-Briefen viel gelesen hatte. Aber im Grunde war es mir egal, wo wir lebten, solange ich mit Dad zusammen sein konnte.

Hoseas Farm lag in einem kleinen Dorf namens Hac Sa. Es gab ein Haus mit fünfzehn Zimmern, zwei kleinere Cottages, Ställe und Ackerland. Hosea hatte zwei Frauen – Esther und Ruth – und mit ihnen insgesamt sieben Kinder, zwei Mädchen und fünf Jungen. An dem Abend, als wir ankamen, ging es mir nicht gut, und ich hatte mich bereits mehrmals übergeben müssen. Es herrschten Temperaturen von zehn Grad, kalt im Vergleich zu den Philippinen, wo es das ganze Jahr über heiß ist. Esther packte mich sofort warm ein und steckte meine Füße in einen Eimer mit heißem Wasser.

»Du hast dir wahrscheinlich eine Erkältung eingefangen«, erklärte sie und maß meine Temperatur, aber ich hatte kein Fieber.

»Ruh dich einfach ein bisschen aus, auch morgen«, fügte sie warnend hinzu.

Seit vielen Jahren hatte mich niemand mehr so umsorgt, und ich fand, dass Esther genau der liebevolle, warmherzige Typ war, nach dem ich so lange vergeblich gesucht hatte.

Dad, Juliana und ich wurden in unser Zimmer in einem der kleineren Cottages geführt. Es war gemütlich und anheimelnd. Abgesehen davon war es mir recht, dass wir nicht im Haupthaus wohnen mussten.

Am nächsten Morgen sah ich mich genauer um. Hier gab es keine hohen Mauern wie in den World Services Homes auf den Philippinen. Unsere Nachbarn waren Chinesen, und ich sah sie draußen Tischtennis oder Karten spielen. Da ich die Sprache nicht verstand, konnte ich mich leider nicht mit ihnen unterhalten. Ich traf Crystal und ihren Mann Michael wieder, die Crystal, die vor vielen Jahren in Griechenland mein Kindermädchen gewesen war.

»Herzlich willkommen«, sagte sie und lächelte meinen Vater an. »Ich erinnere mich gut an dich«, sagte sie dann und zwinkerte mir zu.

Im Handumdrehen begann Dad eine heftige Affäre mit ihr. Ihr Mann schien nichts dagegen zu haben.

Esther war wohl die liebenswürdigste Frau, die ich je kennengelernt hatte, Hosea dagegen war aufbrausend und brutal. Ich bekam mit, wie er seine Söhne verprügelte und so fest im Nacken packte, dass er ihnen fast das Genick brach. Schockiert stellte ich fest, dass sein zweitältester Sohn David im Alter von fünfzehn Jahren noch nicht lesen konnte. Die Jungen hatten nie eine anständige Schulbildung genossen. David und sein älterer Bruder Nehemiah mussten die meiste Arbeit auf der Farm erledigen. Auf diesem Gebiet waren sie wahre Experten, aber im Lesen, Schreiben und Rechnen hatten sie nur kümmerliche Grundkenntnisse. David schien das sehr peinlich zu sein, und er hatte wohl deswegen nur wenig Selbstbewusstsein. Ich hatte im Alter von knapp drei Jahren lesen gelernt, genauso wie Juliana. Ich konnte nicht begreifen, warum Jungen in diesem Alter nicht ordentlich unterrichtet wurden, auch wenn sie alle fließend Kantonesisch sprechen konnten.

Unser Tag begann um fünf Uhr morgens. Es dauerte eine Weile, bis ich mich daran gewöhnte, so früh aufzustehen. Hoseas Söhne melkten die Kühe, sammelten im Hühnerstall die Eier ein, fütterten die Ziegen und die Pferde und reinigten die Ställe. Mir wurde die Aufgabe übertragen, erst Frühstück und wenig später auch das Mittag- und Abendessen für bis zu fünfundvierzig Personen zuzubereiten. Oft war ich allein in der Küche und musste mit Töpfen und Pfannen geradezu gigantischer Größe hantieren. Dabei handelte ich mir mitunter kleine Verletzungen und Brandwunden ein, aber glücklicherweise nichts Ernstes. Ich studierte Kochbücher und probierte alles Mögliche aus: Nudelsalat, Eintopf und Rindfleisch und Innereien im Backofen.

Außer Hoseas beiden Töchtern war ich das einzige Mädchen zwischen zehn und zwölf auf der Farm. Ich bekam zwar mit, dass die Jungen regelmäßig »Dates« mit erwachsenen Frauen hatten, war aber doch schockiert, als ich den dreizehnjährigen Aaron beim Sex im Bett von Crystal entdeckte, der Betreuerin der halbwüchsigen Jungen. Bestürzt schloss ich die Tür wieder. Ständig stellten die Jungen mir nach, konkurrierten miteinander um mich und machten mir unverblümte Sexangebote. Ich fand ihr Verhalten erschreckend. Um mich ausspionieren zu können, bohrten sie Löcher in die Wände des Badezimmers. Sie nannten mich prüde und arrogant, doch das war mir völlig egal. Das, was möglicherweise an sexueller Neugierde in mir vorhanden gewesen war, hatte sich mittlerweile in Ekel verwandelt, und ich ließ keinen Zweifel daran, dass ich kein Interesse hatte.

Nie werde ich den Morgen vergessen, an dem David in die Küche kam, als ich gerade den Lunch vorbereitete, und mich fragte: »Werden Mädchen auch geil?«

»Was fällt dir ein, mich so etwas zu fragen?«, zischte ich. »Natürlich nicht.« Dass Mädchen Gefallen am Sex finden könnten, überstieg mein Vorstellungsvermögen. Empört rannte ich aus der Küche, aber er lachte nur.

In den Büchern und Schriften, die man uns gab, wurde auf Sex eine besondere Betonung gelegt. Aus einem neu publizierten *The Basic Training Handbook* erfuhr ich, dass meine Freundin Armi und die Teenager in Mos Residenz einem von Sarah Davidito und Maria geleiteten Trainingsprogramm unterzogen wurden. Als ich von der strengen Disziplin, den »Dates«, dem Drill und den Strafmaßnahmen las, war ich froh, dass man mich offenbar nicht für »würdig« gehalten hatte.

Unter der Woche arbeiteten Dad und Jeremy Spencer an *Life with Grandpa.* Aber am Sonntag unternahmen wir zusammen lange Spaziergänge am Strand. Er brachte mir auch das Radfahren bei, indem er den Sattel festhielt und neben mir herlief. Ich stürzte und holte mir ein paar böse Schnittwunden am Bein – die Narben habe ich noch immer –, aber Dad ließ nicht locker, obwohl ich fast aufgegeben hätte. Es bedurfte zäher Entschlossenheit auf beiden Seiten, doch nach zwei Tagen konnte ich radeln, ohne zu schwanken oder gar zu stürzen. Zum ersten Mal seit zwei Jahren hatte ich wieder Spaß am Leben – weil ich mit meinem Vater zusammen sein konnte. Aber schon drei Monate später wurde er überraschend zu World Services zurückbeordert. Als er es mir erzählte, brach eine Welt für mich zusammen.

»Oh nein! Aber warum, Dad?«

»Jeremy und ich werden gebraucht«, antwortete er bekümmert. »Du musst hier bei Julie bleiben, aber es ist nicht für lange. Das verspreche ich dir, Schätzchen.«

»Du weißt doch, dass du nichts versprechen kannst, Dad«, entgegnete ich verzagt.

Unseren letzten gemeinsamen Tag verbrachten wir in einem Hotel in der Stadt. Macau war eine eigenartige Mischung aus hektischem Brodeln – wie Hongkong, das nur wenige Meilen entfernt auf der anderen Seite des Golfs liegt – und stoischer Ruhe. Seine alten Backsteingebäude spiegeln die Geschichte der Insel als portugiesische Kolonie seit Beginn des 17. Jahrhunderts wider. Die Atmosphäre faszinierte mich, aber ich war auch traurig über die bevorstehende Trennung von meinem Vater.

Beim Mittagessen vor einem kleinen Café auf einem Platz mit Kopfsteinpflaster vertraute ich Dad meine Verzweiflung an. »Ohne dich möchte ich nicht hierbleiben. Ich hasse Hosea«, brach es aus mir heraus. »Er macht mir Angst.«

»Oh meine Süße …« Ratlos verstummte er und sprach erst nach kurzem Schweigen weiter. »Ich werde sehen, was ich tun kann.«

Nach dem Lunch zogen wir uns zu einem Mittagsschläfchen ins Hotel zurück. Als ich erwachte, war Dad nicht im Zimmer. Ich hörte Geräusche aus dem Bad und öffnete die Tür einen Spalt weit. Mein Vater verbarg das Gesicht in den Armen und schluchzte. Noch nie hatte ich ihn so heftig weinen sehen. Um ihn nicht in Verlegenheit zu bringen, schloss ich leise wieder die Tür und legte mich aufs Bett. Irgendwie beruhigte es mich, ihn weinen zu sehen. Zumindest wusste ich nun, dass auch er unter unserer Trennung litt.

Ich weiß nicht, ob wir das Dad zu verdanken hatten, aber einen Monat später wurden Juliana und ich auf die Philippinen zurückgebracht, wo wir bei Marianne wohnen sollten. In der Zwischenzeit war viel passiert. Paul und Marianne hatten sich getrennt, und Paul war zum leitenden Betreuer für die Philippinen ernannt worden, während Marianne nun die Aufgabe hatte, die Offiziere der philippinischen Armee durch Flirty Fishing für die »Familie« zu gewinnen. Es gab nichts, was zu ungeheuerlich oder zu schändlich gewesen wäre, denn schließlich wussten sie Jesus auf ihrer Seite. Mo war Experte darin, einflussreiche Männer in Machtpositionen und in der Regierung mit Frauen und Sex für sich einzunehmen.

Das Beste an unserer Rückkehr war, dass ich Armi wiedersah. Sie hatte mir gefehlt, und sie gab mir ein Gefühl von familiärer Vertrautheit. Darüber hinaus war ich gespannt darauf, was sie im King's Home erlebt hatte, aber man hatte sie zu striktem Stillschweigen verpflichtet, und sie konnte mir nicht viel erzählen. Mir entging jedoch nicht, dass sie einen Goldring am Finger trug.

»Wo hast du den her?«, fragte ich neugierig. Als sie mir ihr Geheimnis verriet, drehte sie nervös den Ring am Finger.

»Von Großvater. Es ist ein Ehering.«

»Was? Er hat dich zu seiner Frau gemacht?«, fragte ich schockiert.

Sie sah mir kurz in die Augen, und in ihrem Blick lag so viel Verzweiflung und Hilflosigkeit, dass ich am liebsten laut aufgeschrien hätte.

Die Zeremonie hatte in Großvaters Bett stattgefunden, erzählte sie mir – während Maria danebensaß und zuschaute. Mir lief es kalt den Rücken hinunter. Sie war erst dreizehn Jahre alt.

»Alle Mädchen, die an dem Training teilgenommen haben, haben einen Ehering bekommen.«

»Sogar Mene?«, flüsterte ich entsetzt.

»Ja.«

Aber sie ist seine Enkelin, dachte ich voller Abscheu.

Ich konnte ihr ansehen, dass sie mir gern mehr erzählt hätte, aber es wurde als Verrat betrachtet, irgendetwas über Mo und Maria preiszugeben. Wäre es herausgekommen, hätte sie mit einer harten Bestrafung rechnen müssen. Da ich das wusste, drang ich nicht in sie, mir mehr zu erzählen. Doch nun konnte ich mir erklären, warum Krys, ein Mädchen, das bei uns im Zimmer wohnte, einen ähnlichen Ring trug wie Armi.

Um uns ein paar Minuten unterhalten zu können, ohne dass jemand es hörte, schlenderten Armi und ich manchmal durch den Garten. Einmal erzählte ich ihr von einem Traum, den ich gehabt hatte. »Es war echt verrückt. Ich versuchte, mir ein großes Ei zu schnappen und damit wegzulaufen. Und du bist über die Mauer gesprungen, um zu flüchten.«

Überrascht sah sie mich an. »Ich habe tatsächlich daran gedacht zu flüchten, um meine Eltern zu suchen.« Armi verstummte und warf einen nervösen Blick über die Schulter, als könnte uns jemand belauscht haben. Es war gefährlich, einander seine geheimsten Gedanken anzuvertrauen. Man würde unsere Lippenbewegungen sehen und unsere Zweifel erahnen. Wir waren in dieser Welt gefangen und konnten nichts dagegen unternehmen. Und obwohl wir nie wieder darüber sprachen, fühlten wir uns in unserer Hilflosigkeit eng verbunden.

Krys und Armi mussten sich regelmäßig mit zwei erwachsenen Männern – John und Silas – zum Sex treffen. John war vor Paul leitender Betreuer für die Philippinen gewesen, und Silas führte zusammen mit seiner Frau Endureth eine Schwesterkommune ganz in der Nähe.

Eines Morgens wurde ich wach, weil ich hörte, dass sich im Bad jemand übergab. Es war Krys.

Wenige Tage später begriffen Armi und ich, dass Krys schwanger war. Unsere Betreuerin Windy teilte es Marianne mit, und bei den nächsten Einkäufen für die Kommune wurde auch ein Schwangerschaftstest mitgebracht. Das Ergebnis war positiv.

»Wer ist der Vater?«, fragte ich Armi.

»John, glaube ich. Wenigstens hat Krys mir das gesagt.«

Die Verantwortlichen brachen in Panik aus. Krys war erst vierzehn Jahre alt. Es stand außer Frage, sie zur Schwangerschaftsvorsorge ins Krankenhaus zu bringen. Uns wurde verboten, miteinander über die Situation zu sprechen oder den Namen des möglichen Vaters zu nennen. Krys durfte das Haus nicht mehr verlassen und musste weite, sackförmige Kleidung tragen, um ihren anschwellenden Bauch zu verstecken.

Mich packte Empörung. John stand nicht zu seiner Verantwortung als künftiger Vater, und es war offensichtlich, dass Krys zum Sündenbock gemacht werden sollte. In seinen Briefen zog Mo häufig islamische und indianische Kulturen als Beweise dafür heran, dass Sex mit Kindern legitim war.

»In Indien wurden Mädchen häufig schon mit sieben Jahren verheiratet«, schrieb er. »In diesem Alter sind sie alt genug! Auf diese Weise können sie sich nach Herzenslust vergnügen, ohne sich Sorgen über mögliche Kinder machen zu müssen, bis sie zwölf sind. In der ›Familie‹ haben wir eine Reihe von Teenagern, die alt genug sind, um zu heiraten und Kinder zu bekommen. Warum auch nicht? Natürlich können die Mädchen schwanger werden. Na und?«

Am liebsten hätte ich diese Briefe in den Mülleimer geworfen, aber stattdessen mussten wir stundenlang dasitzen und darin lesen, ohne zu fragen. Es war eine grausame Tatsache, dass in unserer Welt die jungen Mädchen zur Befriedigung der Gelüste alter Männer missbraucht wurden, ohne dass sich jemand Gedanken über die Folgen gemacht hätte. Krys würde eine alleinerziehende Mutter sein, bevor sie die Chance hatte, ihre eigene Kindheit auszuleben. Ich war fest entschlossen, ein ähnliches Schicksal unter allen Umständen zu vermeiden.

Inzwischen schrieb man das Jahr 1987, und auf allen Kontinenten wurden Teen Training Camps auf der Grundlage des *Basic Training Handbook* abgehalten. An die zweihundert junge Mitglieder der »Familie« aus ganz Südostasien nahmen in Manila an einem zweiwöchigen Kursus teil. Die Camps wurden von

Maria und Sarah Davidito abgehalten, da die Halbwüchsigen im Sinne der Doktrin der »Familie« geschult werden sollten. Ganz unverblümt sagte man uns: »Ja, wir unterziehen euch einer Gehirnwäsche. Wir reinigen eure Köpfe von den Eingebungen des Teufels und ersetzen sie durch das Wort Gottes.«

Als ich im Camp eintraf, wurde ich in einen Raum geführt, den ich mit zehn anderen Mädchen teilen sollte. Unsere kleine Gruppe erhielt den Namen »The Lovelights«. Für jede Gruppe gab es eine Betreuerin, die sie rund um die Uhr überwachte. Ich freute mich darauf, mit so vielen anderen Jugendlichen zusammen zu sein, aber wir hatten kaum Zeit, uns zu unterhalten. Morgens mussten wir uns in einer Reihe aufstellen und marschierten zum Frühstück in den Speisesaal. Unsere Tage bestanden aus Unterweisungen, Vorträgen, geistiger Erbauung und Auswendiglernen. In kleinen Spielszenen und Liedern wurde Loyalität der »Familie« und »unserem König David« gegenüber behandelt, und wir mussten ein Ergebenheitsgelübde für den Propheten und Maria unterschreiben und auswendig lernen. Jeden Abend vor dem Zubettgehen schrieben wir Stellungnahmen und Bekenntnisse in »freimütigen Berichten« nieder. Demut, Opferbereitschaft und Unterwerfung unter unsere Anführer und unter Gott waren die Tugenden, die wir anstreben sollten, um uns auf unsere Aufgaben als künftige Elite der Welt vorzubereiten. Das alles kam mir unglaublich surreal vor.

Uns wurde eingebläut, dass wir die »Auserwählten« seien, deren Schicksal Gott zum Guten gewendet hatte. Etwas anderes hatte ich nie kennengelernt, aber die Erwachsenen erzählten uns Horrorgeschichten über ihr unglückliches, leeres und hoffnungsloses Leben, bevor sie in die »Familie« aufgenommen worden waren, und ich kam zu dem Schluss, dass es hier – ganz gleich, wie schlimm es auch war – immer noch zehnmal besser sein musste als im »System«.

Bevor wir das Camp wieder verließen, mussten wir einen langen Fragebogen mit detaillierten Fragen nach unserem Intimleben ausfüllen. »Wir möchten, dass ihr bei der Beantwortung absolut ehrlich seid, weil die Bögen zu Großvater und Maria geschickt werden, damit sie sie lesen«, erklärte unsere Betreuerin. Es sei unsere Chance, ihnen unsere Gefühle und Ansichten mitzuteilen. Vertrauensvoll schrieb ich neben meinen innersten Empfindungen auch meine traumatischen sexuellen Erlebnisse auf, nannte Namen und Daten.

Kurz nach unserer Rückkehr verlas Marianne ein Memorandum von Maria und Sarah Davidito. Offenbar war ich nicht die Einzige, die von sexuellen Übergriffen berichtet hatte, und das – sowie eine Reihe von Teenagerschwangerschaften – alarmierte unsere Anführer.

»Das Gesetz der Liebe ist gut und besteht weiterhin«, wurde uns erklärt, »aber sexueller Kontakt zwischen Erwachsenen und Kindern wird missbilligt.« Nicht verboten – »missbilligt« … Erleichtert atmete ich auf. Das Gesetz kümmerte mich nicht. Ich war froh, dass wir es nicht mehr praktizieren mussten.

Doch da irrte ich mich. Die neuen Regelungen spielten keine Rolle, wie ich bald feststellen sollte.

Im Alter von sechs Jahren war ich in Griechenland von dem Peruaner Manuel zum ersten Mal sexuell belästigt worden – auf dem Doppelbett in Silas' und Endureths Caravan. Während des »großen Exodus« waren er und seine Frau Maria mit uns nach Sri Lanka gegangen. Jetzt lebten sie in unserer Schwesterkommune, die von Silas und Endureth geführt wurde. Wir nahmen dort an den Sonntagsgottesdiensten teil, und oft besuchte ich Renee und Daniella, und wir vergnügten uns mit akrobatischen Kunststückchen. Wenn Manuel mich sah, musterte er mich in ziemlich eindeutiger Weise, was mir immer großes Unbehagen bereitete. Eines Tages kam er uns besuchen und blieb über Nacht. Weil Armi für ein paar Tage fort war, sollte er unten in dem

Etagenbett in meinem Zimmer schlafen. Ich war sehr nervös. Kindheitserinnerungen überkamen mich, als ich in das obere Bett kletterte und die Augen schloss.

Wenige Minuten später kam er ins Zimmer und streichelte meinen Rücken. Ich hielt die Augen geschlossen und tat so, als würde ich schlafen. Aber er ließ nicht von mir ab, sondern tastete mit der Hand nach meiner Vagina und schob seinen Finger hinein.

»Weißt du eigentlich, wie sexy du bist?«, flüsterte er mir ins Ohr.

Ich schlug die Augen auf. »Lass mich in Ruhe. Das darfst du nicht tun«, sagte ich und erinnerte ihn an das neue Memorandum.

Er drückte seine Lippen auf meinen Mund, drängte seine Zunge hinein, während er seinen Finger immer weiterschob. Ich fürchtete mich, und ich hasste Konfrontationen, doch ich wollte mich auf keinen Fall zum Sex zwingen lassen. »Nein! Nein! Nein!«, zischte ich durch die zusammengebissenen Zähne. »Du weißt, dass es nicht erlaubt ist.« Energisch befreite ich mich und presste die Lippen aufeinander.

»Okay …«, murmelte er, ging aber nicht weg. Stocksteif lag ich da. Endlich seufzte er tief auf und streckte sich auf dem unteren Bett aus. Mit wild klopfendem Herzen lag ich noch lange wach und hörte, wie er masturbierte. Erst als ich sicher sein konnte, dass er eingeschlafen war, schloss auch ich die Augen.

Am Morgen stand ich auf, griff nach meinen Sachen und ging ins Bad, um mich anzuziehen. Später am Tag begegnete ich Marianne am Pool und fragte, ob ich mit ihr sprechen könnte. In meiner Naivität glaubte ich, dass ich Unterstützung finden würde, wenn ich von den Vorfällen berichtete. Mariannes Miene zeigte weder Entsetzen noch Missbilligung. »Ich werde mit ihm darüber reden«, sagte sie nur. Sie erwähnte das Thema mir gegenüber nie wieder, und es blieb mir überlassen, mich zu fragen, was aus meiner Beschwerde geworden war. Ich kam zu dem

Schluss, dass die neuen Regelungen sinnlos waren, weil die für uns Verantwortlichen sie nicht durchsetzen würden.

Dann fand ich heraus, dass ich diejenige war, die zur Ordnung gerufen werden musste. Kurze Zeit später rief mich Marianne zu sich, und ich nahm auf einem Stuhl in der Ecke ihres Zimmers Platz. Sie und Zadok, ein weiterer Leiter unserer Kommune, saßen mir gegenüber.

»Du hast offenbar ein paar große innere Probleme«, begann Marianne. »Wir machen uns große Sorgen um dich, und du musst uns gegenüber ganz ehrlich sein. Dein Problem ist, dass du häufig weggetreten bist und mit offenen Augen vor dich hin träumst. Müßiggang ist aller Laster Anfang und ein Werkzeug des Teufels.«

Ich bin nie ganz dahintergekommen, was »wegtreten« wirklich bedeutet, aber es war ein Begriff aus der Hippie-Sprache und bedeutet wohl, dass jemand unter Drogeneinfluss steht und eine ausdruckslose Mine hat. Wenn ich nicht mitbekam, dass jemand mit mir sprach, oder einfach nur so aus dem Fenster sah, bekam ich von den Erwachsenen zu hören: »Celeste! Du bist schon wieder weggetreten.«

»Was denkst du, wenn du mit offenen Augen träumst?«, wollte Marianne von mir wissen.

Ich wusste nicht recht, was ich darauf antworten sollte. »Nichts. Eigentlich denke ich an nichts.«

Marianne sah verwirrt aus und fragte noch einmal, was für Gedanken mir durch den Kopf gingen. Sie warnte mich vor den Gefahren von Wachträumen und erinnerte mich an Mos Brief »Das letzte Stadium« über Mene. Wir hatten den Brief im Teen Training Camp gelesen. Sie sei satanischen Tagträumen erlegen, die sie dazu verleitet hätten, schlecht über ihren Großvater zu denken, stand in dem Brief, der mir in seiner Brutalität wahre Angstschauer über den Rücken jagte. In dem Brief wurde geschildert, dass Mene in Mos Zimmer kam und er sie mit einem

Kuss begrüßte, dann packte er sie plötzlich und schüttelte sie, während er in Zungen sprach. Er schlug sie mit einer Rute, um ihr die Teufel und Dämonen auszutreiben. Noch mehr schockierte mich, dass er sie des Verrats beschuldigte. Er habe sie in sein Bett geholt, und doch sei sie so unverschämt, ihn zu kritisieren und zurückzuweisen.

Sie ist sein Fleisch und Blut, und doch hatte er Sex mit ihr? Auch wenn uns immer wieder gesagt wurde, dass »uns alles erlaubt« ist, ging Inzest für mich einen Schritt zu weit.

In dem Brief »Das letzte Stadium« schrieb Großvater auch, Mene sei dem Wahnsinn verfallen, und erteilte Sarah Davidito und seinem zweiten Stellvertreter Peter Amsterdam die Erlaubnis, sie zu züchtigen, sobald sie böse Gedanken äußerte, und sie nachts an ihr Bett zu fesseln. Ich konnte nicht begreifen, dass sich das perfekte Mädchen, das uns allen ein Beispiel gewesen war, in ein vom Teufel besessenes Monster mit mörderischen Gedanken verwandelt haben sollte.

Nach den Vorfällen mit Mene kamen unsere Anführer zu der Überzeugung, dass es noch weitere Zweifler und Abtrünnige geben musste. Weil Mene ein so braves Mädchen gewesen war, gerieten alle folgsamen Kinder unter Verdacht. Ich bemühte mich sehr, alle Regeln einzuhalten, aber Marianne hatte es an diesem Tag auf mich abgesehen, und sie würde keine Ruhe geben, bis ich nicht irgendein Vergehen gestand.

Aber mir fiel nichts ein. »Ich gebe mich keinen Tagträumen hin«, beharrte ich. »Ich bilde mir nichts ein, und ich habe keine Visionen.«

Sie schwieg einen Moment frustriert und funkelte mich dann zornig an. »Das ist ja sogar noch schlimmer! Der Teufel spricht mit dir, und du merkst es noch nicht einmal.«

Was für ein Schwachsinn! Unwillkürlich musste ich lachen, schloss aber schnell wieder den Mund. Doch nicht schnell genug.

»Findest du das etwa komisch?« Zadok runzelte die Stirn. »Es ist ernst, sehr ernst, denn der Teufel ist darauf aus, dich zu vernichten. Wenn wir dich nicht auf den rechten Weg bringen, wird Gott es tun müssen. Und glaube mir, das wird sehr viel schlimmer.«

Doch dann stellte sich heraus, was der eigentliche Grund für meine Zurechtweisung war. Marianne hatte den Fragebogen bekommen, den ich im Camp ausgefüllt hatte. Meine Antworten zeigten, behauptete sie nun, dass ich von tiefem Groll und Verbitterung gegen Gott und »meine Brüder im Herrn« erfüllt sei. Aber ich müsse jenen verzeihen, die mir meiner Meinung nach Unrecht getan hätten, erklärte sie mir. Darüber hinaus beschuldigte sie mich, Dad zu idealisieren. Sie hatte von Leuten im World Services Home erfahren, wie sehr ich meinen Vater vermisste. Allein das bewies, dass er für mich zu einem Idol geworden sei. Aber ich müsse ihn aufgeben und ihn Gottes Willen überlassen.

»Gott ist ein eifersüchtiger Gott«, erklärte sie, »und Er will keine anderen Götter neben sich haben.«

Ich hütete Dads seltene Briefe wie einen Schatz und las sie immer wieder, wenn ich unter unserer Trennung besonders litt. Die Hoffnung, dass ich ihn irgendwann wiedersehen würde, gab mir Kraft. Jetzt erklärte mir Marianne, dass ich aus ihm einen Götzen gemacht hatte, den ich zerstören müsste. Das war der letzte Tropfen, der das Fass zum Überlaufen brachte. Ich brach in Tränen aus. Wie könnte ich meinen eigenen Vater jemals vergessen? Meine Verzweiflung über den Verlust des Menschen, den ich auf der Welt am meisten liebte, strömte umgehemmt aus mir heraus. Ich wollte die Tränen zurückhalten, aber es gelang mir nicht.

Meine unkontrollierten Tränen überzeugten Marianne davon, dass sie meinen Stolz und meinen rebellischen Geist endlich gebrochen hatte. Sie verkündete das »Urteil« für mich: Ich musste den nächsten Monat in Isolation verbringen, um Mo-Briefe über Rebellion, Ergebenheit, Unterwerfung unter Gottes Gebete und Besessenheit durch Dämonen zu studieren und zu kommentieren. Mir würde ein erwachsener »Helfer« zur Seite gestellt, der mir beim Lesen Gesellschaft leistete – sonst dürfe ich mit niemandem sprechen.

Aber meine Einstellung zu ändern reichte nicht aus. Man verlangte außerdem von mir, dass ich meinen Namen änderte. Celeste sei zu »abgehoben« (auf Spanisch bedeutet der Name »himmlisch«). Ich würde den Kopf zu hoch tragen, und ich sollte mir einen bodenständigeren Namen suchen.

»Du hast ein paar Tage Zeit, um darüber nachzudenken und zu beten«, sagte Marianne. »Dann kommst du wieder und sagst mir, was Gott für dich entschieden hat.«

Drei Tage lang musste ich in einem kleinen, abgeschiedenen Raum bleiben und bekam nur eine dünne Suppe und Wasser. Der Hunger war mein einziger Begleiter.

»Hast du dich für einen neuen Namen entschieden?«, fragte mich Marianne am Ende der drei Tage.

Ich nickte. »Joan. Nach Johanna von Orleans. Ich möchte eine Kämpferin werden wie sie.«

Marianne freute sich darüber. »Jesus braucht Kämpfer für seine Endzeitarmee. Gut. Ich werde es den anderen sagen.«

Während meiner Isolation verfielen mein Geist und meine Gefühle in eine Starre, als wären sie abgeschaltet worden. Ein Tag ging nahtlos in den anderen über. Am Ende des Monats kam die Kommune zusammen, um für mich ein Gebet der Erlösung zu sprechen. Mein Kopf wurde mit Öl gesalbt, und alle legten mir ihre Hände auf und sprachen in Zungen. Die Dämonen Stolz, Selbstgerechtigkeit und Aufsässigkeit waren mir angeblich ausgetrieben worden.

Ich war verwirrt. Hatte wirklich ein Kampf zwischen Gott und dem Teufel um meine Seele stattgefunden? Warum habe ich nichts davon gemerkt? Ich wusste noch immer nicht, was ich falsch gemacht hatte oder welche Art von Teufel Marianne in mir gesehen hatte; ich war einfach froh, dass meine Isolation zu Ende war.

Später fand ich heraus, dass ich offenbar nicht die Einzige war, die so gebrochen werden musste, als ich zwei – der »Familie« allgemein zugängliche – »Bekenntnisbriefe« von Dad las, in denen er seine Sünden eingestand, als Teil einer öffentlichen Erniedrigung und Wiedereingliederung ins Königshaus. Als Erstes gab er zu, durch seinen Erfolg mit *Music with Meaning* übermäßig stolz geworden zu sein. Während seines Studiums habe er sich mit Okkultismus befasst und sei dabei vermutlich in die Fänge von Dämonen geraten. Jetzt bat er um ein reinigendes Gebet, um sich von ihrem Einfluss zu befreien. Es schmerzte mich, dass er außerdem schrieb, die Frauen in seinem Leben könnten sich glücklich schätzen, dass er sie verlassen hatte, um Gott zu dienen.

Glaubt er das wirklich, fragte ich mich.

In dem zweiten Brief bekannte er, seine Mutter Krystina zum Idol erhoben zu haben. Da sich Mo zufolge Dämonen mit Hilfe von Fotos in menschliche Behausungen einschleichen können, hatte Dad sämtliche Fotografien von unserer Großmutter verbrannt. Sie war ihm bis zu ihrem frühen Tod eine gute und liebevolle Mutter gewesen. Was sollte an ihr dämonisch gewesen sein? Ich war untröstlich darüber, dass diese unersetzlichen Bilder vernichtet worden waren, die er von seinem Vater und bei seiner Reise nach Polen von Verwandten erhalten hatte. Das einzige Foto unserer Großmutter ist nun das, das er mir nach seiner Rückkehr zur Aufbewahrung gegeben hat.

In der Nachfolge der Teen Training Camps wurden an wichtigen Standorten rund um die Welt »Umschulungszentren« für Teenager und »rebellische« Erwachsene eingerichtet. Zur gleichen Zeit bekam die »Familie« Probleme auf den Philippinen. Mo war in seinen »Geschäften« mit philippinischen Politikern und Militärs zu weit gegangen, und die »Familie« war inzwischen unerwünscht. Die Medien griffen das Thema auf, und Mo erklärte die Philippinen zu einem »abgeernteten Feld«. Marianne erhielt den Auftrag, mit ihrer gesamten Kommune nach Tokio auszuweichen. Während der Phase der Umsiedlung wurden Armi, Krys, meine kleine Schwester Juliana und ich in einen nahe gelegenen Gebäudekomplex in Manila geschickt, der wegen seiner Größe »Jumbo« genannt wurde. Krys wohnte noch immer mit uns in einem Raum, obwohl sie kurz zuvor ein Mädchen geboren hatte. Es fiel ihr schwer, eine mütterliche Beziehung zu dem Kind zu entwickeln, weil sie lieber etwas mit uns unternahm, anstatt allein zurückzubleiben und für ein Kind zu sorgen, das sie nicht gewollt hatte.

Im Jumbo begegnete ich Paul Peloquin wieder. Er wollte ein weiteres Stripteasevideo für Mo aufnehmen und nahm mich beiseite. »Großvater hat einen besonderen Wunsch, Süße. Er möchte, dass du für ihn tanzt. Eigentlich sollen wir ja keine Nacktaufnahmen von Kindern mehr machen, aber es handelt sich um eine einmalige Ausnahme.«

Ich war zwölf Jahre alt, und den neuen Bestimmungen zufolge sollte es sexuelle Zurschaustellungen von Kindern mehr geben, aber offensichtlich wollte man Mo einen Gefallen tun.

»Er fand deinen Tanz anlässlich seines Geburtstags im letzten Jahr sehr sexy.« Paul zwinkerte mir zu. Ich wollte nicht vor der Kamera tanzen, ich fühlte mich benutzt und ausgebeutet. Aber da niemand Großvater ungestraft etwas verweigerte, willigte ich ein. Wie schon beim ersten Mal zeigte mir Paul genau, wie ich mich bewegen sollte. Danach bekam ich Beifall für meine Demut und Ergebenheit vor dem Herrn. Immer ging es um Hingabe und Unterwerfung, aber ich begann mich zu fragen, ob wir wirklich Gottes Willen befolgten oder nur die Launen unserer Anführer.

Für einige von uns war der Zeitpunkt gekommen, auf eine Schule zu wechseln, die in Japan eröffnet werden sollte. Als man mir sagte, dass Juliana auf den Philippinen bleiben würde, machte ich mir Sorgen, ob sie ohne Dad und mich zurechtkommen würde.

Über die Jahre tat ich zwar mein Bestes und hatte ein Auge auf sie, aber im Grunde konnte ich nur wenig tun. Allerdings war ich fest entschlossen, Manila nicht zu verlassen, ohne meinen Vater zu besuchen. Obwohl World-Services-Standorte streng geheim gehalten wurden, wusste ich, dass er sich noch immer auf den Philippinen aufhielt. Am Tag vor meinem Flug nach Tokio erhielt ich die Erlaubnis, zwei Stunden mit ihm in einem Hotel zu verbringen. Man setzte mich in einen Van und verband mir die Augen, damit ich nicht sehen konnte, wohin wir fuhren. Als man mir die Augenbinde abnahm, begrüßte mein Dad mich lächelnd. Ich war überglücklich, ihn endlich wiederzusehen, wenn auch nur für ein paar Stunden.

»Deine Haare sind ja ganz grau geworden!«, entfuhr es mir. Seit unserem Abschied vor zwei Jahren war er erschreckend gealtert. Er küsste mich auf die Stirn, genau wie früher, als ich noch ein kleines Mädchen war. »Wie geht es meinem Baby?«

»Ich bin doch kein Baby mehr«, protestierte ich und machte mich ganz groß.

»Na, ganz egal, wie alt du bist, ich bin immer sehr viel älter als du, also bleibst du mein Baby«, scherzte Dad. Ich lächelte – halb verstimmt, halb gerührt. Wir betraten das Fünf-Sterne-Hotel.

»Woher wusstest du, dass ich auf den Philippinen bin?«, fragte er neugierig.

»Ich wusste es eben. Es liegt doch auf der Hand.« Ich erzählte ihm nicht, dass Großvater immer zu wissen schien, was in unserer Kommune passierte, und sich in seinen Briefen über die politische Situation auf den Philippinen äußerte. Ich hatte einfach zwei und zwei zusammengezählt. Dad war schockiert. Mo umgab sich aus Gründen seiner Sicherheit stets mit einer Aura größtmöglicher Geheimhaltung. Ich sah, dass Dad sich Sorgen machte, ich könnte mich unabsichtlich verplappern und man würde ihm die Schuld in die Schuhe schieben.

»Zu niemandem ein Wort, hörst du?«

»Oh Dad! Ich kenne die Regeln.«

Wir gingen in das Restaurant und aßen zu Mittag. »Was macht Julie?«, fragte er.

»Es geht ihr gut, nehme ich an. Ich sehe sie nicht oft, aber sie lernt sehr gut.«

»Sie ist eben nicht auf den Kopf gefallen.« Dad lachte. Er wirkte ganz locker und unbeschwert. »Ihr seid beide echte Kinder der ›Familie‹. Es freut mich sehr, wie gut ihr euch macht.«

Nun, da war ich mir nicht so sicher. Hinter mir lag ein grauenhaftes Jahr, aber ich wollte Dad nicht enttäuschen oder unzufrieden und negativ klingen. Die zwei Stunden vergingen wie im Flug, und mir kamen die Tränen, als es Zeit war aufzubrechen. Dad sagte, ich solle tapfer sein, und versprach, dass wir uns bald wiedersehen würden. Wenn nicht hier auf der Erde, dann im Paradies. Er küsste mich zum Abschied auf die Stirn. Dann verband man mir wieder die Augen und fuhr mit mir davon.

6 *Im Zwiespalt der Gefühle*

ANFANG DEZEMBER 1987 flogen etwa dreißig von uns von den Philippinen nach Tokio. Als das Flugzeug zur Landung ansetzte, konnte ich den Fujiyama sehen. Mit seinem schneebedeckten Gipfel bot er einen atemberaubenden Anblick. Wir stiegen in einen gemieteten Bus und fuhren nach Tateyama, eine kleine Küstenstadt in den Bergen, fünf Stunden südlich von Tokio gelegen. Die japanischen Inseln erstrecken sich über mehrere Klimazonen: Wenn auf einer Insel noch Winter ist, kann es auf einer anderen schon Sommer sein. Wir befanden uns auf der mittleren Insel Honsyu, und als wir ankamen, war dort Spätherbst. Alles war winzig klein: die Straßen, die Geschäfte, die Häuser und die buddhistischen Tempel.

Unser Ziel war die Heavenly City School, ein großes Gebäude, das von dem japanischen Ehepaar Narita für die »Familie« errichtet worden war. Ich erfuhr, dass Mr Narita der Besitzer des Nachtclubs Charivari in Ginza war, dem noblen Einkaufs- und Vergnügungsviertel von Tokio. Er war in die Fänge einiger Flirty Fishers geraten und ihrem Charme schnell erlegen. Vielleicht war ihm gar nicht wirklich klar, welche Summen er in den folgenden Jahren für die »Familie« ausgeben würde.

Neben der Schule, die in Form eines Kreuzes gebaut war, besaßen die Naritas – Mrs Narita war auch schnell bekehrt worden – eine Reihe kleinerer Häuser, in denen die Oberen der »Familie«

wohnten. Als Gegenleistung für seine finanzielle Unterstützung bekam Mr Narita natürlich die sexuellen Dienste der weiblichen Mitglieder der »Familie«. Wenn es beim Flirty Fishing darum ging, Seelen zu Jesus zu bekehren, war seine Seele bereits unzählige Male gerettet worden.

Nach der Hitze in Manila landeten wir in winterlicher Kälte. Der abrupte Temperaturwechsel war ein Schock für meinen Kreislauf. Nachts schliefen wir auf Matten auf dem Fußboden und badeten wie die Japaner gemeinsam in einem großen Ofuro. Das große Schulgebäude war schwer zu beheizen. Um Brennstoff zu sparen, gab es nur wenige mobile Gasöfen, und morgens scharten wir uns um den einzigen Ofen im rechten Gebäudeflügel, in dem wir schliefen, damit wir beim Anziehen nicht froren.

Als wir an einem Januarmorgen erwachten, hatte es geschneit. Erst zum zweiten Mal in meinem Leben sah ich Schnee und war fasziniert von der funkelnden weißen Pracht auf Bäumen, Gebäuden, Wegen und Rasenflächen. Wir rannten hinaus, tobten übermütig herum und veranstalteten eine Schneeballschlacht – meine erste seit Griechenland. Später an diesem Tag nahm mich der Teenagerbetreuer Ado beiseite.

»Hier ist ein Brief für dich«, sagte er, »aus England.«

Vor Aufregung wurde mir fast schwindlig. Aus England? Kam er vielleicht von meiner Mum? Ich traute mich nicht zu fragen.

Ado gab mir den Brief. »Lass uns zuerst beten, um den Brief von mitreisenden Geistern zu reinigen.«

Gehorsam schloss ich die Augen, während Ado betete. Der Umschlag war bereits geöffnet, und Ado ließ mich nicht aus den Augen, als ich den Brief herauszog. Er kannte den Inhalt längst: Alles, was uns geschickt wurde, unterlag strenger Kontrolle und Zensur. Meine Blicke überflogen Adresse und Unterschrift. Er kam nicht von Mum.

Er war von der Schwester meiner Mutter, einer Tante, von deren Existenz ich keine Ahnung gehabt hatte. Tante Caryn teilte mir mit, dass es eine große Freude für Mum, Kristina und David wäre, wenn ich sie in England besuchen würde. Darüber hinaus erwähnte sie, dass David bereits zur Schule ging und gut im Rechnen war.

Überrascht las ich den Brief noch einmal, denn die Kinder der »Familie« durften keine herkömmliche Schule besuchen. Ich war schreckensstarr bei dem Gedanken, meine Mutter und meine Geschwister tatsächlich besuchen zu können. Meine alten Träume und Hoffnungen – die Sehnsucht nach meiner Mum, die ich nun schon zehn Jahre lang mit mir herumtrug – überfluteten mich wieder. Aber ich fragte mich, warum Mum mir nicht selbst geschrieben hatte – oder Kristina.

»Ich würde sie sehr gern besuchen. Darf ich nach England?«, fragte ich.

»Wir geben dir Bescheid«, entgegnete Ado. Ich hatte die vage Hoffnung, dass mein Traum, meine Mutter wiederzusehen, wahr werden könnte. Die Wochen verstrichen, aber ich hörte nichts.

Tateyama war ein so wundervoller Ort, dass uns der drohende Weltuntergang sehr weit weg vorkam. Aber die Endzeit war nah. Großvater hatte vorhergesagt, dass die Zeit der Großen Heimsuchung, also die dreieinhalb Jahre bevor Jesus wiederkehren sollte, irgendwann 1989 beginnen würde. Man hatte die Naritas kräftig zur Kasse gebeten. Sie hatten die Schule als Zufluchtsstätte errichtet, mit einem unterirdischen Bunker, um notfalls auch einen Atomkrieg überleben zu können. Ein ausgeklügeltes Luftfiltersystem im Bunker sollte die Strahlung abhalten. Außerdem hatte man große Mengen Whisky und andere Spirituosen eingelagert. Aufgrund seiner Erfahrungen aus der Weltwirtschaftskrise in den Dreißigerjahren glaubte Großvater, dass sich nach einem atomaren Schlag mit Alkohol hervorragend handeln ließ.

Unser Prophet hatte die Ausmaße des im 21. Kapitel der Offenbarung beschriebenen neuen Jerusalem als eine Art Pyramide interpretiert. Mos Jünger würden hoch droben, in der Nähe des Gipfels leben, während sich andere Christen als »Bürger zweiter Klasse« mit den unteren Bereichen begnügen müssten.

An einem Nachmittag versammelten wir uns alle im Speisesaal. Zu meiner Verblüffung betrat wenig später Peter Amsterdam den Raum. Es wurde mucksmäuschenstill, als er auf dem Podium Platz nahm. Er hatte uns eine wichtige Botschaft zu übermitteln.

Von Mos Offenbarung inspiriert, hatten die Naritas auf dem Hügel neben der Schule ein Gebäude in Pyramidenform errichten lassen, das als Gebetsraum dienen sollte. Jetzt wollte Mo ihn zu einer Touristenattraktion machen, um die Botschaft weiterzuverbreiten.

»In den nächsten Monaten werden Künstler von World Services herkommen, um das Innere der Pyramide zu gestalten«, teilte uns Peter Amsterdam mit. »Unter keinen Umständen dürft ihr die Pyramide betreten, ihr dürft nicht einmal zu dem Hügel hinaufschauen. Ihr wisst, dass den Augen des Herrn nichts entgeht. Glaubt also nicht, es würde niemand sehen, wenn ihr dieses Gebot nicht befolgt,« warnte er.

Er sah sich im Saal um, und seine Augen schienen sich in jeden Einzelnen von uns zu bohren. »Warum ihr euch von der Pyramide fernhalten sollt, braucht ihr nicht zu erfahren. Wer gegen diese Anordnung verstößt, muss die ›Familie‹ verlassen.«

Nachdem er den Raum verlassen hatte, standen wir auf, und erregtes Stimmengemurmel, ähnlich wie in einem Bienenstock, setzte ein. Später erfuhr ich den wahren Grund für die Geheimnistuerei: Mo und Maria wohnten nämlich im zehn Minuten entfernten Fountain House. Zum damaligen Zeitpunkt aber kam es mir nicht merkwürdig vor, dass uns zu gewissen Zeiten verboten wurde, ins Freie und zum White House gegenüber der

Schule zu gehen. In diesem kleinen Haus, das auch den Naritas gehörte, wohnten die Oberen der »Familie«, und Großvater tauchte dort häufig, unter dem Schleier des Geheimnisses, zu Besprechungen auf.

Peter Amsterdam hielt regelmäßig abendliche Zusammenkünfte mit allen Mitgliedern ab. Es war eine Zeit intensiver Schulung. Darüber hinaus führte er tägliche Word-Date-Termine ein. Wir sollten Gottes Liebe miteinander teilen und Sein Wort lesen. Im Bunker wurden vier »Liebesräume« eingerichtet. In jedem Raum stand ein Bett, ein kleiner Tisch mit Zellstofftüchern sowie Tuben und Flakons mit eindeutigem Inhalt – Gleitmittel. An der Wand hing ein Zitat unseres Propheten. Ich wollte dort nur mit einem Menschen zusammen sein – mit Miguel, meinem ersten Freund. Wir waren beide dreizehn Jahre alt, und er war Schütze, genau wie mein Dad. Er machte gern Späße und hatte eine lockere und lässige Art, die mir sehr gefiel. Aber natürlich hätte man meinen Wunsch als »selbstsüchtig« bezeichnet; es wurde einfach bestimmt, wer sich mit wem treffen musste.

Unser Teenagerbetreuer Ricky war unser »Animateur«, und es machte ihm Spaß, uns »in Fahrt« zu bringen, indem er uns aufforderte, unsere Brüste zu entblößen, während er dazu Gitarre spielte und sang *Come On Ma! Burn Your Bra!* An seinem Geburtstag verlangte seine Partnerin Elaine, dass wir uns oben ohne in einer Reihe aufstellten, damit er an uns vorbeigehen und unsere Brüste betasten konnte. Das war unser »Geschenk« für ihn. Ich weigerte mich als Einzige, mein Oberteil abzulegen. Ab da hatte Ricky mich auf dem Kieker.

»Du benimmst dich wie eine zimperliche alte Jungfer«, machte er sich vor allen über mich lustig. Aber sein Hohn bestärkte mich nur in meiner Entschlossenheit. Trotz des ungeheuren Gruppendrucks lehnte ich es ab, mich vor ihm auszuziehen. Schließlich gab ich dann doch nach. Elaine schlug vor, wir Mädchen sollten zu Peter Amsterdams Geburtstag im April eine ähnliche Vorführung machen wie für Ricky. Zunächst weigerte ich mich, entschloss mich aber spontan zu einem barbusigen Tanz mit Armi. Eigentlich wollte ich damit Miguel beeindrucken, der uns zusammen mit den anderen Jungen aus der Nähe zusah, aber die Betreuer sahen in meinem Sinneswandel ein Zeichen für mein wachsendes spirituelles Bewusstsein.

Peter hatte uns erzählt, dass World-Services-Leute nach Tateyama kommen würden, dass wir jedoch auf keinen Fall mit ihnen reden dürften, wenn wir sie zufällig trafen. Sie reisten stets zu zweit, und schon bald bemerkte ich einen halbwüchsigen Jungen, der in Begleitung eines skandinavisch aussehenden Mannes Handwerkerarbeiten im Schulgebäude ausführte. Ich kannte Davidito zwar nur von Fotos, die ihn als Kleinkind zeigten, aber mit seinem braunen Teint und den spanischen Gesichtszügen hatte dieser Junge eine große Ähnlichkeit mit ihm. Gern hätte ich ihn angesprochen, aber er wich meinen Blicken beharrlich aus, und ich spürte, wie unbehaglich ihm zumute war. Dennoch musterte ich ihn weiterhin neugierig, wenn ich ihm begegnete.

Nach Abschluss der Arbeiten in der Pyramide, durften wir sie schließlich besichtigen. Das Innere spiegelte nun Mos Vorstellungen von einem Himmliche-Stadt-Themenpark wider. Wir bekamen auch Davidito (der sich uns allerdings als Pete vorstellte) und Davida, die Tochter von Sarah Davidito, häufiger zu Gesicht. Sie hatten die Erlaubnis bekommen, an einigen unserer Teenageraktivitäten teilzunehmen. Ich war überrascht, wie unglaublich schüchtern die beiden waren. Ich hatte angenommen, dass er selbstbewusst war, ein »Anführer«, ein Beispiel und Vorbild für uns alle. Aber aufgrund seiner Herkunft schien seine Schüchternheit nur zu verständlich. In Großvaters Residenz lebten die Kinder in einer Glaskugel wie bei *Big Brother*, wo nichts verborgen blieb. Im Laufe der Jahre hatten wir jedes Detail über ihn erfahren: seine ersten Schritte, jede Bestrafung, jedes Lob. Wir wussten buchstäblich alles über Davidito, Davida und Techi, auch wenn wir sie nie gesehen hatten. Sie waren ohne Kontakt zu anderen Kindern aufgewachsen, sie kannten nur einander.

Davidito war dreizehn, als ich ihn kennenlernte. Zum ersten Mal kam er mit Gleichaltrigen zusammen, und ich konnte sehen, wie gern er dazugehören wollte. Aber nach so vielen Jahren der Isolation und Unterdrückung fiel es ihm schwer, sich uns unbefangen zu nähern. Als wir eines Nachmittags im »Teen Room« zufällig nebeneinandersaßen, ergab sich für mich die Gelegenheit, mit ihm zu reden. Ich war ziemlich nervös, weil ich weder wusste, wie ich das Gespräch beginnen sollte, noch eine Ahnung hatte, was er sagen durfte. Doch schon nach den ersten Worten empfand ich eine spontane Zuneigung für ihn. Er war genau wie wir, er war nicht das Ideal, als das er in Mos Briefen und *Life with Grandpa* dargestellt wurde.

»Wie ist es eigentlich, wenn man zum ersten Mal mit so vielen Jugendlichen zusammen ist?«, wollte ich wissen.

»Ich find es gut«, sagte er ein bisschen zögernd. »Ich habe schon ein paar Freunde gefunden. Aber es ist nicht gerade leicht, weil man von mir erwartet, dass ich ein gutes Beispiel bin. Ich würde gern so sein wie alle anderen.«

Wir wussten alle, dass er dazu ausersehen war, einer der beiden Zeugen zu sein, von denen in der Offenbarung des Johannes die Rede ist – neben seiner Mutter Maria, die inzwischen den Status einer Prophetin erhalten hatte. Großvaters Weissagungen zufolge würde Davidito als Märtyrer durch die Armee des Antichrist sterben, bevor Jesus auf die Erde zurückkehrte. Obwohl ich häufig Albträume hatte, in denen ich selbst als Märtyrerin sterben sollte, war das doch etwas ganz anderes, als wenn man wusste, dass man in den Straßen von Jerusalem getötet werden würde. Ich hätte ihn gern gefragt, wie er sich dabei fühlte, doch ich fand es zu grausam, ihn daran zu erinnern. Es war bestimmt schrecklich, ständig das perfekte Abbild seiner Eltern sein zu müssen, während er sich nichts mehr wünschte, als mit uns zusammen zu sein und Spaß zu haben.

Eines Nachmittags wurden wir zu einer Strafsitzung unter strengem Schweigegebot zusammengerufen. Ich lag auf einem Futon hinten im Raum, da ich einen Monat lang geschwollene Mandeln und Fieber gehabt hatte und mich immer noch nicht wohlfühlte. In diesem Sommer hatten sich fast alle Teenager das Pfeiffersche Drüsenfieber eingefangen. Aber krank oder nicht: Einer Strafmaßnahme konnte sich niemand entziehen. In Begleitung unserer Betreuer betrat Peter Amsterdam den Raum, und sie setzten sich vor uns hin.

Nachdem er ein Gebet gesprochen hatte, blickte Peter Amsterdam uns streng an: »Die Sünden eurer Dummheit und eurer weltlichen Gesinnung sind Großvater zu Ohren gekommen«, donnerte er.

Überrascht sahen wir einander an. Was meinte er?

»Einige von euch wurden dabei erwischt, wie sie System-Musik gehört haben!«, fuhrt er fort. »Bedauerlicherweise auch Pete. Es entschuldigt ihn zwar nicht, aber ihr alle habt einen schlechten Einfluss auf ihn ausgeübt und dem Teufel Zugang in unsere Reihen gewährt.«

Ich hatte keine Ahnung, wovon Peter Amsterdam eigentlich redete, aber wieder einmal wurden wir alle für das Vergehen von ein paar wenigen verantwortlich gemacht. Die Liste unserer angeblichen Sünden war lang. Wir hatten uns sinnlosem Geschwätz und dem Müßiggang ergeben, anstatt die Bibel auswendig zu lernen. Wir kleideten uns nach der weltlichen Mode. Die Mädchen stellten sich mit langen Ohrringen und knappen Tops zur Schau.

Schließlich wurden die Rädelsführer herausgepickt und nach vorn zitiert. Peter Amsterdam holte einen Lederriemen hervor und verpasste den »Schuldigen« eine schmerzhafte Lektion. Wir brachen alle in Schluchzen aus und zitterten vor Angst. »Auf die

Knie mit euch! Betet um Gnade!«, schrie er, als die körperliche Züchtigung vorüber war.

Doch damit nicht genug: Eine ganze Reihe von Strafen stand allen bevor, die in das alte Verhalten zurückgefallen waren und so die Verfehlungen befördert hatten. Die vier von uns, die sich noch nicht wieder ganz gesund fühlten, wurden am Abend auf die Krankenstation gebracht. Wir waren froh, auf diese Weise wenigstens eine Zeit lang den Strafen zu entgehen, die die anderen in den kommenden Monaten zu erdulden hatten. Wenige Wochen später bekam ich Keuchhusten. Nach zwei furchtbaren Monaten und gerade, als ich wieder aus der Quarantäne entlassen werden sollte, steckte ich mich mit Windpocken an. Der Betreuer sagte mir, dass ich nun einen weiteren Monat in Isolation bleiben müsse. Also bis Mitte November, und damit verbrachte ich fünfeinhalb Monate in einer Art Einzelhaft. Ich verlor fast den Verstand, langweilte mich zu Tode und sehnte mich danach, irgendetwas zu tun, um mich ein bisschen abzulenken. Ich verfiel in tiefe Niedergeschlagenheit.

Dann kam ganz unerwartet Dad zu Besuch. »Dad!«, rief ich glücklich und klammerte mich an ihn. »Ich habe dich schrecklich vermisst.« Eigentlich hatte ich Mitgefühl von ihm erwartet, aber zum ersten Mal verlor er die Beherrschung. Ich fand, er hatte kein Recht, mit mir zu schimpfen. Seit Jahren lebte er nicht mehr mit mir zusammen. Aber er holte tief Luft und legte los: »Wir ich gehört habe, bist du seit Monaten krank. Du warst ungehorsam! Du hast nicht genug für deine Gesundheit gekämpft, wie Großvater es befohlen hat!« Als Dad in Loveville in Griechenland eine lebensbedrohliche Hepatitis bekommen hatte, war Mo in einem Brief mit dem Titel »Gesund bleiben« darauf eingegangen. »Wir können uns bei *Music with Meaning* keinen Kranken leisten«, hatte Mo geschrieben und eine Reihe gesundheitsfördernder Maßnahmen angeordnet. Seit diesem Tag war Dad eifrig darauf bedacht, täglich zu joggen und Yoga zu machen.

Ich war schockiert und kämpfte mit den Tränen. Er muss einen ungünstigen Bericht von den Teenagerbetreuern bekommen haben, dachte ich. Dass ich so lange krank war, warf ein schlechtes Licht auf ihn.

Dads Ausbruch zerstörte mein Bild vom perfekten Vater. Ich war mir sicher gewesen, dass er mich liebte. Nie zuvor hatte er seine Selbstkontrolle verloren, sondern mich immer fair behandelt. Aber diesen Mann da vor mir erkannte ich nicht wieder. Was ist nur in den Jahren unserer Trennung geschehen? Oder ist er wirklich genau wie alle anderen – aufbrausend und irrational?

Während er sich weiter ereiferte, zog ich mich in mich selbst zurück, hörte gar nicht mehr hin. Während der langen Monate meiner Krankheit hatte ich es gehasst, mich so hilflos zu fühlen, noch mehr aber hasste ich es, dass mich die anderen verurteilten, ganz so, als hätte ich etwas Unrechtes getan. Und jetzt wandte sich sogar mein eigener Vater gegen mich. Ich konnte es nicht fassen.

Unglücklicherweise wurde ich wieder krank. Zwei Tage später bekam ich Fieber und einen Nesselausschlag. Mein ganzer Körper war mit roten Pusteln bedeckt, und meine Lippen und meine Augenlider waren dick geschwollen. Ich erkannte mich im Spiegel nicht mehr. Am dritten Tag kam Dad mich im Blue House besuchen und erzählte mir, dass er gebetet hätte, um den Grund für mein langes Leiden zu erfahren.

»Der Herr hat mir zu verstehen gegeben, dass du verflucht worden bist«, fuhr er fort. »Deine Mutter ist abtrünnig geworden. Sie hat die ›Familie‹ verlassen.«

Es fiel mir schwer, das zu verdauen. Mum hatte die »Familie« verlassen. Das war eine schockierende und deprimierende Nachricht. Seit ihrem Brief vor einem Jahr hatte ich mich an die Hoffnung geklammert, sie vielleicht in England besuchen zu dürfen. Ich wusste ja nicht einmal, ob sie noch immer in England lebte. Ich hatte keine Ahnung, wo sie war und was sie machte.

»Ja, sie ist ins System zurückgekehrt, in den Dreck, um sich im Schlamm zu suhlen«, sagte er verächtlich. »Sie hat sich nach dir erkundigt und will dich aus der ›Familie‹ herausholen …«

Meine Gedanken und Gefühle überschlugen sich. Sie hat nach mir gefragt! Sie will mich um sich haben! Aber kann sie sich denn noch an mich erinnern? Es ist so lange her.

»Von Gott weiß ich, dass du dich mit Gebeten gegen ihren Einfluss wehren und ihren bösen Geist in seine Schranken weisen musst. Großvater hat einen Brief über *Die Flüche des Herrn* geschrieben. Du solltest ihn lesen.«

Eine Träne lief mir über die Wange. Ich fühlte mich meiner Mutter noch immer tief verbunden. Gegen sie und ihren Einfluss beten? Undenkbar.

Dad ließ nicht locker. »Sie ist nicht mehr deine Mutter. Du musst jeden Gedanken an sie verdrängen und beten, damit sie keinen Einfluss mehr auf dein Leben hat. Hier geht es um eine ernste geistige Auseinandersetzung! Um einen Krieg!«

Ich war hin- und hergerissen zwischen meiner Liebe zu ihm, meinem Wunsch nach seiner Anerkennung und meiner instinktiven Abneigung gegen das, was er da von mir verlangte. Hat mich Mum wirklich verflucht? Dad wusste, wie sehr ich sie liebte. Jetzt hatte er die Macht, meine Erinnerung an sie endgültig zu zerstören.

Nackte Verzweiflung packte mich. Ich war krank, ausgelaugt und deprimiert. Ich gab mich geschlagen. »Okay«, sagte ich, hatte aber nicht die Absicht, ein Gebet gegen Mum zu sprechen.

Dad legte mir die Hände auf den Kopf und begann, inbrünstig zu beten: »Möge Gott deine Mutter vernichten und aus dem Weg räumen. Es ist besser für sie, tot zu sein als ein Werkzeug in den Händen des Teufels. Möge der Herr Seine Tochter Celeste gänzlich von ihrem rebellischen Geist befreien.«

Zu hören, wie Dad Gott darum bat, einen Menschen zu töten, ließ mich fast verzweifeln. Großvater hatte häufig um die Vernichtung seiner Feinde gebetet – aber jetzt meine eigene

Mutter? An diesem Tag nahm ich mir fest vor, nicht mehr an sie zu denken. Es war ein sehr schmerzlicher Entschluss.

Als ich am nächsten Morgen aufwachte, waren die Schwellungen abgeklungen, und bis zum Abend waren alle Pusteln verschwunden. Meine »wunderbare« Genesung brachte mich auf den Gedanken, ob Dad vielleicht doch recht hatte. Er betrachtete es jedenfalls als Zeichen für meine Erlösung.

Endlich wurde ich aus der Krankenstation entlassen, und wie jeder begnadigte Gefangene war ich überglücklich, ins normale Leben zurückkehren zu können. Ich begann einen Kurs in Fotografie, der mir großen Spaß machte. Außerdem stand Weihnachten vor der Tür. Ich trat in den Chor ein, und wir veranstalteten ein Weihnachtssingen für unsere japanischen Freunde – mehr als einhundertundfünfzig Leute – in einem schicken Hotel. Das tat meinem Selbstwertgefühl ausgesprochen gut, und nach langen Monaten der Krankheit und Isolation begann ich, mich wieder besser zu fühlen.

Aber nur einen Monat später lief mein Touristenvisum ab, und ich musste nach Korea, um ein neues zu besorgen. Derartige »Visumflüge« waren üblich, und noch nie hatte es dabei Probleme gegeben. Am Tag vor meinem vierzehnten Geburtstag verließ ich Tateyama in Begleitung von Sue, der munteren, rothaarigen Clubsekretärin aus Loveville-Zeiten. Als wir jedoch zurückwollten, wurde uns die Wiedereinreise nach Japan verweigert. Nach einer Nacht in Gewahrsam wurden wir in ein Flugzeug nach Hongkong gesetzt. Ich war völlig verzweifelt und konnte mich während des ganzes Fluges nicht beruhigen.

»Das ist doch unglaublich«, schluchzte ich. »Dad hat mich zu einem Geburtstagsdinner eingeladen.« Auch Sue machte sich große Sorgen. Ihr Freund und ihr Job waren in Tokio, und ihre Zukunft sah mehr als ungewiss aus. Darüber hinaus löste der unruhige Flug weitere Ängste in mir aus. Ich war mir fast sicher, dass wir ins Meer stürzen würden.

Auf dem Flughafen von Hongkong erwarteten uns Zadok und ein Mann von World Services namens Isaac. Während Sue mit Isaac zu einer Kommune in Hongkong fuhr, teilte Zadok mir mit, dass ich nach Macau gebracht würde.

Wieder brach ich in Tränen aus. Nicht auf die Farm! Jetzt würde wieder alles von vorn beginnen – ohne meinen Dad und ohne meine Freunde. Diese Ungerechtigkeit erbitterte mich. »Keine Angst«, versuchte Zadok mich zu trösten. »Hosea ist nicht mehr dort. Aber jede Menge Teenager. Es ist anders geworden.« Aber seine Worte überzeugten mich nicht. Tagelang konnte ich nicht aufhören zu weinen. Zadok und die Teenagerbetreuer machten sich immer mehr Sorgen über meinen emotionalen Zustand und taten ihr Bestes, um mich aufzumuntern. Aber es half alles nicht. Ich war ein physisches und psychisches Wrack.

Schließlich riss ich mich zusammen und freundete mich allmählich mit den anderen Mädchen an. Die Farm war zu einem Ausbildungszentrum wie in Tateyama umgestaltet worden – aber ein Bereich davon diente als Strafanstalt für widerspenstige Jugendliche. Zum ersten Mal seit sie mit zwölf Jahren als Vorbild für *Heaven's Girl* gegolten hatte, sah ich Mene wieder. Man hatte sie aus dem King's House verwiesen und zur »Umerziehung« nach Macau geschickt, wo sie isoliert von den anderen Jugendlichen untergebracht war. Wer Zweifel äußerte, einen kritischen und analytischen Verstand besaß oder die Worte des Propheten in Frage stellte, wie Mene es getan hatte, konnte schnell im Umerziehungslager landen. Sie war die erste widerspenstige Jugendliche, die der »Obhut« von Crystal und ihrem Mann Michael unterstellt wurde. Beide waren streng bis zur Grausamkeit.

Ich sah, dass Mene und die anderen unbotmäßigen Teenager auf der Farm schwere körperliche Arbeiten verrichten mussten – meistens sinnlose Tätigkeiten wie Gräben ausheben und wieder zuschütten oder die alte Scheune gleich mehrmals streichen, erst braun, dann grün, dann wieder braun. Man wollte die Delinquenten körperlich auslaugen, um ihren Widerspruchsgeist zu brechen. Meine Freundin aus Kindertagen wirkte blass und ausgezehrt, aber es war uns verboten, auch nur ein Wort mit ihr zu wechseln. Sie unterlag einem strikten Schweigegebot. Manchmal verschwand sie für Wochen, und andere Teenager aus dem Umerziehungslager erzählten mir, dass sie bei Wasser und Brot in einem kleinen Raum auf dem Dachboden eingesperrt war, nackt an Händen und Füßen an ihre Pritsche gefesselt, mit einem Eimer als Toilette, und dass sie regelmäßig geschlagen wurde.

Der Gedanke an diese Strafen erschreckte mich so sehr, dass ich alles tat, um als ergebenes und gehorsames Mitglied der »Familie« angesehen zu werden. Ich wollte nur eins: die Farm so schnell wie möglich wieder verlassen.

Nachdem wir drei Monate lang nichts gehört hatten, bekamen wir plötzlich eine Nachricht aus Japan. Mein Vater hatte bei der Britischen Botschaft eine Vollmacht unterschrieben, da ich noch minderjährig war. Er hatte nicht damit gerechnet, offiziell befragt zu werden, aber als der Konsul die Dokumente sah, wollte er wissen, wo ich mich aufhielt. Das britische Innenministerium hatte die Botschaft gebeten, nach mir zu suchen, da bei einem Gericht in London ein Verfahren über das Sorgerecht für mich anhängig war. Mein Vater weigerte sich, meinen Aufenthaltsort zu nennen, und das Konsulat war nicht berechtigt, ihn festzuhalten. Er flog mit der nächsten Maschine auf die Philippinen zurück.

Das waren verblüffende Neuigkeiten. Mir blieb eine Stunde, um meine Sachen zu packen. Dann wurde ich über die Grenze nach Kanton gebracht und in ein Flugzeug nach Manila gesetzt, wo ich im Jumbo Training Centre mit Dad und meiner Schwester Juliana zusammentreffen würde. Ich war überglücklich, meine Schwester wiederzusehen, und umarmte beide, froh, mit ihnen vereint zu sein. Nun war ich wieder im Jumbo, das ich zwei Jahre zuvor verlassen hatte. Mitunter kam es mir vor, als wäre ich durch die Hölle gegangen. Ich hatte gegen Krankheit, Einsamkeit, Angst und Ablehnung angekämpft. Aber ich war weit davon entfernt, emotional reif oder selbstsicher zu sein.

Das Jumbo wurde aufgegeben, und wir gehörten zu der Gruppe, die das Gebäude räumte und in Ordnung brachte, bevor es den Eigentümern übergeben wurde. Für die nächsten fünf Monate waren Dad, Juliana und ich wieder eine Familie. Abends spielten wir zusammen Basketball, oder Juliana führte ihre Künste mit dem Hula-Hoop-Reifen vor. Ich brachte ihr das Federballspielen bei, und wir hörten Dad zu, wenn er uns Geschichten aus seiner Anfangszeit in der »Familie« erzählte.

Aber ich hatte in den letzten Jahre so wenig Zeit mit Dad verbracht, dass wir uns offenbar nicht mehr wirklich kannten. Ständig schockierte er mich mit seinem Verhalten oder mit Bemerkungen mir gegenüber. Einmal unterhielt ich mich im Speisesaal mit jemandem darüber, dass ich gern Fotografin werden wollte, und Dad bekam unser Gespräch zufällig mit. Seine entsetzte und missbilligende Miene werde ich nie vergessen.

»Was? Du wirst Missionarin!« Und damit hatte es sich. Diese scharfe Reaktion hatte ich nicht erwartet, doch ich beherrschte mich und hielt den Mund. Wie kann er es wagen, mir vorzuschreiben, was ich zu tun habe, dachte ich. Nie im Leben werde ich Missionarin der »Familie«. Es war ein Schlüsselerlebnis für mich.

Zu einem weiteren verstörenden Erlebnis kam es, als uns Eman Artist, einer der Peiniger aus meiner Kindheit, während einer Visumreise besuchte. Er bat darum, mit mir reden zu dürfen. Als ich ihn sah, brach ich unwillkürlich in Schweiß aus.

»Ich möchte mich entschuldigen«, begann er. »Du weißt schon, für damals. Falls ich dir zudringlich vorgekommen bin, war das auf keinen Fall beabsichtigt.« Er lächelte.

Nun gut. Er entschuldigte sich. Vielleicht hat er sich tatsächlich geändert. Ich war bereit, ihm zu verzeihen, schließlich wurde das immer von uns erwartet.

»Klar«, antwortete ich.

Erleichtert begann er, mit mir zu plaudern, und tat, als wären wir die engsten Freunde. Dabei legte er mir verstohlen eine Hand auf den Schenkel.

»Du bist wunderschön«, wisperte er, als er näher an mich heranrückte. »So erwachsen und … sexy geworden.«

Ich bemerkte die alte Wollust in seinen Augen. Nein! Er hat sich überhaupt nicht geändert. Ich konnte kaum glauben, was er sich da herausnahm, obwohl er sich gerade erst entschuldigt hatte. Ich gab vor, etwas Dringendes erledigen zu müssen, und entfernte mich. Bis zu seiner Abreise zwei Tage später ging ich ihm geflissentlich aus dem Weg. Es überraschte mich nicht, dass ich einige Jahre später hörte, er sei offiziell aus der »Familie« ausgestoßen worden, nachdem er ein junges Mädchen vergewaltigt hatte. Endlich hatte der miese Kerl die Quittung bekommen. Aber warum hatte man sich damit so lange Zeit gelassen? Warum durfte er sich jahrelang ungestraft an halben Kindern vergehen? Über seine Übergriffe hatten sich nicht nur ich, sondern auch andere bei den Verantwortlichen beschwert. Durch ihr Stillschweigen waren sie doch ebenfalls schuldig geworden. Diese Fragen gingen mir im Kopf herum.

Eines Nachmittags zeigte mir Dad einen Brief an meine Mutter, den er mit »In Verteidigung unserer Tochter« überschrieben hatte. Die Selbstgerechtigkeit und der gönnerhafte Ton des Schreibens erschütterten mich. Er bestritt jede Form von sexuellem Missbrauch in der »Familie«. Natürlich war das eine Lüge, denn ich hatte es selbst erlebt – auch wenn mir eingeredet worden war, es sei »Liebe«, »Gottes Liebe«. Dad hatte mich nicht einmal gefragt, ob ich missbraucht worden war, als er so vehement behauptete, dass ich die denkbar beste Fürsorge erhielt. Wie kann er das sagen, fragte ich mich. Er weiß doch gar nichts über mich.

Dad forderte mich auf, einen Brief an Mum zu schreiben, was ich auch tat. Darin teilte ich ihr mit, dass ich glücklich sei, in der »Familie« Gott zu dienen, und mir nichts Besseres vorstellen könnte. In Wahrheit war es das einzige Leben, das ich kannte. Die Briefe von meiner Mutter oder von Kristina durfte ich nicht lesen. Ich kannte ausschließlich Dads Version der Ereignisse: »Der Teufel benutzt deine Mutter, um die ›Familie‹ anzugreifen und uns davon abzuhalten, Seelen zu Jesus zu bekehren. Aber sie sollte sich hüten, denn sie legt sich mit den Auserwählten des Herrn an.«

Ich machte mir große Sorgen. Dad schien Mum gegenüber so voller Zorn und Hass. Ich hätte gern mehr erfahren: was für ein Mensch meine Mutter war, wie sie aussah und was sie dazu bewogen hatte, die »Familie« zu verlassen. War sie tatsächlich ein irregeleitetes, vom Teufel besessenes Monster oder einfach nur eine Mutter, die ihre Tochter beschützen wollte, eine Tochter, die sie seit mehr als zehn Jahren nicht mehr gesehen hatte? Das musste ich herausfinden.

Zweiter Teil

Julianas Geschichte

7 *Zerrissene Familienbande*

»JULIE, ES IST ZEIT ZUM AUFSTEHEN. Aus dem Bett mit dir!«

Starr vor Angst blieb ich liegen. Wenn ich aufstand, würden sie bemerken, dass ich ins Bett gemacht hatte. Aber mir blieb nichts anderes übrig. Langsam kletterte ich aus meinem Etagenbett.

»Was ist denn das?« Ich konnte hören, wie mir das Blut in den Schläfen klopfte. Jemand packte mich an der Hand und führte mich … Nein, nicht schon wieder …

Ich sah mich Onkel Dan gegenüber, dem Leiter der Kommune in Manila, einem großen, furchteinflößenden Mann und meinem damaligen Vormund. Ich war drei Jahre alt.

»Wie ich höre, hast du also schon wieder ins Bett gemacht, was? Das ist das vierte Mal hintereinander. Weißt du noch, was passiert, wenn du ins Bett pinkelst?«

Ich nickte und zitterte am ganzen Körper.

»Es ist mir unmöglich, deine Gedanken zu hören. Du kannst doch sprechen, oder?«

»Ja«, flüsterte ich und hoffte inständig, dass er mich diesmal verschonte. Doch dieses Glück war mir nicht beschieden.

»Zieh deine Hose aus, und beug dich nach vorn.«

Ich befolgte den Befehl und begann heftig zu schwitzen, wie immer vor einer Tracht Prügel, was meinen Hitzeausschlag ausbrechen lassen würde.

»Stütz deine Hände auf den Stuhl.«

Ich gehorchte, während ich schluchzte: »Es tut mir leid, Onkel Dan!«

»Wenn es dir wirklich leidtäte, würdest du es nicht mehr tun. Wenn du schreist, werde ich dir ein paar Hiebe mehr versetzen müssen.«

Krampfhaft kniff ich die Augen zusammen, als die Holzlatte von der Größe eines kleinen Kricketschlägers meinen nackten Po traf.

Wieder und wieder.

Endlich hörten die Schläge auf. Dan legte die Latte weg, während ich mir die Hose hochzog.

»Nun, was sagst du?« Mehr war nicht nötig. Inzwischen wusste ich auswendig, was verlangt wurde.

»D … danke für d … die Strafe. Ich habe sie verdient!«, antwortete ich zwischen zwei Schluchzern.

»Schon gut, Schätzchen«, säuselte er und zog mich an sich wie ein gütiger Vater. »Wir machen alle Fehler.« Ich muss mich glitschig angefühlt haben wie ein Aal, ganz zu schweigen von dem Geruch nach Urin. Daher dauerten die Umarmungen nie lange. Aber ich war froh, seinem Griff zu entkommen.

Meine Geschichte begann am 2. Juni 1981 in dem griechischen Küstenort Rafina, wo meine Schwester Celeste in dem Camp Loveville mit ihrem Vater Simon Peter lebte, der dann auch mein Vater wurde.

Ein knappes Jahr vor meiner Geburt hatten sich meine Eltern kennengelernt, als meine Mutter meinen an Hepatitis leidenden Vater pflegen sollte. Es war Liebe auf den ersten Blick, und obwohl die beiden offiziell nie heirateten, lebten sie künftig zusammen.

Meine Mutter Serena war eine begabte Violinistin, die aus einer deutschen Familie von Musikern und Künstlern stammte.

Sie war ein Hippie auf der Suche nach der Wahrheit und stieß bei ihren Wanderungen durch Indien auf die »Kinder Gottes«. Eines Tages hatte sie sich verirrt, drehte sich um und erblickte fünf Mitglieder der Gemeinschaft, die ihr mit strahlendem Lächeln den Weg zu ihrem Seelenheil und in »Gottes Familie« zeigten. Für meine Mutter war ihr Erscheinen ein Zeichen. Als Hippie von der freien Liebe überzeugt, hatte sie gegen das Flirty Fishing nicht das Geringste einzuwenden.

Die Frauen glaubten den Worten ihres Anführers Mo, nach denen Gott sie vor »Keimen und Viren« beschützen würde. Also verzichteten sie auf alle Verhütungsmittel und wurden prompt schwanger. Mo bezeichnete Kinder, die ihr Leben dem Flirty Fishing verdankten, als besondere Geschenke von Gott und nannte sie »Jesusbabys«. Meine Schwester Mariana war ein »Jesusbaby«, denn sie wurde während Mums Flirty-Fishing-Aufenthalt in der Türkei gezeugt. Dad nahm Mariana an Kindes statt an, und zusammen mit Celeste waren wir das, was man heute eine Patchworkfamilie nennt.

Durch die sexuelle Freizügigkeit kam es nicht selten vor, dass sich die Leute mit Geschlechtskrankheiten ansteckten. Herpes wurde zu einem weit verbreiteten Problem. Anfangs empfahl Mo, um Heilung zu beten, doch als das nicht half, suchten von Herpes geplagte Mitglieder der »Familie« schließlich medizinische Hilfe. Schon am Anfang ihrer Beziehung bekamen meine Eltern eine Geschlechtskrankheit, und ein Arzt riet ihnen, bis zur völligen Genesung sexuell enthaltsam zu leben. Doch nach einmonatiger Keuschheit erlagen sie dann doch der Versuchung.

Als Teenager wollte ich von Dad wissen, ob ich überhaupt seine Tochter bin. DNA-Tests gab es noch nicht, sodass es hätte bewiesen werden können, und schließlich kam eine ganze Reihe von Männern dafür in Frage. Daraufhin erzählte mir Dad, wie ich gezeugt worden war. Er lächelte mich zärtlich an und sagte:

»Wir waren so leidenschaftlich ineinander verliebt, dass wir uns nicht beherrschen konnten.«

»Also war ich so eine Art Ausrutscher, während ihr eine Geschlechtskrankheit hattet!« Also war ich das Produkt eines ekligen Fehltritts, und ich fühlte mich noch wertloser als zuvor.

»Aber nein, Schätzchen, du warst doch kein Ausrutscher«, versicherte mein Dad hastig. »Es beweist, dass du trotz aller Hindernisse geboren werden solltest.«

Kurz nach meiner Geburt kehrte Mum vom Schwimmen im Ägäischen Meer zurück und klagte über Schmerzen in den Knien. In den folgenden Wochen wurde die Beschwerden heftiger und breiteten sich auf andere Gelenke aus. Es waren die ersten Symptome einer angeborenen Krankheit, die alle Gelenke durch die Ansammlung von Wasser auf das Dreifache anschwellen lässt. Jede Bewegung wurde extrem schmerzhaft.

Arme Mum. Trotz ihrer ständigen Beschwerden musste sie für zwei Babys und für Celeste sorgen. Als wir während des »großen Exodus« Griechenland verließen, um nach Fernost zu ziehen, war ich immer noch ein Baby. Nach der Geburt meines Bruders Victor auf den Philippinen verschlimmerte sich Mums Zustand. Dad war dazu bestimmt, für Gott tätig zu sein – vom Propheten selbst für seine Arbeit bei World Services auserwählt. Eine kranke Frau und vier kleine Kinder störten da nur. Wir waren für Gott und Seine »Familie« zu einer Belastung geworden. Nach Victors Geburt trennte man meine Eltern und schickte Mum mit Mariana und mir in eine andere, kleinere Kommune in Manila, der Dan und seine Frau Tina vorstanden. »Onkel« Dan war ein Mann, dem es Spaß machte, uns zu schlagen.

Damals war ich drei Jahre alt. Dad und Celeste blieben in der World-Services-Kommune, und mein kleiner Bruder Victor wurde einem Ehepaar zur Pflege übergeben. An den Sonntagen kam Dad zu uns, und ich freute mich immer sehr auf seinen Besuch. Während sich Mum und Dad auf dem großen Doppelbett rekelten, dessen gelbe Bezüge die durch die breiten Fenster fallende Morgensonne einzufangen schienen, spielten Mariana und ich in den Schränken Verstecken, denn wir wussten, dass wir später alle zusammen in den Zoo gehen würden, um auf dem See Boot zu fahren und die Enten zu füttern. Bei einem dieser Besuche wurde Mum mit meiner Schwester Lily schwanger.

In dieser Zeit verfasste Mo etliche Briefe zum Thema ernsthafte Erkrankungen innerhalb der »Familie«, in denen er behauptete, sie wären die Folge eines sündigen Lebenswandels. Wenn man erkrankte, war man entweder gegen Gott ungehorsam gewesen oder hatte geistig-seelische Defizite, die sich in körperlichen Beschwerden äußerten. Diese »Erklärungen« führten dazu, dass einige Mitglieder der »Familie« nicht die notwendige medizinische Behandlung erhielten und starben. Dazu gehörte auch Peter Puppet, der Produzent der TV-Show *The Luvvets*, die auf den Philippinen ausgestrahlt wurde. Er bekam einen Tumor im Nacken und beschloss, ihn nicht behandeln zu lassen, nachdem Mo ihm versichert hatte, der Tumor würde verschwinden, sobald er seine Sünden bekannte und bereute. Peter Puppet starb innerhalb kurzer Zeit, aber sein Tod wurde als »Erhöhung« betrachtet, und er wurde in die Reihen der »Helfenden Geister« erhoben. Diese Auszeichnung verlieh man allen, die das Zeitliche segneten.

Als meine Mutter durch ihre Krankheit immer mehr in ihrer Bewegungsfreiheit eingeschränkt wurde, beschuldigte man sie der Aufsässigkeit und der Unzufriedenheit. Mo zufolge waren das zwei der schlimmsten Sünden, dennoch beschloss man, Victor wieder in die Obhut seiner Mutter zu geben. Sechs Monate nachdem wir uns von ihm verabschiedet hatten, kam er mit Celeste zu uns. Er konnte sich an seine eigene Mutter nicht mehr erinnern und schrie tagelang nach seinen Pflegeeltern.

Als bei Victor Tuberkulose ausbrach, kam er mit Mum monatelang in Quarantäne. Die Krankheit ihres Sohnes wurde als weiteres Symptom ihrer geistigen Verfehlungen betrachtet, denn die Sünden der Eltern »werden heimgesucht an den Kindern«. Während Mums und Victors Isolation lebte ich bei dem deutschen Ehepaar Joseph und Talitha. Ihre Tochter Vera und ich waren im gleichen Alter und wurden tagsüber gemeinsam unterrichtet. Mariana, Vera und ich steckten uns mit Masern an und mussten tagelang das Bett hüten. Ich sehnte mich nach Mum, aber sie durfte mich nicht besuchen.

Sobald wir die Masern überstanden hatten, bekamen wir Mumps. Wir gingen nie zum Arzt, noch erhielt ich jemals eine Schutzimpfung. Auch bei unserer Gesundheit vertrauten die Erwachsenen auf Gott. Statt uns Medikamente zu geben, flößten sie uns täglich eine Mischung aus Lebertran, Knoblauchsaft, Zuckerrübensirup und Honig ein. Die einzig erlaubte Medizin war ein Mittel gegen Würmer, und ich hatte häufig Würmer. Bald nach ihrer Entlassung aus der Quarantäne wurde Mum aufgefordert, nach Deutschland zurückzukehren, um Victor kostenlos behandeln zu lassen und Lily zur Welt zu bringen. Sie bat inständig darum, in Manila – und in der Nähe ihres Mannes – bleiben zu dürfen, doch sie bekam zur Antwort, sie solle sich gefälligst Gottes Geboten fügen, um nicht Seinen Zorn zu erregen.

Schließlich gab es noch eine Bedingung: Mum sollte eines ihrer Kinder für meinen Vater zurückzulassen. Die letzten Wochen vor ihrer Abreise waren für meine Mutter unerträglich. Sie saß abends stundenlang an meinem Bett. »Ich liebe dich, Julie«, flüsterte sie schluchzend und strich mir zärtlich über den Kopf. Offenbar rechnete sie damit, dass sie mich nie wiedersehen würde. Ich war ihr erstes Kind mit Dad, ihr Liebling.

Mir sagte man nichts. Sie dachten, ich sei zu klein, um zu verstehen, was vor sich ging. Aber ich drehte und wendete jahrelang alles in meinem Kinderhirn und machte mir schließlich meinen eigenen Reim darauf: Ich wurde nicht geliebt. Mit dieser Überzeugung wuchs ich auf.

Man schickte Celeste zu mir, damit sie mich ablenkte und ich nicht mitbekam, wie Mum abreiste. Das funktionierte auch, bis ich draußen Motorengeräusche hörte. Ich war verrückt nach allem, was vier Räder hatte, und dieser besondere Wagen war das Lieblingsauto von uns Kindern. Wegen seiner Farbe nannten wir es Avocado-Auto. Als ich hörte, dass der Motor angelassen wurde, lief ich neugierig zum Fenster und sah, wie meine Mutter mit meinem Bruder und meiner Schwester einstieg.

»Sie fahren ohne mich los!«, schrie ich. »Sie haben mich vergessen!«

»Nein, Julie, sie machen nur einen Ausflug. Du bleibst bei mir«, sagte Celeste und versuchte, mich zurückzuhalten.

Aber ich riss mich los, rannte zur Haustür und stieß sie auf – genau in dem Moment, als das Auto im Rückwärtsgang die Auffahrt verließ. Meine Mutter hatte nicht damit gerechnet, dass ich an der Tür auftauchen würde, aber sie zwang sich dazu, mir lächelnd zuzuwinken, während ihr Tränen über die Wangen liefen. So wird sie mir immer im Gedächtnis bleiben.

Celeste war mir gefolgt und wollte mich wieder ins Haus ziehen. »Komm schon, Julie. Lass uns Lego spielen. Wir bauen uns ein Schloss!«

»Nein! Ich will mit Mum im Avocado-Auto mitfahren!« Ich stürmte die Treppe hinauf, warf mich aufs Bett und schmollte. Nichts und niemand konnte mich aufheitern. Ich war zornig und war für den Rest des Tages nicht ansprechbar. Seltsamerweise weinte ich nie, aber vielleicht ist das gar nicht so seltsam, weil mir die Ungeheuerlichkeit der Ereignisse überhaupt nicht bewusst war. Erst nachdem einige Zeit vergangen und Mum immer noch nicht zurückgekommen war, begriff ich, dass ich sie nie wiedersehen würde. Diese Erkenntnis traf mich wie ein Schlag, als ich eines Tages schweißgebadet aus einem Mittagsschläfchen erwachte. Anstatt aufzustehen, blieb ich wie erstarrt in der schwülen Hitze liegen. Die Tür stand offen, und ich konnte hören, dass sich die anderen Kinder im Wohnzimmer ein frommes Video anschauten.

»Für die, die Gott lieben, gibt es kein letztes Mal. Das Leben auf Erden ist nicht das Ende, es gibt ein Wiedersehen.«

Zu meiner Überraschung war mein Kopfkissen nicht nass von Schweiß, sondern von meinen Tränen. Bisher hatte ich immer nur geweint, wenn ich geschlagen wurde, aber nun verspürte ich eine ganz andere Art von Schmerz. Die Vorstellung, dass ich meine Mum und meinen Dad in diesem Leben vielleicht nie wiedersehen würde, kam mir vor wie ein Stich mitten ins Herz, und ich konnte nicht aufhören zu weinen.

Dad kam mich nie holen, wie meine Mutter es mir versprochen hatte. Stattdessen gab man mich wieder zu meinen früheren Pflegeeltern. Ich war so verunsichert und verwirrt, dass ich jede Nacht ins Bett machte. Jeden Morgen wurde ich in Dans Zimmer geführt, um mir eine Tracht Prügel abzuholen.

Am heftigsten schlug Dan seine Söhne. An der Wand unseres Klassenraums hing eine besondere Tafel mit unseren Namen, und jedes Mal, wenn sich einer von uns etwas zuschulden kommen ließ, wurde ein Tadelpunkt unter seinem Namen vermerkt. Drei Tadelpunkte an einem Tag wurden mit einer Reihe von Schlägen mit der Holzlatte bestraft. Einmal war Dans Sohn David sehr krank, und er hatte sich an diesem Tag mehrere Tadelpunkte eingehandelt. Am Abend sollte er prompt seine Tracht Prügel erhalten. Fieber oder nicht – Dan kannte kein Erbarmen.

»Ich nehme seine Strafe auf mich«, bot sein Bruder Timmy an, obwohl er selbst Tadelpunkte angesammelt hatte und nun mit einer doppelten Tracht Prügel rechnen musste.

Das war das Tapferste, was ich je erlebt hatte, und sogar Dan schien beeindruckt zu sein. »Ist das nicht wahre brüderliche Liebe, Kinder? Er nimmt Davids Strafe auf sich, genau wie Jesus, als er am Kreuz für unsere Sünden gestorben ist.«

Ich war sicher, dass Dan wegen dieser noblen Geste Gnade zeigen und Timmy nicht die volle Anzahl Schläge verpassen würde. Doch da irrte ich mich gründlich. Ich brach in hilfloses Schluchzen aus, als wir hörten, wie er im Nebenraum verdroschen wurde. Es schien einfach kein Ende zu nehmen. Timmy tat keinen Mucks, obwohl sein Po danach ganz blutig war. Ich verstand nicht, wie Onkel Dan zu seinen eigenen Söhnen so grausam sein konnte.

Dann konnte Dan aber auch wieder sehr nett sein. Einmal, nachdem ich meine Tracht Prügel bekommen hatte, hatte er eine Überraschung für mich. »Schau mal, was ich für dich repariert habe!« Er zog eine Schublade auf und holte etwas heraus.

Es war mein Lieblingsspielzeug: ein kleines gelbes Auto zum Aufziehen, das ich zu Weihnachten geschenkt bekommen hatte, als Mum noch bei uns war.

»Danke, Onkel Dan.« Ich wischte mir die Tränen ab und nahm das Auto entgegen.

Inzwischen waren zwei lange Monate vergangen, seit Mum abgereist war. Ich fragte Tante Talitha, ob ich ihr einen Brief schreiben dürfte. Es wurde ein Brief ohne Worte, obwohl ich sonst sehr gern schrieb. Stattdessen zeichnete ich ein kleines, weinendes Mädchen. Es war der erste und letzte Brief, den meine Mutter je von mir bekam, und sie weinte, als sie ihn sah. Ihre Briefe wurden mir nie ausgehändigt. Als ich ein paar Monate später zu anderen Pflegeeltern kam, wurde sie darüber nicht informiert. Der einzige Beweis dafür, dass ich eine Mutter hatte, ist mein Pass. Mein Vater hatte mir nie seinen Namen gegeben, als würde ihn das seiner väterlichen Verantwortung für mich entheben. Ich war ein echtes Kind der »Familie« geworden, wie mein Vater später voller Stolz betonen sollte. Das Band zwischen Mutter und Tochter war durchtrennt worden.

Celeste nahm mich unter ihre Fittiche wie eine Henne ihr Küken. Sie war eine beständige Begleiterin meiner frühen Kinderjahre, und sie zeigte Mitgefühl für mein Unglück, auch wenn sie mich nicht davor bewahren konnte.

Es verging fast ein Jahr, bis Dad Celeste und mich endlich zu sich holte. Ich war inzwischen fast fünf, und die nächsten Monate zählen zu den glücklichsten meiner Kindheit. Wir reisten miteinander nach Hongkong und durch China und ließen uns schließlich in der portugiesischen Kolonie Macau nieder. Wir waren zwar nur noch der klägliche Rest einer Familie, aber ein glücklicher Rest.

Auf Hoseas Farm in Hac Sa kam meine Schwester in die Teenagergruppe, während ich meine Zeit mit den kleineren Kindern verbrachte. Abends trafen sich Dad, Celeste und ich zum gemeinsamen Dinner, und wir schliefen zu dritt im selben Zimmer.

Auf einem Ausflug nach China ging Dad mit uns in eine Shopping Mall, und ich durfte mir von zwei Puppen eine aussuchen. Die eine trug traditionelle chinesische Kleidung und hatte lange schwarze Zöpfe. Die andere war eine Babypuppe in einer Tasche mit Nuckelflasche und Sachen zum Wechseln. Ich entschied mich für die Babypuppe, weil sie mit ihren geschlossenen Augen so friedlich aussah. Ein paar Wochen später kam eine Familie aus einer anderen Kommune zu Besuch auf die Farm, deren jüngste Tochter etwa drei Jahre alt war. Das kleine Mädchen stürzte sich förmlich auf meine Puppe. Da wir nach dem Beispiel der Apostel alles miteinander teilen sollten, ließ ich sie damit spielen. Aber als die Familie wieder aufbrach und das Mädchen *meine* Puppe mitnehmen wollte, stellte ich fest, dass meine Bereitschaft zum Teilen Grenzen hatte.

»Sie nimmt mir meine Puppe weg! Ich will meine Puppe wiederhaben! Bitte, bekomme ich sie wieder?«, heulte ich los und wollte die Puppe an mich reißen, aber das Mädchen begann ebenfalls zu schreien und war nicht bereit, sich von ihr zu trennen. Der Streit lenkte die Aufmerksamkeit der Erwachsenen auf uns. Energisch packte Dad mich bei der Hand und zog mich in unser Zimmer. Es war einer der wenigen Momente, wo ich ihn wütend erlebte.

»Hör mal, Julie, du spielst doch gar nicht oft mit deiner Puppe. Im Gegensatz zu dem kleinen Mädchen. Warum willst du sie ihr nicht lassen?«

»Aber ich will sie wiederhaben. Ich spiele auch ganz bestimmt mit ihr. Versprochen!«

»Nun, Schätzchen, glaubst du nicht, dass es Jesus traurig macht, wenn du so egoistisch bist?«

»Aber es doch *meine* Puppe«, schluchzte ich und war sicher, dass Jesus das verstand.

»Du bist jetzt ein großes Mädchen. Du brauchst keine Puppen mehr.«

Abgesehen von der Tatsache, dass ich mit fünf Jahren auf dem Höhepunkt meiner Puppenphase war, ging es darum überhaupt nicht. Aber ich konnte meinem Vater nicht erklären, dass ich die Puppe nur deshalb so liebte, weil er sie mir geschenkt hatte. In meinen Augen machte sie das zu einem wertvollen Schatz. Ich konnte auch nicht verstehen, warum er wollte, dass ich sein Geschenk weggab. Aber ich tat es, weil Daddy und Jesus es von mir verlangten. Schluchzend sah ich zu, wie das kleine Mädchen meine Puppe an sich drückte, als die Besucher abfuhren. Ich lernte, dass echtes Teilen offenbar wehtun muss. So habe ich viele mir wichtige Dinge verloren, wertvollere und weniger wertvolle. Zum Beispiel die Kette mit dem herzförmigen silbernen Medaillon, die früher einmal Mos Adoptivtochter Techi gehört hatte. Später dann das Geschenk, das Dad mir zu meinem zehnten Geburtstag geschickt hatte: einen Ring mit einem roten Edelsteinherz, das von zehn funkelnden weißen Steinen umgeben war. Ich trug ihn voller Stolz, zog ihn abends vom Finger und versteckte ihn unter meiner Matratze. Als ich eines Morgens aufwachte, war der Ring weg, und soviel ich auch bei den anderen Kindern herumfragte, er tauchte nicht wieder auf. Es war eine schmerzliche Lektion: Menschen oder Dinge – nichts gehört einem auf Dauer.

Am wenigsten eine Familie, nach der ich mich am meisten sehnte.

Wir konnten nur wenige Monate zusammen in Macau verbringen. Dann erhielt Dad einen neuen Auftrag im Namen des Herrn. Dieses Mal sollte er in die Residenz unseres Propheten kommen, in den »Haushalt des Königs«. Also ließ Dad uns wieder einmal zurück. Aber er war weder verantwortungslos noch gefühllos. Er glaubte wirklich, dass er dafür belohnt würde, uns – und seine anderen Kinder – für Gott aufzugeben, so wie Abraham seinen einzigen Sohn Isaak auf dem Altar geopfert hatte. Aber anders als bei Isaak gab es nie ein stellvertretendes Opfertier, das uns errettete. Als ich ein Kind war, sagte man mir immer wieder, dass Gott mich segnen würde, weil ich für Ihn auf meine Eltern verzichtet hatte. Aber ich hatte gar nicht auf sie verzichtet. Sie wurden mir genommen.

8 *Das fünfte Rad am Wagen*

ALS ICH FÜNF JAHRE ALT WAR, brachte ein Mann Celeste und mich in Mariannes Kommune in Manila zurück. Ich kam in die Obhut von Tante Stacey, einer Deutschen, die eine gesunde Tracht Prügel als beste Medizin für Kinder ansah, und sie verprügelte uns regelmäßig. Unsere Gruppe von vier Kindern im Alter von drei bis fünf Jahren machte alles gemeinsam: lernen, schlafen, essen, baden und – Sex.

Von den Unterrichtsstunden bis zur Gymnastik im Garten war alles streng geregelt. Es gab sogar vorgeschriebene Zeiten für »Dates«, zu denen wir unseren Wunschpartner auswählten, die Hände nach einem Klacks rosafarbener Babylotion ausstreckten und uns zu unseren Betten begaben. Die Erwachsenen benutzten ein Gel, aber aus irgendwelchen Gründen war für uns Kleine Babylotion angesagt. Wir wussten, was wir tun mussten, denn wir hatten es oft genug bei unseren Lehrern gesehen, auch wenn es uns noch ein wenig an der nötigen Technik fehlte. Üblicherweise legte sich der Junge auf das Mädchen, beide wippten rhythmisch auf und ab und ließen dabei eine Menge Ahs und Ohs hören.

Häufig war ich das berühmte fünfte Rad am Wagen. Mariannes Sohn Pierre gab mir regelmäßig einen Korb, obwohl ich ihn immer als Ersten aufforderte. Er zog es vor, mit Tante Stacey zu schmusen, und das beunruhigte mich. Verwundert starrte ich sie an und fragte mich, warum er mit einer erwachsenen Frau zusammenlag, die nicht seine Mummy war, und warum Tante

Stacey nie mit mir kuscheln wollte. Manchmal wurde ich mit dem jüngsten Jungen zusammengesteckt – er war drei. Das empfand ich als noch kränkender, als dass Pierre Tante Stacey mir vorzog.

Es kann kaum überraschen, dass ich bald eine Abneigung gegen diese »Dates« entwickelte, und ich wurde eine Art Rührmichnichtan. Ich mochte es nicht, wenn Leute mich anfassten, und schrak allmählich sogar vor Umarmungen zurück, weil ich sie offenbar unbewusst entweder mit Schlägen oder mit Sex in Verbindung brachte. Ich bekam schreckliche Albträume und lag oft bis zum Morgen wach, weil ich Angst davor hatte einzuschlafen. Wenn das Licht ausgeschaltet war, kamen riesige Kakerlaken aus den Ritzen zwischen den Bodendielen, und schreckensstarr sah ich zu, wie sie über die Wände und über meine Bettdecke krochen. Ich hatte Angst, dass ich im Schlaf den Mund aufmachen und mir so ein Biest in den Mund kriechen könnte, wie es einem der Onkel in unserer Kommune passiert war.

Als Zeichen des Respekts mussten wir die Erwachsenen mit »Onkel« oder »Tante« anreden. Wer ihnen diese Anrede verweigerte, musste mit einer strengen Bestrafung rechnen. Man brachte uns gute Manieren bei, und wir mussten stets »Bitte« und »Danke« sagen und mit »Ja, Ma'am« oder »Ja, Sir« antworten, wenn wir angesprochen wurden. Da ich das einzige Kind ohne Mutter oder Vater in der Kommune war, gab es niemanden, der mich beschützte. Jeden Tag bekam ich Schläge für die banalsten Vergehen – wenn ich etwas vergessen hatte oder wenn ich mich mit anderen Kindern stritt. Auch in dieser Kommune gab es ein Bestrafungssystem, und für drei Tadelpunkte am Tag setzte es eine Abreibung. Meine Angst vor diesen Schlägen war so groß, dass ich zu lügen begann, sobald mir irgendein Fehlverhalten vorgeworfen wurde. Als Folge davon bekam ich schließlich auch dann Prügel, wenn ich gar nichts ausgefressen hatte, weil man mir meine Beteuerungen einfach nicht mehr glaubte.

Nyna, ein Mädchen aus meiner Klasse, unternahm zu ihrem Geburtstag mit ihren Eltern einen Ausflug in die City und durfte sich ein Geschenk aussuchen. Sie entschied sich für einen Ring mit dazu passendem Armband. Um mir eine Freude zu machen und weil »alle das Gleiche haben sollten«, bekam ich einen ähnlichen Schmuck. Ihrer war rot, meiner blau. Nyna brauchte nur einen Tag, um ihr zierliches Armband kaputt zu machen. Den Ring warf sie im Garten in ein Schlangenloch, um herauszufinden, wie tief es war. Nun, es war zu tief, um den Ring wieder herauszuholen.

Am nächsten Tag kam Nyna zu mir. »Julie, kann ich mir deinen Ring ausleihen? Ich hab meinen verloren.« Ich druckste herum, weil ich mich von meinem neuen Schatz nicht so schnell wieder trennen wollte und weil ich befürchtete, dass ich ihn möglicherweise nie wiedersah. Sie wurde wütend. »Du hast ihn bekommen, weil ich Geburtstag hatte. Also musst du ihn auch mit mir teilen.« Da ich mich diesem Argument nicht ganz verschließen konnte, streckte ich ihr den Ring entgegen; sie musste mir aber versprechen, dass sie ihn mir am nächsten Tag wiedergeben würde.

Wenige Stunden später verschwand mein Ring genau wie der von Nyna im Schlangenloch. Natürlich brach ich über den Verlust in bittere Tränen aus. Als ich am nächsten Tag auf der Toilette saß, während die anderen Kinder sich die Zähne putzten, beschloss ich, mit ihr über die Sache zu sprechen. »Ich bin sehr traurig darüber, dass du meinen Ring verloren hast, Nyna«, klagte ich und seufzte abgrundtief.

Nyna war ein temperamentvolles rothaariges Mädchen, mit jeder Menge Sommersprossen und dem für ihr Sternbild Stier typischen Überlegenheitsgefühl. »Ich beschwere mich bei Tante Stacey über dich!«, schnaubte sie empört.

»Warum?« Aber sie war bereits aus dem Bad gerannt, und ich konnte ihre hohe, aufgeregte Stimme aus dem Schlafraum hören.

»Julie! Komm sofort zu mir!«, dröhnte Tante Staceys Stimme an mein Ohr, und sie hörte sich gar nicht gut an. Begeistert kamen die anderen Kinder ins Bad gerannt, um mich zu holen. Mir stand eine Bestrafung bevor, und das war stets eine willkommene Unterbrechung der Monotonie.

»Tante Stacey will dich sehen. Sofort!«, schrien sie.

»Ich komm ja schon. Ich muss nur noch hier im Bad fertig werden.«

Die Kinder rannten los, um die Information an unsere Betreuerin weiterzugeben, und kamen noch schneller wieder zurück.

»Tante Stacey sagt, wenn du nicht sofort kommst, machst du alles nur noch schlimmer.«

Ja, das wusste ich. Ich beeilte mich, wusch mir die Hände und ging ins Nebenzimmer, um mich den Anschuldigungen zu stellen. Aber diesmal ohne Herzklopfen und Schweißausbrüche. Ich hatte nichts verbrochen, also konnte ich auch nicht bestraft werden.

Tante Stacey baute sich dicht vor mir auf. »Nyna behauptet, du hättest du ihr gesagt: ›Ich bin so wütend auf dich, weil du meinen Ring verloren hast, ich bring dich um!‹ Stimmt das?«

»Nein, Tante Stacey. Ich habe nur gesagt, dass ich sehr traurig bin, weil sie meinen Ring verloren hat. Sonst nichts.«

»Das stimmt nicht! Das stimmt nicht!«, schrie Nyna. »Frag Pierre, er war auch dabei.«

Pierre war Nynas Freund. Beide spielten sich auf wie König und Königin und gestanden mir gnädig die Rolle der Prinzessin zu, obwohl ich ein Jahr älter war als sie beide. Pierre war jedenfalls nicht im Bad gewesen.

»Ja«, behauptete dieser dreiste Lügner. »Sie hat es gesagt.«

»Das hab ich nicht, Tante Stacey. Bestimmt nicht.«

»Hör mal, Julie, ich frage dich jetzt noch einmal, und ich möchte, dass du bei der Wahrheit bleibst. Hast du gesagt, dass du Nyna umbringst?«

»Nein, das habe ich nicht gesagt.«

»Okay, wir gehen jetzt alle zum Lunch, und du bleibst da, bis du die Wahrheit sagst. Wenn du dich nachher immer noch verstockt zeigst, bekommst eine Tracht Prügel dafür, dass du gelogen hast.«

Sie ließen mich allein, und ich begann zu schluchzen. Aber diesmal weinte ich über die Ungerechtigkeit und nicht aus Angst vor Schlägen. Armi kam ins Zimmer, setzte sich neben mich und wollte wissen, was los war. Stockend erzählte ich ihr die ganze Geschichte.

Natürlich konnte sie mir nicht helfen, aber sie versuchte mich zu trösten. Ihr Mitgefühl gab mir Mut. Als sie wieder ging, hatte ich zu weinen aufgehört und beschlossen, tapfer zu sein – ganz gleich, was auf mich zukam.

Ein paar Minuten später kam Tante Stacey zurück. »Was ist, Julie? Wirst du mir jetzt die Wahrheit sagen?«

»Ja, ich werde dir die Wahrheit sagen.« Und ich wiederholte meine Schilderung.

»Gut. Du bekommst sieben Hiebe mit der Holzlatte. Vier dafür, dass du so etwas Furchtbares gesagt hast, und drei dafür, dass du gelogen hast. Und wenn du unschuldig sein solltest, nimm sie als Strafe für die vielen Male, wo du sie verdient gehabt hättest, aber nicht erwischt worden bist.« Das war ein beliebter Satz von vielen meiner Lehrer.

Ich ließ die Schläge klaglos über mich ergehen. Irgendetwas in mir weigerte sich, in Tränen auszubrechen. Aber ich habe es nicht vergessen.

Die wenigen Anlässe, zu denen wir die Kommune verließen, waren unsere Auftritte. Peter Pioneer, der *Music with Meaning*-Sänger, hatte aus uns Kindern einen Chor zusammengestellt, und wir sangen gelegentlich in Restaurants und Hotels. Nach der Vorführung boten wir den Gästen Broschüren und Poster an und sammelten Spenden. Häufig waren wir bis spät in die

Nacht unterwegs, müde und hungrig. Aber davon durften wir uns nichts anmerken lassen.

»Nicht so mürrisch, Kinder«, mahnte Peter. »Ich möchte eure Gesichter strahlen sehen, sonst glauben die Leute noch, wir würden euch dazu zwingen, für sie zu singen. Und das wäre doch schrecklich und würde Jesus sehr traurig machen.«

Also zeigten wir unser strahlendstes Lächeln, wie es die »Familie« gebot. Aber weniger aus Liebe zu Jesus, sondern vielmehr aus Furcht davor, dass man Gummibänder um meine Ohren legte und an meinen Mundwinkeln festklammerte. Von dieser Prozedur mit Heftklammern und Gummibändern wurde einmal bei einer Probe ein Bild gezeigt, und während der Auftritte musste ich ständig daran denken.

Auch wenn die Tage, an denen wir einen Auftritt hatten, äußerst anstrengend waren, zog ich sie dem klösterlichen Alltag in der Kommune vor. Manchmal schenkten uns nette Leute Süßigkeiten, und es gab immer etwas Interessantes zu sehen. Obwohl unsere Gesangsauftritte immer einiges Geld einbrachten, waren wir nur ein kleiner Posten der Einkünfte. Zu Mariannes Kommune gehörten einige der besten Flirty Fishers des Landes, und die Frauen zogen während der Marcos-Ära einige der höchsten Generäle an Land. Als Cori Aquino den Putsch gegen Marcos anführte, war ich fünf Jahre alt. In der näheren Umgebung der Kommune fanden bewaffnete Auseinandersetzungen statt. Wenn wir im Wohnzimmer versammelt waren, konnte ich die Schüsse hören, und wir legten uns alle flach auf den Boden. Die Erwachsenen sprachen in Zungen und beteten inbrünstig, nicht nur für unsere eigene Sicherheit, sondern auch für das Marcos-Regime.

Doch die Dinge entwickelten sich anders, als Mo gewünscht hatte. Cori Aquino übernahm die Regierung, und die Unterwanderung der philippinischen Regierung durch die »Familie« fand nicht lange danach ein Ende, aufgrund der negativen Darstellung in der Presse und der drohenden Ausweisung der ausländischen Mitglieder der »Familie«. Mo beschloss, seine Aktivitäten nach Japan zu verlegen, und Mariannes Kommune sollte nach Tokio umgesiedelt werden, nachdem unser Dienst für das Militär nicht mehr gebraucht wurde.

Eines Tages überraschte Tante Stacey unsere kleine Gruppe mit einer Neuigkeit. »Wisst ihr was, Kinder? Hier in Manila wurde eine neue Schule der ›Familie‹ eröffnet. Pierre und Julie, ihr werdet da hingehen. Ist das nicht toll?«

Innerhalb einer Woche wurde meine kleine Tasche gepackt, und ich wurde auf die erste Schule der »Familie« geschickt, den Jumbo. Man sagte mir zwar, dass auch Celeste dort sein würde, aber ich sah sie fast drei Jahre lang nicht wieder.

9 *Unter der Knute*

DIE SCHULE WURDE »JUMBO« GENANNT, weil es ein gigantischer, verschachtelter Gebäudekomplex auf einem riesigen Gelände war. Es war das erste Internat der »Familie« im Probelauf. Viele der dort praktizierten Methoden wurden von Schulen und Kommunen der »Familie« auf der ganzen Welt übernommen.

Nach meiner Ankunft wurde ich einer Gruppe von dreißig anderen fünf- und sechsjährigen Kindern zugeteilt. Ich war sechs. Noch nie zuvor war ich in Gesellschaft von so vielen gleichaltrigen Kindern gewesen, und die vielen Regeln, die wir zu befolgen hatten, verwirrten mich anfangs. Als ähnlich verwirrend empfand ich die ungewöhnliche Architektur. Fast jede Wand war verspiegelt, und es brauchte einige Zeit, sich einzuprägen, in welchem »Spiegel« sich die Tür befand. Das Hauptgebäude hatte eine achteckige Form und war von einer umlaufenden Holzveranda umgeben. Es gab ein im japanischen Stil gebautes, separates Haus mit einem Fischteich, in dem die Oberen der »Familie« wohnten, sowie einen achteckigen Pavillon, der als Isolierstation für Kranke diente. Der Garten war in terrassenförmigen Ebenen angelegt, die von den einzelnen Gruppen nach einem Rotationsprinzip für ihre sportlichen Übungen genutzt wurden. Zweimal in der Woche schwammen wir in dem großen Pool. Zu den Mahlzeiten traf man sich im Speisesaal, und das Dinner nahmen die Kinder gemeinsam mit ihren Eltern ein.

Weil ich ohne einen Elternteil hier war, kam ich wieder in die Obhut von Tante Stacey und verbrachte die abendliche Familienstunde mit ihr und ihrer Tochter, bevor ich mit meiner Gruppe schlafen ging.

Jede Gruppe war in einem riesigen Raum mit angeschlossenem Bad untergebracht. Wir schliefen auf Matratzen, die tagsüber zu niedrigen Sofas umgeklappt wurden, wo wir während der stundenlangen Word Time, der Lektürezeit, saßen. Abends bedeckten die Matratzen den ganzen Fußboden und ließen nur schmale Laufgänge frei.

Wir durften nachts weder Schlafanzug noch Unterwäsche tragen und mussten auf dem Bauch schlafen. Wohin man auch blickte, überall konnte man nackte Hinterteile sehen. Da ich ziemlich schamhaft war, zog ich mir immer das Laken über den Po. Natürlich verlockte das enge Beieinander von so vielen nackten Kindern zu sexuellen Experimenten, und die waren durchaus erwünscht. Es gab vor dem Einschlafen sogar eine festgesetzte Zeit für »Liebesspiele«.

Nicht lange nachdem ich angekommen war, stießen zwei Brüder und eine Schwester – Danny, Davie und Anita – zu uns, deren Eltern bei World Services arbeiteten. Danny war groß und mager und hatte dichte, wirre blonde Locken. Ich fand, dass Davie mit seinem dunklen Teint und den grünen Augen viel besser aussah. Bei World Services hatten die drei Geschwister zwei Erwachsene beobachtet und auf diese Weise einen drastischen Anschauungsunterricht in Sexpraktiken bekommen. Zum ersten Mal sah ich, wie ein kleiner Junge seinen Penis in ein kleines Mädchen steckte. Gebannt beobachtete ich die beiden, bis Davie herangeschlendert kam. »Soll ich dir zeigen, wie man das macht?«

»Was? Nein!!!«

»Ach komm schon«, forderte er mich heraus. »Es macht Spaß.«

Da es überhaupt nicht nach »Spaß« oder »natürlich« aussah, war ich sicher, dass es irgendwie wehtun würde, und wehrte seine beharrlichen Annäherungsversuche ab. Schließlich legte er sich neben mich und erzählte mir von sexuellen Stellungen, die verschiedene Erwachsenen ihm beigebracht hatten, während wir den beiden weiter zusahen. Davie und Danny schienen mich beide zu mögen und machten ständig Witze darüber, dass sie mich im Schlaf besteigen würden, wenn ich mich weiter widerspenstig zeigte.

»Ich schlafe schließlich auf dem Bauch«, entgegnete ich in meiner Naivität.

»Das macht nichts«, lachte Davie. »Dann besorgen wir es dir eben von hinten!« Diese Vorstellung ließ mir die Haare zu Berge stehen. Nicht einmal im Traum hätte ich geglaubt, dass so etwas möglich war.

Unsere Betreuer schliefen abwechselnd in unserem Raum und brachten sich stets Partner mit. Ein Date-Plan bestimmte, mit wem sie die Nacht verbrachten. Viele der Erwachsenen waren nicht gerade begehrenswert, und ich fragte mich, was ihre Partner von ihrem Schweißgeruch oder ihrer Körperfülle hielten. Ich sah Frauen, die ihre vor Fett schwabbelnden Beine senkrecht an die Kommode lehnten, während sie sich stöhnend und ächzend hin und her bewegten und laute, unverständliche Schreie ausstießen – völlig unbeeindruckt von den mehr als dreißig Augenpaaren, die sie beobachteten.

Als eine philippinische Betreuerin mehr Milch produzierte, als ihr Baby trinken konnte, bestand ihre Lösung darin, uns alle zum »Stillen« antreten zu lassen. Ihre geschwollenen Brustwarzen waren riesig und schwarz. Ich fand das abstoßend und weigerte mich, mich in der Reihe anzustellen. Zum Glück war es nicht obligatorisch. Gelegentlich holten sich zwei unserer Betreuerinnen einige kleine Jungen zum Schmusen auf ihre Matratzen, wobei die Jungen auf den Tanten herumhopsten, während diese ihre Hände auf die kleinen Hinterteile drückten. Bald fiel mir auf, dass sich viele Kinder um mich herum mit sonderbaren Aktivitäten beschäftigten. Schließlich wollte ich von einer Freundin wissen, was sie da machten.

»Sie masturbieren«, bekam ich zur Antwort.

»Was ist das?«

»Das weiß ich auch nicht genau, aber es ist richtig angenehm.«

Um herauszubekommen, was so angenehm war, versuchte ich, sie zu imitieren, aber irgendwie schien es bei mir nicht zu klappen. Aber da alle es machten, tat ich so, als wüsste ich, worum es ging, und es war eine Möglichkeit, sich die lange Zeit der Mittagsruhe zu vertreiben.

Ein großer Teil des Lebens wurde mit Schweigezeiten verbracht. Während der Andachten, dem Schulunterricht und den Mahlzeiten herrschte striktes Redeverbot. Wenn wir etwas sagen wollten, mussten wir einen Finger heben, und zwei, wenn wir auf die Toilette mussten. Drei Finger waren dem »Revolution für Jesus«-Salut vorbehalten.

»Es ist eine Revolution!«, rief uns der Lehrer in regelmäßigen Abständen zu, worauf wir mit einem leidenschaftlichen »Für Jesus!« antworteten und drei Finger nach vorn in die Luft streckten. Da es die einzige Zeit des Tages war, wo wir laut sein durften, nutzten wir die Gelegenheit, um aus Leibeskräften zu brüllen. Normalerweise redeten wir nur im Flüsterton.

Die andere Hälfte des Tages verbrachte ich im Schulunterricht, denn dazu hatte man uns schließlich in den Jumbo geschickt. Da wir Kinder die Zukunft der »Familie« darstellten, hatte Mo in einem Brief mit dem Titel »Die ideale Schule« betont, wie wichtig es für uns war, die Ausbildung zu erhalten, die notwendig war, um bei Jesu Rückkehr die Welt zu regieren. Wir würden die unverdorbene Generation sein, verschont von den schädlichen Einflüssen der Welt, eine Verbesserung der menschlichen Rasse.

Sonntags trafen sich alle im Versammlungssaal zu den Gottesdiensten, auf die ich mich immer freute. Es gab viele begabte Musiker, die eine erregende und spirituelle Atmosphäre schufen. Wenn sich mehr als zweihundert Stimmen zu gemeinsamem Gesang zusammenfanden, überlief mich manchmal eine Gänsehaut. Oft begannen Menschen zu weinen und sprachen in Zungen, weil sie sich vom Heiligen Geist inspiriert fühlten. Dann wurden Szenen aufgeführt, die mir stets am besten gefielen, gefolgt vom Abendmahl und einem Gebet. Die meisten der Szenen und Lieder drehten sich um unser Bekenntnis zu Gott oder um das Ende der Welt. Mos Weissagungen zufolge sollte Jesus 1993 auf die Erde zurückkehren.

Ich glaubte fest daran, dass Christus wiederkehren würde, wenn ich zwölf Jahre alt war. Das bedeutete, dass mir nur noch sechs Jahre blieben. In gewisser Weise beruhigte es mich, nicht alt werden und sterben zu müssen. Es sei denn, die Streitmacht des Antichrist nahm mich gefangen, und ich erlitt den Märtyrertod. Das war meine größte Angst, obwohl Mo in dem Brief »Der ultimative Orgasmus« einen Traum geschildert hatte, in dem er erschossen wurde und das Sterben als ekstatischen Rauschzustand empfand – viel besser als jeder Orgasmus. Nun, ich hatte noch nie einen Orgasmus gehabt, also trug der Brief nur wenig dazu bei, meine Ängste abzubauen.

Ich dachte mir Szenarien aus für den Fall, dass ich von den Mächten des Bösen gefangen wurde. Vielleicht konnte ich ihnen entkommen, indem ich die Soldaten umgarnte wie das Mädchen, das in dem Buch *Heaven's Girl* den Widerstand gegen die Streitmacht des Antichrist anführt. Die Schilderung, wie sie den Löwen vorgeworfen wird, beunruhigte mich zutiefst, obwohl ihr Schutzengel sie errettet, indem er den Raubtieren das Maul verschließt. Vor der Sache mit den Löwen wurde das Mädchen gleich reihenweise von ihren Bewachern vergewaltigt, aber sie gab sich ihnen bereitwillig hin. Schließlich ließen sich zwei der Bewacher bekehren und retteten sie. Doch dann musste sie einem hässlichen, alten, fetten Regierungsbeamten zu Willen sein, damit er ihr bei der Flucht aus dem Land half. Ich war mir sicher, dass ich mich dazu nicht durchringen könnte.

Wir stellten häufig Mutmaßungen darüber an, wem es bestimmt war, diese Anführerin zu sein. Mir auf keinen Fall, denn in der Geschichte ist sie ungefähr fünfzehn, und ich würde nur zwölf Jahre alt werden. Dennoch blieb *Heaven's Girl* mein Lieblingsbuch, denn sonst gab es für uns nicht viel Spannendes zu lesen.

Für den Schulunterricht wurde ich der Teenagergruppe zugeteilt. Meine Mutter war eine Verfechterin frühen Lernens, und mit drei Jahren konnte ich fließend lesen, schreiben und mathematische Gleichungen lösen. Weil die Teenager als kleine Kinder zum Singen und Spendensammeln auf die Straße geschickt worden waren, hatten sie kaum Unterricht gehabt. Jetzt mussten sie eine Menge Lernstoff nachholen, und ich saß mit Vierzehn- und Fünfzehnjährigen in einer Klasse. Ich versuchte, mich so unauffällig wie möglich zu verhalten, aber die Lehrer benutzten mich, um größere Lernbereitschaft zu wecken, was den anderen natürlich überhaupt nicht gefiel. Als ich in meine Altersgruppe zurückkam, nahm man es mir dort übel, dass ich zusammen mit den »Großen« unterrichtet worden war.

Vielleicht war das der Grund dafür, dass ich nur wenige Freunde hatte und mich sehr einsam fühlte.

Also zog ich mich immer mehr in eine Fantasiewelt zurück, in der ich spannende Abenteuer erleben und sogar mit meiner Mum und meinem Dad zusammen sein konnte. Für unsere Lehrer war das Tagträumerei und absolut verboten: »Müßiggang ist aller Laster Anfang.« Fast jede Nacht bekam ich Albträume. Riesige Hunde und Löwen machten Jagd auf mich, und ich konnte nicht flüchten, weil meine Füße in einer Tretmühle steckten. Sie fielen über mich her und zerfleischten mich. Dann machte ich ins Bett. Das empfand ich als schrecklich demütigend. Wenn ich nachts aufwachte, weil mein Bett nass war, zog ich das Laken von der Matratze, drehte sie um und holte mir ein frisches Laken. Am Morgen war die Matratze getrocknet, und die Betreuer konnten nicht erkennen, ob der Fleck neu war oder alt. Die Matratzen stanken sowieso alle nach Urin und mussten regelmäßig an die frische Luft gebracht werden. Kaum war ich nach dem Lakenwechsel wieder eingeschlafen, fuhr ich kerzengerade wieder in die Höhe, denn aus dem Lautsprecher dröhnte die »Kampfeshymne« der »Familie«:

»Wer von euch ist bereit,
Dem Ruf des Herrn zu folgen?
Wer reiht sich ein in Davids Armee,
in die kraftvolle Streitmacht der Liebe?
Um für das Reich Gottes
zu leben und auch zu sterben.
Zückt das Schwert
voll Vertrauen auf Gottes Lohn
in der Revolution für Jesus und König David.«

Bevor die Hymne zu Ende war, mussten wir aus den Betten gesprungen sein, die Laken zusammengelegt und die Matratzen in eine Couch verwandelt haben, sonst setzte es Hiebe mit der »weißen Gerte«, einem Plastikstock, den die Lehrer überall mit sich herumtrugen wie einen Zauberstab. Er war einen Meter lang und zweieinhalb Zentimeter dick und sah recht harmlos aus, konnte aber auf einem nackten Hinterteil höllische Schmerzen verursachen. Nach einer Tracht Prügel konnte man eine Woche lang nicht mehr richtig sitzen. Einmal drosch der Lehrer so heftig auf einen Jungen ein, dass die Gerte zerbrach und er sich eine neue besorgen musste. Im Badezimmer sah ich Hinterteile in den unterschiedlichsten Purpurtönen. Man sah stets, welche Kinder erst vor Kurzem verprügelt worden waren, denn ihre Striemen waren frisch und blutig, und sie zuckten zusammen, wenn das Duschwasser über ihren Körper lief.

Eine mildere Disziplinierungsmaßname war ein striktes Schweigegebot, und diese Strafe konnte für einen beliebig langen Zeitraum verhängt werden. Ich musste tagelang mit einem Schild um den Hals herumlaufen, auf dem stand: »Sprich mich nicht an. Ich habe Redeverbot.« Mit einigen meiner Klassenkameraden habe ich nie ein Wort gewechselt, weil sie offenbar ständig zum Schweigen verurteilt waren. Manchmal wurde uns der Mund mit Klebeband verschlossen, das nur abgenommen wurde, damit wir etwas essen konnten.

Wenn wir unaufgefordert redeten, widersprachen oder etwas »Liebloses« oder »Sündiges« sagten, wurde uns der Mund mit Seife ausgewaschen. Diese altmodische Form der Bestrafung hatte Mos Mutter früher bei ihrem Sohn praktiziert, und da ich mich bei Ungerechtigkeiten nur selten zurückhalten konnte, wurde sie regelmäßig bei mir angewandt. Manche Erwachsenen rammten mir ein Stück Seife in den Hals, bei anderen musste ich mir damit die Zähne putzen, aber die grausamsten zwangen mich dazu, die Seife zu kauen und zu schlucken. Vor allem Tante Stacey liebte es, mich auf diese Weise zu disziplinieren.

Da wir Mo zufolge die Kinder »von allen« waren, konnte jeder Erwachsene uns für Vergehen bestrafen, die wir seiner Ansicht nach begangen hatten. Das führte häufig zu Problemen, wenn ein Erwachsener einem etwas befahl, was ein anderer wiederum für falsch oder schlecht hielt. Wenn man dann versuchte, sich zu rechtfertigen, wurde man für Widerworte, und wenn man dem ersten Erwachsenen nicht gehorchte, wegen Ungehorsam bestraft. Für die schlimmsten Vergehen im Unterricht wurde man vor den Augen der anderen verprügelt, was darauf abzielte, den Stolz des Sünders oder der Sünderin zu verletzen und ihm außerdem körperliche Schmerzen zuzufügen. Dabei berief man sich auf den Bibelvers, dem zufolge jene, die vor allen sündigen, auch vor allen bestraft werden sollen. Ich bekam öffentliche Prügel für Schwatzen mit meinen Nachbarn, unerlaubtes Reden oder Lügen.

Einmal waren meine dünnen Haare nach dem Mittagsschlaf offenbar völlig zerzaust. Pandita, die Tochter des Schulleiters, zeigte auf mich und fing an zu lachen. »Mit ihren wirren Haaren sieht Julie aus wie die Frau von Johannes dem Täufer!«

Die anderen Kinder stimmten in ihr Lachen ein, und ich spürte, wie mir das Blut in den Kopf stieg.

»Und du bist fett und gemein!«, entgegnete ich wütend. Ich fühlte mich nicht besonders wohl und reagierte vielleicht deshalb so unbeherrscht. Unsere Lehrerin bekam die Auseinandersetzung mit, zog uns aus der Klasse und informierte Tante Joy, die leitende Lehrerin. Wir mussten über eine Stunde lang in einer kleinen Abstellkammer warten, während die beiden über unsere Strafe berieten. Ich schwitzte, fühlte mich benommen und schwindlig. Wie sich dann herausstellte, sollte meine Mitschülerin im Gegensatz zu mir nicht bestraft werden, weil ihre Eltern die Schulleiter waren. Diese Ungerechtigkeit erboste mich.

»Aber sie hat mich die Frau von Johannes dem Täufer genannt!«, protestierte ich.

»Und was ist daran auszusetzen?«, entgegnete Tante Joy. »Johannes der Täufer war der Prophet, der das Kommen von Jesus verkündet hat. Aber eine Mitschülerin als ›fett und gemein‹ zu beschimpfen ist ein erschreckender Verstoß gegen das Gebot der Liebe, und dafür hast du die Konsequenzen zu tragen.«

Die ganze Gruppe wurde zusammengerufen, um meiner Bestrafung beizuwohnen. Tante Joy zitierte Passagen aus der Bibel und aus Mo-Briefen zum Thema Nächstenliebe, dann musste ich meine Sünden bekennen, woraufhin die Lehrerin mir nachdrücklich und endlos ins Gewissen redete. Während der ganzen Zeit stand ich da, wartete auf das offenbar Unvermeidliche und wünschte, es wäre endlich vorbei. Im Schneidersitz hockten meine Mitschüler auf dem Boden und starrten mich an. Im Raum war es stickig heiß, und ich spürte, wie Schweiß mir die Nackenhaare verklebte.

Schließlich war es so weit.

»Zieh dich aus.«

Wir duschten zwar gemeinsam und schliefen unbekleidet, aber es war etwas ganz anderes, mich vor meinen Mitschülern entblößen zu müssen.

Langsam zog ich erst meinen Rock aus, dann meine Unterhose, drehte mich um und legte wie befohlen beide Hände an die Wand. Der Schmerz, den ich bei den Schlägen auf meine nackte Haut verspürte, war nichts im Vergleich zu der Demütigung, weil ich wusste, dass sechzig Augen meine Schmach mitbekamen. Aber damit hatte ich es noch lange nicht überstanden. Nach der Züchtigung musste noch das Gebet um Erlösung gesprochen werden. Ich musste auf die Knie sinken, während alle im Raum mir die Hand auflegten. Nach ekstatischem Reden in Zungen und rhythmisch wiederholtem »Danke, Jesus, danke Gott. Danke, Jesus, danke Gott« war ich dran, »den Herrn in Verzweiflung anzurufen«. Dann sprach Tante Joy ein weiteres langes Gebet und bat Gott, mir die nötige Kraft zu geben, künftig dem Teufel und seinen Dämonen zu widerstehen.

Nur wenige Stunden später stellte die Lehrerin fest, dass ich offenbar vor Fieber glühte, und man entdeckte schließlich eine riesige Schwellung hinter meinem Ohr. Ich hatte eine böse Ohrenentzündung, die erst nach zehn Tagen wieder abklang. Als man begriff, dass es einen Grund für meine Unbeherrschtheit gegeben hatte, nahm Tante Joy mich beiseite.

»Tut mir leid, Julie. Ich wusste nicht, dass du krank bist. Warum legst du dich nicht hin und ruhst dich ein bisschen aus?«

Eine Entschuldigung unter vier Augen war gut und schön, sie entlastete mich jedoch nicht bei den Mitschülern. Aber vor den Kindern zeigten die Verantwortlichen nie, dass sie unrecht hatten.

Aus irgendwelchen Gründen nahm man an, dass geistige Verfehlungen ebenso ansteckend sein konnten wie Krankheiten. Etwa ein Jahr nach meiner Ankunft im Jumbo bemerkten wir, dass eine Gruppe älterer Teenager in »Quarantäne« gehalten wurde. Sie nahmen ihre Mahlzeiten nicht im Speisesaal ein, und wenn wir sie überhaupt sahen, mussten sie schwere, entwürdigende Arbeiten verrichten, zum Beispiel Toilettenbecken, Abflüsse und Fußböden mit Zahnbürsten schrubben. Oft zwang man sie dazu, stundenlang herumzuwatscheln oder zu hüpfen, bis sie schließlich völlig erschöpft zusammenbrachen. Regelmäßig bekamen die Jugendlichen Schläge mit einer Sperrholzlatte, in die wegen der besseren Federung Löcher gebohrt waren. Auf ihrer Kleidung stand in Rot »Quarantäne«, und oft war ihnen der Mund mit Klebestreifen verschlossen. Sie wurden »Straffällige Teens« genannt.

Der Jüngste war ein achtjähriger Afroamerikaner, also noch lange kein Teenager. Nachdem er den Wunsch geäußert hatte, die »Familie« zu verlassen, wurde er in einen winzigen Raum gesperrt und von einem Erwachsenem rund um die Uhr bewacht. Er war so gefährlich, dass man ihm sogar den Umgang mit den anderen isolierten Jugendlichen verwehrte. Zu essen bekam er fast ein Jahr lang nur eine dünne Suppe und Wasser, dafür wurden ihm Tag und Nacht Mos Briefe vorgelesen. Er war ungefähr so alt wie ich, und ich fragte mich oft, was ich an seiner Stelle tun würde. Gelegentlich sah ich ihn, wenn er in Begleitung eines Erwachsenen zum Gottesdienst kam, und wünschte, ich könnte mit ihm reden. Jedermann mied die »Straffälligen Teens« wie die Pest. Ganz so, als könnte der Umgang mit ihnen uns infizieren und ebenfalls straffällig werden lassen.

Aber auch ich hatte bedenkliche Charakterfehler, zumindest wurde mir das ständig gesagt. Mein Stolz musste im Zaum gehalten werden. Stolz galt als die Wurzel allen Übels. Weil mein Vater wegen *Music with Meaning* und anderen Projekten berühmt war, nahm man an, dass ich deswegen Stolz empfand. Doch weil seine Stimme auf jeder Tonbandkassette und sein Gesicht auf fast jedem Video war, konnte ich unmöglich vergessen, wer er war, selbst wenn ich das gewollt hätte. Aber seine Berühmtheit war mir egal. Für mich war er einfach nur mein Daddy, den ich sehr vermisste.

Um alle noch verborgen gebliebenen Stolzgefühle in mir zu unterdrücken, musste ich immer wieder in einer Badewanne mit vollen Babywindeln sitzen. Normalerweise wurde diese eklige Disziplinierungsmaßnahme gegen die Straffälligen Teens verhängt, doch gelegentlich auch gegen mich. Es dauerte stundenlang. An solchen Tagen brachte ich keinen Bissen hinunter. Der Geruch drang mir in alle Poren und ging auch durch noch so gründliches Waschen nicht weg. Aber noch schlimmer als der Gestank war die Demütigung, die ich empfand, wenn andere Kinder ins Bad kamen, mich anstarrten und sichtlich froh waren, keine berühmten Eltern zu haben.

Dads Berühmtheit in der »Familie« war mir gleichgültig; ich wollte nur, dass alles wieder so wurde wie früher. Mum hatte ich inzwischen fast völlig vergessen. Die einzige Erinnerung an sie wurde in meinen Träumen wiederbelebt. Ich sah sie mit Mariana und Victor in einiger Entfernung und rannte ihr aufgeregt hinterher. »Mum!«, schrie ich. »Mum!« Aber irgendwie konnte ich sie nie erreichen, und sie hörte mich nicht rufen. Schluchzend wurde ich wach und konnte mich nicht mehr beruhigen.

Manchmal durften Kinder bei ihren Eltern schlafen. Das war immer ein großes Ereignis, weil damit eine familiäre Atmosphäre geschaffen wurde, nach der ich mich unbändig sehnte. Irgendwann versprach mir meine Pflegemutter Stacey, dass ich bei ihr übernachten dürfte, und ich freute mich die ganze Woche darauf. Da sie mich nach einer Besprechung abholen wollte, lag ich wartend auf meiner Matratze, ohne die Tür auch nur einen Moment lang aus den Augen zu lassen. Drei Stunden später war sogar unsere Betreuerin eingeschlafen. Aber ich durfte nicht eindösen und hielt mich wach, indem ich den Text des *Music with Meaning*-Hörspiels mitsprach, das nebenbei lief. Mein Blick wanderte zwischen der Tür und der Uhr hin und her, bis mir die Lider schwer wurden. Erst nach Mitternacht begriff ich, dass Tante Stacey mich wahrscheinlich vergessen hatte. Aber da ich mich so darauf gefreut hatte, bei ihr zu schlafen, stand ich auf und lief in Tante Staceys Zimmer, in dem sie mit ihrer kleinen Tochter schlief. Für mich hatte sie keine Matratze ausgebreitet. Ich kuschelte mich zu ihren Füßen auf den Boden und schlief ein. Ich war glücklich, obwohl ich nicht wusste, warum.

10 *Bitte adoptiert mich*

ALS ICH SIEBEN JAHRE ALT WAR, wurde ich zu Dad nach Japan geschickt, der damals in einem wunderschönen Ort an der Küste lebte. Mein neues Zuhause war die Heavenly City School.

Obwohl mein Vater nur wenige Schritte von der Schule entfernt wohnte, sah ich ihn nur ein- oder zweimal in der Woche. Wie üblich wurde ich einer großen Gruppe von sieben- und achtjährigen Kindern zugeteilt, die »Strahlende Lichter« genannt wurde. Zu meiner Überraschung traf ich Davie und Danny dort wieder, obwohl das so erstaunlich nun auch wieder nicht war. Genau wie mein Dad waren auch die Eltern von Davie und Danny Mo direkt unterstellt, der die Philippinen mittlerweile verlassen hatte, und mit ihm die World-Services-Teams, die am engsten mit ihm zusammenarbeiteten. Ich sah auch Pierre wieder, denn seine Eltern Paul und Marianne Peloquin hatten leitende Posten in Japan übernommen.

Auch viele Musiker von *Music with Meaning* waren nach Japan gekommen, um Kassetten zu produzieren, die die »Familie« verkaufen sollte. Neuerdings nahm man auch Musikvideos für Kinder auf, die »Kiddie Viddies« genannt wurden. Dafür wurde abends im Speisesaal eine Bühne aufgebaut, und die besten Musiker leiteten die Gesangsaufnahmen. Üblicherweise durften alle Kinder nach dem Abendessen eine Stunde mit ihren Eltern verbringen, also auch ich mit meinem Daddy. Doch an diesen

Abenden mussten wir mit unserer Gruppe zusammenbleiben, und ich vermisste die Zeit mit Dad. Ich vermisste sie so sehr, dass ich die Chorabende zu hassen begann und weinte, während alle anderen ihre Lieder sangen. Da ein schluchzendes Kind aber einen schlechten Eindruck auf dem Video gemacht hätte, wurde ich oft aus dem Saal gebracht und musste die Stunde ganz allein im Schlafraum zubringen.

Die knappe Zeit mit meinem Dad war kostbar. Wir unternahmen lange Spaziergänge oder stiegen den Hügel zur Pyramide hinauf. In dem Gebäude war nach Mos Visionen eine Miniaturversion der »Himmlischen Stadt« entstanden. Stundenlang saß ich da und bewunderte die wie Edelsteine strahlenden Häuser, die winzigen Bäume und Menschen. Es kam mir vor wie ein fantastisches Wunderland, und ich träumte davon, so klein zu werden wie der Däumling, um in dieser wunderbaren Welt leben zu können.

Nach einigen Monaten verließen Dad und ich Japan wieder und kehrten auf die Philippinen zurück, wo wir Celeste wiedertrafen, die von Hoseas Farm in Macau kam. Drei Jahre nach der Eröffnung war der Jumbo geschlossen worden, und wir hatten die Aufgabe, das riesige Gebäude bis zur Erschöpfung zu putzen und zu wienern, damit es den Besitzern in einem ordentlichen Zustand übergeben werden konnte. In dieser Zeit wurde ich acht Jahre alt, und zum ersten Mal seit vier Jahren konnten Dad und Celeste meinen Geburtstag zusammen mit mir feiern.

In *Life with Grandpa* hatte Techi eine Spieldose geschenkt bekommen – mit einer kleinen Ballerina, die auf einem Spiegel tanzte. Genau so eine Spieldose wollte ich unbedingt haben, und ich wünschte sie mir von meinem Dad zum Geburtstag. Ich wusste damals nicht, dass ihn das in Panik versetzte. Niemand von der »Familie« durfte wissen, wo Mo lebte, und Dad nahm an, wenn er mir eine solche Spieldose schenkte, könnte ich glauben, dass die »Königliche Familie« auf den Philippinen wohnte.

An meinem Geburtstag unternahmen Dad, Celeste und ich einen Ausflug in den Ort. Mein Vater versprach mir, wenn wir irgendwo eine Spieldose wie die von Techi sahen, dann würde ich sie bekommen. Insgeheim hoffte er natürlich, dass das nicht der Fall sein würde, und bat Celeste, mir bei der Auswahl eines Ersatzgeschenks zu helfen. Aber ich hatte nun einmal mein Herz an dieses Ding gehängt und wollte nichts anderes. Erfolglos durchkämmten wir die Geschäfte im Ort und landeten schließlich in der Spielwarenabteilung eines Einkaufszentrums, wo Dad versuchte, mich zu Stofftieren mit musikalischem Innenleben zu überreden.

»Wie wäre es mit diesem niedlichen kleinen Bären? Wenn du an der Schnur ziehst, kommt Musik raus«. Er hielt ihn mir hin, aber ich rümpfte die Nase.

»Daddy, das ist doch was für Babys!« Ich ließ ihn stehen und schlenderte weiter suchend an den Regalen entlang.

Und dann sah ich sie! Eine Riesenauswahl an hübschen Spieldosen – einige mit Schwänen, andere mit Paaren und wieder andere mit kleinen Ballerinen.

»Daddy, Daddy, hier ist es! Ich wusste, dass wir es finden!«

Die Überraschung in seinem Blick entging mir nicht. Selbst er hatte offenbar nicht mehr geglaubt, dass es diese Spieldosen gibt. »Nun, Schätzchen, ich glaube, Jesus möchte dich für deine Entschlossenheit belohnen!«, meinte er. »Welche hättest du denn gern?«

Ich entschied mich für eine schwarze Spieldose, auf der Schwäne über einen von Schilf umstandenen See flogen. Wenn man den Deckel aufklappte, sah man einen magnetischen Spiegel, auf dem zwei Ballerinen zur Musik von Schwanensee tanzten. Ich war hingerissen von der Spieldose und hütete sie jahrelang wie einen Schatz. Bevor wir wieder nach Hause fuhren, kaufte Dad uns allen ein Eis. Es war einer der schönsten Tage in meinem Leben, und ich schwebte wie auf Wolken.

Ein paar Wochen später zogen wir mit den Mitgliedern der »Familie«, die noch auf den Philippinen geblieben waren, in ein neues Haus. Es war eine Zeit ungetrübten Glücks mit meinem Vater. Ich überraschte ihn mit Schokokeksen und freute mich darüber, wie gut sie ihm schmeckten. In den Nächten, in denen ich in seinem Zimmer schlief, trug ich eines seiner T-Shirts, die mir fast bis zu den Knien reichten, und schmiegte mich an ihn, während er von seinen Katzen, von den Jahren im Internat und von seinem Eintritt in die »Familie« erzählte. Fasziniert blätterte ich in seinem Album mit Fotos von uns dreien, die mich an glücklichere Zeiten erinnerten. Doch nie konnte ich Bilder von meiner Mutter oder von meinen Geschwistern entdecken.

Aber ein Foto erregte meine Neugier. Darauf war ein hübsches, etwa vierjähriges Mädchen zu sehen, das vor einem Weihnachtsbaum stand und lächelnd einen roten Apfel in die Kamera hielt. Es hatte große blaue Augen, rosige Wangen und lange schwarze Locken und sah aus wie eine Porzellanpuppe. »Wer ist das, Daddy?«, fragte ich und deutete auf das Bild.

»Das? Oh, das ist deine griechische Schwester Davida.«

»Ich habe eine griechische Schwester?« Es war das erste Mal, dass ich davon hörte. Dad sprach nie von seinen anderen Kindern, und mein ganzes Leben lang tauchten immer wieder einmal unerwartet Brüder und Schwestern auf.

»Ja. Sie ist genauso alt wie du. Sie wurde sogar im selben Krankenhaus geboren.«

»Sind wir Zwillinge?«

»Nein. Ich glaube, sie ist einen Monat älter als du.«

»Wo ist sie?«

»Das weiß ich nicht so genau. Irgendwo in Griechenland, nehme ich an.«

Ich betrachtete das Foto lange und fasste schließlich einen Entschluss. Von da an erzählte ich allen, dass ich irgendwo eine Zwillingsschwester hätte.

Normalerweise verbrachte ich die Nächte zusammen mit den anderen Kindern auf einem Matratzenlager in einem großen Schlafraum. Wir redeten immer bis spät in die Nacht. Oft kam ein philippinischer Onkel zu uns, legte sich zwischen die Mädchen und verlangte von uns, mit ihm zu schmusen. Er roch abstoßend, und wir fanden ihn alle widerlich. Aber er ging erst wieder, wenn wir ihm seinen Willen gelassen hatten. Einige meiner Freundinnen tuschelten, dass er mit ihnen ins Badezimmer gegangen war, damit sie ihn masturbierten. Wovon sie niemandem etwas erzählen dürften, wie er betont hatte. Irgendjemand sagte, dass er das nicht mehr tun dürfe. Aber niemand informierte uns darüber, dass es neue Regeln gab, die es Erwachsenen untersagte, uns sexuell zu belästigen. Ich fürchtete mich immer vor ihm und hielt mich von ihm fern, so gut es ging.

Einige Zeit später erklärte mein Vater, dass wir die Philippinen verlassen und nach Indien ziehen würden. Diesmal sollte alles anders sein, denn er würde uns begleiten. Aber als wir in Bombay ankamen, brachte er Celeste und mich im dortigen Internat der »Familie« unter und nahm eine Tätigkeit im Witnessing Home auf. In den folgenden Monaten sah ich ihn nur selten.

Wir hatten Etagenbetten, und ich schlief auf dem oberen Bett neben dem Fenster. Von da aus konnte ich die Umgebung überblicken. Auf der anderen Straßenseite befand sich ein großer Saal, in dem häufig Hochzeiten gefeiert wurden. Manchmal dröhnte stundenlang Bollywood-Musik aus gigantischen Lautsprechern. Nachts lag ich wach und sah fasziniert zu, wie die Inder in ihren farbenprächtigen Hochzeitsgewändern tanzten. Alles war taghell erleuchtet und mit Blumen geschmückt. Es kam mir vor wie im Märchen, und ich tat gern einen Blick in diese fremde Welt.

Als wir einmal im Hof waren und spielten und Gymnastikübungen machten, klingelte es, und ein indischer Onkel ging und öffnete die Tür. Draußen stand eine wohlhabende indische Familie. Sie hatte unsere Schule irrtümlich für ein Waisenhaus gehalten und wollte sich nach den Möglichkeiten erkundigen, ein Kind zu adoptieren.

Mein Herz begann, aufgeregt zu klopfen. Ich wünschte mir sehnlichst, mit ihnen zu gehen! Da war eine Familie, die sich ein Kind wünschte, und ich war ein Kind, das keine Familie hatte. »Nehmt mich!«, hätte ich am liebsten geschrien. An Dad verschwendete ich keinen einzigen Gedanken.

Der Onkel klärte sie schnell über das Missverständnis auf. Tief enttäuscht sah ich ihnen nach. Für den Rest des Tages malte ich mir aus, wie es wäre, bei dieser Familie zu leben – so bildhaft, dass es für mich fast wirklich wurde.

Seit meinem Aufenthalt im Jumbo war ich ein sehr stilles, in sich gekehrtes, aber findiges Kind geworden. Ich wusste, was die Lehrer wollten, und zwang mich dazu, mich entsprechend zu benehmen. Zum ersten Mal in meinem Leben gelang es mir, körperliche Züchtigungen zu vermeiden. Um zu überleben, musste ich ein Chamäleon werden, das sich der jeweiligen Situation perfekt anpasst. Wenn Schweigen und Fügsamkeit von mir verlangt wurden, faltete ich brav meine Hände auf dem Schoß. Wenn ich singen sollte, sang ich aus voller Kehle. Ich tanzte bereitwillig nach ihrer Pfeife. Meine beste Tarnung war äußerliche Fügsamkeit. Leider machte ich mir durch meine neue Beliebtheit bei den Lehrern nicht viele Freunde unter den Kindern.

Einer unserer Lehrerinnen tat ich offenbar leid. Tante Peace war eine freundliche Frau mit roten Locken und klaren blauen Augen. Auch wenn sie sich ärgerte, blieb Tante Peace stets beherrscht und schrie uns nie an wie andere Erwachsene. Da ich häufig wegen meiner dünnen und schütteren Haare gehänselt worden war, wurden sie für mich zu einem großen Problem. Als Kleinkind hatte ich Kopfschorf gehabt, der sich zu Ekzemen auswuchs, sodass meine Haare nicht richtig wuchsen. Wenn ich nachts nicht einschlafen konnte, pulte ich aus Langeweile an der trockenen Kopfhaut herum. Zu meinem Entsetzen stellte ich dann morgens fest, dass mir ganze Haarbüschel ausgefallen waren. Ein Mädchen aus meiner Klasse hatte langes, dichtes Haar, das ihr bis auf die Hüften fiel, und voller Neid sah ich zu, wenn die Lehrerin es bürstete. Ich ließ niemanden an meine Haare und band sie mir hastig zu einem dünnen Pferdeschwanz zusammen, wenn niemand zusah.

Eines Tages überredete Tante Peace mich dazu, meine Haare auf die Schultern fallen zu lassen, und kämmte sie sehr behutsam. »Es gibt ganz unterschiedliche Haare, Julie«, erklärte sie. »Deine Haare sind zwar nicht lang und dicht, aber du hast trotzdem sehr schöne Haare. Du bist ein sehr hübsches Mädchen, etwas ganz Besonderes, und du wirst später, wenn du erwachsen bist, ganz tolle Dinge tun.«

Das habe ich ihr nie vergessen, und ich empfand ihr gegenüber eine zärtliche Zuneigung, fast wie zu einer Mutter. Aus Dankbarkeit nahm ich ihre kleine Tochter oft auf den Arm, wenn sie nachts schrie und die Erwachsenen unten bei einer Besprechung waren.

»Du brauchst doch nicht zu weinen«, flüsterte ich und wiegte sie beruhigend hin und her. »Deine Mummy kommt wenigstens wieder. Meine Mummy kommt nie zurück, aber ich weine nicht. Also brauchst du es auch nicht zu tun.« Ich stellte meine Spieldose an und sang ihr etwas vor, bis sie wieder einschlief. Jahre später fand ich heraus, dass Tante Peace ihre zweite Tochter nach mir benannt hatte.

Zum ersten Mal begann ich, mich in meiner Umgebung relativ wohl zu fühlen. Doch gerade als sich in mir so etwas wie ein Zugehörigkeitsgefühl entwickelte, wurde Dad an die Heavenly City School in Japan zurückbeordert. Er flog mit Celeste und mir nach Thailand, ließ uns in der Schule des Trainingszentrums in Bangkok zurück und versprach, uns in wenigen Monaten abzuholen.

Mein Vater war noch nie gut darin, ein Versprechen zu halten.

Dritter TEIL

Kristinas Geschichte

11 *Ein Doppelleben*

ICH ERINNERE MICH AN DIE SZENE, als wäre es gestern gewesen. Ich war fünf Jahre alt. Wir standen früh auf, um an einem Treffen im Londoner Hyde Park teilzunehmen. Alle begrüßten einander mit Küssen und Umarmungen und nannten sich »Bruder« und »Schwester«. Etwa achtzig Mitglieder der »Familie« saßen im Gras, sangen *You gotta be a baby to go to heaven* und klatschten im Rhythmus dazu.

Ich sang aus vollem Herzen und so laut ich konnte. Es war ein sonniger, unbeschwerter Tag, und mir gefiel die fröhliche Atmosphäre. Die anderen Kinder und ich streckten der wachsenden Menge von Zuschauern Flugblätter entgegen und forderten sie auf, mit uns gemeinsam dafür zu beten, dass Jesus den Weg in ihre Herzen fand. Nachdem ich »eine Seele zum Herrn« bekehrt hatte, lief ich zurück, um mich dem Kreis der Tanzenden anzuschließen, die einander bei den Händen fassten und sangen:

»Kommt und schließt euch unserer Karawane an.
Unser Ziel ist ein anderes Land, ein anderes Reich …«

Ich schaute zu meiner Mutter hin, die Gitarre spielte. Ihre langen Haare fielen ihr bis auf die Hüften. Als »Kinder Gottes« waren wir dazu bestimmt, eine einzige große, glückliche Familie zu sein. Sie erzählte mir oft Geschichten aus den Anfängen, als sie in einem goldgelb gestrichenen Doppeldeckerbus mit der Aufschrift »Revolution für Jesus« auf beiden Seiten und voller singender und klatschender Jünger zum Trafalgar Square gefahren waren. Dort stiegen sie aus dem Bus und machten sich paarweise auf, um Jugendliche zu bekehren – mit einer Gitarre, einer King-James-Bibel und ein paar Flugblättern.

Aber solche glücklichen Momente wie im Hyde Park gab es selten. Es kommt mir vor, als sei meine ganze frühe Kindheit von stummer Verzweiflung bestimmt gewesen – Verzweiflung über einen Stiefvater, den ich verabscheute, und über eine Mutter, die so zart und zerbrechlich wirkte, dass sie vor der Welt beschützt werden musste. Sie war die an den Fels gekettete Prinzessin, mein Stiefvater war der böse Drache, und mir kam die Aufgabe zu, sie um jeden Preis zu beschützen. Deshalb verschwieg ich ihr die sexuellen, körperlichen und verbalen Übergriffe, unter denen ich zu leiden hatte.

Mein richtiger Vater war für mich ein Ritter in schimmernder Rüstung, und ich glaubte fest daran, dass er uns eines Tages erretten würde. Dann wären wir wieder mit ihm und meiner großen Schwester Celeste vereint, und alle Qualen hätten ein Ende.

»Erzähl mir, wie du Dad kennengelernt hast«, bat ich Mum immer wieder, wenn wir allein waren und Joshua uns nicht hören konnte. Damit meinte ich natürlich meinen richtigen Dad und nicht meinen verhassten Stiefvater Joshua, der mich fast jeden Tag missbrauchte.

Ihre Antwort war immer die gleiche. Mum und Dad waren am selben Tag in eine »Kinder Gottes«-Kommune in Kent gekommen. Sie kannten sich kaum, aber Mum war überzeugt davon, dass Gott wünschte, sie sollten heiraten. Bei einem Mitgliedertreffen im Zentrum von London brachte Dad die Sprache darauf.

»Hat Gott dir irgendein Zeichen gegeben?«, fragte er sie.

»Ja«, antwortete sie leise. »Dass wir heiraten sollen.«

Da sank Dad vor ihr auf die Knie und schlang beide Arme um ihre Taille. »Dem Herrn sei Dank!«, seufzte er erleichtert.

Ich konnte von der Geschichte gar nicht genug bekommen. Sie hörte sich unglaublich romantisch an; umso schlimmer war es, dass wir keine glückliche Familie mehr waren.

Ich wurde am 26. Juni 1976 in Bombay in Indien geboren, wo meine Eltern als Missionare lebten. Schon in frühester Kindheit kam ich mit Sexualität in Berührung – wie hätte es anders sein können! Zu der Zeit als ich zur Welt kam, machte unser Prophet Mo seine Jünger in einer Reihe von Briefen mit dem Flirty Fishing vertraut, einer weiteren seiner fragwürdigen Visionen. In den Veröffentlichungen erinnerte sich Mo an die vielen Jahre, die er als Handelsreisender weit weg von seiner Familie leben musste, und war voller Verständnis für liebeshungrige Männer, die die wahre Liebe Gottes nie kennengelernt hatten. »Wer könnte ihnen diese Liebe besser geben als die Mädchen der ›Familie‹?«, schrieb er. Er bezeichnete sich als einen Fischer Gottes: Sex sei sein Angelhaken, und die Frauen seien seine Köder. Sex sei die höchste Ausdrucksform der Liebe, und wenn Jesus bereit war, für uns am Kreuz zu sterben, dann sollten wir zumindest bereit sein, unseren Körper hinzugeben, um für Ihn neue Seelen und neue Jünger zu gewinnen. Aber die Briefe »Gottes Prostituierte« und »Huren für Jesus« erklärten auch, welchen Preis das Flirty Fishing hatte. Mo schilderte, wie er bei seiner zweiten Frau Maria quasi als Kuppler diente und sie dazu brachte, in Hotelbars und Nachtclubs in London und auf Teneriffa Männer zu ködern. Von einem dieser Männer bekam sie sogar ein Kind – Davidito.

Diese schockierende neue Anweisung veranlasste viele, die »Familie« zu verlassen.

Eines Tages, ich war erst ein paar Monate alt, wurde Mum losgeschickt, um mit Flirty Fishing neue Seelen für Gott zu gewinnen. Als ihr klar wurde, was das bedeutete, weigerte sie sich. »Das ist doch nicht richtig«, sagte sie zu Dad.

Er lachte und wollte sie überreden, sich zu fügen. »Wenn Mo sagt, es ist richtig, sollten wir nicht daran zweifeln.«

Verunsichert beschloss Mum, Gott im Gebet um Rat zu fragen. Am nächsten Morgen stellte sie fest, dass sich ihre Einstellung geändert hatte. Um Gott zu gefallen, war sie nun bereit, ihre Zuneigung und sogar ihren Körper einzusetzen, um Seelen zu Ihm zu bekehren. Aber dann wurde sie mit meinem Bruder David schwanger. Alle ihre Schwangerschaften waren kompliziert. Sie musste sich oft übergeben, entwickelte eine heftige Abneigung gegen Gerüche und Berührungen und lehnte es deswegen ab, mit ihrem Ehemann intim zu werden. Daraufhin erklärte mein Vater, er wolle sich eine andere Frau suchen, die seine sexuellen Bedürfnisse befriedigte. Er wandte sich mit seinem Wunsch an den Leiter der Kommune, der ihm seine eigene Frau überließ.

Nach einem Besuch in unserer Kommune tadelte ein führendes Mitglied der »Familie« in einem Artikel in einer internen Zeitschrift die Schwestern dafür, dass sie die sexuellen Bedürfnisse der Brüder nicht befriedigten.

»Ich war sehr überrascht«, sagte Mum zu mir, als ich danach fragte. »Ich hatte mir nicht klargemacht, dass das von uns erwartet wurde.«

Nach dieser scharfen Kritik wurde die »gemeinschaftliche« Sexualität unverzüglich in die Tat umgesetzt. Im April 1978 kam mein Bruder David zur Welt. Ich war damals sechzehn Monate alt. Meine Mutter hatte mit drei kleinen Kindern alle Hände voll zu tun, während mein Vater praktisch rund um die Uhr für seine Radiosendung *Music with Meaning* arbeitete. Mum fühlte sich vernachlässigt und litt darunter, ihren Mann mit anderen Frauen teilen zu müssen. Der Regionalleiterin fiel auf, dass etwas nicht stimmte, und sie bat meine Mutter zu einer Unterredung, bei der Mum offen über ihre Gefühle sprach. Danach wurde Mum nach Madras geschickt – um etwas Abstand zu gewinnen und sich in Gebeten darüber klar zu werden, ob sie mit meinem Vater zusammenbleiben wollte.

Da David noch sehr klein war, nahm Mum ihn mit. In der Kommune in Madras verliebte sich Joshua, ein australischer Bruder, unsterblich in sie. Man hatte ihn gebeten, für sie sein Zimmer zu räumen, aber das tat er nicht. Nach sechs Wochen kehrte Mum zu Dad zurück und stellte fest, dass er, während sie weg war, eine Affäre mit einer indischen Schwester – Ruth – angefangen hatte, die bereits ein Kind von ihm erwartete. Joshua verlangte ein Treffen und schlug vor, dass mein Dad mit Ruth und er mit Mum zusammenlebte.

»Willst du bei mir bleiben?«, wollte Dad von Mum wissen.

»Ja«, antwortete sie.

Damit schien alles klar zu sein, und meine Eltern zogen in eine andere Kommune. Aber Joshua gab nicht auf und erschien jeden Tag bei Mum, um ihr mit den Kindern zu helfen. Nachdem er sich das ein paar Wochen lang angeschaut hatte, setzte Dad Mum die Pistole auf die Brust und verlangte die Trennung.

»Ich wollte das nicht«, seufzte meine Mutter. »Aber Joshua hat mir keine Ruhe gelassen, und dein Dad war unglaublich stur. Er wollte unbedingt seinen Willen durchsetzen.«

»Hättest du ihn nicht überreden können?«, wollte ich wissen.

Meine Mutter schüttelte den Kopf. »Er war mein Mann. Ich dachte, ich hätte keine andere Wahl, als ihm zu gehorchen. Dein Dad bestand auch darauf, dass Celeste bei ihm bleibt.«

»Aber warum wollte er mich nicht behalten?« Ich war verletzt, obwohl ich in diesem Fall ja auf Mum hätte verzichten müssen.

Daraufhin versicherte sie mir, dass er mich genauso liebte wie Celeste, aber ich sei damals noch zu klein gewesen.

»Aber brauchte Celeste denn nicht ihre Mutter?«

Ich wusste, wie sehr Mum Celeste vermisste, aber ich bekam auf alle Fragen die immer gleiche Antwort. »Nun, ich nehme an, er hielt das nur für fair, weil ich euch beide behalten habe.« Doch das konnte mich kaum trösten.

Wenig später verfügten die indischen Polizeibehörden nach Medienberichten über aggressive Bekehrungsversuche und das Flirty Fishing, dass alle Mitglieder der »Kinder Gottes« das Land zu verlassen hätten. Joshua entschied, dass wir künftig in England leben sollten. Bevor wir abreisten, besuchten wir Dad und Celeste ein letztes Mal, um uns zu verabschieden. Mum war sehr verzweifelt. Sie konnte sich nicht damit abfinden, dass Gott von ihr verlangte, auf ihre älteste Tochter zu verzichten.

Auf der Fahrt durch das Verkehrschaos zum Flughafen von Bombay weinte ich ununterbrochen und erinnerte mich an das, was Celeste mir zuletzt gesagt hatte: »Sorge gut für den kleinen David.«

Nach der Landung im winterlichen England entdeckte Mum in der Menschenmenge am Flughafen ihre Eltern Barry und Margaret, die auf uns warteten. Frierend und erschöpft nach dem langen Flug, stiegen wir ins Auto und fuhren zum Haus meiner Großeltern in den Midlands. Wir wurden mit Zuneigung und Liebe förmlich überschüttet. Mums Eltern unternahmen mit uns wundervolle Ausflüge und lange Spaziergänge mit ihren Hunden. Bei ihnen feierten wir unser erstes richtiges Weihnachten. Es gab einen riesigen, herrlich geschmückten Baum mit bunt verpackten Geschenken darunter, Süßigkeiten und Schokolade. Ich war überwältigt, denn Mo untersagte Geschenke und besondere Leckereien zu Weihnachten.

Von meinem Großvater war ich begeistert! Ich kletterte auf seinen Schoß, und er las mir Geschichten vor. Besonders gefiel mir ein Buch mit Innenaufnahmen von Schiffen und Flugzeugen. Er war Ingenieur und konnte jedes Detail jeder Maschine genau erklären. Wie gebannt hörte ich zu, wenn er von Motoren, Segeln und massiven Metallrümpfen erzählte.

Damals war Joshua Ende zwanzig, hatte eine dichte dunkelblonde Mähne und einen Schnurrbart. Später erzählte er mir, dass er die »Kinder Gottes« kennengelernt hatte, als er durch Indien reiste. Er war damals heroinabhängig, und noch am selben Abend spülte er seine Drogen und seine Zigaretten ins Klo hinunter und wurde Mitglied. Während er anderen gegenüber durchaus charmant und witzig sein konnte, hatten David und ich unter seinem ungeduldigen, unbeherrschten Wesen und unter seinen Wutausbrüchen zu leiden. Ich war ein zutrauliches Kind, aber mein Instinkt riet mir, ihm gegenüber auf der Hut zu sein. Ich mochte ihn nicht, ich wollte ihn weder umarmen noch mich von ihm auf den Schoß nehmen lassen. Ich vermisste meinen Vater und weigerte mich anfangs, Joshua »Daddy« zu nennen, was ihn immer wieder erboste.

Wenn er gute Laune hatte, erzählte er uns komische Geschichten. »Ich bin auf dem Land inmitten von Bergen aufgewachsen. Wir lebten so abgeschieden, dass ich Großstädtern Blue-Mountain-Luft in Marmeladengläsern verkauft habe.« Wir lachten, doch es war immer ein Drahtseilakt, wie man lachte. Es setzte sofort Ohrfeigen, wenn wir zu viel oder zu wenig lachten. Sobald ich etwas tat, das ihm nicht gefiel, war eine Tracht Prügel oder eine andere Form der Bestrafung fällig. Er brauchte mir nur einen Blick zuzuwerfen oder mit der Hand zum Gürtel zu greifen, und ich erstarrte und tat alles, was er wollte – wie ein Pawlowscher Hund.

Unsere Großeltern konnten nicht verstehen, warum Joshua uns schlug, denn in ihren Augen waren wir kleine Engel, doch sie glaubten offenbar, dass sie sich nicht einmischen dürften. Aber ich bin mir sicher, dass sie abends hinter ihrer geschlossenen Schlafzimmertür darüber redeten. Granny missfiel seine Strenge, und sie stellte sich oft als eine Art Puffer zwischen ihn und uns. Als ich einmal nach einem Streit mit Joshua an ihr vorbeiging, murmelte ich: »Ich hasse ihn.« Sie sagte kein Wort, aber ich spürte ihre lautlose Zustimmung, und sie war ganz besonders nett zu mir.

Mir gefiel es bei meinen Großeltern, und als Joshua ihnen eröffnete, dass wir als Missionare nach Polen gehen würden, waren sie entsetzt. »Warum macht ihr nicht lieber einen Bioladen auf?«, schlug Grandpa vor.

Ich fand, das war eine großartige Idee. Wir könnten hierbleiben und hätten ein richtiges Zuhause. Aber Mum schüttelte nur den Kopf. Es kam ihr gar nicht in den Sinn, ihrem Vater zu erklären, dass es für Mitglieder der »Familie« eine Sünde war, im »System« für Geld zu arbeiten, und wahrscheinlich hätte er es auch gar nicht verstanden.

Das Leben unter den wachsamen Augen meiner Großeltern passte Joshua nicht. Ich bekam mit, welchen Druck er auf Mum ausübte. »Hier gefällt es mir nicht. Deine Eltern lehnen mich ab. Komm, lass uns verschwinden«, sagte er immer wieder, bis sie schließlich nachgab. Allzu schnell ging unser wundervoller Besuch in den Midlands zu Ende. Im Januar zogen wir nach Blackpool und zu einem Ehepaar, das kurz zuvor der »Familie« beigetreten war. In den nächsten zehn Jahren lebten wir an mehr als vierzig verschiedenen Orten. Was natürlich bedeutete, dass ich nirgendwo zu Hause war.

Hinter Joshuas Rücken schrieb Mum heimlich Briefe an Dad und fragte ihn, ob sie zu ihm zurückkehren könnte. »Ist ein Brief gekommen«, fragte ich ungeduldig. »Hat Daddy geantwortet?« Aber immer wieder schüttelte sie den Kopf. Die Zeit verging, aber noch immer kam kein Brief. Es war eine Zeit qualvollen Wartens – sie fühlte sich an wie eine Ewigkeit.

Als Mum Joshua sagte, dass sie zu meinem richtigen Daddy zurückwollte, veränderte er sich. Er kritisierte sie ständig, suchte förmlich nach »Fehlern« und begann sie schließlich zu schlagen. Ich war zu klein, um etwas anderes tun zu können, als mir ihr Schluchzen anzuhören. Später, wenn Joshua es nicht sah, schmiegte ich mich eng an sie und flüsterte ihr ins Ohr: »Alles wird gut, Mummy. Wir werden bald etwas von Daddy hören.«

Sie nickte, aber in ihren Augen lag ein Ausdruck von Hoffnungslosigkeit. Sie zog sich immer mehr in sich selbst zurück, bis sie nur noch wie ein Geist herumlief, aber sie war nicht wirklich da.

Von Blackpool zogen wir nach London, und das Sozialamt brachte uns in Paddington in einer schäbigen Pension in der Nähe des Bahnhofs unter, während wir auf eine bessere Bleibe warteten. Das Zimmer war kalt und zugig. David und ich bekamen Keuchhusten. Mum ging mit uns zum Arzt, lehnte aber die verschriebenen Medikamente ab, weil Mo der Überzeugung war, wir würden durch den Glauben geheilt. Man kann den krampfartigen Hustenreflex bei Keuchhusten nicht unterdrücken, aber weil wir nicht krank waren, durften wir uns die Symptome nicht anmerken lassen.

Kurz bevor unsere Großeltern zu Besuch kommen sollten, funkelte Joshua uns böse an und fuchtelte mit dem Zeigefinger drohend vor unseren Gesichtern herum: »Wagt es ja nicht zu husten, wenn sie da sind, oder es setzt was.«

Bei dem Versuch, den quälenden Hustenreiz zu unterdrücken, lief ich blau an und wäre fast erstickt. Sobald meine Großeltern wieder weg waren, holte ich keuchend Luft, hustete los und konnte gar nicht mehr aufhören.

Wir hatten sehr wenig Geld, und Mum musste abends zum Flirty Fishing, um ein paar Pfund an »Spenden« einzunehmen – und Seelen zu Jesus zu bekehren, wie Joshua uns sagte. Ich wusste, wohin sie ging, bürstete ihr das Haar und machte sie hübsch. Oft musste ich mit meinem kleinen Bruder David allein zu Hause bleiben, da Joshua andere Mitglieder der »Familie« besuchte oder heimlich ins Pub ging. Er bestand darauf, dass ich jeden Tag eine bestimmte Anzahl Bibelverse auswendig lernte und meine Schularbeiten ordentlich machte, bevor ich zu Bett gehen durfte.

Eines Abends, nachdem Mum gegangen war, wandte sich auch Joshua zum Gehen. »Bring David ins Bett, und erledige den Abwasch«, befahl er. »Und vergiss ja nicht zu beten«, fügte er hinzu und verließ das Zimmer.

Nachdem David eingeschlafen war und ich meine Schulaufgaben gemacht hatte, war ich so müde, dass ich den Abwasch völlig vergaß. Erschöpft kroch ich in mein Bett. Ein scharfer Schlag mit einem Gürtel ließ mich aus dem Schlaf hochfahren. »Steh auf! Sofort!«, schrie Joshua.

Ich ballte meine kleinen Hände zu Fäusten und kletterte aus meinem Etagenbett. Hastig zog ich mir einen Hocker vor das Spülbecken, stieg hinauf und fing an, das Geschirr abzuwaschen, während Joshua so dicht hinter mir stand, dass ich seine Bierfahne riechen konnte. Ich hatte maßlose Angst, einen der nassen, glatten Teller fallen zu lassen. Nie wäre ich auf den Gedanken gekommen, dass er Mums schwer verdientes Geld im Pub ausgab.

Nach fünf Monaten drangvoller Enge in der schäbigen kleinen Pension wurde uns eine Sozialwohnung in Deptford zugewiesen, einem heruntergekommenen Bezirk im Londoner Süden nahe der Themse. Die Heilsarmee stellte uns ein paar Möbel zur Verfügung, und wir zogen ein. Neben uns wohnte eine nette Schottin, und manchmal durfte ich mit ihrer Tochter, die ungefähr in meinem Alter war, oder mit anderen Nachbarskindern spielen. Unsere Wohnung war klein, mit einem winzigen Balkon. David und ich hatten ein Etagenbett – ich schlief oben.

Nach dem Beten las uns Joshua oft eine Gutenachtgeschichte vor. Aber nicht *Winnie Puh* oder Märchen, die mir immer sehr gefallen hatten, denn derartige Bücher bezeichnete Joshua als »System-Propaganda«, mit der wir nur unsere kostbare Zeit verschwenden würden. Stattdessen las er uns Geschichten über Marias Sohn Davidito vor, die später unter dem Titel *Die Geschichte von Davidito* zusammengefasst wurden. Es war von Daviditos Kindermädchen Sara verfasst und las sich wie ein Tagebuch aus dem Leben des »kleinen Prinzen«. Es wurde zu einer Art Regelwerk für die Kinder der »Familie«. Im Kapitel »Mein kleiner Fisch« gab es pornografische Fotos von Davidito und Saras Tochter Davida in verschiedenen sexuellen Stellungen. Darunter war auch ein Bild, auf dem Sara den Penis des zweijährigen Davidito im Mund hat, während Marias Sekretärin Sue nackt daliegt und er auf ihr.

Von Joshua hatte ich gelernt, dass Nacktheit und Sex ganz natürlich sind, sodass ich zunächst keine Ahnung hatte, dass er etwas Unrechtes tat, als er begann, sich an mir zu vergehen. Das erste Mal hat sich mir ins Gedächtnis eingebrannt. Ich sehe noch immer die orangefarbenen Vorhänge mit den großen weißen Blumen in der Wohnung in Deptford vor mir, die Deckenlampe, deren Schirm lange Schatten warf. Ich lag oben auf dem Etagenbett und hörte einer Gutenachtgeschichte zu, während David bereits eingeschlafen war. Mum kam herein, brachte einen Stapel frischer Wäsche und verließ das Zimmer wieder. Als Joshua zu Ende gelesen hatte, schlug er das Buch zu und stand auf. Er legte meine Beine um seinen Hals und begann, mich zu streicheln. Er drückte seine Lippen auf meinen Mund und zwängte seine Zunge hinein. Es fühlte sich so widerlich an, dass ich unwillkürlich würgen musste. Ich war drei Jahre alt.

Dann begann er, meine Vagina zu lecken. Sein Bart kratzte fürchterlich, aber ich versuchte, mich nicht zu rühren, auch wenn es wehtat. Doch das war nur der Anfang. Er forderte mich auf, seinen Penis zu berühren, oder rieb sich an mir, bis sein Glied steif wurde. Ich hatte unsägliche Angst, ihn wütend zu machen, und tat alles, was er befahl.

»Na komm schon!«, knurrte er, wenn ich offensichtlich bestürzt reagierte. »Kannst du denn keinen Orgasmus bekommen, verdammt noch mal?« Mo glaubte, dass selbst kleine Kinder zum Höhepunkt kommen konnten, aber woher sollte ich wissen, was das war? Ich hatte einfach nur schreckliche Angst, und ziemlich oft hatte ich Schmerzen.

Aber nicht nur das, was er mir antat, hinterließ tiefe Narben in mir, sondern auch sein unsägliches Benehmen gegenüber meinem kleinen Bruder und meiner Mutter. Er rezitierte Bibelverse und deklamierte stundenlang, während wir stumm dabeisitzen und alles über uns ergehen lassen mussten. Er steigerte sich immer mehr hinein, bis er Mum für angebliche Vergehen schlug oder mit Sachen nach ihr warf. Es war mir peinlich, und ich schämte mich für Joshua, wenn er uns vor Fremden oder vor anderen Mitgliedern der »Familie« anschrie oder schlug. Oft dachte ich, dass eigentlich er derjenige war, der zur Ordnung gerufen werden müsste. Auf keinen Fall wollte ich werden wie er. David entging nur selten seinen Wutausbrüchen. Als er größer wurde, nahmen die Schläge an Heftigkeit zu. Davids kindliche Versuche, alles richtig zu machen, reizten Joshua, der von uns verlangte, dass wir uns benahmen wie perfekte Erwachsene.

»Hör auf, dich wie ein Kind aufzuführen!«, brüllte er los, und ich dachte: Aber wir sind Kinder. Um alles noch verwirrender zu machen, ließ er seinen Ausbrüchen oft so absurde Äußerungen folgen wie: »Ich tue das nur, weil ich euch liebe.«

Wir durften nicht einfach Kinder sein und spielen, wir waren vielmehr seine Sklaven, die ständig in Alarmbereitschaft sein mussten für den Fall, dass er etwas von uns wollte. Auf seine Befehle mussten wir mit einem »Amen« oder »Ja, Sir« antworten. Ich war immer auf der Hut und versuchte, seine auch noch ständig wechselnden Vorschriften und Regeln vorauszuahnen. Doch sosehr ich mich auch bemühte, nie konnte ich es ihm recht machen. Ich lebte von einem Moment zum nächsten und konnte nie wissen, wann und wofür mein Bruder und ich wieder einmal Opfer seiner Gewaltausbrüche wurden.

Er explodierte beim kleinsten Fehler. »Nina! Warum hast du nicht daran gedacht, dass dein Bruder das in den Mund stecken könnte?« Prompt bekam ich eine Ohrfeige. »Nina! Wer hat dir erlaubt, ins Zimmer zu kommen und David hochzunehmen? Ich rede mit deiner Mutter.«

»A… aber er w… weint …« Eine Ohrfeige.

Deswegen fiel es mir sehr schwer, weiterhin so nett zu ihm zu sein, wie ich es eigentlich wollte. Aber nicht etwa, weil ich ihn liebte oder auch nur mochte, sondern weil ich mir verzweifelt wünschte, dass wir alle so gut wie möglich miteinander auskamen, und weil irgendein Instinkt mir sagte, dass ich es Mum ein bisschen leichter machte, wenn ich nett zu Joshua war.

Ungefähr zu dieser Zeit kamen Joshuas Eltern aus Australien zu Besuch, um uns kennenzulernen. Sie nahmen sich ein Hotelzimmer in unserer Nähe, damit sie jeden Tag etwas mit uns unternehmen konnten. Sie waren so warmherzig und nett, dass ich mich fragte, wie Joshua ihr Sohn sein konnte. Sie baten uns, sie Nan und Papa zu nennen, und nahmen uns sofort als ihre Enkelkinder an. Ich liebte sie, weil sie auf eine sehr natürliche, selbstverständliche Art mit uns umgingen, was Mum nie tat. Sie hatte die Fähigkeit, sich in ihre eigene Welt zurückzuziehen, irgendwie geistig abzuschalten. Vielleicht war das die einzige Fluchtmöglichkeit, die sie hatte.

Schließlich erhielt Mum die lang ersehnte Antwort von Dad. Nachdem Joshua die Wohnung verlassen hatte, kuschelte ich mich im Bett an sie, und wir lasen immer wieder seinen Brief. Er wollte, dass wir zu ihm zurückkamen! Ich war überglücklich. Mum strich mir lächelnd übers Haar. »Bald sind wir wieder eine Familie«, sagte sie. »Ich kann es kaum erwarten, Celeste endlich wiederzusehen. Es ist schon so lange her.« Ich nickte stumm.

Verhütungsmittel zu benutzen wurde als Vergehen gegen Gott betrachtet. Mum glaubte wirklich, dass Gott es nur dann zuließ, dass sie ein Kind bekam, wenn Er es wollte, und als sie durch Flirty Fishing mit ihrem vierten Kind schwanger wurde, machte das alle unsere Hoffnungen auf Rettung zunichte. Wie üblich ging es ihr so schlecht, dass sie die meiste Zeit im Bett bleiben musste, und so wurden keine weiteren Pläne gemacht, zu meinem Dad zu fahren.

Ein alleinstehender Bruder, der bei uns wohnte, bekam mit, wie Joshua Mum behandelte, und schrieb es meinem Vater. Dad schrieb etwas besorgt zurück, sagte, dass er die Information bekommen habe, aber das war auch schon alles. Dann hörten wir längere Zeit nichts mehr von ihm. Immer wieder fragte ich Mum, wann er uns endlich holen käme, und weinte nachts vor Sehnsucht nach meinem Daddy – aber es änderte nichts. Ich war in einem Albtraum gefangen, der kein Ende nehmen wollte.

Nachdem sie die schlimmste Phase morgendlicher Übelkeit überstanden hatte, schrieb Mum erneut an Dad und betonte, wie gern sie zu ihm zurückkommen würde. Daraufhin teilte er ihr mit, dass er inzwischen mit einer neuen Schwester – Crystal – zusammen sei. »Die Tür ist jetzt geschlossen«, schrieb er. Als Mum mir diese Worte vorlas, wollte ich weinen, aber ich hatte keine Tränen mehr.

Kurz nach meinem vierten Geburtstag startete Mo seine »Wohnwagen-Initiative«. Wenn Mitglieder der »Familie« zu lange an einem Ort lebten, würden sie nicht nur den Verlockungen des Systems erliegen, sondern sie würden auch leicht aufzuspüren sein. Ein mobiles Leben im Wohnwagen schien die Lösung dieser Probleme zu sein. Inzwischen hatten wir durch Spendensammeln genügend Geld eingenommen, um uns ein altes Auto mit Wohnanhänger kaufen zu können, und verließen London.

Wir waren auf vier verschiedenen Campingplätzen im englischen Süden, immer zusammen mir anderen Mitgliedern der »Familie«. Mein Lieblingsplatz war neben einer Farm, wo ich die Tiere beobachten konnte. Zum ersten Mal wurde mir ein gewisses Maß an Freiheit gewährt, und ich spielte so oft wie möglich draußen. Aber ab und zu wurde ich in den Wohnwagen gerufen, um hinter zugezogenen Vorhängen für Nacktfotos zu posieren.

»Lächle! Ein bisschen freundlicher, wenn ich bitten darf!«, befahl Joshua, und ich tat ihm den Gefallen, damit ich so schnell wie möglich wieder hinaus zu meinen Freunden konnte.

Wenn ich das Gemeinschafts-WC des Campingplatzes aufsuchte, folgte mir manchmal ein Mann und zwang mich dazu, ihn oral zu befriedigen, während ich auf dem Klo saß. Beim ersten Mal rutschte ich rücklings ins Toilettenbecken und klemmte dort eine halbe Ewigkeit fest, bis ich die Kraft fand, mich wieder zu befreien. Ich war nicht schockiert über den Mann – denn so etwas hielt ich für »normal« –, ich hatte vielmehr Angst, dass ich inzwischen vermisst wurde und Prügel bekam, weil ich so lange weggeblieben war. Joshua warf mir immer vor, mich »zu rechtfertigen« und nicht die Verantwortung für meine Handlungen zu übernehmen. Also sagte ich kein Wort und ließ es über mich ergehen, wenn es wieder passierte. Ich war niemand, der stöhnte oder sich beklagte. Man hatte mir beigebracht, dass jedes Stirnrunzeln und jedes Murren zu Jesus hinaufdrang wie ein fauliger Geruch.

Obwohl ich erst vier war, sagte Joshua, ich sei nun alt genug, um mit ihm in seinem Bett zu schlafen. Er legte Ravels »Bolero« auf. Es war ein altes Tonband, das knisterte und rauschte, während er mich sexuell missbrauchte. Der »Bolero« schien seine Lieblingsmusik beim Sex zu sein, denn er spielte ihn jedes Mal, wenn er jemanden mit seiner »Liebe« beglückte. Das sich steigernde Tempo trug nicht unbedingt zur Beruhigung meiner Nerven bei, sondern ließ mich noch nervöser werden, als ich ohnehin schon war. Schließlich kam es so weit, dass ich bereits bei den ersten Takten in Panik ausbrach.

Im Oktober 1980 wurde mein Bruder Jonathan in Hambledon in Hampshire geboren: ein friedliches, freundliches Baby mit einem bezaubernden Lächeln und klugen dunklen Augen. Ich war außer mir vor Freude, als Mum aus dem Krankenhaus kam. Sie brachte mir bei, ihn zu füttern, ihn in den Schlaf zu wiegen und seine Windeln zu wechseln, was ich nur zu gern tat. Er war meine lebende Babypuppe.

In Gelddingen war Joshua ziemlich verantwortungslos, was ihn jedoch nicht sonderlich zu kümmern schien. »Keine Sorge, der Herr wird's schon richten!«, erklärte er. Wenn großzügige Menschen uns zum Essen einluden oder Spenden gaben, bestätigte das seine Überzeugung, dass Gott für uns sorgte. Aber auf dem Land mit seiner geringen Bevölkerungsdichte gab es nur wenige Möglichkeiten, an Geld zu kommen. Daher litten wir häufig Hunger. Auf den Gedanken, sich einen Job zu suchen, um seine größer werdende Familie zu versorgen, kam Joshua gar nicht. Wenn er für das System arbeitete, könnte er sich gleich beim Teufel verdingen, sagte er. Stattdessen forderte er Mum auf, als alleinstehende Mutter mit vier Kindern Sozialhilfe zu beantragen. Als eine Behördenmitarbeitern im Wohnwagen erschien, um sie zu befragen, erklärte Joshua, er helfe Mum nur bei der Betreuung der Kinder. Aber das schien sie nicht zu überzeugen, denn sie wandte sich an mich.

»Und wo schläfst du?«, wollte sie wissen.

Mir war klar, dass sie als Angehörige des Systems nichts von unserer sexuellen Freizügigkeit erfahren durfte und davon, dass ich mit Joshua im großen Bett schlief. Daher platzte ich mit der einzigen anderen Wahrheit heraus, die ich kannte. »Meine Mummy schläft mit meinem Daddy!«

Als sie wieder gegangen war, brüllte Joshua mich an. »Du bist dumm! Dumm! Was bist du, Nina?«

»Dumm«, erwiderte ich und flehte ihn dann – natürlich vergeblich – an, mich nicht mit dem Gürtel zu schlagen. Oft bat Mum ihn, uns noch eine Chance zu geben, aber damit brachte sie sich nur selbst in Schwierigkeiten. Sie hatte nichts davon, und um an Geld zu kommen, zogen wir durch die Straßen, sangen, führten akrobatische Kunststückchen vor und versuchten, Menschen zu bekehren.

Schließlich verkauften wir den Wohnwagen und kehrten nach London zurück. Ich vermisste es, im Freien zu spielen, Ketten aus Margeriten zu flechten und mit meinen Brüdern spazieren zu gehen. Stattdessen verbrachte ich meine Zeit damit, im Hyde Park und in Kensington Gardens Flugblätter und Broschüren zu verkaufen. Ich liebte es, mit Mum durch die Oxford Street zu schlendern. Sie erlaubte mir, die große Kuckucksuhr zu bestaunen oder einen Blick in die Schaufenster zu werfen, was Joshua nicht ausstehen konnte.

Zu dieser Zeit war Joshua sehr auf der Hut. Eine Frau hatte vor Gericht erwirkt, dass ihre Enkelkinder unter Amtsvormundschaft gestellt wurden und ihren Eltern weggenommen werden konnten, wenn diese die »Familie« nicht verließen. Joshua waren die kritischen Blicke von Granny und Granddad keineswegs entgangen, und er wusste, dass sie ihn verabscheuten. Obwohl er seine schlimmsten Misshandlungen meistens vor ihnen geheim hielt, konnte er sich nicht sicher sein, ob sie nicht doch etwas bemerkt hatten, und er befürchtete nun, dass meine Großeltern uns ebenfalls unter Amtsvormundschaft stellen ließen. Diese Ängste beschleunigten unsere Rückkehr nach Indien.

Die Radiosendung meines Vaters, *Music with Meaning*, erfreute sich inzwischen großer Beliebtheit, und Tausende möglicher neuer Mitglieder schrieben an den Sender. Es wurde beschlossen, dass wir zur Beantwortung der Briefe gebraucht wurden. Ich war unglaublich stolz auf meinen Dad. Gespannt hörte ich mir die Tonbänder an, lauschte seiner Stimme und Celestes Gesang. Ich hoffte inständig, dass ich sie in Sri Lanka wiedersehen konnte. Dann wurde Mum mit fünfundzwanzig zum fünften Mal schwanger. Die Oberen der »Familie« verurteilten sie wegen ihrer problematischen Schwangerschaften, verboten ihr aber weiterhin, Verhütungsmittel zu verwenden. Obwohl ich noch klein war, sprach Mum mit mir darüber, und ich empörte mich über diese Ungerechtigkeit, während ich ihren Spuckeimer ausleerte, ihr etwas zu essen machte und mich um die anderen Kinder kümmerte.

Ich brannte darauf, meinem Vater zu erzählen, was Joshua uns angetan hatte. »Mach dir keine Sorgen, Mum, wir werden besonders inständig dafür beten, dass es dir endlich besser geht«, sagte ich und fuhr ihr mit einem feuchten Tuch über das Gesicht. Während unseres vierten und letzten Weihnachtsfests im Haus unserer Großeltern in den Midlands ging es ihr so schlecht, dass sie ins Krankenhaus gebracht wurde und Medikamente bekam, die ihr halfen, das Essen bei sich zu behalten.

Nach den Feiertagen fuhren wir nach London zurück und wohnten in verschiedenen billigen Hotels. Mum war so entkräftet, dass sie wieder für einen Monat ins Krankenhaus musste. Zum ersten Mal wurde ihr Problem diagnostiziert. Sie litt unter *Hyperemesis gravidarum*, was bedeutete, dass sie während der ersten sechs Wochen einer Schwangerschaft keine feste Nahrung und auch keine Flüssigkeit bei sich behalten konnte und oft Blut und Galle erbrach.

Kurz vor unserem Abflug nach Indien kamen meine Großeltern nach London und gingen mit uns in den Zoo. Am besten gefielen mir die Elefanten, die Affen und die Giraffen. Joshua benahm sich tadellos und war bester Stimmung. Er freute sich darauf, bald wieder in Indien zu sein. Wir befürchteten, dass wir Granddad und Granny zum letzten Mal sahen. Darüber waren David und ich traurig, doch wir trösteten uns damit, dass die Endzeit nahe war und wir alle bald im Himmel wieder vereint sein würden. Sie schenkten David Geld zu seinem vierten Geburtstag, und er bestand darauf, damit für uns alle Fish and Chips zu kaufen. Am Ende des Tages verabschiedeten wir uns von Granny und Granddad und versprachen, ihnen zu schreiben.

12 *Fahrende Missionare*

INDIEN WAR DAS LAND, in dem ich geboren wurde. Es war ein Gefühl, als käme ich nach Hause. Darüber hinaus hatte ich meinen richtigen Dad und Celeste hier zuletzt gesehen. Ich war sehr aufgeregt. Vielleicht würde ich sie wiedersehen. Mein Dad würde uns bestimmt vor meinem Stiefvater retten. Er musste doch auf den ersten Blick erkennen, wie wir gelitten hatten.

Da Joshua im Flugzeug einschlief, rutschte ich nahe zu Mum hin. »Werden wir Dad wiedersehen?«, flüsterte ich ihr ins Ohr. Aus dem Augenwinkel beobachtete ich Joshua. Er war wie ein Wachhund: immer auf der Lauer und bereit zuzuschnappen. Doch diesmal schlief er tief und fest.

Mum drückte meine Hand. »Vielleicht«, flüsterte sie zurück. Sie wusste, wie sehr ich mich nach meinem Vater sehnte.

Nach einem langen Flug landeten wir in Bombay und fuhren mit dem Taxi in ein nahe gelegenes Hotel. Die schwüle Hitze erschlug mich fast, und wo ich auch hinschaute, sah ich erstaunliche Bilder: das Menschengewimmel in den Straßen, Frauen mit Körben auf dem Kopf, Stände, an denen fremdartige Speisen und Gewürze verkauft wurden, die ich vermutlich kannte, aber vergessen hatte. Ich sah Berge von Mangos, Wassermelonen und rätselhafte Kugeln mit schwarzen Stacheln.

In den nächsten sechs Jahren reisten wir kreuz und quer durch Indien, um vor Jesu Wiederkehr – der Endzeit – Menschen zu Gott zu bekehren. Von dieser Mission beherrscht und getrieben, ließen wir uns nirgendwo nieder, hatten kein festes Zuhause. Es war ein chaotisches Leben. Unsere kleine, wenig glückliche Familie bot mir die einzige Sicherheit, die ich kannte, und so klammerte ich mich trotz des widerlichen Joshua mit aller Macht an sie.

Nach ein paar Tagen in Bombay fuhren wir nach Poona, wo viele ebenfalls aus dem Westen eingetroffene Mitglieder der »Familie« im Reception Home vorerst unterkamen. Ich hatte Probleme, mich an die hohen Temperaturen zu gewöhnen, und bekam einen heftigen Hitzeausschlag.

Wenige Wochen später wurden wir ins etwa viertausend Kilometer entfernte Kalkutta geschickt. Die Eisenbahnfahrt dauerte zwei Tage. Fasziniert blickten wir durch die vergitterten Fenster auf die vorbeifliegende Landschaft und ließen uns den Wind ins Gesicht wehen. Wir durchquerten sanft hügeliges Gelände, dann die Wüste und Reisfelder über Reisfelder. Überall sahen wir Kinder Kricket spielen. Sie winkten uns zu, und wir winkten zurück.

Schließlich kamen wir in Kalkutta an, einer historischen Stadt, die vor Neu-Delhi die Hauptstadt der britischen Vizekönige war. Es ist auch eine der am dichtesten bevölkerten Städte der Welt. Als wir aus dem Bahnhof traten, brandeten der Verkehrslärm und die allgegenwärtige indische Musik an unsere Ohren, und wir hielten uns eng an Mum und Joshua, um im Alltagschaos einer indischen Stadt nicht verloren zu gehen.

Joshua mietete eine geräumige Erdgeschosswohnung mit drei Schlafzimmern und besorgte ein paar Möbel. Er engagierte eine Frau, die unsere Wäsche wusch, und als er feststellte, wie wenig ein Koch kostete, stellte er einen jungen Mann ein, der diese Aufgabe übernahm. Zur Freude von Mum, wie ich wusste, denn mittlerweile war sie hochschwanger und musste sich oft ausruhen. Sie konnte auch kaum die Wohnung verlassen, weil ihr die Hitze in Kalkutta schwer zu schaffen machte. An unseren freien Tagen gingen wir oft in einen nahen Countryclub, in dem uns der Manager kostenlos den Swimmingpool benutzen ließ und uns Toast mit Marmelade spendierte. Die Jungen und ich lernten schwimmen. Leider glaubte Joshua, er müsste David dafür einfach ins tiefe Wasser werfen. Eine Methode, die meinen Bruder ebenso entsetzte wie mich, da er fast ertrank.

Selbst bei unseren Ausflügen – zum Beispiel in den Zoo – verlangte Joshua von uns, dass wir Flugblätter und Broschüren verteilten. Eine Anordnung, gegen die wir nicht zu protestieren wagten, da jedes seiner Worte für uns Gesetz war. Unser Leben wurde von den Launen eines unberechenbaren, gewalttätigen Mannes beherrscht, und hier waren wir Tausende von Meilen von Granddad und Granny entfernt, zu denen wir im Notfall hätten flüchten können.

An einem Abend im August setzten bei Mum die Wehen ein, und Joshua rannte auf die Straße, um eine Rikscha anzuhalten. Da der Rikschafahrer erstaunlicherweise nur ein Bein hatte, bot Joshua an, den Wagen für ihn zu ziehen, doch davon wollte der Mann nichts hören. Als wir im Krankenhaus ankamen, krümmte sich Mum vor Schmerzen und atmete schwer. Sie wurde in einen kahlen, weiß gestrichenen Raum gebracht, in dem nur ein Tisch stand. Joshua führte die Jungen und mich in den Raum, und wir sahen bei der Geburt zu. Es war beängstigend zuzuhören, wie Mum während der stundenlangen Wehen laut nach Jesus rief. Als endlich der Kopf des Babys erschien, hielten wir ehrfurchtsvoll den Atem an und dankten Gott dafür, dass er Mum am Leben gelassen und uns einen neuen Bruder geschenkt hatte.

Er bekam den Namen Kiron, was auf Bengalisch »Sonnenstrahl« bedeutet, aber wir nannten ihn nur »Bubs«. Wir nahmen ein Videoband auf, um Granny und Granddad ihren neuen Enkel zu zeigen. Wir waren alle völlig vernarrt in ihn, obwohl er oft schrie. Es gab eine Unmenge von Windeln zu waschen und Fläschchen auszuspülen. Es war unglaublich heiß, und oft setzte ich mich zu ihm und fächelte ihm kühle Luft zu.

Ständig wurde von mir verlangt, mich um jemanden zu kümmern, Arbeiten zu erledigen und ein leuchtendes Beispiel für meine Brüder zu sein. Aber unter dem Stress, stets eine lächelnde Miene zu zeigen und meine Gefühle zu unterdrücken, begann ich, ins Bett zu machen. Ein Problem war, dass ich in der Dunkelheit die Toilette nur schwer finden konnte. Oft dachte ich, ich hätte es geschafft, musste dann aber feststellen, dass ich nur geträumt hatte. Wenn Joshua mein Missgeschick entdeckte, verhöhnte und demütigte er mich und drohte damit, dass ich wieder Windeln tragen müsste.

Schon uns kleinen Kindern wurde gesagt, dass man uns wegen unseres Glaubens verfolgte. Und als der Polizeichef an unsere Tür hämmerte und eingelassen werden wollte, schien sich das zu bestätigen. Meine Brüder und ich waren sicher, dass die Mächte des Antichrist gekommen waren, um uns zu töten. Mum forderte uns auf, ins Schlafzimmer zu gehen und uns ruhig zu verhalten. Als Joshua nach Hause kam, ließ er den Mann ein. Der Polizeichef erklärte, wir hätten die Stadt innerhalb von vierundzwanzig Stunden zu verlassen, da Dads *Music with Meaning* nach Ansicht der Regierung »eine subversive Kampftruppe der CIA« sei. Alle sechs Kommunen der »Familie« in Kalkutta wurden aufgelöst, und die Bewohner flohen. Wir fuhren mit der Bahn in den Süden zu einer Kommune in Bubanishwa.

Wegen Joshuas Grausamkeiten gegen sie stand Mum mittlerweile unter massivem psychischen Druck, und ich machte mir große Sorgen um sie und darum, was aus uns werden sollte. In England hatte sie Joshua bereits zweimal verlassen, aber beide

Male hatte er sie überredet, wieder zu ihm zurückzukommen. Nach einem besonders traumatischen Erlebnis zog sie nun mit Kiron und mir in ein billiges Hotel zum Übernachten.

»Und was ist mit David und Jonathan, Mum?«, fragte ich, denn ich befürchtete, dass Joshua seine Wut an ihnen auslassen würde.

Ich glaubte nicht, dass sie mich überhaupt gehört hat. Sie hatte einen starren, erschöpften Ausdruck im Gesicht, und sie kam mir vor wie eine Schlafwandlerin.

Am nächsten Tag nahmen wir einen Zug nach Bombay, und ich begriff, dass sie nach England zurückfliegen wollte, auch wenn ich nicht wusste, wie sie das anstellen würde. Der Zug rührte sich nicht von der Stelle, und wir schwitzten in der Gluthitze. Wann würde er endlich abfahren? Ich hatte Angst, dass Joshua jeden Moment auftauchen könnte; andererseits war ich außer mir vor Sorge um meine zurückgelassenen Brüder.

»Sei doch nicht so verzweifelt, Mum«, versuchte ich sie zu beruhigen, aber sie war in ihrer eigenen Welt.

Wir warteten und warteten, aber der Zug setzte sich nicht in Bewegung. Plötzlich stand Mum auf und sagte: »Kümmere dich um den Kinderwagen.« Sie drückte Kiron fest an sich, und wir stiegen in dem Moment aus dem Zug, als die Lokomotive zu schnaufen begann. Ein Pfiff ertönte, und mit Tränen in den Augen sah ich zu, wie der Zug den Bahnhof verließ. Anstatt Indien zu verlassen, fuhr Mum mit uns zu Uriah und Katrina, den für die Region zuständigen Mitgliedern der »Familie«, um sich mit ihnen zu besprechen. Da Katrina da war, schliefen wir in Uriahs Zimmer: Kiron und ich auf dem Fußboden, Mum in Uriahs Bett. Als ich am nächsten Morgen aufwachte, waren Mum und Kiron nicht da.

»Guten Morgen, Süße, komm her zu mir«, sagte Uriah und schlug mit der flachen Hand neben sich auf das Laken. Gehorsam kroch ich zu ihm ins Bett.

Er zog mich an sich, und ich roch seinen schlechten Atem, als er meine Hand zu seinem Penis führte und mich küsste. Ich war nackt, und er schob mich gerade auf seinem Körper zurecht, als es an der Tür klopfte. Ich erstarrte.

»Herein!«, rief Uriah. Zu meinem Entsetzen steckte ein Mann den Kopf ins Zimmer.

»Guten Morgen. Gott segne dich, Bruder!«, sagte er so gelassen, als wäre die Szene, die sich ihm bot, völlig normal. »Möchtest du einen Kaffee?«

»Ja, gern«, antwortete Uriah. Inzwischen war ich von ihm heruntergerutscht und verbarg mein Gesicht in seiner Achselhöhle. »Willst du auch etwas, Nina?«, fragte er mich.

»Ein Glas Wasser, bitte«, flüsterte ich.

Nachdem der Mann verschwunden war, zog Uriah mich wieder auf sich und begann, mich so heftig zu küssen, dass ich kaum noch atmen konnte. Ich musste ihn masturbieren, und dann packte er meinen Kopf mit beiden Händen, schob ihn nach unten und drückte mir seinen Penis in den Mund. Ich zwang mich dazu, an nichts zu denken, und führte mechanisch aus, was er von mir verlangte, während er mir sagte, wie gut ich wäre. Der Hals tat mir weh, und ich musste würgen, als er kam.

Uriah sorgte dafür, dass Mum, Kiron und ich für eine Weile in einer anderen Kommune wohnen konnten. Kurze Zeit später nahmen wir an einem Regionaltreffen teil, das in einem Hotel stattfand. Dabei willigte Mum ein, zu Joshua zurückzukehren, weil sie glaubte, sie habe keine andere Wahl, wenn sie die Familie zusammenhalten wollte. Ein paar Monate später steckte mir Uriah eine Karte zu, die an »Nina, die unglaublich süß, zärtlich und sexy ist« adressiert war. Ich versteckte die Karte, aber Mum fand sie trotzdem.

»Wie kommt er dazu, dir so etwas zu schreiben, Nina?«, fragte sie erstaunt.

Verlegen senkte ich den Blick und trat von einem Fuß auf den anderen.

Sexueller Missbrauch wurde für mich zur Alltäglichkeit – und kam mitunter sogar während der »Gottesdienste« vor. Ein Onkel nahm mich auf den Schoß, und ich spürte seine Erektion, wenn er mich im Rhythmus der Musik auf und ab bewegte.

Es entging mir nicht, dass Mum unter dem Zwang zur Promiskuität litt und dass Joshua ständig anderen Frauen der »Familie« nachstellte. Das Teilen des Partners war ein emotionales Minenfeld, und ich wusste, dass Mum mit heftigen Eifersuchtsanfällen zu kämpfen hatte, genau wie Joshua von Zeit zu Zeit.

Noch während sie Kiron stillte, wurde Mum mit ihrem sechsten Kind schwanger, und wie immer ging es ihr sehr schlecht. Als sie versuchte, Kiron abzustillen, protestierte er mit lautem Geschrei. Da die Kinder der »Familie« gesehen, aber nicht gehört werden sollten, gab sie ihm zur Beruhigung weiter die Brust, was sie nur immer mehr schwächte. Sie verbrachte viele Stunden im Bett. Inzwischen machte Joshua kein Geheimnis mehr daraus, dass er sich in Tante Crystal verliebt hatte. Sie hatte ein Verhältnis mit zwei verheirateten Mitgliedern der »Familie«. Die Verantwortlichen versuchten, das Problem zu lösen, indem sie Joshua aufforderten, die Kommune zu verlassen. Seine extremen Stimmungsschwankungen und gewalttätigen Ausbrüche waren ihnen nicht entgangen, und sie hielten ihn für zu labil, um ihm zu gestatten, sich in Crystals Familienbeziehungen einzureihen. Ich glaube, man befürchtete, dass seine Eifersucht zu schlimmen Szenen führen könnte. Sie erklärten, dass Mum und wir Kinder weiterhin in der Kommune wohnen könnten, doch das behielt Joshua für sich. Er schien fest entschlossen, in der Nähe seiner neuen Flamme zu bleiben, und zog mit uns in ein Hotel in Mysore. Während er Crystal täglich besuchte, waren wir von all unseren Freunden abgeschnitten.

Es war sehr schwer für Mum. Da sie inzwischen hochschwanger war, konnte sie nichts mit uns unternehmen, und wir mussten den größten Teil des Tages in einem stickigen kleinen Hotelzimmer verbringen. Aber offenbar machte man sich in der »Familie« Sorgen über unsere Situation, denn nach ein paar Wochen wurden wir nach Goa geschickt – weit weg von Crystal. Die Eisenbahnfahrt war fantastisch. Wir lehnten uns die meiste Zeit weit aus dem Fenster. Als die Strecke in den Bergen einen Bogen machte, erblickten wir plötzlich einen gigantischen Wasserfall, der sich über Felsen in die üppige Vegetation ergoss. Während des Aufenthalts an den Stationen kamen Frauen in bunten Saris auf den Bahnsteig geströmt und boten aromatischen Chai, Chappatis, Bananen und alle möglichen indischen Leckerbissen an.

Im November 1985 wurde meine Schwester Rosemarie geboren. Mit ihrer blassen Haut und den strohblonden Locken sah sie aus wie eine kleine Porzellanpuppe. Wir liebten sie alle und nannten sie zärtlich »Baby Doll«. Nach ihrer Geburt verschlechterte sich die Beziehung zwischen Mum und Joshua rapide. Mum war eifersüchtig, weil er eine Affäre mit einer Schwester in der Kommune begonnen hatte, und Joshua hasste sie wegen ihrer Eifersucht.

Die Anführer schickten Mum los auf die Straße zum Missionieren, obwohl Rosemary noch ein kleines Baby war, und eines schrecklichen Tages kam ich dazu, wie Joshua sich am Wickeltisch über Rosemarie beugte. Es war offensichtlich, was er da tat, und mir wurde eiskalt.

»Wenn du alt genug bist, werde ich mit dir schmusen wie mit deiner Schwester Nina«, hörte ich ihn sagen.

Trotz meiner Erziehung zu »sexueller Freizügigkeit« war ich entsetzt. Ich wollte nicht, dass er meiner kleinen Schwester das Gleiche antat wie mir. Langsam trat ich neben ihn, murmelte, dass ich das Wickeln übernehmen würde, und blieb in ihrer

Nähe, bis Mum zurückkam. Der zweijährige Kiron litt darunter, wenn Mum nicht da war, und wurde prompt dafür geschlagen, dass er sich an sie klammerte. Das alles führte dazu, dass ich Panikattacken bekam, wenn ich nicht immer ganz genau wusste, wo meine Geschwister waren. Mit neun Jahren war ich kurz vor einem Nervenzusammenbruch.

Nachdem Joshua mit Rosemarie und Kiron eigene Kinder hatte, war er zu David, Jonathan und mir noch gehässiger und brutaler. Ständig zog er David wegen seiner Zahnlücke auf und nannte ihn »Biber«, was bei meinem Bruder Minderwertigkeitsgefühle auslöste. Ich sah schlecht und schielte oft. Wenn er mich dabei ertappte, verpasste er mir eine Ohrfeige und sagte: »Wenn du so schielst, siehst du aus wie eine Ratte.« Oft nannte er mich »Rattengesicht«. Aber das konnte ich ertragen. Ich ertrug es allerdings weniger, wenn er Jonathan wegen seiner dunklen Hautfarbe verhöhnte, obwohl er wusste, dass mein kleiner Bruder ein »Jesus-Kind« war, ein Ergebnis von Mums Flirty Fishing.

Sobald Joshua einen Obstverkäufer »Mango, Mango« rufen hörte, spottete er herzlos: »Hör mal, Mango Boy, dein Dad sucht nach dir!«

Um Joshua keine Gelegenheit mehr zu geben, mich wegen meines Schielens zu drangsalieren, erklärte ich Mum, dass ich dringend eine Brille bräuchte. Sie fuhren mit mir den langen Weg in die Augenklinik in Madras, und ich war überglücklich, als ich endlich eine Brille bekam und nicht mehr schielte.

Joshua mietete ein geräumiges Haus in Margao. Goa war ein Naturparadies. Mum sorgte dafür, dass wir jeden Tag die anderthalb Kilometer zum Strand liefen, um im Meer zu schwimmen. Ich lief gern durch den weichen weißen Sand und hörte den anbrandenden Wellen zu, die mit ihrer Gischt Muscheln, Krebse und anderes Getier an den Strand spülten.

Als ich einmal im Schatten einer Kokospalme saß und aufs Meer blickte, kam ein ausländisches Ehepaar auf uns zu, um mit uns zu plaudern. Sie erzählten uns gerade von Kanada, wo sie lebten, als ich bemerkte, wie unsere männliche Haushaltshilfe herbeieilte und mit den Lippen das Wort »Sela!« formte. Dieses Codewort bedeutete, dass unsere Sicherheit gefährdet war. Wir mussten uns hastig verabschieden, und die Frau steckte mir ihre Adresse und Telefonnummer zu für den Fall, dass ich irgendwann einmal nach Kanada kommen sollte. Auf Nebenstraßen wurden wir nach Hause zurückgebracht, um sicherzugehen, dass uns niemand folgte. Die Erwachsenen waren argwöhnisch gegen jeden, und extreme Sicherheitsvorkehrungen wurden getroffen, die schon fast an Verfolgungswahn grenzten.

Eines Tages marschierte ein Elefant während unserer Andacht auf unser Haus zu und blieb vor unserem Wohnzimmer stehen, um seine Blase zu entleeren, während er uns durch die Scheibe anstarrte. Ein richtiger lebender Elefant in unserem Vorgarten – wir waren außer uns vor Begeisterung. Mum unterbrach die Andacht, und wir eilten hinaus, um das ungewöhnliche Ereignis zu bestaunen. Wir waren so klein, dass der Elefant geradezu gigantisch wirkte. Aber wir hatten keine Angst, denn die Augen des Tieres blickten freundlich und weise. Es dauerte eine Viertelstunde, bis er sein Geschäft beendet hatte.

»Schaut mal, jetzt wir haben einen Teich vor der Tür!«, scherzte ich und zeigte auf die Riesenpfütze.

»Können wir ihn behalten? Bitte! Darf er bei uns bleiben?« Mit strahlenden Augen hopste Kiron von einem Fuß auf den anderen.

»Sei nicht so kindisch«, entgegnete Jonathan mit der abgeklärten Weisheit eines Vierjährigen.

Zwischen den Palmen tauchte der Tiertreiber auf, fuchtelte aufgeregt mit seinem farbigen Stock und machte schnalzende Geräusche. Er redete unserem neuen Freund streng ins Gewissen und ermahnte ihn, nie wieder auszureißen oder in die Gärten anderer Leute zu pissen. Er entschuldigte sich bei uns und entfernte sich mit seinem Schützling.

Der Elefant erwies sich als Vorbote einer zweiten tollen Überraschung an diesem Tag. Mum rief uns in ihr Zimmer, und wir versammelten uns erwartungsvoll um ihr Bett, während sie uns lächelnd anblickte.

»Ich habe ein Päckchen von Celeste bekommen«, verkündete sie.

Mit wild klopfendem Herzen starrte ich das kleine Paket an. Es war bereits geöffnet worden, denn unsere sämtliche Post wurde zensiert. Dennoch freute ich mich unbändig: ein Lebenszeichen von Dad und meiner großen Schwester.

»Was ist da drin? Können wir es sehen? Mach es doch auf. Schnell!«, drängelte ich ungeduldig. Ich bemerkte, dass auf dem Paket nicht die üblichen britischen Briefmarken klebten. Normalerweise machte unsere Post einen Umweg über Großbritannien; ich besaß inzwischen eine umfangreiche Briefmarkensammlung. Das war alles, was ich von Celeste hatte, und die vage Erinnerung an ein Telefongespräch mit Dad und ihr, als wir in England lebten.

Meine kleinen Geschwister drängten sich neugierig um Mum, während sie es ganz langsam auspackte. In Celestes Paket befanden sich ein Höschen, das sie im Handarbeitsunterricht genäht hatte, und ein selbst gemaltes Bild mit zwei Bergen. Auf dem einen Gipfel stand Celeste, und auf dem anderen standen Mum, David und ich. In Celestes Sprechblase stand »Mum!«, und wir antworteten mit »Celeste!« Wir stellten fest, dass Dad nirgendwo auf dem Bild zu sehen war. Außerdem hatte sie aus Bildern, die sie von Plakaten und Mo-Briefen ausgeschnitten hatte, ein ABC angefertigt, um Kiron beim Lesenlernen zu helfen.

Danach schrieb ich Celeste und Dad Briefe, wann immer ich Zeit hatte. Manchmal antworteten sie, und wenn ich einen Brief von ihnen bekam, schwebte ich wie auf Wolken.

»Du bist ein leuchtendes Beispiel in deiner Aufopferung für den Herrn, Nina!«, schrieb Dad. »Nach Jesu Rückkehr werden wir alle miteinander im Paradies vereint sein. Jetzt kann es nicht mehr lange dauern!«

Am Abend schlief ich glücklich ein und träumte davon, in die Arme meines Daddys zu fliegen. Er würde mich an sich drücken und küssen, und alles wäre wieder gut.

Doch dunkle Wolken zogen auf. Eines Tages stattete die Regionalleiterin der Kommune einen Besuch ab und zitierte, zusammen mit der Vorsitzenden der Kommune, Mum zu einer Unterredung, bei der man sie ungerechtfertigterweise beschuldigte, dass sie in der Kommune nicht hart und intensiv genug arbeitete. Man teilte ihr mit, dass sie in den »Baby«- oder Anfängerstatus zurückgestuft werden würde. Mum war tief beschämt und gekränkt.

Die Bestrafung fiel härter aus, als sie angenommen hatte. Unsere ganze Familie musste nach Großbritannien zurückkehren, das, wie alle anderen westlichen Länder, als »Vorhof der Hölle« betrachtet wurde, wo nur Abtrünnige oder zweifelnde und halbherzige Mitglieder der »Familie« lebten.

»Das ist grauenhaft, Nina. Ich kann nicht glauben, dass ich so gedemütigt werde«, schluchzte Mum.

Ich tätschelte ihre Hand. »Sei nicht so verzweifelt, Mum. Es wird bestimmt alles gut«, tröstete ich sie, jauchzte aber innerlich vor Freude. Es ging nach Hause. Ich würde meine geliebten Großeltern wiedersehen.

Wir fuhren mit dem Zug nach Bombay, wo wir von der Hand in den Mund lebten und darauf warteten, dass Granny und Granddad uns das Geld für den Rückflug nach England schickten. Als es dann eintraf, kaufte Joshua keine Tickets, sondern glaubte, Geld sparen zu können, indem er einer gerade in Indien eingetroffenen Familie mit fünf Kindern ihre Rückflugtickets zu einem günstigen Preis abkaufte.

Am Heiligen Abend standen wir um drei Uhr morgens auf und fuhren zum Flughafen. Schon bald würde ich Granny, Granddad und Tante Caryn, die jüngere Schwester meiner Mutter, wiedersehen! Aber ich bemühte mich, mir meine Freude nicht anmerken zu lassen, weil Joshua vor Wut darüber kochte, das Missionieren in Indien aufgeben zu müssen – und irgendwie war das unsere Schuld. Immer war alles unsere Schuld. Als wir vor dem Abfertigungsschalter standen, musterte die Airline-Angestellte unsere Tickets und rief ihren Vorgesetzten, der wiederum einen Beamten der Einwanderungsbehörde benachrichtigte. Der Mann wies uns streng darauf hin, dass die Namen auf den Tickets nicht mit den Namen in unseren Pässen übereinstimmten.

Joshua versuchte, den Beamten zu überreden, doch obwohl dieser durchaus Verständnis zeigte, konnte er nichts tun. Wenn man uns fliegen ließ, würden wir bei der Zwischenlandung in Bahrain festgenommen und ins Gefängnis gesteckt. Wir warteten auf der Flughafenterrasse und stammelten fieberhaft Stoßgebete, während Joshua sich bemühte, das Problem zu lösen. Immer nervöser sahen wir durch die Fenster, wie Gepäck in die Maschine verladen wurde. Und dann beobachteten wir mit Tränen in den Augen, wie das Flugzeug langsam auf die Startbahn rollte und genau in dem Moment abhob, als die Sonne aufging.

Ich rannte auf die Damentoilette und weinte mir die Augen aus. Ich hatte mich so darauf gefreut, mit meinen Großeltern Weinachten feiern zu können. Jetzt würde es nicht dazu kommen. Wir waren alle wie erstarrt vor Entsetzen, während wir mit einem Taxi zu einem billigen Hotel fuhren. Wir hatten keinen Pfennig Geld, da Joshua das, was von seinem großartigen Ticketkauf übrig geblieben war, für neue Kleider und Schuhe ausgegeben hatte, und so brachte er uns Kinder zu einem traditionellen Weihnachtslunch in das Heilsarmee-Wohnheim auf der anderen

Straßenseite – und schon bald zogen wir dort ein. Meine arme Mum musste wieder mit Flirty Fishing Geld verdienen. Sie verabscheute es, aber ihr blieb keine andere Wahl.

Nach unserer Ankunft in Bombay hatte Mum in einem Brief an die Leitung der »Familie« darum gebeten, in Indien bleiben zu dürfen. Mehrere Wochen nach unserem verpatzten Abflug wurde uns schließlich die Genehmigung dazu erteilt. Im März 1986 zogen wir in eine große Kommune in Madras, in der viele Familien lebten. Im September 1986 stellte Mum fest, dass sie zum siebten Mal schwanger war. Sie hat sich zwar nie beklagt, muss so etwas aber immer befürchtet haben. Wieder verbrachte sie viele Stunden im Bett und konnte weder feste Nahrung noch Flüssigkeit bei sich behalten.

Nicht lange danach teilte die Kommunenleitung Mum mit, dass sie ohne ihre Kinder nach England zurückgeschickt würde. Man warf ihr vor, dass es ihr am rechten Glauben fehlte, weil sie auffällig still und in sich gekehrt war. Niemand schien zu begreifen, dass Mum, nachdem sie sich sechs Wochen lang ständig hatte übergeben müssen, einfach schwach und hinfällig sein musste. Auf ihre Kinder hätte sie keinerlei Anspruch, wurde ihr erklärt, denn sie gehörten der »Familie« und Gott. Aber sie flehte um die Erlaubnis, wenigstens ihre jüngsten Kinder Kiron und Rosie mitnehmen zu dürfen. Fünfzehn Jahre lang hatten die »Kinder Gottes« ihr Leben bestimmt, und nun sonderte man sie aus wie ein schwarzes Schaf? Das konnte ich nicht verstehen. Sie war der beste, liebenswerteste Mensch, den ich kannte. Warum wurde nicht Joshua fortgeschickt? Es kam mir vor, als wäre meine Welt völlig auf den Kopf gestellt. Joshua konnte wählen, ob er sie begleiten wollte oder nicht. Er entschloss sich, in Indien zu bleiben. Ich konnte es nicht fassen.

Man ließ mir nur wenige Minuten, um mich von meiner Mutter zu verabschieden. Ich hatte bereits meinen Dad und meine ältere Schwester verloren. Und nun nahm man mir auch meine Mum, einen Bruder und meine kleine Schwester. Ich war so verstört, dass ich nicht einmal weinen konnte. Aber ich verspürte eine maßlose Wut auf Joshua und gab ihm die Schuld, dass unsere Familie zerbrach. Immer wieder hatte ich ihm verziehen, aber jetzt hatte er das Fass zum Überlaufen gebracht. Ich verschloss mich völlig gegen ihn.

13 *Missbrauchte Liebe*

ICH WAR EIN ZUVERSICHTLICHES KIND gewesen, das aus sich herausging, aber nachdem Mum gegangen war, wurde ich still und in mich gekehrt. Ich konnte mir nicht vorstellen, dass es noch schlimmer werden konnte, aber da irrte ich mich. Manchmal glaubte ich, an meinen unterdrückten Gefühlen ersticken zu müssen. Ich vermisste meine Mutter schrecklich, redete ständig in Gedanken mit ihr und fragte mich, wo sie war und wie es ihr ging. War sie traurig ohne meine Brüder und mich? Die beiden weinten sich nachts in den Schlaf, aber ich war wie versteinert und konnte nicht weinen, weil das bedeutet hätte, dass ich mich mit der beängstigenden Situation abfand.

Inzwischen war ich zehn Jahre alt und fragte mich immer wieder nach dem Grund für alles. Es kam mir unwahrscheinlich vor, dass Gott körperliche und seelische Grausamkeit gegenüber kleinen Kindern billigte, wie ich sie von allen Seiten erfuhr, vor allem von Joshua und den Betreuern und Erziehern in den Kommunen. Ganz gleich, wie artig und folgsam wir Kinder auch waren, es schien nie zu genügen. Anstatt wie eine liebevolle, glückliche Familie zusammenzuleben, wie man es der Welt vorspiegelte, wurde in der »Familie« eine von Misstrauen und Verfolgungswahn bestimmte feindselige und unbarmherzige Atmosphäre geschaffen. Jedes Wort von Mo war ein Verweis und eine Ermahnung, uns mehr anzustrengen. Und bei Joshua war es das Gleiche. Egal, wie sehr ich mich auch bemühte, nie konnte ich es ihm recht machen.

Als ich begann, eine Gruppe von vier- bis siebenjährigen Kindern zu unterrichten, erkannte ich bald, dass ich die Kinder anders behandelte. Die Auslegung der Regeln durch die Erwachsenen waren inkonsequent und wechselten von Kommune zu Kommune und von Person zu Person. Beispielsweise mussten wir Äpfel stets schälen, weil die Schalen Keime enthielten. Dann erklärte Mo das in einem neuen Brief für überflüssig, wenn die Äpfel sorgfältig mit Salzwasser abgewaschen wurden. Als mein sechsjähriger Bruder Jonathan einmal einen Apfel aß, wurde er von einem Onkel plötzlich grob am Kragen gepackt.

»Wie kannst du es wagen, einen ungeschälten Apfel zu essen?«, schrie er. »Du ungehorsamer Junge! Warte, ich werde dir eine Lektion erteilen, die du nicht so schnell vergisst.« Er zerrte meinen verängstigten Bruder ins Badezimmer und verprügelte ihn mit einer Fliegenklatsche. Offenbar hatte der Mann den neuen Brief noch nicht gelesen.

Obwohl wir wussten, dass wir dafür bestraft werden konnten, hämmerten David und ich gegen die geschlossene Badtür. »Es ist nicht so, wie du glaubst, Onkel. Er hat nicht gegen die Regeln verstoßen. Bitte, Onkel!« Doch die Schläge und Jonathans Schmerzensschreie gingen weiter. Als mein Bruder endlich aus dem Bad kam, lief er weinend zu Joshua, doch der konnte nichts tun. Erwachsene durften sich nicht gegenseitig in die Bestrafung der Kinder einmischen.

Atemlos vor Empörung starrte ich Joshua an. Was für ein Mensch war er nur? Was für ein Vater? Aber ich konnte nichts sagen.

Als ich auf einen »Road Trip« geschickt wurde, war ich sehr froh. Die Kommune kam mir inzwischen vor wie ein Gefängnis. »Road Trips« waren Missionierungsreisen in Gegenden, in denen es keine Kommunen gab, und sie konnten mehrere Wochen dauern. Ich brach mit dem zehnjährigen Steven und zwei Erwachsenen auf, »Tante« Esther, einer Italo-Amerikanerin, und dem Inder »Onkel« Peter. In unseren Taschen hatten wir Tausende von Plakaten und Flugblättern zum Verteilen sowie *Heaven's Magic*-Kassetten zum Verkaufen.

Nach einem langen, anstrengenden Tag kehrten wir todmüde in unser Hotel zurück. In unserem Zimmer gab es ein Doppelbett und eine Matratze auf dem Fußboden. Esther bestimmte, wer mit wem schlief.

»In der ersten Nacht teile ich die Matratze mit Steven«, erklärte sie. »Du kannst mit Onkel Peter im Bett schlafen, Nina. Morgen machen wir es andersherum.«

Ich war beunruhigt, denn ich konnte Onkel Peter nicht ausstehen. Ständig redete er dummes Zeug und jagte den kleineren Kindern Angst ein. Er überfiel mich in der Küche, wenn ich das Essen machte, oder auf dem dunklen Treppenabsatz, schob mein Top hoch und betastete meine Brüste. Sonst gelang es mir meistens, mich ihm durch eine Ausrede zu entziehen, aber hier konnte ich nicht flüchten.

Was mache ich nur, dachte ich verzweifelt.

Ich hörte, wie Esther und Steven beteten, bevor sie sich dem Sex hingaben. Es dauerte stundenlang. Peter neben mir wurde immer erregter und rutschte näher an mich heran. Plötzlich waren seine Hände überall auf meinem Körper, und sein erigiertes Glied rieb sich an meinem Po. Vor Abscheu war jeder Muskel in mir verspannt, und ich stellte mich schlafend. Er drehte mich auf den Rücken und zwängte mir seine Zunge in den Mund. Unablässig versuchte er, in mich einzudringen, und je hartnäckiger ich mich wehrte, desto mehr bedrängte er mich.

»Ich bin todmüde«, protestierte ich heiser.

Plötzlich gab Peter sonderbare Geräusche von sich, brach auf mir zusammen und schlief ein. Ich tat kaum ein Auge zu, denn er war zu schwer, um mich unter ihm herauszurollen.

Nach dieser ersten Nacht konnte ich ihn ein paar Tage lang auf Distanz halten. Aber dann, an einem besonders heißen Nachmittag, gingen wir früher als üblich zum Hotel zurück. Ich war stolz auf meine Erfolge an diesem Tag, denn ich hatte alle Flugblätter und Kassetten in meiner Tasche an den Mann oder die Frau gebracht. Aber dann ließen Peters Worte mir das Mark in den Knochen gefrieren.

»Du warst heute so gut, Nina, dass wir uns den Nachmittag freinehmen!«, erklärte er.

Der Ausdruck in seinen Augen entging mir nicht, und mir schwante, dass ich wohl kaum auf ein Mittagsschläfchen hoffen durfte. Meine Befürchtungen bestätigten sich, als ich nach einer Dusche das Bad verließ und er auf mich zutrat. Um seinem Griff auszuweichen, duckte ich mich und gab einen erstickten Schrei von mir. Aber er packte mich, warf mich aufs Bett, legte mir eine Hand auf die Lippen und flüsterte: »Schscht.«

»Warum bist du so egoistisch?« Sein heißer Atem wehte mir ins Gesicht. »Die anderen haben pausenlos Sex, aber du verweigerst dich mir. Ich vergehe fast, und du spielst die Spröde!« Dann fügte er ein bisschen sanfter hinzu: «Na komm schon.«

Ich bekam kaum Luft, und seine feste Hand auf meinem Mund tat mir weh. Ich versuchte, mich ihm zu entziehen, doch er hielt mich unerbittlich fest.

»Nein, nein, nein!«, schrie ich.

»Du kleine Schlampe!«, knurrte er, packte mit einer Hand meine beiden Handgelenke und drückte mir die andere wieder auf den Mund.

Es dauerte nicht lange, bis er einen Orgasmus hatte. Am ganzen Körper zitternd, kroch ich unter die Decke und weinte mich in den Schlaf. Als ich mitten in der Nacht wach wurde, rannte ich ins Bad. Ich musste lange duschen, um seinen Gestank loszuwerden.

Die folgenden Nächte verliefen ähnlich, und es kostete mich große Mühe, meinen Ekel zu verbergen. Ich hatte nichts dagegen, mit einigen der Jungen meines Alters zu schlafen, aber Sex mit älteren Jungen und erwachsenen Männern fand ich schmerzhaft und zutiefst abstoßend.

Meine beste Freundin Sunshine war ebenso unglücklich wie ich, und als ich von meinen Road Trip wiederkam, schmiedeten wir Pläne, zusammen wegzulaufen.

»Aber wohin?«, flüsterte Sunshine.

»Nach England«, erklärte ich zuversichtlich. »Wir können dem Fluss bis zum Meer folgen und dort auf ein Schiff gehen. Dann suchen wir meine Muter. Sie wird gut für uns sorgen.«

»Aber wir haben kein Geld für die Überfahrt«, wandte Sunshine ein.

»Wir können uns an Bord verstecken. Wie blinde Passagiere!« Aufgeregt fasste ich sie an den Händen. »Oh Sunshine, es wird ganz bestimmt ein großartiges Abenteuer. Lass uns von jetzt an Lebensmittel horten, damit wir auf unserer Reise etwas zu essen haben!«

Gesagt, getan. Wir sparten uns ein paar Brocken vom Mund ab und waren zuversichtlich, mit Fischen aus dem Fluss und mit Erdnussbuttersandwiches überleben zu können. Die Planungen lenkten uns vom trostlosen Alltag in der Kommune ab.

Schließlich kam der Abend unserer Flucht. Angezogen schlüpften wir unter die Decke und warteten. Wir waren aufgeregt, aber fest entschlossen. Als wir sicher sein konnten, dass alle Erwachsenen im Bett waren, standen wir auf, nahmen unser »Fluchtgepäck« und schlichen im Dunkeln aus dem Raum und die Treppe hinunter. Ich dachte an die wilden Tiere da draußen – Schlangen und Tiger – und begann zu zittern. Wir erreichten die Haustür und öffneten den ersten Riegel. Das Geräusch ließ uns zusammenfahren, und wir standen minutenlang wie erstarrt. Jede von uns wartete darauf, dass die andere den nächsten Schritt tat. Ein leises Geräusch im Haus stürzte uns in Panik, und Hand in Hand liefen wir die Treppe wieder hinauf und sprangen in unsere Betten. Unsere Träume von Flucht und Freiheit hatten sich in Luft aufgelöst.

Zum ersten Mal seit Jahren gab es eine wirklich gute Nachricht. Joshuas Eltern Nan und Papa kamen nach Indien!

Wir fuhren nach Bombay, um sie vom Flughafen abzuholen. Papa erkannten wir sofort. Dann sahen wir, dass Nan im Rollstuhl saß. Sie war total erschöpft, doch sie weinte vor Freude, als wir sie zur Begrüßung umarmten und küssten. Sie hatten vier Monate bei meiner Mutter in England verbracht und miterlebt, wie ihr jüngstes Enkelkind Christopher im Juni 1987 geboren wurde.

Als Joshua den Namen hörte, war er außer sich vor Wut. »Christopher? Sie hat ihn allen Ernstes Christopher genannt?«, schäumte er.

»Ja, mein Lieber.« Nan lächelte. »Er ist ein entzückendes Baby. Ein echter Schatz.«

Ich wusste, wie sehr es ihn erbitterte, dass Mum seinem Sohn den Namen ihres Vaters gegeben hatte. Es war für ihn wie ein Schlag ins Gesicht – und eine klare Botschaft.

Eines Abends kam Papa in unser Zimmer, als wir *Life with Grandpa* lasen. Wir hatten das Buch mit einem Schutzumschlag versehen, damit es nicht sofort als Literatur der »Familie« zu erkennen war, dennoch schlug ich es schnell zu, als Papa eintrat, denn ich wusste, dass es vor Außenstehenden verborgen bleiben musste.

»Was liest du denn da?«, fragte er, griff nach dem Buch und begann, darin zu blättern. Schockiert betrachtete er die eindeutigen sexuellen Illustrationen. Dann hob er den Kopf, starrte mich an, und obwohl ich innerlich zitterte, hielt ich seinem Blick arglos stand. Für mich waren diese Bilder nicht abartig oder »pervers«, sondern Visionen und Aussagen des Propheten Gottes. Doch ich konnte das Entsetzen und den Ekel ins Papas Gesicht sehen, und ich merkte, wie Scham mich überkam.

Sofort ging Papa mit Joshua ins Nebenzimmer, und ich hörte, wie sie erregt miteinander stritten. Danach wirkte Joshua angespannt und verkrampft, und es sah so aus, als wollten Papa und Nan abreisen. Nan weinte drei Tage lang in ihrem Zimmer, und wir machten uns große Vorwürfe, sie so erregt zu haben. Ich brachte ihr etwas Kaltes zu trinken und streichelte ihre Hand, aber sie war völlig aufgelöst und konnte kaum mit mir sprechen. Aber am dritten Tag verließ sie ihr Zimmer und schien fest entschlossen, uns eine Freude zu machen. Sie besuchten mit uns den Safari-Park, den Zoo und andere Sehenswürdigkeiten der Stadt. Es waren unsere ersten wirklichen Ferien, und wir genossen sie sehr. Ich fragte mich, warum unser Leben nicht immer so sein konnte: voller Freundlichkeit, Zuneigung und Spaß statt ständiger Belehrungen, Ermahnungen und Strafen durch die Erwachsenen.

Aber Joshua änderte sich nicht. Je liebenswürdiger seine Eltern waren, desto mürrischer und feindseliger wurde er. Zum Beispiel erlaubte er uns stundenlang nicht, auf die Toilette zu gehen. David verkniff es sich so lange, bis er schließlich zu seinem großen Entsetzen in die Hose machte. Schnell ging Nan mit ihm in eine kleine Nebengasse, um ihn sauber zu machen. Danach nahm sie ihrem Sohn gegenüber kein Blatt mehr vor den Mund. »Um Himmels willen, lass sie doch endlich in Ruhe! Es sind Kinder! Ständig nörgelst du nur an ihnen herum!«

Joshua funkelte sie zornig an. »Der Junge ist alt genug, nicht mehr in die Hose zu machen«, knurrte er.

Am letzten Abend ihres Besuches luden uns Nan und Papa zum Dinner ins »Taj Mahal« ein, das eleganteste Hotel von Bombay. Das Essen war köstlich, und im Hintergrund spielte ein Streichquartett. Die ganze Zeit saß Joshua mürrisch am Tisch, aber wir beachteten ihn gar nicht und plauderten angeregt miteinander. Wie wir schon befürchtet hatten, schickte er den Kellner mit der Dessertkarte wieder weg.

»Also ich esse auf jeden Fall ein Dessert!«, erklärte Papa und bestellte eine Riesenportion Bananensplit.

Sobald Joshua in Richtung Toilette verschwand, schob uns Papa lächelnd den gewaltigen Berg Eiscreme mit Cocktailkirschen und Nüssen zu. Wir bekamen nur selten Gelegenheit, gegen Joshuas Verbote zu verstoßen, und langten begeistert zu, während Nan aufpasste, dass ihr Sohn nicht unerwartet zurückkam. Als Joshua wieder am Tisch erschien, war der Teller leer. Auf dem Flughafen verabschiedeten wir uns unter Tränen von unseren Großeltern. Es brach mir fast das Herz, als sie wieder zurückflogen. Während der Rückfahrt nach Bangalore war ich sehr schweigsam. Es war nicht leicht für mich, nach ihrem wundervollen Besuch in den Alltag zurückzukehren.

Nach Weihnachten erfuhren wir durch ein Bulletin, dass Grandpa Mo erneut erkrankt war und Maria ernsthafte Probleme mit ihren Augen hatte. Daraufhin wurden wir aufgefordert, Tag und Nacht zu beten, dass sie wieder gesund werden. Als ich wegen einer Grippe in Quarantäne gekommen war, wurde mir erklärt, dass ich mir die Krankheit zugezogen hätte, weil ich geistig gesündigt hätte. Aber wenn Grandpa und Maria krank wurden, lag es daran, dass die Mitglieder der »Familie« nicht inbrünstig genug gebetet hatten. Ich dachte an die vielen Stunden, die ich auf den Knien gelegen und für sie gebetet hatte, und begann mich zu fragen, ob sie nicht auf irgendeine Weise sündig geworden waren.

Meine Zweifel schienen sich zu bestätigen, als ich Mos Brief »Das letzte Stadium« über seine Enkeltochter las. Darin wurde Mene beschuldigt, von Dämonen besessen zu sein, weil sie es gewagt hatte, sich kritisch darüber zu äußern, dass für ihren

Großvater offenbar andere Maßstabe galten als die, die er seinen Jüngern vorschrieb.

Ihre Kritik leuchtete mir ein. Mitglieder der »Familie« durften lediglich ein Glas Wein pro Woche trinken, obwohl wir wussten, dass Grandpa ständig trank. Wir wurden für die Benutzung unanständiger Wörter bestraft, aber seine Briefen strotzten nur so von Schimpfwörtern und vulgären Ausdrücken. Wir durften nie wütend werden, sondern mussten allen mit Liebe begegnen, während er in seinen Briefen Menschen hemmungslos beschimpfte und verfluchte. Kranke Mitglieder der »Familie« »büßten« für ihre Sünden, aber Grandpa war ständig krank. Wie konnte er seiner Enkeltochter vorwerfen, sie sei von Dämonen besessen, wenn er in seinen Mo-Briefen anschaulich schilderte, wie er durch Monster und Dämonen aus der Unterwelt mit grauenhaften Albträumen geplagt wurde?

Genau wie Mene musste ich dafür beten, vom negativen Einfluss meiner Mutter befreit zu werden. Meine Gefühle ihr gegenüber spielten keine Rolle. Aber es war unnatürlich, sich gegen die eigene Mutter wenden zu müssen, nur weil ihr jemand, der sie nicht einmal richtig kannte, mangelnde Glaubensstärke vorwarf. Nach meinem »Erlösungsgebet« musste ich mir einen anderen Namen suchen, um mein »neues Ich« zu zeigen. Alljährlich wurde zu Silvester eine besondere Zeremonie abgehalten. Jeder in der »Familie« zündete eine Kerze an und verkündete, was er sich für das neue Jahr vorgenommen hatte. Als ich an der Reihe war, haspelte ich meine vorbereitete Rede herunter und erklärte, dass ich von nun an »Angel Dust« heißen würde. Ich redete ihnen nach dem Mund, begehrte jedoch innerlich dagegen auf, meine Mutter kritisieren und verurteilen zu müssen. Es kam mir alles so unsinnig vor.

Ich machte mir Sorgen, was aus mir werden sollte, und vertraute meine Ängste einem Tagebuch an. Dafür erfand ich eine Geheimschrift und versteckte den Schlüssel dazu im Einband des Tagebuchs. Es war für mich eine Möglichkeit, meine Gefühle und Emotionen auszudrücken, und es war etwas, das ich mit niemandem zu teilen brauchte. Meinen Körper musste ich Männern hingeben, von denen viele mir völlig fremd waren, aber mein Tagebuch gehörte nur mir.

Da viele Mädchen schwanger wurden, sah man sich gezwungen, etwas zu unternehmen. Sobald bei einem Mädchen die Periode einsetzte, durfte es mit einem »zeugungsfähigen« Mann keinen Sex mehr haben, und die Männer konnten sexuell nur noch mit Mädchen über sechzehn oder unter zwölf verkehren. Als ich meine Periode bekam, war ich froh, machte mir aber Sorgen über die Zeit, wenn ich sechzehn wäre. Meine Freundin Phoebe hatte mir entsetzt erzählt, dass die Männer der Kommune schon jetzt wie geile Hunde Schlange standen, obwohl sie erst in einigen Wochen sechzehn wurde. Sie tat mir leid.

Ich wollte nur eins: dem Leben in dieser Kommune mit ihren sexbesessenen Erwachsenen entkommen. Als ich hörte, dass auf den Philippinen ein Ausbildungszentrum – der Jumbo – eröffnet wurde, nahm ich all meinen Mut zusammen und sprach mit Tante Rose darüber.

»Ich vermisse meine Mum, und mit Joshua komme ich leider nicht besonders gut aus«, begann ich und kam dann zum Kern der Sache. »Mir fehlt auch meine Schwester Celeste. Jetzt habe ich erfahren, dass sie den Jumbo auf den Philippinen besucht. Gibt es vielleicht eine Möglichkeit für mich, mit ihr und mit anderen Kindern in meinem Alter zusammenzuleben.«

»Ich werde sehen, was ich tun kann«, antwortete Tante Rose.

Ich wartete und wartete. Schließlich, als ich schon glaubte, ich könnte es keinen Tag länger aushalten, teilte mir Joshua mit, dass wir nach England geschickt würden. Er tobte vor Wut, dass er das Missionieren aufgeben musste, aber wir waren insgeheim außer uns vor Freude. Aufgeregt wisperte ich mit meinen Brüdern über die Neuigkeit.

England kam uns vor wie das Gelobte Land. Die Möglichkeit, meine Mutter wiederzusehen, war wirklich überwältigend, und aus Furcht, es könnte wieder irgendetwas dazwischenkommen, betete ich jeden Abend: »Bitte, Jesus, hilf mir. Bitte, bitte, lass uns nach England fahren.«

14 *Die Flucht*

AM 27. MÄRZ 1988, im Alter von elf Jahren, kam ich schließlich wieder nach England. Mit nackten Beinen, in leichten Sandalen, in einem rot gepunkteten Rock und in einer dünnen weißen Bluse, war ich auf das Wetter schlecht vorbereitet. Jetzt erlebte ich in England einen ähnlichen Kulturschock wie sechs Jahre zuvor in Indien. Grauer Himmel, keine Sonne, keine Gerüche und Düfte wie in Fernost.

Meine Brüder und ich ließen Joshua stehen und stürmten durch Pass- und Gepäckkontrolle, um nach unserer Mum zu suchen. Mit unserem kleinen Bruder Christopher auf dem Arm wartete sie in der Ankunftshalle auf uns. Sie sah wunderschön aus, wie immer, mit ihren langen Haaren und dem strahlenden Lächeln. Lachend und weinend vor Glück, stürzte ich ihr entgegen und umarmte sie und meine kleinen Geschwister. Als ich Mum ansah, lösten sich die letzten zwei Jahre mit ihren Qualen in Luft auf. Wir waren wieder zusammen, und meine Augen füllten sich mit Tränen. Ich liebte sie immer noch. Sie war meine Mum. Doch dann spürte ich, dass Joshua näher kam. Mum hob den Kopf, und ihr Lächeln erstarb. Ich hielt die Tränen zurück, denn ich wusste, er würde mich für meinen Gefühlsausbruch schlagen. Wenn nicht hier in aller Öffentlichkeit, dann auf jeden Fall später, wenn wir unter uns waren.

Wir stiegen in einen vor dem Gebäude geparkten Van, und ich fragte Mum, in welcher Kommune wir unterkommen würden.

»Nein, wir fahren zu einer Wohnung«, entgegnete sie. Als sie hörte, dass wir nach England kommen würden, hatte sie sofort eine Wohnung gesucht. Im Haus ihrer Eltern, in dem sie bisher gewohnt hatte, war nicht genug Platz für uns alle. Und man hatte ihr gesagt, dass alle Kommunen voll besetzt seien. Eine schwangere Frau mit zwei kleinen Kindern wollte niemand bei sich aufnehmen.

Sobald wir in der Zweizimmerwohnung in Twickenham im Westen von London ankamen, duschten wir und erholten uns von dem langen, anstrengenden Flug. Die Atmosphäre war angespannt, und ich wusste, dass Joshua etwas im Schilde führte.

»Ich möchte, dass wir uns trennen«, begann er.

Mum nickte. »Ja, ich weiß. Nun, ich wüsste nicht, was dagegen spricht …«

Doch seine nächsten Worte machten alles zunichte. »Ich will Jonathan, Rosemarie und Kiron behalten. Ich nehme sie mit.«

»Was?«, fragte Mum und schnappte nach Luft. Fast wäre ich kerzengerade in die Höhe gefahren, es gelang mir jedoch, mich zu beherrschen, während ich weiter zuhörte.

»Es sind meine Kinder. Übrigens wird Nina im Jumbo auf den Philippinen aufgenommen. Du musst ein Formular unterschreiben, in dem du der ›Familie‹ das Sorgerecht überträgst.«

Meine Mum schien nicht zu begreifen. »Auf den Philippinen?«, wiederholte sie.

Joshua erklärte ihr, dass alle Kinder der »Familie« auf das Ende der Welt vorbereitet würden. Deshalb schickte man sie in verschiedene Ausbildungszentren, in denen ihre Eltern sie nur am Sonntag für zwei Stunden besuchen konnten. Wie immer begriff er nicht, welches Leid diese willkürlichen Trennungen verursachen mussten. Stattdessen betonte er, dass zu enge familiäre Bindungen die notwendige Loyalität gegenüber der Gruppe gefährden konnten, und wedelte mit dem Formular, das über meine Zukunft entscheiden sollte, vor Mums Nase herum.

Dass sie Celeste verloren hatte, schmerzte meine Mutter zutiefst, und sie hatte Gott jeden Tag angefleht, sie wieder mit ihren Kindern zusammenzubringen. Und jetzt, wo sie zum ersten Mal seit Jahren sechs von uns um sich hatte, erklärte ihr dieser Mann mit brutaler Offenheit: »Drei sind meine Kinder, und deine Tochter Nina gehört der ›Familie‹.« Sie musste befürchten, dass von ihr verlangt wurde, auf alle ihre Kinder zu verzichten.

»Ich bin müde. Ich unterschreibe die Papiere später«, wehrte meine Mutter ab. Sie wusste, dass es zur Praxis der »Familie« gehörte, abtrünnigen Eltern die Kinder wegzunehmen und sie der »Familie« zu übergeben. Manche Kinder lebten seit Jahren von ihren Eltern getrennt, und manche sahen sie nie wieder. Sie wussten auch nicht, wie und wo sie nach ihnen suchen sollten, denn inzwischen hatten sie andere Namen bekommen.

An unserem dritten Tag in Twickenham kam Mum in unser Zimmer, während Joshua schlief, und flüsterte uns zu: »Kommt, wir gehen ein bisschen raus, damit Dad seine Ruhe hat.« Dann brachte sie uns leise aus der Wohnung.

Sie hatte offenbar keinen festen Plan, und da es im Park zu kalt war, ging sie mit uns in die örtliche Bibliothek, und wir setzten uns an einen Tisch im Lesesaal. Ihre nächsten Sätze versetzten mich in maßlose Verblüffung. Ich konnte kaum glauben, was ich da hörte.

Sie sah uns der Reihe nach an und blickte dann so ängstlich über ihre Schulter, als hätten die Bücher Ohren oder könnten aus den Regalen kommen, um uns zu bestrafen. »Ich habe meine Meinung über Grandpa Mo geändert«, flüsterte sie leise. »Ich glaube nicht mehr, dass er wirklich ein Prophet Gottes ist.«

Ich lehnte mich auf meinem Stuhl zurück und und schnappte nach Luft. Irgendetwas begann, sich in mir zu regen wie ein

Keim der Hoffnung. Dennoch wagte ich kaum, Mums Worten zu glauben.

Meine Mutter redete so hastig, als befürchtete sie, dass der Mut sie wieder verließ oder dass wir von Joshua oder von einem Spion der »Familie« ertappt wurden. »Vor ein paar Monaten war ich hier in der christlichen Buchhandlung. Ich habe in einem Buch über religiöse Kulte geblättert und einen Satz entdeckt, der den Dogmen der »Familie« widerspricht, und habe es sofort wieder zugeschlagen. Die Gehirnwäsche war so perfekt, dass ich dachte, Dämonen seien am Werk. In der Buchhandlung gab es auch ein Buch von Mos Tochter Deborah Davis mit dem Titel *Die ungeschminkte Wahrheit.*

Ich erinnerte mich an Mos Brief über dieses Buch und nickte.

»Ich hatte große Angst«, fuhr meine Mutter fort. »Und ich befürchtete, dass Dämonen von mir Besitz ergreifen könnten, sobald ich darin blättern würde. Ich habe gezögert, habe es dann aufgeschlagen, aber doch wieder weggelegt. Schließlich hatte Mo das Buch für tabu erklärt, da es von seiner ältesten Tochter geschrieben war, die sich gegen ihn gewendet hatte.«

»Und was hast du dann getan?«, erkundigte ich mich.

»Ich war neugierig geworden und ging ein paar Tage später wieder in die Buchhandlung, aber ich habe vor Angst am ganzen Leib gezittert. Ich habe mich nervös umgeschaut, als könnte mich jederzeit ein tödlicher Blitzschlag treffen. Ich bin eine halbe Ewigkeit durch den Laden gelaufen, aber das Buch hat mich angezogen wie ein Magnet. Ich musste es einfach haben. Schließlich schnappte ich es und lief hastig zur Kasse, bevor ich es mir anders überlegen konnte. Es war die verbotene Frucht, aber ich musste davon kosten. An der Kasse zitterte ich so heftig, dass ich kaum das Geld abzählen konnte. Ich habe bezahlt und bin aus dem Geschäft gerannt.«

Noch am selben Abend begann Mum, das Buch zu lesen, und konnte gar nicht mehr aufhören – schockiert, angewidert und schließlich überzeugt. »Ich konnte kaum glauben, was ich da las, aber ich wusste tief in meinem Innern, dass es die Wahrheit war. Es war eine äußerst schmerzhafte Erkenntnis, dass ich so viele Jahre lang getäuscht und betrogen worden bin. ›Die Wahrheit macht dich frei‹, heißt es in der Bibel, und genau das hat das Buch getan: Es hat mich befreit.« Sie blickte uns eindringlich an, während sie weiter zitierte: »›Ich höre es wohl, was die Propheten predigen und falsch weissagen in meinem Namen und sprechen: Mir hat geträumt, mir hat geträumt. Wann wollen doch die Propheten aufhören, die falsch weissagen und ihres Herzens Trügerei weissagen …?‹«

Ich nickte, denn ich kannte die Bibel auswendig. »Und Mo ist so ein falscher Prophet«, sagte ich, und endlich fiel der Schleier von meinen Augen.

Wie meine Mutter begriff ich nun, wie man uns getäuscht, kontrolliert und manipuliert hatte. Als Mum erklärte, sie wolle Joshua und die »Familie« verlassen, wurde mir eine schwere Last von den Schultern genommen, und Tränen brannten in meinen Augen. Ich widersprach ihr nicht. Genau wie sie wünschte ich mir ein Leben, in dem wir nicht von strengen Betreuern drangsaliert wurden oder unter einem cholerischen und autoritären Stiefvater zu leiden hatten. Ich war überglücklich, hatte aber gleichzeitig auch Angst: um uns und um Mum, die zitterte wie Espenlaub.

Die mutige Entscheidung meiner Mutter werde ich immer bewundern. Mir ist bewusst, wie schwer es für sie war, auf ihre so lange unterdrückte innere Stimme zu hören und die Kraft aufzubringen, sich selbst zu befreien. Doch der entscheidende Impuls war die Drohung, uns zu verlieren. Sie erklärte, sie müsse etwas Dringendes erledigen, und ließ mich mit meinen Geschwistern allein.

Es war ein sonderbares Gefühl, zwischen den Regalen mit Kinderbüchern zu sitzen und über alles nachzudenken, was sie gesagt hatte. Nervös blickte ich zur Uhr. Inzwischen war mehr als eine Stunde vergangen, seit Mum weggegangen war.

Jetzt bin ich allein mit fünf Kindern, dachte ich. Ich hoffe nur, dass nichts Schlimmes passiert.

Ständig wanderten meine Blicke zur Tür. Leute kamen herein, suchten Bücher aus und verließen die Bibliothek wieder, aber noch immer kein Zeichen von Mum.

Die Zeit verstrich nur langsam, und ich wurde immer unruhiger.

Nach einer halben Ewigkeit hastete Mum schließlich durch die Tür. Ich sah ihr an, dass sie gute Nachrichten mitbrachte. Sie hätte sich mit einer Hilfsorganisation für Frauen in Not in Verbindung gesetzt, erzählte sie uns. Draußen wartete ein weißer Van, der uns zur Londoner Zentrale bringen würde. Schnell verließen wir die Bücherei und sprangen in den Van. Noch immer konnte ich das Ganze nicht wirklich begreifen.

Bei der Hilfsorganisation angekommen, stellten wir zu unserer Enttäuschung fest, dass man uns nicht unterbringen konnte und auch sonst kein großes Interesse zeigte, uns zu helfen. Wir wurden aufgefordert, in einem karg möblierten Raum zu warten, in dem es nur zwei Stühle und ein paar zerbrochene Spielzeuge gab. Schließlich teilte man uns mit, dass wir nicht einmal die Nacht hier verbringen konnten, und ich spürte, wie meine Hoffnung schwand. Lieber Gott, bitte mach, dass wir nicht zu Joshua zurückmüssen, betete ich insgeheim.

Mum blieb keine andere Wahl, als ihre Eltern anzurufen, und als sie zurückkam, wirkte sie erleichtert. »Ja, sie nehmen uns auf«, sagte sie.

Ein Van der Hilfsorganisation brachte uns zu einem Treffpunkt auf halbem Weg in die Midlands, wo unsere Großeltern und Tante Caryn auf uns warteten. Als sie uns sahen, brach Granny in Tränen aus. »Gott sei Dank«, schluchzte sie und schloss uns einen nach dem anderen in die Arme. Da wir den ganzen Tag nichts gegessen hatten, kauften sie uns erst einmal etwas zu essen und zu trinken. Wir waren so erschöpft, dass wir sofort nach der Ankunft in ihrem Haus ins Bett fielen und einschliefen.

Sobald wir bei unseren Großeltern in Sicherheit waren, fuhr Mum mit dem Zug nach London und begab sich mit zwei Frauen von der Hilfsorganisation in die Wohnung in Twickenham. Sie stiegen die Treppen hinauf, schlossen leise die Tür auf und traten ein. Zu Mums großer Erleichterung war Joshua nicht da, und sie raffte schnell so viele von unseren Habseligkeiten zusammen, wie sie tragen konnte. Am nächsten Tag schickte sie Joshua einen Brief, in dem sie erklärte, was sie getan hatte.

Danach dachte sie intensiv darüber nach, wie sie ihre älteste Tochter zurückbekommen könnte. Inzwischen waren zwar mehr als zehn Jahre seit ihrer Trennung vergangen, aber es gab keinen einzigen Tag, an dem sie nicht an Celeste gedacht hätte.

Mum bat mich, in der Schule oder in unserer Familie so wenig wie möglich über die Sekte zu sprechen. Das war nicht schwer, da ich praktisch mein ganzes Leben lang ein Doppelleben geführt hatte. Außerdem stellten meine Großeltern nie Fragen nach unserer Vergangenheit, und wir waren mit Gedanken über unsere ungewisse Zukunft beschäftigt. Meine Mutter machte sich Sorgen, weil Joshua sich denken konnte, wo wir uns aufhielten, und weil jederzeit Mitglieder von der »Familie« auftauchen konnten, um uns Kinder zu entführen. Daher fuhren ihre Eltern zwei Wochen nach unserer Ankunft in den Midlands mit uns nach Skegness und mieteten zwei Ferienhäuser im Butins Holiday Camp. Dort würde Joshua nie nach uns suchen. Früher hatten wir uns vor jedem Kontakt mit Angehörigen des »Systems« gefürchtet, und nun war es umgekehrt: Jetzt hatten wir Angst davor, von Joshua aufgespürt zu werden. Mo hatte stets betont, dass die Entführung von Kindern abtrünniger Eltern oder von Müttern oder Vätern zum Wohl der Kinder notwendig sei. Ich ging mit den Jungen jeden Tag im Pool schwimmen, aber sonst gab es nicht viel Abwechslung. Die Zeit verging nur langsam.

Noch zwei Wochen zuvor waren wir im indischen Sommer gewesen. Jetzt schnitt mir der scharfe Nordseewind ins Gesicht, und die Kälte drang mir bis ins Mark, wenn ich am verlassenen Strand entlanglief, mich gegen den Wind stemmte und auf das graue Meer unter dem ebenso grauen Himmel blickte. Da ich keine Wintersachen besaß, gab mir Tante Caryn einige ihrer alten Pullover und Röcke. Wie in der »Familie« üblich, trug ich meine Haare sehr lang und mit einem Mittelscheitel. Jetzt fragte ich, ob ich sie mir abschneiden lassen dürfte. Ich wollte unbedingt anders aussehen, damit ich nicht erkannt und von der »Familie« entführt werden konnte. Abgesehen davon war es sehr aufregend, zum ersten Mal zum Friseur zu gehen. Meine neue Frisur war ein Bob mit Pony, und sie gefiel mir großartig.

Nach zwei Wochen verließen wir Skegness und kamen in einem Frauenhaus in Matlock unter, im Peak District. Dort gab mir Mum Deborah Davis' Buch *Die ungeschminkte Wahrheit.* Ich begann, es zu lesen, und konnte es nicht mehr aus der Hand le-gen. Entsetzt las ich, dass David Berg (den ich längst nicht mehr »Großvater Mo« nannte) von seiner ältesten Tochter verlangte, mit ihm ins Bett zu gehen, nachdem er sie zur »Königin« gekrönt hatte. Ich erinnerte mich an den Mo-Brief in dem Berg schilderte, wie er sich unter dem Tisch an seiner jüngsten Tochter Faithy vergangen hatte.

»Das hat du gelesen?«, fragte Mum mich erschrocken.

»Sicher. Sogar mehrmals. Wie alle Mo-Briefe.«

Beunruhigt wollte Mum wissen, ob man sich mir in irgendeiner Weise sexuell genähert habe, und ich begann, hilflos zu schluchzen, als ich ihr erzählte, wie sehr ich sexuell missbraucht worden war. Außer sich vor Empörung griff sie zum Telephon und rief Joshua an.

»Wie konntest du das unserer Tochter bloß antun?«, schrie sie.

»Nun, sie hatte jedes Mal einen Orgasmus«, entgegnete er unbeeindruckt.

Mum rang nach Luft, und ich sah, dass sich ihr der Magen umdrehte. »Dieser widerliche, abscheuliche Mensch! Wie konnte ich mich nur so in ihm täuschen? Es tut mir so leid.«

»Schon gut, Mum«, versuchte ich sie zu beruhigen, denn ich wollte nicht, dass sie sich Vorwürfe machte wegen dem, was in der Vergangenheit passiert war. »Jetzt sind wir ihn ja los.«

»Ja, endlich. Wie naiv ich war, wie blind. So viele vergeudete Jahre.«

Als man uns sagte, dass es Monate oder sogar Jahre dauern konnte, bis wir eine Sozialwohnung bekommem würden, beschlossen Granny und Granddad, ihr Haus zu verkaufen, und kauften zwei kleinere Häuser – eins für uns und eins für sie selbst. Da wir noch nie ein richtiges eigenes Zuhause besessen hatten, war ich natürlich überglücklich.

Ich wurde in der Schule angemeldet, aber die Anforderungen dort waren ganz anders als das, was ich in der »Familie« gelernt hatte. Ich kam in die zweite Klasse, und meine Brüder besuchten die örtliche Vor- beziehungsweise Grundschule. Ich hatte viel aufzuholen, und da ich meine ersten Jahre in einer Sekte verbracht hatte, hatte ich keinerlei Zeugnisse. Mum half mir dabei, meine vielen Wissenslücken aufzufüllen, und ich gab mir große Mühe.

Ich sprach Englisch mit amerikanischem Akzent, und mein Wortschatz unterschied sich völlig von dem meiner Klassenkameraden. Ich kannte Wörter, die ihnen fremd waren, und konnte die Bibel auswendig, aber sehr viele ihrer Ausdrücke und Formulierungen waren mir unverständlich. Manchmal kam ich mir ziemlich dumm vor, und sie hielten mich für sonderbar. Aber das

Lernen machte mir Freude, und ich verbrachte viele Samstage in der Stadtbücherei und las Unmengen von Büchern.

Als ich eines Tages mit einer Klassenkameradin nach Hause ging und wissen wollte, warum sie so traurig aussah, sagte sie mir, dass sie Geburtstag habe.

»Oh. Gibt es eine Party für dich?«

»Nein!« Sie seufzte. »Meine Eltern sind Zeugen Jehovas, und wir feiern weder Geburtstage noch Weihnachten.«

Ich war überrascht. Gerade erst war ich einer Sekte entronnen, und nun erfuhr ich zum ersten Mal, dass es noch andere gab, denen es so ging wie mir. Das könne ich gut verstehen, sagte ich dem Mädchen, denn auch ich sei in einer religiösen Glaubensgemeinschaft aufgewachsen, aus der mich meine Mum im letzten Jahr herausgeholt habe. Danach durfte das Mädchen nie wieder mit mir sprechen.

Mum wurde in Sachen »Familie« aktiv. Sie bekam Kontakt zu Ian Howarth, dem Gründer des Cult Information Centre CIC), der sie wiederum mit ehemaligen Sektenmitgliedern bekannt machte und mit Graham Baldwin von »Catalyst«, einem Beratungsdienst für Sektenopfer. Außerdem besuchten wir Veranstaltungen von FAIR, einer Organisation, die 1976 gegründet worden war und Angehörige unterstützt. Wir fingen an, uns mit dem Phänomen »Sekte« zu befassen und lasen alles, was uns dazu in die Finger kam. Obwohl sie nur wenig Geld hatte, kaufte sie vierzig Exemplare von Deborah Davis' Buch und schickte sie an ihre alten Freunde.

Nachdem wir die »Familie« verlassen hatten, wurden wir natürlich gemieden wie die Pest. Meine Mutter befürchtete, dass es noch schwieriger würde, mit Celeste Kontakt aufzunehmen, wenn wir zu laut die Wahrheit sagten. Wir schrieben zahlreiche Briefe an Dad und Celeste. Ich schilderte ihnen, wie man mich missbraucht und misshandelt hatte. Dad antwortete nie, und ich wusste nicht, ob er meine Briefe überhaupt erhalten hatte, da

Abb. 1: Christopher und Rebecca Jones, die sich die biblischen Namen Simon Peter und Naomi gaben, 1976 in Indien

Abb. 2: Simon Peter mit Celeste (damals 20 Monate alt) und Naomi mit der gerade geborenen Kristina in Bombay, Indien

Abb. 3: Kristina im Alter von einem Jahr (links) und Celeste als Zweijährige (rechts) in Indien

Abb. 4: Simon Peter als DJ der Radiosendung *Music with Meaning* in Indien

Abb. 5: Sri Lanka: Simon Peter und Serena mit den Kindern (Serena hat Juliana auf dem Arm, Mariana steht vor ihren Eltern, Celeste steht an der Seite ihres Vaters)

Abb. 6: Celeste mit sechs Jahren beim Singen (1981 in Griechenland)

Abb. 7: Bei einer Vorführung in Kalkutta. Diese Shows fanden oft in Schulen, Waisenhäusern und Altenheimen statt. Kristina (hinten rechts, mit weißen Strümpfen) tritt hier zusammen mit ihren Brüdern (vorne und links) auf.

Abb. 8: Juliana mit vier Jahren auf den Philippinen

Abb. 9: Kristina (vierte von links) bei einer anderen Show

Abb. 10: Kristina mit ihrem Bruder David bei der »Verherrlichung Gottes im Tanz«

Abb. 11: Kristina mit neun Jahren bei einer Vorführung

Abb. 12: Kristina 1999 am Set der beliebten TV-Serie »Coronation Street« als Beraterin für einen der Handlungsstränge, der sich um Sekten dreht

Abb. 17: Juliana im Alter von 18 Jahren (rechts) mit Davida (links) 2002

Abb. 18: Unsere Schwester Davida 2003 in Griechenland

Abb. 19: Kristina, Juliana und Celeste (von links nach rechts) 2007

Post von Außenstehenden grundsätzlich zensiert und »feindselige Bemerkungen« unlesbar gemacht wurden.

Celeste war erst siebzehn Jahre alt und lebte noch immer in der Sekte. Meine Mutter beantragte vor Gericht zwar das Sorgerecht für sie, aber weder die Behörden noch wir hatten irgendwelche Informationen darüber, wo sie sich aufhielt. Doch immerhin verfügte das Gericht die Amtsvormundschaft für meine Schwester. Sam Ajemian, der 1978, also zehn Jahre vor uns, die »Familie« verlassen hatte, schrieb zusammen mit Mum eine Broschüre mit dem Titel *Auf der Suche nach Celeste*, und wir traten in einigen Radio- und Fernsehshows auf, gaben Interviews und baten die Öffentlichkeit um Hinweise auf ihren Aufenthaltsort. Die britische Polizei und Interpol ließen intensiv nach ihr suchen, konnten sie aber nicht ausfindig machen.

Statt mir zu antworten, wandte sich Dad in offenen Briefen und Erklärungen an die Presse. Er beschuldigte Mum, ihre Seele dem Teufel verkauft zu haben, und wollte von ihr wissen, wie sie es wagen konnte, die »Familie« zu verleumden. Dads Veröffentlichungen machten mich gleichzeitig traurig und wütend. Er behauptete, dass es nie irgendwelche unziemlichen sexuellen Kontakte zwischen Erwachsenen und Kindern in der Sekte gegeben habe und dass er in der liebevollsten und tolerantesten Gemeinschaft lebe, die er kannte.

Wie konnte er so etwas nur immer noch glauben?

Wütend und enttäuscht schrieb ich einen offenen Brief an die britische Presse, in dem ich fragte, wieso Dad, Joshua und die »Familie« unsere Erfahrungen leugnen und derart schreiende Lügen verbreiten konnten. In dem Brief schrieb ich Folgendes:

Ich habe deinen offenen Brief gelesen. Es ist schade, dass es auf diese Weise zur Sprache kommen muss, in aller Öffentlichkeit … dass das, was du und mein Stiefvater gesagt habt, nicht wahr ist. Aber denk daran, dass ich bis vor Kurzem noch im COG war und weiß, wie es läuft. Ich möchte dir sagen, dass es mich wirklich verletzt, dass mein eigener Vater nicht glaubt, dass ich sexuell missbraucht worden bin. Als ich kleiner war, habe ich mir immer gewünscht, du würdest kommen und uns retten. Ich war stolz darauf, meinen Freunden sagen zu können, dass du mein Vater bist. Aber dein Brief hat mich zum Weinen gebracht – es ist schwer zu glauben, dass mein Vater so etwas sagt … Du musst auch verstehen, dass meine Mutter angefangen hat zu reden, um andere zu warnen, damit sie nicht in dieselbe Falle tappen. Bitte sag Celeste, dass ich sie liebe. Ich hoffe, du hetzt sie nicht gegen mich oder Mum auf. Sag ihr bitte, sie soll schreiben, da wir schon seit Jahren nichts mehr von ihr gehört haben. Ich liebe dich, Daddy, aber ich liebe nicht das, was du tust.

Mehr konnte ich nicht tun. Jetzt mussten wir abwarten und darauf vertrauen, dass Celeste irgendwie von den Botschaften erfuhr, die wir ihr schickten, und sich bei uns meldete.

Vierter Teil

Aufbruch in die Freiheit

15 *Verstecken spielen*

Juliana

»IHR SINGT EINFACH NICHT inbrünstig genug! Nicht mit dem *Herzen!*« Willings Hand donnerte so laut auf seine Gitarre, dass ich zusammenzuckte. Was würde er als Nächstes tun? Bei »Onkel« Willing konnte ich mir da nie ganz sicher sein. Er war völlig unberechenbar. Er brauste beim kleinsten Anlass auf und meistens dann, wenn man es am wenigsten erwartete. Es war unmöglich, seine Stimmung einzuschätzen, dabei war ich inzwischen keineswegs mehr ungeübt darin, in unseren Lehrern zu lesen. Aber vor Willing fürchtete ich mich mehr als vor allen anderen. Das lag an seinen Augen. Sie hatten einen irren Ausruck. Wenn er redete, spuckte er seinen Speichel herum, und seine mehrmals gebrochene Nase ähnelte einem Adlerschnabel, doch vor allem waren es seine kleinen schwarzen Augen und der fast irre Ausdruck darin, die mir Angst einjagten.

Willing liebte es, uns Lieder der »Familie« schmettern zu lassen und dazu kräftig, aber unrhythmisch in die Gitarrensaiten zu greifen. Es war ein misstönender Radau. Er hatte die seltsame Angewohnheit, den Gitarrenhals und seine Hände einzupudern, während unsere Lautstärke die Wände erbeben ließ. Wenn wir zu leise sangen, mangelte es uns »an Frömmigkeit«, und wir mussten mit einer Bestrafung rechnen. An diesem Abend war er fest davon überzeugt, dass wir vor dem Zubettgehen eine Inspiration bekommen würden. Also hockten wir mit gekreuzten

Beinen und im Schlafanzug auf dem Boden und sangen und sangen. Wir waren todmüde.

»Der Nächste, den ich nicht laut und klar singen höre, der bekommt eine Tracht Prügel!«, drohte er. Und bevor die Nacht um war, hatte er drei Jungen herausgepickt, die die Latte zu spüren bekamen.

Willing teilte gern Schläge aus. Dann verzerrte er das Gesicht zu einer Grimasse, seine Nasenflügel begannen zu beben, und seine schmalen Lippen entblößten seine schief stehenden Zähne. Genau so sah er auch beim Sex aus, und ich fragte mich, ob es ihn befriedigte, auf unseren nackten Hintern einzuprügeln. Ich hielt es für wahrscheinlich.

»Ihr könnt ganz sicher sein, dass ihr hier zwei Dinge bekommt«, lachte er und schlug sich mit dem Stock auf die Handfläche. »Unterkunft mit *Zuschlag.*«

Nur eine Woche nachdem mein Vater Celeste und mich im riesigen Bangkok Training Centre abgeliefert hatte, bekam ich von Willing meine erste Tracht Prügel wegen »Aufmüpfigkeit«, weil ich mich weigerte, meine neuen Pflegeeltern Joseph und Talitha »Daddy« und »Mummy« zu nennen. Obwohl ich froh war, dass man für mich eine Familie ausgesucht hatte, die ich seit Langem kannte, wollte ich »Eltern«, mit denen ich nur einmal in der Woche eine gewisse Zeit verbrachte, nicht »Mum« und »Dad« nennen. Mein Vater hatte versprochen, schon bald zu mir zurückzukommen. Warum brauchte ich da neue Eltern? Das sah ich nicht ein und nannte Joseph und Talitha »Onkel« und »Tante« wie die anderen Erwachsenen auch.

Meine Weigerung wurde prompt weitergegeben, und ich bekam neben den Prügeln auch einen strengen Verweis. Um mir weitere Schläge zu ersparen, redete ich sie danach so an, wie sie es verlangten. Auch wenn ich Talitha und Joseph nicht als Eltern betrachtete, machte es mir keine Probleme, ihre Tochter Vera als Schwester anzusehen. Ich hatte schon als kleines Kind mit ihr gespielt, und ich freute mich, mit ihr in einer Gruppe zu sein.

Als Dad mich in meine neue Klasse brachte, wurde mir große Aufmerksamkeit zuteil. Vor meinem Vater ernannte man mich unverzüglich zum »Bellwether«, einer Art Leithammel, dessen Aufgabe darin bestand, die anderen Kinder zu beaufsichtigen und schlechtes Betragen sofort zu melden.

Doch sobald mein Dad abgereist war, entzog man mir die Funktion wieder und übertrug sie Willings Tochter. Die Klasse wurde darüber informiert, dass ich für eine so ehrenvolle Stellung »zu stolz« sei. Willing machte sofort klar, dass er dafür sorgen würde, dass ich angemessen bestraft wurde, solange ich in *seiner Klasse* war. Getreu seiner Androhung machte er mir das Leben zur Hölle.

Nach den zweistündigen Gebeten am Morgen hatten wir Schulunterricht. Am Nachmittag gab es »Hauswirtschaft«, wo wir in allen Bereichen der Haushaltsführung unterwiesen werden sollten. Ein guter Schüler innerhalb der »Familie« musste Mädchen für alles sein. Allerdings waren wir kaum mehr als Dienstboten, denn wir taten nichts anderes als putzen, wienern, waschen und schrubben.

Ich brauchte dringend ein wenig Ablenkung von der eintönigen Plackerei und fand sie im Schreiben. Ich zweckentfremdete eins meiner Schulhefte und füllte es mit Geschichten von sprechenden Bären, von Meerjungfrauen und Feen, die immer auch eine moralische Botschaft enthielten. Unsere halbwüchsigen Betreuer und vor allem Celeste bestärkten mich darin und lasen den anderen Kindern abends oft meine Geschichten vor. Ich versteckte das Heft unter meinem Kopfkissen und erfand neue Stories, wenn ich nicht schlafen konnte. Als einige Kinder meinem Beispiel folgten, begannen die Probleme. Ein Junge schrieb eine düstere Geschichte über eine Hexe.

Als Willing sie entdeckte, flippte er aus. Daraufhin gaben meine Klassenkameraden mir die Schuld und erklärten, er wäre erst durch meine Geschichten überhaupt auf den Gedanken gekommen. Als ich eines Tages im Unterricht war, filzte Willing mein Bett und fand das Heft unter meinem Kopfkissen. Ich wurde vor drei Lehrer zitiert: Onkel Josiah, Onkel Willing und Tante Hoseana. Finster blickten sie mir entgegen. Vor ihnen auf dem Tisch lag mein Heft.

Sie schlugen einen Mo-Brief auf mit dem Titel »Der nichtsnutzige Biber«, den ich noch nie gesehen hatte. Darin verdammte Mo eine Frau, die ein Malbuch für kleine Kinder verfasst hatte, in dem ein Biber auf der Suche nach seinem Namen durch den Wald stromert. Mo tobte vor Zorn darüber, dass jemand die Unverschämtheit besaß, etwas zu erschaffen, das nicht von ihm autorisiert war.

Es dauerte mehr als eine Stunde, bis sie den Brief vorgelesen hatten, dann richteten sie ihre Augen auf mich.

»Wer hat dich deiner Meinung nach zu diesen Geschichten angeregt?«, fragte Josiah und zeigte verächtlich auf mein Heft. »Der Teufel hat dir beim Schreiben geholfen«, beantwortete Josiah seine Frage selbst.

Das wollte mir nicht einleuchten. »Aber das verstehe ich nicht. In meinem Heft sind alle gut und liebevoll, aber der Teufel ist es nicht. Wie kann er mich da inspirieren, gute Geschichten zu schreiben?«

»Sie sind nicht gut!«, erklärte Willing.

»Sind deine Geschichten Gottes Wort?«, erkundigte sich Josiah.

»Äh … nein.«

»Alles, was nicht Gottes Wort ist, ist von Übel und des Teufels. Der Satan kommt gern im Schafspelz daher, damit man ihn für harmlos und unschuldig hält. Aber sieh dir an, wie deine Geschichten schon andere in die Irre führen. Die Geschichte dieses Jungen ist schon sehr viel schlimmer ausgefallen, obwohl er nur deinem Beispiel gefolgt ist. Der Teufel sucht immer nach Wegen in die Herzen der Menschen, und du hast ihm den Weg geebnet.«

Bisher hatte mich jeder darin bestärkt zu schreiben, aber plötzlich sagte man, es sei gottlos und vom Teufel eingeflüstert. Da ich nicht Gottes Prophet war, würde ich nie wieder etwas schreiben können. Damit konnte ich mich nicht abfinden. Ich war stolz darauf, die Autorin zu sein, und ich war nicht bereit, diese Ehre mit jemandem zu teilen, ob er nun einen Pferdefuß hatte oder nicht.

»Offenbar hast du zu viel freie Zeit, wenn du auf die Einflüsterungen des Satans hören kannst«, sagte Josiah. »Nachdem wir Ihn um Rat gefragt haben, hat der Herr uns gesagt, dass du eine Reihe von Strafen brauchst, damit dein Geist nicht ein Spielball des Bösen wird.«

Mit hämischer Vorfreude rieb Willing sich die Hände. »Du bekommst eine geziemende körperliche Züchtigung. Du unterliegst einem einwöchigen Schweigegebot, damit du deine Gedanken ausschließlich Gott zuwenden kannst. Dabei kannst du das Kapitel ›Tagträume und Fantasien‹ in *The Memory Book* auswendig lernen. Darüber hinaus wirst du für eine Woche von allen Gruppenaktivitäten und sportlichen Betätigungen ausgeschlossen. Stattdessen wirst du die Bibel lesen, um deinen Kopf von schädlichen Einflüssen zu reinigen.«

»Es ist ein sehr ernstes Vergehen, die Worte von Grandpa, dem Sprachrohr und Propheten Gottes, durch eigene zu ersetzen, aber da du es unwissentlich getan hast, belassen wir es bei einer milden Strafe«, fügte Tante Hoseana hinzu.

Da ich mit einer »milden« Strafe davonkam, verzichtete ich darauf, mich zu rechtfertigen, denn das hätte ihnen nur einen Grund geliefert, mich noch härter zu bestrafen. Also hielt ich den Mund und schwor mir insgeheim, bis zu meinem letzten Atemzug nie wieder etwas zu schreiben.

Am nächsten Tag musste sich Celeste öffentlich dafür entschuldigen, ein schlechtes Beispiel gegeben zu haben, indem sie uns zum Schreiben dämonischer Geschichten ermutigt hatte.

Danach wurden Celeste und ich noch mehr voneinander isoliert. Sie durfte nicht mehr bei der Betreuung unserer Gruppe aushelfen, und ich sah sie nur noch selten.

Einmal im Jahr wurden Fotos von Celeste und mir aufgenommen. Ich zog etwas Hübsches an, meistens die Bluse mit den aufgedruckten Erdbeeren und den Rock, den ich bei unseren Bekehrungsmissionen trug, und wir beide lächelten strahlend in die Kamera. Dann schrieb ich Dad in einem Brief, was ich inzwischen alles gelernt hatte, womit ich mich am liebsten beschäftigte, wie zufrieden und glücklich ich war. Nachdem ein Lehrer mein Schreiben zensiert hatte, wurde es zusammen mit einem Brief von Celeste und den Fotos an Dad geschickt.

Dad schloss daraus, dass wir uns wohl fühlten und dass man sich gut um uns kümmerte. Ebenfalls einmal im Jahr schickte er uns ein Tonband, auf dem er zu uns sprach, für uns betete und uns sagte, dass wir bald wieder vereint sein würden – wenn nicht auf Erden, dann im Himmel. Wenn ich mir die Aufnahmen anhörte, musste ich immer weinen. Er fehlte mir, und ich wartete ungeduldig auf den Tag, an dem er uns zu sich holen würde. Ich war sicher, dass ich ihn schon bald wiedersehen würde.

Die meisten Menschen im Training Centre hatten keine Arbeitserlaubnis und mussten ihre Visa in regelmäßigen Abständen erneuern lassen. Sie fuhren mit einem Nachtzug über die Grenze nach Malaysia oder Birma, blieben zwei oder drei Tage und kehrten mit Touristenvisa für die nächsten drei Monate wieder zurück.

Ich freute mich auf diese Reisen, die ich gewöhnlich zusammen mit Celeste unternahm, denn sie waren eine ersehnte Abwechslung zur Schule, die ich als Gefängnis empfand. Bei einer dieser Fahrten kam mir plötzlich die Frage über die Lippen, mit der ich mich nun schon seit sieben Jahren herumplagte.

»Warum will Mummy mich nicht bei sich haben?«, platzte ich heraus, als wir auf dem Rücksitz eines Jeeps zum Training Centre zurückfuhren.

Die unvermittelte Frage überraschte Celeste. »Was? Wer hat das gesagt?«

»Niemand. Ich weiß nicht einmal, warum sie mich verlassen hat.«

»Sie wollte dich mitnehmen.« Celeste sah mich eine Minute lang schweigend an. »Sie hat dich sehr geliebt.«

»Und warum hat sie mich dann zurückgelassen?«

»Weil man es von ihr verlangt hat. Sie durfte dich nicht mitnehmen – obwohl sie es wollte.«

Vor Erleichterung kamen mir dir Tränen. Meine Mutter wollte mich bei sich behalten. Sie hatte mich geliebt.

»Wer hat das von ihr verlangt?«

»Na ja, sie war krank und konnte euch nicht alle mitnehmen. Außerdem wollte Dad unbedingt eine von euch behalten.« Celeste legte den Arm um mich.

»Aber wenn Dad das wollte, warum hat er mich dann auch verlassen?«

Wieder schwieg Celeste eine Zeit lang und suchte nach einer überzeugenden Antwort. Aber die gab es nicht. »Weil man es auch von ihm verlangt hat.«

Ich begann zu begreifen, dass die Erwachsenen ebenso wenig eine Wahl hatten wie wir Kinder. Wir wurden ebenso willkürlich von unseren Eltern getrennt wie diese von ihren Kindern. Ein Gefühl der Hilflosigkeit überkam mich. Noch nie hatte ich selbst entscheiden dürfen, was ich mit meiner freien Zeit anfing, was ich anzog, was ich aß oder was ich sagte. Selbst wenn ich erwachsen wäre, würde sich daran nichts ändern.

Nach etwa einem Jahr im Training Centre schaffte es Celeste eines Tages, mich aus dem Sportunterricht herauszuholen, um mit mir spazieren zu gehen.

»Erinnerst du dich, dass Dad gesagt hat, er würde uns holen, Julie?«

»Ja. Warum fragst du? Kommt er bald? Ich halte es hier wirklich nicht mehr aus.«

»Genau darum wollte ich mit dir sprechen.« Celeste schwieg kurz. »Ich glaube, es hat keinen Sinn, weiter auf ihn zu warten, Julie.«

»Was? Warum nicht?«

»Weil er nicht zurückkommen wird.« Die Worte trafen mich wie ein Schlag. Genauso gut hätte sie sagen können, dass er gestorben war.

»Woher willst du das wissen? Hat er es dir gesagt?«

»Ich habe die Schulleiter gefragt, und sie haben gesagt, dass er nicht zurückkommt. Wenn du weiter auf ihn wartest, wirst du nur noch unglücklicher.«

»Du hast doch keine Ahnung! Er kommt wieder, das hat er selbst gesagt! Ich will hier nicht mehr bleiben!« Ich begann hysterisch zu schluchzen. »Nein, nein, nein!« Meine Welt geriet ins Wanken. Wenn Dad zurückkam, wären alle Schläge, die Demütigungen und die Einsamkeit vergessen.

»Julie … Schätzchen, hör bitte auf zu weinen. Wenn man uns sieht, bekommen wir Ärger.«

»Das ist mir egal.« In meiner hilflosen Wut ging ich auf sie los. »Und nenn mich nicht Schätzchen, du bist nicht meine Mummy! Ich habe keine Mummy!« *Ich habe niemanden.* Doch das sagte ich nicht, denn es stimmte nicht ganz. Ich hatte Celeste. Allerdings sah ich sie kaum. Und sie konnte nichts tun, um mich zu beschützen. Sie nahm mich in den Arm und versuchte mich zu trösten. Aber ich musste die ganze Zeit daran denken, dass ich wohl für immer in Thailand festsaß, in einem nie endenden Kreislauf aus Strafen, Schlägen, Schulunterricht, Gottesdiensten und Unterdrückung meiner Persönlichkeit.

Die einzige Zeit des Jahres, in der die Welt einigermaßen in Ordnung schien, war Weihnachten. Es dauerte fast einen ganzen Monat, die Schule festlich zu schmücken. Wir verbrachten die Feiertage bei unseren Familien oder – wie in meinem Fall – bei Pflegeeltern, und es gab köstliches Essen, viele Aktivitäten und Tanzveranstaltungen.

Es war aber auch die einsamste Zeit des Jahres. Alle feierten mit ihrer Familie, und ich konnte an Dad nur denken. Mum war längst aus meinem Gedächtnis verschwunden. An ihr Gesicht konnte ich mich nicht mehr erinnern, und ich hatte auch kein Foto von ihr, nachdem man mich gezwungen hatte, meine Eltern aus allen meinen Bildern herauszuschneiden. Obwohl meine Pflegeeltern mir das Gefühl zu vermitteln versuchten, in ihrer Familie willkommen zu sein und Vera und ich wie Schwestern waren, wurde mir schmerzlich bewusst, dass meine Eltern nicht da waren. Ich saß vor dem Weinachtsbaum und starrte ihn stundenlang an, während um mich herum alle Weihnachtslieder sangen. Meine Tränen verwandelten die Lichter in diffuse Farbkleckse, und weil ich fand, dass sie so hübscher aussahen, wischte ich meine Tränen nicht weg.

Mein Bedürfnis nach Aufmerksamkeit brachte mich auf sonderbare Ideen. Einer unserer Lehrer war Hobbybotaniker und erklärte uns gern die besonderen Eigenschaften der exotischen Pflanzen und Blumen, die auf dem Schulgelände wuchsen.

»Das hier sieht aus wie ein ganz harmloser Strauch, aber Vorsicht«, sagte er und brach ein hellgrünes Blatt ab. Milchig weißer Saft sickerte heraus. »Dieser Saft ist giftig. Wenn ihr etwas davon an die Finger bekommt und euch danach die Augen reibt, könntet ihr blind werden.«

Blind werden! Was für eine grauenhafte Vorstellung! Wenn man angegriffen oder überfallen wurde, konnte man sich nicht wehren. Es war nicht möglich, ohne fremde Hilfe klarzukommen. Ständig musste sich jemand um einen kümmern, für einen sorgen …

Und plötzlich schien blind zu sein gar kein so furchtbares Schicksal mehr. Schließlich würde man dann endlich Notiz von mir nehmen. Ich zupfte ein Blatt ab und starrte fasziniert auf den milchigen Saft. Blind werden! Als Kind, das sehen konnte, nahm man mich nicht zur Kenntnis, aber vielleicht würde sich das ändern, wenn ich blind war. Vorsichtig berührte ich den Saft mit der Fingerspitze, zögerte kurz und rieb mir die Augen. Ich zwinkerte ein paarmal und wartete darauf, in plötzlicher Finsternis zu versinken.

Dann, als mir bewusst wurde, was ich getan hatte, erkannte ich, dass ich lieber doch nicht blind werden wollte. Ich machte mich auf alles gefasst – aber nichts geschah. In meiner Verwirrung brach ich in Tränen aus. Ich weinte, weil ich doch blind werden könnte, aber auch, weil mein Experiment nicht zu funktionieren schien. Schnell lief ich den anderen hinterher und war erleichtert, dass meine unüberlegte Handlung ohne katastrophale Folgen geblieben war.

Gern fing ich Grashüpfer und Käfer und nahm sie mit, weil ich unbedingt etwas haben wollte, das mir gehörte. Abends erzählte ich meinem »Hauskäfer« eine Gutenachtgeschichte und schlief ein, mit dem Insekt in der hohlen Hand. Natürlich war das bedauernswerte Tier am nächsten Morgen entweder tot oder entkommen, und ich betrauerte seinen Verlust, bis ich Ersatz gefunden hatte.

Nicht lange nach meinem zehnten Geburtstag wurde die Techi-Serie der Mo-Briefe veröffentlicht. Marias Tochter Techi war zu dieser Zeit fast zwölf und begann, unter den Stimmungsschwankungen der Pubertät zu leiden. Sie war eine sehr temperamentvolle Person, was in ihren lebhaften Diskussionen mit Grandpa deutlich zum Ausdruck kam.

Maria übernahm die Aufgabe, Techis Willen zu brechen. In der Serie wurde sie wie eine mögliche Nachfolgerin von Mene geschildert. Ihr kritischer Geist wurde als Stimme des Bösen gedeutet; er versuchte, sie mit Zweifeln zu verführen. Wenn sie ihm nachgab, konnte er von ihr Besitz ergreifen. Die Bemühungen, Techi mit Ermahnungen, Bestrafungen und Gebeten zu »bessern«, wurden detailliert aufgezeichnet.

Die Techi-Serie brachte eine große Veränderung in den Erziehungsmethoden der »Familie«, die man »Discipleship Training Revolution«, Erneuerung der Jüngerausbildung, nannte. Die Zügel wurden fester angezogen. Jeden Abend mussten wir sogenannte »Offenherzige Berichte« verfassen. Wir mussten selbst die belanglosesten Vorfälle unseres Tages notieren, sogar, wie oft wir zur Toilette gegangen waren oder wie viele Gläser Wasser wir getrunken hatten. Jeder negative Gedanke, jede Lektion, die wir gelernt hatten, und sämtliche Unterhaltungen mit Gleichaltrigen mussten aufgeschrieben werden, und wir mussten ein Resümee der Mo-Briefe verfassen, die wir gelesen hatten. Darüber hinaus wurden wir aufgefordert, über unsere Klassenkameraden zu berichten.

Die Verantwortlichen nutzten diese Informationen, um Zweifel oder mögliche Charaktermängel aufzudecken, die sie uns später vorwerfen konnten. Zu wenig zu schreiben konnte riskant sein, aber es war nahezu unmöglich, jeden Tag neue positive Erkenntnisse zu haben. Ich wurde sehr erfinderisch und dachte mir alle möglichen Szenarien aus, aus denen ich etwas »gelernt« hatte.

Einmal in der Woche wurde uns ein Erwachsener als Gesprächspartner zugeteilt, dem wir unsere Probleme anvertrauen und unser Herz ausschützen konnten. Man ging davon aus, dass wir offener sein würden, wenn derjenige nicht unser Lehrer war. Aber natürlich wurde später jedes unserer Worte den Verantwortlichen hinterbracht.

Nach zwei Jahren im Training Centre mussten Celeste und ich überraschend in das Service Centre umziehen, eine »Sela«- oder

Geheimkommune, in der die meisten der für Thailand Verantwortlichen in der »Familie« untergebracht waren. Einen Grund dafür erfuhr ich nicht; alles ging ziemlich schnell. Celeste und ich wurden in den Jeep gesetzt und zu einem kleinen Park gefahren, in dem uns ein Bruder aus dem Service Centre erwartete. Bevor wir in ein anderes Fahrzeug umstiegen, setzte er sich mit uns auf einen Felsen im Park, um mit uns zu reden.

»Was haltet ihr davon, euch einen neuen Namen auszuwählen?«, begann er.

»Vielen Dank für den Vorschlag«, antwortete ich höflich. »Aber ich bin ganz zufrieden mit meinem Namen.«

»Nun, ich fürchte, es bleibt dir leider keine andere Wahl, meine Kleine, weil du von jetzt an in einer Sela-Kommune lebst, in der jeder aus Sicherheitsgründen einen neuen Namen annimmt.«

Das entsprach nicht ganz der Wahrheit, weil nur Celeste und ich aufgefordert wurden, unseren Namen zu ändern. Meine Halbschwester war schon einmal von Celeste zu Joan gewechselt und sah nicht ein, dass sie sich erneut umbenennen sollte.

»Also, welcher Name würde euch gefallen?«

»Nun, ich fand den Namen Claire schon immer sehr schön«, schlug Celeste vor.

»Das hört sich gut an. Der Name passt zu dir. Also bist du von jetzt an Claire. Und wie ist es mit dir, Julie?«

»Ich weiß nicht recht.« Ich wollte keinen neuen Namen. Ich war immer Julie gewesen, und es kam mir fast vor wie ein Verrat, meinen Namen aufzugeben.

»Nun, wenn dir kein Name einfällt, müssen wir dir die Entscheidung abnehmen. Wie wäre es mit Anna?«

Das war der hässlichste, blödeste Name, den ich mir vorstellen konnte. »Ich glaube nicht, dass er mir gefällt.«

»Entschuldige, meine Süße, aber wir haben nicht so viel Zeit. Wenn dir kein besserer Name einfällt, bleibt es bei Anna.«

Claire und Anna, Anna und Claire. An unsere neuen Namen würde ich mich nie gewöhnen. Auf dem Rücksitz des Jeeps brach ich in lautlose Tränen aus. Buchstäblich alles wurde meiner Kontrolle entzogen. Wo ich mich aufhielt, was ich anzog, wer ich war!

Während der Fahrt wurde uns plötzlich mitgeteilt, dass man uns die Augen verbinden würde. Offenbar war unser Ziel ein Staatsgeheimnis!

Irgendwann hielt der Jeep, und uns wurden die Augenbinden abgenommen. »Der Herr sei mit euch, Claire und Anna. Willkommen in eurem neuen Zuhause.«

Im Service Centre verbrachte ich eine schrecklich einsame Zeit. Wieder einmal musste ich putzen, kochen und morgens, mittags und abends das Geschirr abwaschen. Die anderen Stunden des Tages verbrachte ich mit Schulunterricht und Bibelstunden. Da ich das einzige Kind in meiner Altersgruppe war, wurde ich den unter Sechsjährigen zugeteilt.

Doch anscheinend blieb nicht verborgen, wie unglücklich ich war, denn vier Monate später durfte ich in das Training Centre zurückkehren. Celeste blieb. Sie war ein zu hohes Sicherheitsrisiko und konnte das Service Centre daher nicht verlassen. Erst später erfuhr ich den Grund für unsere Umsiedlung: Ihre Mutter hatte umfangreiche Nachforschungen nach ihr in die Wege geleitet.

Während ich weg gewesen war, hatte sich vieles verändert. In der Schule herrschte eine Art Alarmzustand. Die Polizei hatte Kommunen in Australien, Argentinien und Frankreich durchsucht, Kinder waren von Sozialbehörden der »Familie« entzogen worden, zahlreiche Erwachsene hatte man wegen des Verdachts auf Kindesmissbrauch festgenommen. In England war ein Verfahren gegen die »Kinder Gottes« eingeleitet worden. In Japan wurde gegen die Heavenly City School ermittelt, und überall in den Medien erschienen Berichte über die »Familie«.

Das Training Centre in Bangkok schien das nächste Ziel behördlicher Untersuchungen zu sein. Die Schule veränderte ihr Gesicht, und wir bekamen neue Uniformen, Schulmaterialien und Bücher.

Wir wurden mit Briefen und Comics zum Thema »religiöse Verfolgung« überhäuft. In einer für Kinder bestimmten Serie mit dem Titel *Deceivers Yet True,* Täuschung im Dienste der Wahrheit, lasen wir von berühmten Leuten aus der Geschichte und aus der Bibel, die gelogen hatten, um ihnen nahestehende Menschen zu schützen. Man sagte uns, dass es manchmal notwendig war zu lügen um der Wahrheit willen. Da sich das System von Gott ab- und dem Teufel zugewandt hatte, würden Außenstehende das nie verstehen. Anhänger des Systems betrachteten Sex als schlecht und schmutzig, während wir alle wussten, dass er gut und gottgefällig war. Und was im System als Missbrauch galt, war überhaupt kein Missbrauch, weil es aus Liebe geschah.

In den nächsten Monaten bereiteten wir uns intensiv vor, um gegen die Verfolgung durch die Behörden gewappnet zu sein. World Services gab Erklärungen zu den Glaubensüberzeugungen und Lehren der »Familie« heraus, die wir auswendig lernen mussten. Unsere Lehrer hielten fingierte Gerichtsverhandlungen ab und bombardierten uns mit Fragen, die man uns zum Thema »sexueller Missbrauch« stellen könnte. Wir prägten uns die richtigen Antworten Wort für Wort ein, um unseren Gegnern den Wind aus den Segeln zu nehmen.

Eine gigantische Säuberungswelle aller Publikationen der »Familie« schwappte rund um die Welt. Sämtliche Mo-Briefe, die Sex mit Minderjährigen oder extreme sexuelle Praktiken wie das Flirty Fishing guthießen, wurden beseitigt und verbrannt. Die freizügigen Illustrationen in unseren *True-Komix*-Heften und in Büchern wie *Life with Grandpa* wurden »entschärft«. Jeder, der auch nur ein bisschen Talent hatte, musste intime

Körperteile mit BHs, Unterhosen und Negligés übermalen. Das Buch *Heaven's Girl* verschwand ebenso wie jeder Hinweis darauf, dass es jemals existiert hatte.

Die Geschichte wurde neu geschrieben.

Dann holte man mich plötzlich wieder ins Service Centre zurück. Ich war gerade elf geworden, und der Umzug passte mir gar nicht. Doch zu meiner freudigen Überraschung gab es dort inzwischen drei Mädchen in meinem Alter. Celeste gab uns Mathematik- und Englischunterricht. Sie unterstützte mich in meinen künstlerischen Bestrebungen. Ich stellte fest, dass ich zeichnen und ziemlich gut mit Pastellkreide umgehen konnte.

Zu diesem Zeitpunkt hatte ich mich damit abgefunden, dass Dad nicht zurückkommen würde. Ich verdrängte ihn so gut es ging aus meinen Gedanken. Er war nur noch ein in Ehren gehaltenes Idol im Schrein meiner Erinnerungen.

Eines Tages entdeckte Celeste in einer Seitentasche ihres Koffers eine Unterhose von Dad. Er hatte sie vor drei Jahren hiergelassen und offenbar vergessen. Seine abgetragenen Kleidungsstücke waren für uns kostbare Souvenirs. Zu Celestes Schätzen gehörten auch zwei löchrige Socken von Dad.

»Hey, schau mal, was ich gefunden habe.« Triumphierend hielt sie Unterhose in die Höhe.

Das Ding war fast so verehrungswürdig wie das Turiner Grabtuch, und ich riss ihr das Objekt meiner Begierde aus der Hand.

»Dads Unterhose!«, jauchzte ich, aber Celeste riss sie wieder an sich.

»Sie gehört mir! Sie war in meinem Koffer.«

»Aber ich will sie haben! Ich bin die Jüngste, und du hast doch schon seine Socken! Das ist einfach nicht fair!« Ich packte die abgetragene rote Hose, und wir kämpften erbittert um das gute Stück. Schließlich bekam sie die Unterhose, und ich musste mich mit den heiligen Socken zufriedengeben.

Kurz nachdem ich in das Service Centre zurückgekehrt war, packte die ganze Kommune die Koffer und zog um. Aus Sorge, jemand könnte ihren Aufenthaltsort herausgefunden haben, tauchte man in der üblichen Manier der »Familie« kurzerhand unter. Das neue Haus war sehr viel kleiner und hatte keinen Garten. Wir durften das Gebäude nicht verlassen, und ich fand es unerträglich, die ganze Zeit eingesperrt zu sein. Um uns Bewegung zu verschaffen, rannten wir unzählige Male die Treppen hinauf und wieder hinunter oder machten Aerobic mit einem Video von Jane Fonda. Celeste versuchte, uns durch Tanzunterricht abzulenken, aber wir langweilten uns zu Tode.

Als nach ein paar Wochen das weltweite Medieninteresse nachzulassen schien, hielt die Führung der »Familie« die Situation für sicher genug, um mich in das Training Centre zurückkehren zu lassen.

Doch an dem Abend, als ich abreisen sollte, kam es zu einer unerwarteten Verzögerung. Die Kommunenleiter rannten aufgeregt durch die Räume. Um zehn Uhr abends rief man mich schließlich ins Erdgeschoss, und ich sah, wie meine Fluchttasche zusammen mit anderen Koffern und Matratzen im Jeep verstaut wurde. Zu meiner Überraschung kletterte Celeste zu mir auf den Rücksitz.

»Kommst du denn mit ins Training Centre?«, fragte ich sie.

Nervös blickte Celeste auf Tante Ami, die mit uns im Jeep saß, als wüsste sie nicht so recht, was sie sagen sollte.

»Die Pläne mussten geändert werden, Anna«, erklärte Ami. »Es ist etwas sehr Ernstes passiert. Du fährst noch nicht gleich ins Training Centre. Zunächst müssen wir für eine Weile woandershin.«

»Oh, wohin denn?« Ich hatte nicht die leiseste Ahnung, was da eigentlich vor sich ging.

»Nun, das brauchst du noch nicht zu wissen. Warum vertraust du nicht einfach auf Gott? Der Jeep hat zwar getönte Fensterscheiben, aber als zusätzliche Sicherheitsmaßnahme möchte ich Claire und dich bitten, euch auf die Matratzen auf dem Boden zu legen.«

Die Matratzen fühlten sich feucht an und rochen auch so. »Was ist denn passiert?«, wisperte ich Celeste zu.

»Das weiß ich nicht. Wirklich nicht«, flüsterte sie zurück.

Meine Knochen machten schmerzhafte Bekanntschaft mit dem harten Metallboden, als der Jeep, der keine Stoßdämpfer hatte, über die Schlaglöcher rumpelte. Wir mussten die Stadtgrenze längst hinter uns gelassen haben. Inzwischen war es zwei Uhr morgens. Ich starrte auf die flüchtigen Lichtstreifen, die die Scheinwerfer anderer Fahrzeuge an die Decke des Jeeps warfen, und es kam mir so vor, als wären wir schon eine Ewigkeit unterwegs und würden für immer so weiterfahren.

Ich konnte meine Schwester Celeste-Joan-Claire neben mir atmen hören. Oft vergaß ich, welcher Name gerade aktuell war. Nach einiger Zeit erfuhren wir schließlich, dass böse Menschen versuchten, uns aufzuspüren und Celeste zu entführen. Nach mir wurde zwar nicht gesucht, aber man hatte mich mit ihr zusammen in den Jeep verfrachtet, um zu verhindern, dass mich jemand erkannte und daraus Rückschlüsse darauf zog, wo Celeste sich aufhielt. Ich fragte mich, ob ich wirklich eine Bedrohung für ihre Sicherheit war oder ob ich ihr einfach Gesellschaft leisten sollte. Endlich hielt der Jeep an. Erleichtert atmete ich auf, denn ich musste so dringend pinkeln, dass es kaum noch auszuhalten war. Das Rütteln und Schütteln des Wagens hatte die Sache noch schlimmer gemacht. Aber ich musste mich noch eine weitere halbe Stunde zusammenreißen, während wir auf dem Boden lagen und auf die Erlaubnis warteten, uns aufzusetzen, und ich versuchte, an den Geräuschen um uns herum zu erkennen, was vor sich ging.

Die hintere Tür wurde aufgerissen. Die massige Gestalt von Philipp, einem hochgewachsenen Deutschen, beugte sich über uns, und hinter ihm konnte ich den vom Smog milchig gelben Nachthimmel über Bangkok sehen. Neben Philipp tauchten Paul, ein stämmiger Filipino, und die beiden Regionalleiterinnen Ami und Christina auf.

»Na, Mädchen, ist das nicht aufregend?«, begeisterte sich Christina. »Ungefähr so wird es in der Zeit des Schreckens sein, wenn wir uns vor den Streitmächten des Antichrist verstecken müssen.«

Solange ich zurückdenken konnte, war das Ende der Welt nah und damit die Zeit des Großen Schreckens. Manchmal war ich so überdrüssig, ständig unter dem Schatten der Endzeit leben zu müssen, dass ich mir wünschte, es endlich irgendwie hinter mir zu haben, so wie die Prügel. Nach ein paar flehentlichen Stoßgebeten informierte man uns über das weitere Vorgehen. Zügig und unauffällig sollten wir uns immer zu zweit in ein fünfzig Meter entfernt liegendes Motel begeben. Philipp und Paul sollten als Bodyguards bei uns bleiben. Da Paul asiatisch aussah, durfte er als Einziger das Zimmer verlassen, um uns etwas zu essen zu kaufen oder Kurieren Botschaften zu übergeben.

Im Motelzimmer gab es nur ein Doppelbett, das wir uns mit Christina und Ami teilten. Die beiden Matratzen aus dem Jeep wurden hereingeschleppt, und unsere Leibwächter schliefen auf dem Fußboden – einer vor der Tür und der andere am Fußende des Bettes. Der Reiz des »Versteckenspielens« nutzte sich schnell ab. Zu sechst in einem Raum, der nur dreieinhalb mal fünf Meter groß war, sechs Wochen lang eingepfercht zu sein und nie das Tageslicht sehen zu können, war eine große Belastung für den Bewegungsdrang einer Elfjährigen.

Während des täglichen Duschens ließ ich meinen Frust an meiner Schwester aus. Doch klug, wie sie war, nahm sie es gelassen. Mittlerweile war es mir egal, ob man uns aufspürte; manchmal wünschte ich es mir sogar. Ich stellte mir vor, ich würde auf den Balkon laufen und jemand würde auf mich aufmerksam werden und Verdacht schöpfen. Einmal, als alle einen Mittagsschlaf hielten, stürzte ich auf den Balkon und blickte über die Brüstung in einen von Apartmenthäusern umgebenen Innenhof hinunter. Nirgendwo war auch nur eine Menschenseele zu sehen. Enttäuscht ging ich ins Zimmer zurück.

Wir erfanden Spiele, um uns die Zeit zu vertreiben. Celeste rollte eine Socke zu einem Ball zusammen, und wir übten Sockenweitwurf. Ich zerschnitt Milchkartons und bastelte daraus eine aufklappbare Krippe. Sechs Wochen vergingen, dann teilte Ami uns mit, dass wir in größere Räumlichkeiten wechseln würden. Die Nacht, in der wir umzogen, hatte durchaus komische Seiten. Am Morgen hatte Ami meine Haare zu winzigen Zöpfen geflochten, damit meine von Haus aus dünnen Haare am Abend – wenn die Zöpfe gelöst wurden – aussahen wie ein wuscheliger Afrolook. Ich musste ein leuchtend orange-weiß gestreiftes Mickymaushemd und orangefarbene Tennisschuhe anziehen. Meine Schwester musste sich ähnlich verkleiden. Obwohl es zehn Uhr abends war, wurde unsere Tarnung durch gewaltige Sonnenbrillen vervollständigt, die fast unser gesamtes Gesicht bedeckten. Wir stolzierten durch die Hotelhalle und ignorierten die verblüfften Blicke mit der ganzen Selbstsicherheit unserer Maskierung.

Nach dreistündiger Fahrt, die unter normalen Umständen vermutlich nur dreißig Minuten gedauert hätte, erreichten wir die winzige Wohnung, in der wir die nächsten sechs Wochen verbringen sollten. Schließlich erfuhren wir, warum das Service Centre kein sicheres Versteck mehr war. Die Adressen und Telefonnummern fast aller Kommunen der »Familie« in Thailand waren inzwischen bekannt, weil es zwei Exjünger geschafft hatten, sich in eine Kommune auf den Philippinen einzuschleusen, indem sie am Telefon Mos Stimme imitiert hatten. Dort angekommen, brachten sie die Leiter dazu, unverzüglich zu einer wichtigen Konferenz in die Vereinigten Staaten zu fliegen. Nachdem die Leiter abgereist waren, begannen die beiden Männer, die früher hohe Positionen bei World Services bekleidet hatten, die Bewohner der Kommune dazu zu überreden, der Sekte den Rücken zu kehren und Mo zu entlarven. Sechzehn Lkw-Ladungen *Music with Meaning*-Archivmaterial und Publikationen, die der großen Säuberungswelle entgangen waren, wurden in ein Lager in Manila geschafft und sollten als Beweismittel gegen die »Familie« dienen. Zum Beispiel bei dem Sorgerechtsverfahren, das noch immer in Großbritannien anhängig war.

An dem Tag, an dem wir aus dem Service Centre weggebracht worden waren, hatte einer der Männer dort angerufen und dabei erneut Mos Stimme imitiert. Was auf den Philippinen so gut geklappt hat, muss doch auch in Thailand möglich sein, dachten sie offenbar. Aber diesmal schöpfte der Betreuer Verdacht. Die beiden Männer ergriffen die Flucht, aber es gelang ihnen, eine große Menge belastendes Material mitzunehmen, darunter auch Videoaufnahmen, die übersehen und nicht vernichtet worden waren. Das sind die einzigen verbliebenen Videobeweise für den sexuellen Missbrauch in der Vergangenheit der »Familie«.

Anfang Dezember erreichte uns die Nachricht, dass man ein geradezu ideales Haus gefunden hatte, und wir sollten es putzen und einrichten, bevor das ganze Service Centre einzog. Niemand bereitete mich darauf vor, in was für einem erschreckenden Zustand das Gebäude war. Schmutz, Schlamm, Ratten- und Eidechsenkot, Spinnweben und Vogelfedern hatten sich auf Wänden und Boden zu einer festen Kruste verhärtet. Der Gestank war grauenhaft. Auf Händen und Knien schrubbten wir bis in die frühen Morgenstunden, um wenigstens einen einigermaßen sauberen Platz zum Schlafen zu haben.

In den nächsten paar Wochen schufteten Celeste und ich, bis unsere Finger rot und rissig waren. Dabei gingen wir ganz methodisch vor und putzten einen Raum nach dem anderen. Aber sie waren so verdreckt, dass wir für ein Zimmer mehr als zwei Tage brauchten. Wir wollten unbedingt vor Weihnachten fertig sein, damit das Service Centre einziehen konnte. Am 23. Dezember hatten wir es geschafft. Das Weihnachtsfest verbrachten wir zum ersten Mal seit vier Monaten wieder in Gesellschaft anderer Menschen.

Das Jahr 1993 brach an, und man teilte mir mit, dass ich zusammen mit zwei anderen Mädchen in ein neues Camp für JETTs, das bedeutete »Junior Endtime Teams«, geschickt würde. Innerhalb einer Woche wurden wir in ein Ausbildungslager verfrachtet. Unser Betreuer war ein hünenhafter Afroamerikaner namens Onkel Steven, der früher einer Sondereinheit angehört hatte. Er trug eine Pfeife um den Hals und unterzog uns einem geradezu militärischen Drill. Ich bekam Keuchhusten und wurde isoliert. In dieser Zeit bekam ich einen Anruf. Zu meiner Überraschung meldete sich Celeste, die sich von mit verabschieden wollte. Sie war inzwischen achtzehn und musste nach England zurück, um ihre abtrünnige Mutter zur Rede zu stellen. Meine Schwester hatte darum gebeten, vor ihrem Abflug einen Tag mit mir verbringen zu dürfen, aber weil meine Quarantäne erst zwei Tage später aufgehoben wurde, erlaubte man es ihr nicht. Stattdessen hatte sie darauf bestanden, mit mir zu telefonieren.

Ich war so verblüfft, dass ich kein Wort herausbrachte. Es kam so plötzlich, so unerwartet. Niemand und nichts hatte mich darauf vorbereitet, dass sie abreisen würde.

»K… kommst du w… wieder?«, stammelte ich schließlich.

»Das weiß ich nicht«, antwortete sie.

Das verschlug mir endgültig die Sprache.

»Hallo? Bist du noch da?«, fragte sie.

»Ja.« Ein dicker Kloß steckte in meiner Kehle. Ich brachte keinen Ton heraus.

Celeste versuchte, mich in ein Gespräch zu verwickeln, aber die Zunge klebte mir am Gaumen, und mein Gehirn war wie betäubt. Mir fiel nichts ein, was ich ihr sagen konnte. Aber ich wollte auch nicht, dass sie auflegte, denn wenn sie das tat, wäre sie fort, wahrscheinlich für immer.

»Julie? Julie? Rede doch mit mir.« Ich wollte ihr sagen, dass sie mich nicht verlassen sollte, dass ich nicht allein bleiben wollte, aber stattdessen liefen mir nur heiße Tränen über die Wangen.

»Also gut, wenn du mir nichts weiter sagen willst, leg ich jetzt auf, okay? Also leb wohl. Ich hab dich lieb. Bye.«

Als die Verbindung abbrach, hielt ich den Hörer immer noch ans Ohr und lauschte den hohen Summtönen. Irgendwo in der Ferne sagte jemand, ich solle endlich den Hörer auf die Gabel legen. Ich kroch ins Bett zurück und betete zum ersten Mal darum, nie wieder aufwachen zu müssen.

16 *Die Suche nach Celeste*

Kristina

IM DEZEMBER 1990 bat die staatliche Fürsorge meine Mutter um Mithilfe. In Ramsgate war ein vierzehnjähriger Junge aus der Schweiz namens Sammy Markos bei dem Versuch erwischt worden, an Bord einer Fähre nach Frankreich zu gelangen, weil er zu seiner Mutter wollte. Er hatte keine Papiere bei sich, dafür aber *The Emergency Survival Handbook* der »Familie«. Die Leute von der Passkontrolle übergaben ihn der Jugendfürsorge. Da Sammy große Angst hatte, seine Mutter und die »Familie« in Schwierigkeiten zu bringen, bestritt er vehement, der Sekte anzugehören, und verweigerte auf alle weiteren Fragen die Antwort.

Die Beamten glaubten, dass es Mum möglicherweise gelingen könnte, den Jungen aus der Reserve zu locken. Da ich etwa so alt war wie Sammy, nahm sie mich mit. Sobald wir uns ihm als ehemalige Angehörige der »Kinder Gottes« vorstellten, rannte er aus dem Zimmer und schlug die Tür hinter sich zu.

Auf Mums Vorschlag hin folgte ich ihm in den Spielraum, schnappte mir ein Queue und sagte: »Komm, lassen wir die Erwachsenen miteinander reden! Wie wäre es mit einer kleinen Partie Pool?« Bei unserem Billardspiel entspannte er sich sichtlich und wurde zugänglicher. Ich erzählte von meinem gescheiterten Fluchtversuch vor einigen Jahren und zeigte ihm meinen Artikel für *No Longer Children*, eine Zeitschrift für ehemalige Sektenmitglieder. Ich sah seinen Augen an, dass er mich verstand. Dass ich mich im Jargon der »Familie« ausdrückte, schien ihn zu überraschen.

Doch als seine Mutter erschien, nannte sie uns »Teufel«. Sie benahm sich regelrecht hysterisch, und Sammy reagierte verängstigt. Er verschloss sich wieder, weigerte sich, mit mir zu sprechen, und wir gingen. Mum ließ ihm viele unserer Veröffentlichungen da und das Buch von Deborah Davis für den Fall, dass er die Möglichkeit hatte, sie zu lesen. Als die Polizei dann das Pensionat ausfindig machte, in dem er gelebt hatte, waren schon alle verschwunden.

Erschöpft dösten Mum und ich auf der Nachhausefahrt im Taxi ein, bis ein lauter Knall uns in die Wirklichkeit zurückriss. Entsetzt und schockiert stellte ich fest, dass unser Taxi gegen einen Poller geprallt, ins Schleudern geraten und mit zerbrochener Windschutzscheibe im Straßengraben gelandet war. Der Fahrer war am Steuer eingeschlafen, und er entschuldigte sich tausendmal dafür. Ich seufzte erleichtert auf, dass niemand verletzt worden war. Doch dann erinnerte ich mich an die wenigen Geschichten, die man mir als Kind erzählt hatte, und zwei Fragen schossen mir durch den Kopf: Bestraft Gott uns, weil wir die »Familie« verfolgen? Oder greift der Teufel uns an, weil wir sie bloßstellen? Indem ich mir diese Fragen stellte, begann ich zu begreifen, was Freiheit wirklich bedeutet und die Wahl, sich frei entscheiden zu können.

Es war zwar gut, dass ich meine Vergangenheit hinter mir gelassen hatte, aber ich hielt es für ebenso wichtig, weitere Misshandlungen zu verhindern. Die Macht von Tyrannen beruht auf Angst, aber wenn man seine Stimme erhebt und die Dinge beim Namen nennt, verlieren sie ihren Einfluss. Die Sekte, in der ich aufgewachsen war, gab es immer noch, und sie konnte weiterhin die verhängnisvollen Lehren verbreiten und die Methoden anwenden, die Tausenden von Familien Leid zugefügt und die meine Familie zerstört hatten. Ich wollte nicht hinnehmen, dass meine Freunde, meine Schwester und meine in der Sekte verbliebenen Angehörigen tagtäglich emotional und sexuell missbraucht wurden. Das Böse kann nur dann die Oberhand gewinnen, wenn anständige Menschen nichts dagegen unternehmen.

Es war meine feste Überzeugung, dass dieses Aufbegehren nicht anderen Mitgliedern unserer Gesellschaft überlassen werden durfte, etwa den Eltern oder ehemaligen Sektenanhängern. Es musste von mir und meinesgleichen kommen, da wir als Angehörige der zweiten Generation genau Bescheid wussten über das, was in der Sekte vorging.

Die Erinnerung an die schmerzliche Trennung von Celeste bewog Mum dazu, sich mit anderen Eltern anzufreunden, deren Kinder verschwunden waren. Eine Mutter, eine gewisse Mrs Willie, lud uns ein, sie in der Schweiz zu besuchen. Nachdem wir angekommen waren, erzählte sie uns, dass sich ihre neunzehnjährige Tochter kurz zuvor der »Familie« angeschlossen habe.

Mum nickte mitfühlend. »Ich nehme an, dass sich ihre Persönlichkeit seitdem sehr verändert hat.«

Mrs Willie schien erleichtert zu sein, dass wir sie verstanden. »Ja. Sie ist beängstigend still geworden und zieht sich immer mehr von mir zurück. Ich mache mir große Sorgen.« Sie verstummte kurz und senkte den Blick. »Ich glaube, sie ist schwanger, und ich weiß einfach nicht, was ich tun soll.«

Um das herauszufinden, muss man sich in die Höhle des Löwen begeben, dachte ich.

Als ich es aussprach, blickte Mrs Willie mich skeptisch an. »Aber wie? Ist das nicht gefährlich?«

Ich schüttelte den Kopf. »Sie werden schon keinen Verdacht schöpfen.«

Mrs Willie hatte Freunde, die außerhalb von Bern, nur ein paar Straßen von der großen Kommune entfernt, wohnten, und brachte mich hin. Als ich durch die Hecke des Grundstücks spähte, sah ich die verräterischen Hinweise darauf, dass hier eine

Kommune der »Familie« lebte: jede Menge Wäsche auf der Leine und zahllose Kinderdreiräder vor der Haustür. Ich entwickelte einen Plan und lief zu Mum und Mrs Willie zurück.

»Ich versuche, in die Kommune zu kommen«, sagte ich.

»Was? Und wie?«

»Indem ich sie dazu bringe, mich einzuladen«, entgegnete ich und bat sie, mir zu zeigen, wo die der Kommune am nächsten liegenden Parks waren.

Der erste Park war sehr schön. Inmitten einer Baumallee plätscherte ein kleiner Bach durch üppiges Gras. Irgendetwas sagte mir, dass ich sie hier treffen würde. Um zum Spielplatz zu kommen, musste ich eine Brücke überqueren. Dort blieb ich stehen und betrachtete mein Spiegelbild im Wasser. Als ich den Kopf hob, sah ich zehn kleine Kinder in Zweierreihen heranmarschieren, zwei Erwachsene bildeten die Vor- und die Nachhut.

Sie kamen wie gerufen.

Als sie auf meiner Höhe waren, drehte ich mich um und fragte die Frau, die vorausging, beiläufig: »*Quelle heure s'il vous plaît?*«

»Fünf Uhr«, antwortete sie auf Englisch, aber mit deutschem Akzent. Sie machte einen freundlichen Eindruck.

»Oh, Sie sprechen Englisch. Wie schön«, sagte ich. »Ich komme aus England.«

Sie wollte schon weitergehen, aber ich versuchte, die Unterhaltung fortzusetzen, indem ich eine Bemerkung über die vielen Kinder machte.

»Nun, wir sind eine christliche Schule«, antwortete die Frau. »Und was führt Sie in die Schweiz?«

»Eine kleine Ferienreise durch Europa.«

Die Frau schlug mir vor, sie auf den Spielplatz zu begleiten. Dort setzten wir uns auf eine Bank und plauderten über dies und das, bis eine der Frauen plötzlich fragte: »Hast du schon mal etwas von Jesus gehört und dass er am Kreuz gestorben ist, um uns von unseren Sünden zu erlösen?«

»Na ja, ich kenne mich ein bisschen mit Religion aus. Aber ich weiß nicht recht. Das ist alles ziemlich verwirrend.« Ich lächelte und versuchte, möglichst wie ein harmloses Schäfchen auszusehen. In der »Familie« nannte man potenzielle Mitglieder »Schafe«.

»Wir sind christliche Missionare, die das Wort des Herrn verbreiten.« Diese Litanei kannte ich natürlich auswendig. »Leider haben wir kein Material dabei, sonst würden wir dir eine Broschüre geben«, sagte eine der Frauen.

Sie fragten mich, ob ich mich nicht zu Jesus bekehren wollte, damit meine Seele gerettet würde, und sprachen mit mir das Erlösungsgebet. Genauso müssen auch wir auf Außenstehende gewirkt haben, ging es mir durch den Kopf.

»Victor! Lilly!«, rief die eine der beiden Frauen, eine Dunkelhaarige mit Brille, zu den Kindern hinüber, und mir dämmerte allmählich, dass diese Frau Serena sein musste, Julianas Mutter! Ich hatte sie auf den Videos der »Familie« gesehen.

Ich konnte es kaum fassen: Ausgerechnet hier, in einem Schweizer Park, traf ich meinen Halbbruder und meine Halbschwester, die ich bisher nur auf Babyfotos gesehen hatte. Das war ein ungeheurer Schock, und ich war sehr neugierig, aber ich musste meine Gefühle im Zaum halten. Ich hatte schließlich eine Aufgabe zu erledigen. Ich gab vor, gern mehr über die guten Taten der »Familie« erfahren zu wollen, damit sie mich in ihre Kommune einluden. Selbstverständlich würden sie Fremde nicht sofort in ihr »Sela«, ihre Geheimkommune, mitnehmen.

Nachdem sie gegangen waren, ließ ich mich am Ufer des Baches nieder und brach in Tränen aus. Ich war angespannt, und es hatte mich auch sehr mitgenommen, Victor und Lily unter diesen ungewöhnlichen Umständen kennenzulernen, aber nicht mit ihnen sprechen zu dürfen.

Als ich mich ein wenig beruhigt hatte, lief ich zu meiner Mutter und erzählte ihr, dass ich Serena begegnet war, die möglicherweise wusste, wo Celeste sich aufhielt. Mum war erst schockiert und dann besorgt, als ich ihr von meinem neuen Plan erzählte, aber ich überzeugte sie davon, dass mir schon nichts passieren würde.

Da ich Victor und Lily unbedingt wiedersehen und außerdem versuchen wollte, etwas über Celeste in Erfahrung zu bringen, ging ich am nächsten Tag zur Kommune und klopfte an die Tür. Fünf Minuten später öffnete sich ein kleines Fenster, und zwei Augen starrten mich an.

»Ja bitte? Wer sind Sie?«, wurde ich gefragt.

»Gestern im Park habe ich Serena und noch eine Ihrer Damen kennengelernt, und sie sagten, sie hätten ein paar Broschüren für mich«, erklärte ich unbekümmert.

»Oh«, sagte die Stimme. Das Fenster ging zu, und ich wartete.

Schließlich hörte ich Schlüssel klappern. Serena öffnete die Tür und fragte mich als Erstes, wie ich sie gefunden hätte.

»Ich habe einfach jemanden gefragt«, erwiderte ich leichthin. »Jeder scheint zu wissen, wo die Schule ist.«

Sie entspannte sich und trat lächelnd einen Schritt zur Seite. Es kam mir vor, als hätte jemand die Uhren zurückgedreht. Ich konnte es kaum glauben. Ich war wieder in einer Kommune!

Der Tradition der »Familie« entsprechend, sangen die Kinder für mich. Das alles war mir natürlich unendlich vertraut, und es kostete mich einige Mühe, nicht einfach mitzusingen.

Nachdem der Gesang geendet hatte, klatschte ich begeistert Beifall, um dann schnurstracks zu Lily und Victor zu laufen. Ich schwatzte unbefangen mit ihnen und ließ sie auf meinen Knien reiten. Sie luden mich ein, zum Abendessen zu bleiben, und während ich aß und zuhörte, blickte ich mich beiläufig um – und entdeckte eine junge Frau, die aussah wie die Frau auf den Fotos, die mir Mrs Willie von ihrer Tochter gezeigt hatte. Sie war offensichtlich schwanger. Ich warf auch einen Blick auf die

Landkarte an der Wand, da Serena mir erzählt hatte, dass ihr Mann »auf Mission« unterwegs sei.

»Auf Mission?«, fragte ich neugierig nach und hoffte, sie würde mir noch mehr Informationen geben.

»Ja, in Asien«, antwortete sie knapp und wechselte das Thema.

Sobald sich die Tür der Kommune hinter mir geschlossen hatte, lief ich zu dem Haus zurück, in dem ich schon gespannt erwartet wurde. Ich berichtete Mrs Willie, dass ihre Tochter tatsächlich schwanger war. Vielleicht war das nicht unbedingt das, was sie sich wünschte, doch wenigstens wusste sie nun, wo ihre Tochter war.

Zurück in England, lernten wir Ian Howarth und seine Frau Marie Christine kennen, die sich 1978 von den »Kindern Gottes« getrennt hatte und die seither zusammen mit ihrem Mann als vehemente Kritikerin der Sekte auftrat. Obwohl ich erst vierzehn Jahre alt war, begann ich, mich öffentlich über die »Familie« und ihre Praktiken zu äußern. Ich gehörte zu den ersten Kindern, die offen über ihre Erlebnisse sprachen, und sagte mehrmals vor der Polizei aus.

Da Mum befürchtete, Celeste vielleicht nie wiederzusehen, wenn sie die »Familie« gegen sich aufbrachte, hielt sie sich mit öffentlichen Auftritten zurück. Außerdem bemühte sie sich, nach ihren fünfzehn Jahren in der Sekte wieder ein normales Leben zu führen, und mit sechs kleinen Kindern war das nicht leicht. Und auch für mich war es nicht leicht. Mum sah ein, dass ich als Teenager auch einmal für mich sein musste, und überließ mir die Abstellkammer. Zum ersten Mal im Leben hatte ich ein eigenes Zimmer! Ich trat in die Theatergruppe meiner Schule ein, brachte viele Stunden in der örtlichen Bibliothek zu und unternahm alles, um mich von dem Gefühl der Verzweiflung abzulenken, das mich manchmal zu überwältigen drohte. Langsam begann ich, das ganze Ausmaß meiner Vergangenheit zu begreifen und welche Folgen sie für mein jetziges Leben hatte. Uns war eingetrichtert worden, dass Schwarz Weiß war und Weiß Schwarz. Ich musste gründlich umlernen.

Ich begann, mich öfter mit einem Jungen zu verabreden. Bryan war drei Jahre älter, selbstsicher und temperamentvoll und hatte wundervolle grüne Augen. Ich fühlte mich sofort zu ihm hingezogen. Mum fand zwar, dass ich zu jung war für einen Freund, aber ich hörte nicht auf sie. Bryan gab sich große Mühe, mir seine Zuneigung zu beweisen, und fuhr nach der Arbeit mehr als zehn Kilometer mit dem Rad, um sich mit mir zu treffen. Wenn er mit mir ausging, hatten wir viel Spaß miteinander. Das Zusammensein mit ihm lenkte mich von meinen Problemen ab. Wir verliebten uns Hals über Kopf ineinander.

Ungefähr zu dieser Zeit schrieb Dad einen Brief an meine Mutter und beschuldigte sie, »die guten Taten anderer, der ›Kinder Gottes‹, zu diffamieren und zu verleumden und viele Menschen grundlos aufzuhetzen«.

Mum war entsetzt und aufgebracht, aber vielleicht auch ein bisschen traurig.

Ich war empört über Dad und hatte das Bedürfnis, meine Mutter gegen diese Beschimpfung zu verteidigen. Aber obwohl mich der Brief verletzte, kannte ich inzwischen die Methoden psychischer Beeinflussung, die die Sekte gegenüber ihren Mitgliedern anwendete. Wir hatten in derselben Umgebung gelebt wie Dad und konnten ihm daher nicht vorwerfen, dass er so reagierte.

Ein paar Wochen später besuchten wir Gillian Duckworth in ihrer Wohnung in einer der exklusivsten Gegenden von London. Ihre Tochter hatte sich vor Kurzem der »Familie« angeschlossen. Da sie inzwischen schwanger war, machte Gillian sich Sorgen über die Zukunft des ungeborenen Kindes in einer Sekte, in der Kinder missbraucht wurden. Sie hoffte darauf, dass wir ihre Tochter dazu bringen könnten, ihre Meinung über die »Familie«

zu ändern. Gillian war sehr freundlich, aber sie war sehr nervös. Als wir mit Gillian und ihrer Tochter beim Lunch zusammensaßen, begann meine Mutter, ihre Geschichte zu erzählen, aber die Tochter hörte gar nicht zu. Da meine Mutter glaubte, ich könnte vielleicht weniger bedrohlich auf die Tochter wirken, erzählte ich von meiner Kindheit und davon, dass die Eltern alle Rechte gegenüber ihren Kindern verloren, weil die Betreuer eine totale Kontrolle ausübten.

Gillians Tochter hörte sich alles an, sagte aber kein Wort.

Wir hatten Publikationen der »Familie« mitgebracht, darunter auch Exemplare von *Heaven's Girl* und *Heaven's Children.* Ich wies darauf hin, dass Berg sowohl von seinen Töchtern als auch von seiner Enkelin Mene beschuldigt worden war, sich sexuell an ihnen vergangen zu haben, und zeigte ihr eine Zeichnung, auf der Berg nackt im Bett mit Maria und Techi zu sehen war. Ich klärte sie über sein perverses, inzestuöses Verhalten auf und darüber, dass er über seine Fantasien geschrieben hatte, Sex mit seiner Mutter zu haben. Nach etwa zwei Stunden verließ die Tochter erregt und verärgert das Zimmer. Daraufhin erklärte Gillian, dass sie das Sorgerecht für ihr ungeborenes Enkelkind beantragen wolle, und fragte uns, ob wir ihr mit Aussagen und Beweismaterial dabei helfen könnten. Wir waren sofort dazu bereit.

Ihre Forderung begründete Gillian damit, dass man Kinder in der Sekte schlug und demütigte, dass man ihnen nichts zu essen gab und dass sie von Erwachsenen und Gleichaltrigen schikaniert würden. Ich war eine Hauptzeugin in dem Verfahren, das einer der längsten Sorgerechtsprozesse in der britischen Rechtsgeschichte war.

Als sich das Verfahren noch im Anfangsstadium befand, ging die Unterkunft der Branch Davidian in Waco, Texas, nach einer missglückten Razzia des FBI in Flammen auf, wobei sechsundachtzig Menschen den Tod fanden, darunter auch der Anführer und »Prophet« David Koresh. Über die weltweite Berichterstattung besorgt, beschloss die »Familie«, sich in dem Sorgerechtsprozess zu verteidigen. Aber ihre Anführer lehnten es ab, persönlich vor Gericht zu erscheinen und sich einem Kreuzverhör zu stellen.

Eines Morgens musste ich mich auf dem Weg zur Schule übergeben. Ich wusste sofort, dass ich schwanger war. Inzwischen hatten Bryan und ich uns getrennt, und ich war oft mit Jason zusammen, einem meiner besten Freunde. Ich bat ihn, Mum anzurufen, weil ich die Enttäuschung in ihrer Stimme nicht ertragen hätte. Als er ihr die Neuigkeit mitteilte, versprach sie, nicht wütend auf mich zu sein, und bat ihn, mich nach Hause zu bringen. Die Schwangerschaftstests waren positiv. Bei meiner ersten Untersuchung sagte der Arzt, dass ich in den nächsten zwei Wochen entscheiden müsste, ob ich einen Abbruch wollte oder nicht. Ich wusste, dass so etwas für Christen Mord ist. Aber wie stand ich selbst dazu? Ich war es nicht gewöhnt, Entscheidungen zu treffen, und das war eine der schwersten Entscheidungen in meinem Leben.

Eines Morgens wachte ich auf und dachte: Vielleicht sollte ich einen Abbruch vornehmen lassen, um einen Beruf ergreifen zu können, und eine Stunde später: Ich möchte das Kind bekommen. Eines Nachts träumte ich von einem kleinen Jungen, und am nächsten Morgen wusste ich, was ich tun würde. Zwischen mir und meinem Baby war eine Beziehung entstanden, und ich betrachtete es nicht mehr nur als »Fötus«. »Ich habe mich entschlossen, das Kind zu bekommen«, sagte ich zu Mum.

Ich rief Bryan an, teilte ihm mit, dass ich ihm etwas Wichtiges zu sagen hätte, und wir vereinbarten ein Treffen im Park.

»Ich bin schwanger«, erklärte ich unumwunden.

Zu meiner Überraschung schien Bryan sich zu freuen.

»Ich werde der beste Vater der Welt sein«, versprach er und strahlte über das ganze Gesicht. Er flehte mich an, ihm noch eine Chance zu geben. Wenn er sich so freut, muss er mich wirklich lieben, dachte ich beeindruckt.

Bis dahin hatte ich ihm nicht viel über meine Vergangenheit erzählt. Als ich ihm dann aber doch anvertraute, was mir angetan worden war, begann er zu schluchzen und sagte: »Darüber möchte ich nie wieder reden.« Es war zu schmerzlich für ihn, so etwas über mich zu erfahren. Das konnte ich verstehen, dennoch machte ich mir Gedanken über seine Reaktion.

Trotz seiner Versprechungen unternahm Bryan keinen Versuch, eine Wohnung für uns zu suchen, und ich lebte weiterhin zu Hause. Er war achtzehn Jahre alt, und ich war gerade fünfzehn geworden. Obwohl ich hörte, dass er mit anderen Mädchen ausging, beschloss ich, ihm noch eine Chance zu geben. Ich wollte, dass mein Kind einen Vater hatte.

Völlig überraschend bekam ich einen Anruf von Debbie, einem Mädchen, das ich aus Indien kannte. Ihre Familie hatte erst vor Kurzem die Sekte verlassen, und wir redeten stundenlang miteinander. Uns verband so viel, wir sprachen die gleiche Sprache. Ich kam mir weniger einsam vor. Es erstaunte mich überhaupt nicht, dass die »Familie« nach wie vor Kinder peinigte und quälte. Debbies jüngerer Bruder Eman erzählte mir von seinen Erlebnissen in einem Ausbildungslager in Großbritannien. Mit Entsetzen hörte ich von den Methoden, die man in diesen neuen Lagern anwandte.

Rund achtzig Teenager waren aufgefordert worden, die Namen der vier Jugendlichen aufzuschreiben, die es ihrer Meinung nach am meisten an Frömmigkeit fehlen ließen. Eines Morgens führte man sie in den Versammlungsraum, in dem die Stühle in einem großen Kreis aufgestellt waren. Vier der Teenager wurden aufgefordert, auf Stühlen in der Mitte des Raums Platz zu nehmen. Der leitende Betreuer ergriff das Wort. »Wir haben eure Berichte gelesen, in denen vier Namen immer wieder auftauchen.«

Er machte eine bedeutungsvolle Pause. »Sie wurden für ihr Fehlverhalten verurteilt, aber nicht von uns, euren Betreuern …«, er blickte in die Runde der verängstigten Teenager und zeigte mit dem ausgestreckten Finger auf sie, »… sondern von *euch!*«

Dann las er die »Vergehen« der vier Jugendlichen vor: ein Lexikon zu lesen, Naturwissenschaftler werden zu wollen, Jeans zu tragen oder übermäßigen Wert auf die Frisur zu legen – ein Zeichen, dass sie im Weltlichen verhaftet waren. Dem Jungen, der die Sünde begangen hatte, sich die Haare zu stylen, wurde der Kopf kahl geschoren. Man sperrte die vier Jugendlichen wochenlang in einem Schuppen ein, sie mussten schwere körperliche Arbeiten verrichten und wurden regelmäßig geschlagen.

Eine Woche später traf Eman einen der Jungen beim Duschen. Er war grün und blau geschlagen, seine Striemen kaum verschorft. Debbies Bruder kannte viele solche Geschichten. Die Trauer eines Jungen, der mitansehen musste, wie sein Bruder ertrank, wurde als dämonische Besessenheit bezeichnet. Man verschloss ihm monatelang den Mund mit einem Klebestreifen und nahm diesen nur ab, damit er etwas essen konnte. Emans Mutter wurde der Aufenthaltsort ihrer Kinder verschwiegen, und die Kommunikation mit ihnen wurde stark eingeschränkt und begrenzt. Das gab den Ausschlag, dass sie wenig später die Sekte verließ.

Diese Berichte bestärkten mich nur noch mehr in meinem Entschluss, irgendwie dazu beizutragen, dass den von der »Familie« missbrauchten Kindern Gerechtigkeit widerfuhr. Debbie und Eman teilten meine Überzeugung und sagten ebenfalls vor Gericht aus. Als ich zum ersten Mal den Gerichtssaal betrat und mich einem Meer von Gesichtern gegenübersah, hätte ich beinahe auf dem Absatz kehrtgemacht. Ich war noch nicht sehr gefestigt in meinem alltäglichen Leben. Doch sobald ich mich im Zeugenstand befand, war ich mir meiner Sache absolut sicher. Ich kam mir vor wie eine Kämpferin für Wahrheit und Gerechtigkeit.

Nach drei Tagen intensivem Kreuzverhör wurde der Verteidiger immer gereizter, weil er keine Lücken in meiner Zeugenaussage entdecken konnte. Im Verlauf des vierten Tages wurden seine Äußerungen immer abfälliger, und er ging dazu über, meine traumatischen Erfahrungen innerhalb der Sekte zu bagatellisieren. In süffisantem Ton wollte er wissen, ob ich im Ernst glauben würde, dass die »Familie« noch immer derartigen Praktiken anhänge. Emotional völlig überfordert, brach ich schließlich in Tränen aus.

»Das alles ist David Bergs Werk! Er hat es angeordnet!«, rief ich empört aus. »Es beruht auf seinen Prophezeiungen und Visionen, wie könnte er die plötzlich zurücknehmen? Sagt er vielleicht, dass alles falsch war, dass er einen Fehler gemacht hat? Bemüht er sich, den angerichteten Schaden wiedergutzumachen? Hat er irgendetwas getan, damit die Leiden ein Ende nehmen?«

Der Richter zog ein paar Taschentücher hervor und bat den Gerichtsdiener, sie mir zu bringen. Ich schaute zu Gillian Duckworth hinüber. In ihrem Blick las ich Verständnis und Ermutigung, während ihre Tochter mit versteinertem Gesicht zu Boden sah. Ich wischte mir mit einem Tuch über die Augen.

»Warum sollte sich etwas geändert haben?«, fuhr ich fort. »Sie tun nur so, als hätte sich etwas geändert, damit nicht weiter gegen sie ermittelt wird. In seinem Herzen, in seinem Denken hat sich nichts geändert. Man geht jetzt nur verschwiegener vor, mehr im Geheimen, das ist alles. Mit keinem Wort hat er sich entschuldigt für das, was er in Gang gesetzt hat. Seinetwegen sind Menschen für immer geschädigt worden. Ich werde mein ganzes Leben lang darunter leiden. Wenn man einsieht, dass man jemandem ein Unrecht angetan hat, sollte man doch versuchen, ihm zu helfen. Das hat er nicht getan, und er wird es auch nicht tun.«

Ich war am längsten im Zeugenstand, wurde vier Tage lang ins Kreuzverhör genommen. Der Richter zeigte großes Verständnis für mich und ließ Pausen einlegen, wenn ich von meinen Gefühlen übewältigt wurde oder zu weinen begann. Lord Justice Ward nannte mich »eine sehr wichtige Zeugin« und führte in seiner Urteilsbegründung weiter aus:

»Immer wieder war ich beeindruckt von der Vielzahl an Details, die auf eine Weise vorgebracht wurden, dass es sich weder um Erfindungen noch um die Wiedergabe der Erfahrungen von anderen handeln konnte. Es hätte so viele Gelegenheiten gegeben, wo sie die Möglichheit gehabt hätte, die Vorkommnisse zum Nachteil der »Familie« zu übertreiben, aber sie hat sie nicht ergriffen. Sie ist glaubhaft bei der Wahrheit geblieben.«

Zwei Monate später waren wir gerade im Haus meiner Großeltern beim Essen, als ich erste Anzeichen von Wehen spürte. Als sie im Abstand von fünfzehn Minuten kamen, fuhr Tante Caryn mit mir ins Krankenhaus, da ich Bryan nicht erreichen konnte. Ich hätte gern Mum bei mir gehabt, aber sie musste bei meinen kleinen Geschwistern bleiben. Man brachte mich auf die Entbindungsstation, und gegen ein Uhr morgens tauchte Bryan auf. Man öffnete meine Fruchtblase und gab mir eine Epiduralanästhesie. Es war sehr schmerzhaft, und ich schlief erschöpft ein. Gegen sieben Uhr morgens wurde ich geweckt.

»Sie müssen jetzt mithelfen, Miss Jones«, sagte die Schwester. »Das Baby kann jeden Moment kommen.«

Ich wollte mich einfach umdrehen und weiterschlafen, aber die Schwester lachte und meinte, es wäre doch ziemlich ungewöhnlich, wenn eine Frau während ihrer Wehen tief und fest schlafen würde. Ich hob den Kopf, sah in Bryans strahlende Augen und hatte das Gefühl, dass das der glücklichste, aber auch der furchterregendste Moment meines Lebens war.

Am 13. September um 8.25 Uhr brachte ich einen kleinen Jungen mit dunklen Locken zur Welt. Seinem Vater und mir kamen die Tränen, als man ihn mir auf den Bauch legte. Ich liebte ihn von der ersten Sekunde an. Jordan war einfach wundervoll – und ist es heute noch.

Ich war glücklich – glücklicher, als ich es nach so vielen Jahren in einer unmenschlichen Sekte für möglich gehalten hätte, doch einen Gedanken konnte ich nie verdrängen: Wir müssen Celeste finden. Sie muss die Freiheit kennenlernen, die ich inzwischen genieße – eine Freiheit, die ich niemals für selbstverständlich halten werde.

17 *Gegensätzliche Positionen*

Celeste

NACH DADS BESUCH bei der Britischen Botschaft in Japan wussten wir, dass alle britischen Auslandsvertretungen Anweisungen erhalten hatten, nach mir zu suchen. Zum Sorgerechtsverfahren nach England zu fliegen kam für meinen Vater nicht in Frage. Er hasste England, und seine Missionierungsarbeit aufzugeben war für ihn schlimmer als der Tod.

»Da dein Visum erneuert wurde, brauchen wir uns zunächst keine Sorgen mehr zu machen«, erklärte er erleichtert. »Wir können abwarten, bis du volljährig bist.«

Dad hatte immer wieder davon gesprochen, nach Indien zurückzukehren, sobald sich eine Gelegenheit bot. Jetzt, da er nicht mehr für World Services tätig war, sah er sie gekommen. »Ich habe beschlossen, wieder in Indien zu missionieren«, verkündete er Julie und mir eines Abends beim Essen. »Ihr wisst, dass ich Indien schon immer geliebt habe.«

»Ich gehe nicht nach Indien«, entgegnete ich. »Dort kenne ich niemanden.«

»Schätzchen, dir bleibt keine Wahl. Du bist meine Tochter.«

Diese plötzliche Demonstration väterlicher Autorität, nachdem er so viele Jahre weg gewesen war, bedrückte und ärgerte mich. »Alle meine Freundinnen sind inzwischen in Brasilien. Ich will nicht nach Indien!«

Aber Dad hatte natürlich recht. Ich konnte protestieren, soviel ich wollte – es half mir nichts. Wenige Wochen später saßen wir in einer Air-India-Maschine nach Bombay. Aber ich fragte mich insgeheim, wie lange es diesmal dauern würde. Ich war mir sicher, dass mein Vater ein neues World-Services-Projekt übertragen bekommen und uns wieder im Stich lassen würde. Es kam mir mehr als unwahrscheinlich vor, dass er nach all diesen Jahren einfach nur als ganz normales Mitglied der »Familie« leben sollte.

Meine Vorahnungen bestätigten sich, als Dad vier Monate später erklärte, er werde nach Japan zurückkehren. »Man braucht meine Hilfe beim Drehbuch für eine neue Videoserie für Kinder mit dem Titel *Treasure Attic*.«

»Und was wird aus Julie und mir?«, fragte ich. Dass wir nicht nach Japan zurückkonnten, war mir klar. Das wäre zu riskant gewesen, weil die Behörden wussten, dass es sich bei der Heavenly City School um eine Institution der »Familie« handelte.

»In Bangkok gibt es ein Ausbildungszentrum, das von Joseph und Talitha geleitet wird. Du erinnerst dich doch noch an sie? Sie waren in Dan und Tinas Kommune auf den Philippinen. Sie wären gute Pflegeeltern für Julie. Und die CROs sind Silas und Endureth.« CRO war die Abkürzung für »Central Reporting Officer«. Silas und Endureth waren für die Aktivitäten der »Familie« in Südostasien verantwortlich und Peter Amsterdam und Maria direkt unterstellt.

»Und macht euch keine Sorgen«, fügte er hinzu. »Es ist nur für sechs Monate.«

Die Versicherung, dass es nur eine relativ kurze Trennung sein würde, beruhigte mich. Ich war bereit, meinem Vater zu glauben, dass er nach Beendigung des Projekts zurückkommen würde. Aber aus sechs Monaten wurden fünf Jahre!

In den ersten anderthalb Jahren fuhren Julie und ich in Begleitung unserer Vormünder alle drei Monate mit dem Zug nach Malaysia, um unsere Touristenvisa erneuern zu lassen, und kehrten zwei Tage später wieder zurück. Aber als die Polizei im Mai 1992 Kommunen in Sydney durchsuchte und Mrs

Duckworth in England das Sorgerecht für ihr Enkelkind beantragte, hielt man es für zu gefährlich, dass ich die Grenze überquerte.

Die Furcht vor behördlichen Ermittlungen nahm wahnhafte Züge an. Als bekannt wurde, dass meine Mutter und meine Schwester Kristina als Zeugen in dem britischen Sorgerechtsprozess auftraten, erschienen ihre Namen auf der »Worldwide Prayer List«, einer Liste mit den Namen von Feinden der »Familie«, für deren Untergang und Vernichtung gebetet wurde. Das verstörte mich zutiefst, da Jesus von uns verlangte, unsere Feinde zu lieben und *für* sie zu beten – nicht gegen sie –, und ich konnte mich nie dazu durchringen.

Lange Zeit hatte ich meine Emotionen und Gefühle unterdrückt oder einfach ignoriert. Aber am Morgen meines siebzehnten Geburtstags wurde ich regelrecht überwältigt davon, und ich konnte kaum aufhören zu weinen. Schlagartig war mir bewusst geworden, dass ich in einem Jahr volljährig sein würde, aber dass ich keine Ahnung hatte, was ich mit meinem Leben anfangen sollte. Ich fühlte mich absolut alleingelassen. Mein ganzes Leben lang war ich von einem Ort zum anderen geschickt worden, wenn es unseren Anführern gerade in den Kram passte. Ich hatte mir immer gewünscht, schnell erwachsen zu werden, damit mich niemand mehr herumkommandieren und schikanieren konnte, aber jetzt, wo ich mein Ziel fast erreicht hatte, flößte mir die Vorstellung, meinen eigenen Weg finden zu müssen, Angst ein. Es gab niemanden, dem ich mich anvertrauen konnte. Diese Erkenntnis löste einen neuen Tränenstrom aus. Den ganzen Tag lang war ich in einem Zustand hilfloser Verzweiflung. Am liebsten hätte ich mich zu einem kleinen Ball zusammengerollt und wäre unsichtbar geworden.

»Wir haben Anweisung bekommen, alle in unserem persönlichen Besitz befindlichen Dinge zu vernichten, die uns identifizieren könnten«, hatte Ami eines Abends erklärt. »Wenn die Polizei die Kommune durchsucht, soll sie nichts finden, was sie gegen uns und unsere Arbeit im Dienst des Herrn verwenden kann.«

Wenig später hatte ich eine Schere in der einen und meine Fotos in der anderen Hand. Persönliche Briefe landeten in einer Abfalltonne in der Mitte des Raums, um später verbrannt zu werden. Es brach mir fast das Herz, alles zerstören zu müssen, was mich mit meiner Vergangenheit verband. Alles, was mir lieb war, und jede Erinnerung daran, wer ich war, wurde entfernt.

Wir sollten rund um die Uhr bereit und darauf gefasst sein, dass die Polizei bei uns auftauchte. Eine Ermahnung, die jeder sehr ernst nahm. Während einer unserer abendlichen Gebetsstunden läutete es an der Tür. Alle hielten den Atem an. Wer konnte das sein? So spät am Abend? Es läutete wieder. Christina ging zur Tür. »Wer ist da?«, fragte sie über die Gegensprechanlage.

»Polizei«, meldete sich eine barsche Stimme auf Thai. »Machen Sie die Tür auf.«

»Wer?«, fragte sie nach.

»Polizei«, wiederholte die Stimme.

Aufgeregt kam Christiana zu uns zurückgerannt und sagte uns, wer da vor der Tür stand. Jeder verfiel in Hektik. Die Truhe mit den Mo-Briefen wurde abgeschlossen und versteckt. Alle suchten die öffentlichen Bereiche nach Dingen ab, die uns als Mitglieder der »Familie« verraten könnten. Wir liefen in unsere Zimmer und warteten gespannt. Nach zehn bangen Minuten rief Ami uns wieder zusammen und sagte: »Es war gar nicht die Polizei. Es waren John und ich.« John war Thai. »Ich wollte nur sehen, wie gut ihr vorbereitet seid und wie ihr reagiert.«

Wir wussten nicht, ob wir lachen oder weinen sollten. Ami hatte nicht damit gerechnet, dass ihr Test eine derartige Panik auslösen würde, und versuchte, uns wieder zu beruhigen.

Ein Bruder wurde kreidebleich und presste eine Hand auf den Magen. »Was ist?«, fragte Ami.

»Als ich in mein Zimmer kam, habe ich bemerkt, dass ich vergessen hatte, meine Sela-Sachen zu verbrennen«, antwortete er. »Ich wusste mir keinen anderen Rat, als sie aufzuessen.« Sela-Sachen waren alle Papiere, auf denen etwas stand, das Informationen nach außen geben könnte.

»Was?«, fragte jemand ungläubig.

»Ich habe sie mit Wasser hinuntergeschluckt …«

Wir brachen in schallendes Gelächter aus. So weit würde nicht jeder von uns gehen, dachte ich.

In den nächsten sechs Monaten durfte ich tagsüber nicht in den Garten gehen, weil die Gefahr bestand, dass Kriminalbeamte das Gelände observierten. Drei Monate vor meinem achtzehnten Geburtstag wurden Juliana und ich mitten in der Nacht in einen Van gesetzt und zu einem Apartment im Stadtzentrum gefahren. Dort nahmen die Betreuer mich beiseite und erzählten mir, dass meine Mutter in einem Brief verlangt hatte, dass ich zu ihr nach England kam.

»Möchtest du zu deiner Mutter? Du hast die Wahl. Aber wenn du lieber bei uns bleiben willst, werden wir dich beschützen«, sagte Ami.

Ich war verdutzt. War ich nicht jahrelang »zu meinem Schutz« versteckt worden? Und warum hatte man mich nicht früher vor die Wahl gestellt? Warum gerade jetzt?

In den vergangenen vier Jahren durften bis auf wenige Bilder für Dad keine Fotos von mir gemacht werden, und ich musste alle Fotos von meiner Familie und von meinen Freunden verbrennen. Ich musste meinen Namen in Claire ändern und durfte mit niemandem korrespondieren. Und jetzt, kurz vor meinem achtzehnten Geburtstag und nach allem, was ich erduldet hatte, um zu verhindern, dass meine Mutter meinen Aufenthaltsort erfuhr, ließ man mir plötzlich die Wahl!

Ich kam mir vor wie ein Besitztum, um das erbittert gekämpft wurde. Aber ich war ein Mensch und konnte meine eigenen Entscheidungen treffen. Nein, ich würde mich nicht zu meiner Mutter schicken lassen. Sie war eine Fremde für mich.

»Bis zu meinem Geburtstag ist es nicht mehr lange hin«, erwiderte ich. »Ich bleibe.«

Meine Vorstellung von der Welt außerhalb der »Familie« beruhte einzig und allein auf dem, was unsere Betreuer mir vermittelten. Ich hatte die *Traumatic Testimonies* mit ihren Horrorgeschichten über Vergewaltigung, häusliche Gewalt, Verbrechen und Drogenkonsum im System gelesen. Wenn wir die »Familie der Liebe« verließen, mussten wir uns auf viel schlimmere Zustände gefasst machen. Der erste junge Mann, der den Wunsch äußerte, die »Familie« zu verlassen, wurde brutal geschlagen und in Einzelhaft gesperrt; er musste mitten in der Nacht flüchten, nur mit dem, was er am Leib hatte. Doch jetzt, nach den Gerichtsverfahren, nahm man von derart grausamen Methoden Abstand. Aber die »Wahl«, die man uns jungen Leuten ließ, hörte sich in etwa so an:

»Natürlich kannst du uns verlassen, wenn du das willst. Wir zwingen dich nicht zu bleiben. Du kannst jederzeit gehen. Aber … wenn du das tust, bist du ein Abtrünniger, und Gott wird dich aus Seinem Mund ausspeien.«

Ich wollte Gott nicht erzürnen, ich wollte Ihm dienen. Ich wollte nicht die Nächste auf der Liste sein, und ich wollte nicht, dass alle dafür beteten, dass ich sterben sollte, weil ich eine Feindin der »Familie« war.

Nach meinem achtzehnten Geburtstag bekam ich Besuch von Silas und Endureth. Wenn die CROs persönlich mit mir sprechen wollten, musste es um etwas Wichtiges gehen.

»Deine Mutter und deine Schwester Kristina haben in Fernsehauftritten und in Zeitungsinterviews einen ungeheuren Wirbel in den britischen Medien ausgelöst. Wir möchten, dass du zu deiner Mutter fliegst, um die Situation zu entschärfen.«

Ich war mir nicht ganz sicher, was sie damit meinten. Aber ich erfuhr, dass ich zunächst auf den Umgang mit den Medien vorbereitet werden musste. »Okay«, erklärte ich lässig, aber mein Herz begann, schneller zu klopfen. Meine Mutter zu treffen war eine Sache, aber ich war mir nicht sicher, ob ich einer Konfrontation mit den Medien gewachsen war. Was sollte ich sagen? Wäre ich überzeugend genug? Doch es war bereits alles in die Wege geleitet, und mir blieb nichts anderes übrig, als mitzumachen, eine kleine Schachfigur in einem ganz großen Spiel.

Ob ich meine Mutter wiedersah oder nicht, hing davon ab, wie gut ich meine Schulung im Umgang mit den Medien bewältigte. Drei weitere junge Leute sollten zusammen mit mir vorbereitet werden. Wir verbrachten viele Stunden damit, alle umstrittenen Mo-Briefe zu lesen, von denen die meisten inzwischen verbrannt worden waren. Die wenigen verbliebenen Exemplare befanden sich unter Verschluss. Man sagte uns, dass die Briefe durchforstet werden mussten – aber nicht weil die »Familie« nicht mehr an die Botschaften glaubte, die darin standen, sondern weil wir angepasst erscheinen mussten, um überleben zu können. Uns wurde ganz detailliert vorgeschrieben, was wir sagen sollten. Nach einer Strategie von Maria sollten wir nicht auf die Botschaft selbst eingehen, sondern lediglich auf die Briefe.

Man zeigte uns Beispielvideos davon, wie wir mit der Presse sprechen sollten, und übte mit uns Frage- und Antwortszenen. Trotz meiner Angst, entführt zu werden, wollte ich meine Mutter wiedersehen und hoffte darauf, nach England fliegen zu dürfen. Offenbar bestand ich den Loyalitätstest, denn nach einmonatigem Training veranstalteten Silas und Endureth ein Abschiedsessen für mich, und alle versammelten sich zum Gebet und zu Fürbitten um Eingebungen. Sie hatten Visionen, dass ich eine Streiterin im Geist war und wie Johanna von Orleans für den Glauben kämpfte. Diese Prophezeiungen wurden mir als Abschiedsgeschenk mitgegeben.

Doch tief im Herzen fehlte mir die Gewissheit, das Richtige zu tun, und ich fühlte mich wie eine Hochstaplerin, die sich eine Rolle anmaßte, die ihr nicht zukam. Ich hoffte inständig, dass ich in England wie durch ein Wunder die innere Überzeugung gewinnen und mich »vom Heiligen Geist gesalbt« fühlen würde, wie die Prophezeiungen gesagt hatten.

Mein Visum war seit einem Jahr abgelaufen, und ich habe keine Ahnung, wie viel sie deswegen bezahlen mussten, aber Silas, Endureth und meine Vormünder regelten die Angelegenheit. Ich wurde zum Flughafen gefahren und in letzter Minute an Bord eines Flugzeugs gebracht. In Begleitung von Galileo und Dawn, den CROs für Europa, traf ich schließlich in London ein. Das Erste, was mir in England auffiel, war, dass die Häuser dort nicht von hohen Mauern umgeben waren, wie die meisten Häuser der Wohlhabenden in Thailand und auf den Philippinen.

Wir fuhren mit dem Taxi zu einem dreistöckigen Reihenhaus an der Finchley Road im Norden von London. Ein hochgewachsener Amerikaner namens Matthew öffnete uns die Tür. Er trug einen sorgfältig gestutzten Vollbart und hatte eine starke Ausstrahlung. Seine Aufgabe war es, die Verteidigung der »Familie« in dem Sorgerechtsverfahren von Mrs Duckworth um ihr Enkelkind abzustimmen. Matthew erklärte mir, dass meine Mutter einem Treffen mit mir auf »neutralem Boden« zugestimmt habe: im Haus von Eileen Barker, einer emeritierten Soziologieprofessorin der London School of Economics, mit einem Schwerpunkt auf Religion, die schon viele Bücher über Sekten veröffentlicht hatte, darunter auch eins über die Moon-Sekte. Als Leiterin von INFORM, einer 1988 gegründeten nichtstaatlichen Organisation, die über religiöse Gruppen und Sekten informiert, sollte sie als Mediatorin zwischen meiner Mutter und mir fungieren. Sie war sehr renommiert, und als ich sie ein paar Tage vor dem entscheidenden Treffen mit Mum in Begleitung von Matthew aufsuchte, war ich sehr neugierig.

Frau Professor Barker kam selbst an die Tür und bat uns ins Wohnzimmer. Ihr Haus war voller Bücherregale, und überall lagen Bücher herum. Sie wirkte freundlich und liebenswürdig, aber ich war sehr nervös. Professor Barker spielte das Video ab, in dem ich als Sechsjährige in Griechenland tanze.

»Was empfinden Sie, wenn Sie das sehen?«, fragte mich Professor Barker.

Ich fühlte mich äußerst unbehaglich, doch ich hielt mich streng an meine Vorgaben. »Ich kann mich kaum daran erinnern. Es war keine so große Sache.«

Eileen Barker nickte, stellte aber keine weiteren Fragen. Vielleicht befürchtete sie, mich einzuschüchtern oder Matthew zu reizen. Insgesamt überraschte es mich, dass mich nie jemand – weder Professor Barker noch ein Journalist – danach fragte, ob ich nicht in eindeutigeren Posen getanzt hatte. Das hatte ich natürlich getan – und mit weit verheerenderen Folgen.

Matthew sagte mir, dass ich mich am folgenden Sonntag zwei Stunden lang mit meiner Mutter treffen würde. Unsere »Wiedervereinigung« löste einen riesigen Medienrummel aus. Am Abend fuhr Matthew mit mir zu einer Telefonzelle, da mein Vater mit mir sprechen wollte. Er war noch immer in der Heavenly City School in Japan, und ich hatte seit drei Jahren kein Wort mit ihm gewechselt.

Meine anfängliche Freude, mit Dad reden zu können, verwandelte sich schnell in Zorn. Mehr als eine Stunde lang zog er über meine Mutter her und erzählte mir die schrecklichsten Dinge über sie. Man hatte mir bereits ein Dossier mit ähnlichen

Äußerungen über sie zu lesen gegeben, das sie diskreditieren sollte und das sich auf alle erdenklichen negativen Aussagen von Leuten berief, mit denen sie in Indien gelebt hatte – eine Taktik, die man bei Scientology abgeschaut hatte und die darin bestand, das Ansehen eines Kritikers zu beschädigen. Demnach war sie schmutzig, schlampig, faul und hatte großen Spaß am Flirty Fishing. Sie ließen nichts aus. Während eines Streits habe sie Joshua einmal sogar mit einem Messer bedroht. (Später fand ich heraus, dass es Joshua gewesen war, der zum Messer gegriffen hatte.)

Ich konnte die Angriffe meines Vaters, die unter der Gürtellinie waren, nicht hinnehmen, selbst wenn meine Mutter eine Gegnerin der »Familie« war. Als das Gespräch zu Ende war, atmete ich erleichtert auf. Der Loyalitätskonflikt machte mich krank. Ich konnte nicht gut schlafen, und ich hatte einen Kloß im Hals, sodass ich kaum schlucken konnte. Ich war zwar schon immer dünn gewesen, aber jetzt wog ich nur noch achtundvierzig Kilo.

Am nächsten Tag fuhren wir wieder zu Professor Barker. Als Matthew sah, dass nicht nur meine Mutter, sondern auch noch Kristina, David, meine Großeltern, Tante Caryn und ein befreundeter Pastor erschienen, rastete er aus. »Deine Mutter hat jemanden mitgebracht, der uns umpolen soll!«, schrie er und stürmte wutentbrannt aus dem Haus. »Wenn er nicht verschwindet, kann das Treffen nicht stattfinden.« Das machte mich noch nervöser, als ich ohnehin schon war. Nachdem der Pastor freundlicherweise gegangen war, forderte Matthew alle bis auf meine Mutter auf, draußen im Garten zu warten, während meine Mutter zum Lunch hineingebeten wurde.

Als Mum den Raum betrat, fiel mir zunächst ihre Kleidung auf. Sie trug einen knöchellangen, bunt geblümten Rock und eine hellgrüne Jacke über einer bis zum Hals zugeknöpften Bluse. Ich verabscheute alles Hippiehafte, und in dem Rock sah sie aus wie ein typisches »Blumenkind«. Sie war nicht mehr so schlank wie auf dem Foto, das ich vor Jahren gesehen hatte. Sieben komplizierte Schwangerschaften hatten ihren Tribut gefordert. Das Bild, das ich seit Kindertagen von ihr im Kopf hatte, stand in starkem Kontrast zu der Frau, die da vor mir stand.

Ich wusste nicht, was ich zu ihr sagen sollte, und entschied mich dann für: »Hi, Mum.« Es war sonderbar, das zu einer Frau zu sagen, die ich gar nicht kannte.

Auch meine Mutter wirkte unsicher, begrüßte mich aber mit einem Kuss auf die Wange. »Du bist groß geworden«, lächelte sie. »Welche Schuhgröße hast du eigentlich?«, fragte sie zu meiner Verblüffung.

Ratlos sah ich sie an. »Das weiß ich nicht.« Ich hatte wirklich keine Ahnung.

»Du siehst so dünn aus«, bemerkte sie und sah ein bisschen besorgt aus.

Ich wusste nicht, was ich darauf sagen sollte. Unser »Gespräch« wirkte gezwungen, immer wieder entstanden fast peinliche Pausen. Professor Barker forderte uns auf, am Tisch in der Küche Platz zu nehmen, auf dem Platten mit Thunfisch- und Gurkensandwiches, Kohlsalat und kaltem Braten standen. Ich war die ganze Zeit wie in einer Art Trance und wusste nicht recht, wie ich auf eine Mutter reagieren sollte, die von Emotionen überwältigt wird, weil sie nach fünfzehn Jahren endlich ihre Tochter wiedersieht.

»Ich möchte, dass du weißt, dass ich dich nie verlassen wollte«, sagte Mum und brach in Tränen aus.

Ich war unsicher, wie ich darauf reagieren sollte. Wahrscheinlich hätte ich zu ihr hingehen und sie umarmen sollen, aber ich blieb unbeholfen sitzen.

»Ist alles in Ordnung mit Ihnen, Rebecca?«, fragte Professor Barker. »Es kommt mir so vor, als würden Sie mit sich ringen. Vielleicht möchten Sie sich beraten.«

Ich sah Mum zu, wie sie sich mit einer Serviette über die Augen fuhr und versuchte, sich wieder zu beruhigen. Alles schien sich nur auf Mum und ihre Probleme zu konzentrieren. Das fand ich ein bisschen enttäuschend. Denn obwohl ich nach außen hin so beherrscht blieb, wie ich es gelernt hatte, war ich es, die Hilfe und Unterstützung brauchte, um eine Beziehung zu meiner Mutter zu knüpfen, die für mich eine völlig Fremde war.

Nach dem Lunch sagte Mum: »Draußen im Garten sind Kristina, David und deine Großeltern. Sie würden dich gern sehen.«

»Sie müssen nicht, Celeste«, wandte Professor Barker ein. »Sie können frei entscheiden.«

»Das geht schon in Ordnung«, antwortete ich. »Ich möchte sie gern treffen.« Ich war vor allem auf Kristina und David neugierig. Mum und ich liefen in den Garten hinaus, und alle überfielen mich mit Umarmungen, Küssen und Fragen.

»Celeste!« Kristina umarmte mich strahlend. Auf ihrer Hüfte saß ein kleiner Junge. »Das ist mein Sohn Jordan. Du bist inzwischen Tante.«

»Er ist wirklich süß. Was für entzückende Locken«, erwiderte ich.

»Wo hast du gesteckt? Wir haben dich sehr vermisst!« Tante Caryn drückte mich an sich.

»Hast du unsere Geschenke bekommen?«, fragte Granny und drückte meine Hand.

Ihre Zuneigung überwältigte mich, auch wenn ich mich fragte, ob Granny mir jemals Geschenke geschickt hatte, weil sie meine Adresse gar nicht gekannt haben konnte. Nach der jahrelangen Beeinflussung gegen die Familie meiner Mutter war ich ihnen gegenüber misstrauisch. Liebten sie mich wirklich? Um meiner selbst willen und ohne irgendwelche Hintergedanken?

Matthew hatte mich gewarnt, dass sie versuchen könnten, mich zu entführen. Aber trotz allem, was ich an Schlechtem über sie gehört hatte, kamen sie mir eigentlich nicht vor wie Menschen, die Gangster engagierten, damit sie sich auf mich stürzten. Ich wollte sie näher kennenlernen und war einverstanden, mich wieder mit ihnen zu treffen.

18 *Bittersüßes Wiedersehen*

Kristina

ALS WIR VOR EILEEN BARKERS HAUS PARKTEN, hielt auf der anderen Straßenseite ein Auto, aus dem Celeste mit ihrem Aufpasser Matthew ausstieg. Wir beobachteten, wie sie ins Haus gingen. Sie sah dünn und sehr erschöpft aus.

Ein paar Minuten später stiegen auch wir aus. Mum, David und ich waren sehr aufgeregt und nervös, Celeste nach all den Jahren endlich wiederzusehen. Ich klopfte an die Tür, die sofort geöffnet wurde.

Es überraschte Professor Barker, dass Mum nicht allein war und dass sie außer uns auch noch einen Pastor zur moralischen Unterstützung mitgebracht hatte. Als er uns sah, verlor Matthew die Beherrschung, begann zu schreien und beschuldigte den Pastor, Celeste kidnappen zu wollen. Mein Baby begann zu weinen, und einen Moment lang herrschte eine angespannte Atmosphäre. Um die Situation zu entschärfen, verabschiedete sich unser Freund. Professor Barker teilte uns mit, dass nur Mum im Haus bleiben dürfe, aber wir anderen könnten gern im Garten warten. Da uns keine Wahl blieb, gingen wir hinaus und fragten uns, wie Celeste und unsere Mutter nach der jahrelangen Trennung miteinander zurechtkommen würden. Am Morgen war Mum so nervös gewesen, dass sie kaum ein Wort herausbekam. Vielleicht waren meine Hoffnungen übertrieben gewesen, aber es lief ganz anders als in meiner Vorstellung. Ich hatte gedacht, dass wir uns als Familie begegnen würden, um zu reden, über das Versäumte zu weinen und einen neuen Anfang zu wagen. Doch die Erfahrung hätte mir sagen müssen, dass Sektenmitglieder so darauf geeicht waren, Außenstehenden zu misstrauen, dass es schwer war, ihre Abwehrhaltung zu durchbrechen.

Wir warteten über eine Stunde, während sie drinnen einen Lunch einnahmen. Schließlich teilte Professor Barker uns mit, dass wir Celeste sehen könnten, und fügte hinzu: »Sprechen Sie mit ihr nicht über die ›Familie‹. Belasten Sie die Situation nicht unnötig.«

»Ich habe meine Schwester seit vierzehn Jahren nicht gesehen und rede mit ihr, über was ich will«, entgegnete ich aufgebracht.

Dann kam Celeste mit Mum in den Garten und lächelte unsicher, als wir sie nacheinander umarmten und küssten. Sie begann, sich ein bisschen zu entspannen. Dann konnte ich ein paar Minuten mit ihr allein sprechen. Obwohl wir beide versuchten, das Thema zu umgehen, kam es unvermeidlich zur Sprache.

»Ich habe nicht gelogen«, versicherte ich. »Alle, was ich gesagt habe, entspricht der Wahrheit.«

Sie nickte. »Wie du weißt, wurde Joshua aus der ›Familie‹ ausgeschlossen.«

»Aber es war doch nicht nur er …«, begann ich und begriff, dass man ihr eingeredet hatte, dass für alles, was unserer Mutter und mir angetan worden, Joshua verantwortlich war – und nicht die Gebote und Regeln der Sekte. »Denk daran, was Berg mit Mene gemacht hat.«

Celeste sah mich an. »Mene? Sie ist doch wahnsinnig!«

»Aber sie war deine Freundin!« Es machte mich traurig, dass sie die Qualen ihrer Freundin so leichtfertig abtat. »Und warum ist sie deiner Meinung nach so geworden?«

Wir blickten beide zu Boden. Es gab so viel zu sagen, aber es blieb so wenig Zeit. Ich seufzte. Endlich hatten wir Celeste wieder, aber sie kam mir vor wie ein Geist. Ich sah Jordan an, den ich auf meiner Hüfte hielt. Ich lächelte. Er war real.

Auch Celeste begann zu lächeln. »Ich habe dir noch gar nicht gratuliert, Nina«, sagte sie und nannte mich bei meinem alten Kosenamen. »Er ist wirklich entzückend.«

Als Matthew und Professor Barker uns erklärten, dass es besser wäre, wenn wir jetzt gingen, versicherte ich meiner Schwester schnell, dass ich sie liebte und wie sehr ich sie vermisst hatte. Es hätte noch sehr viel mehr zu sagen gegeben, aber ich wollte, dass sie zumindest das wusste. Als wir uns voneinander verabschiedeten, wollten wir unbedingt wissen, wann wir Celeste wiedersehen konnten.

Ein paar Tage später rief Mum Celeste an, vereinbarte ein weiteres Treffen und fragte, ob sie Jonathan mitbringen könnte. Wir fuhren mit dem Zug nach London und klopften an die Tür des Media Home an der Finchley Road. Eine »Tante« öffnete und begrüßte uns mit ihrem strahlendsten »Hi, der Herr segne Euch«-Lächeln. Schließlich kam Celeste herunter, durfte aber nicht mit uns allein bleiben. Diesmal wirkte sie sehr viel lockerer und schien sich zu freuen, uns zu sehen. Sie unterhielt sich mit David und Jonathan und spielte mit dem kleinen Jordan. Mum und ich schauten nur zu und waren einfach froh, mit ihr zusammen sein zu können.

Während wir darauf warteten, dass ein Lunch serviert wurde, führte uns Celeste verschiedene PR-Videos der »Familie« vor, und wir gaben ihr unsere Geschenke. Ich hatte ihr ein Notizbuch gekauft und darin alle Namen, Telefonnummern, Adressen und Geburtstage unserer Familienangehörigen eingetragen. Mum hatte einen Plan, und sie hatte mich vor unserem Aufbruch zu ihrer Komplizin gemacht. Ich sollte Matthew ablenken, damit sie ein paar Minuten ungestört mit Celeste reden konnte. Sie wollte ihr einen bestimmten Bibelvers vorlesen, um ihr Stoff zum Nachdenken zu geben.

Berg hatte stets betont, dass man Menschen an ihren »Früchten« erkennen sollte, also daran, wie viele Seelen sie bekehrt hatten. Mum wollte Celeste erklären, dass »An ihren Früchten sollt ihr sie erkennen« etwas ganz anderes bedeutet. Dem Apostel Paulus zufolge meinte Jesus die Früchte des Geistes: Liebe, Freude, Friede, Geduld und Mäßigung. Wohingegen die Werke des Fleisches Ehebruch, Trunksucht, Zorn und Hass sind (Galater 5, Vers 19 bis 23).

Sie wollte noch etwas sagen, aber man gab uns unmissverständlich zu verstehen, dass unser Besuch beendet war.

»Ich werde dir schreiben oder anrufen …«, sagte Celeste hastig, als wir uns verabschiedeten. Wie fast zu erwarten war, tat sie weder das eine noch das andere.

Ich wollte meine Schwester unbedingt treffen, und als ich das nächste Mal bei meinen Freunden in London war, planten Eman und ich bei einer Partie Schach einen Besuch an der Finchley Road. Am nächsten Tag tauchten wir unangemeldet vor dem Media Home auf. Eman klopfte, während ich gespannt und nervös hinter ihm stand. Die Vorhänge bewegten sich ein paarmal, aber schließlich wurde geöffnet. Widerstrebend ließ man uns hinein. Während wir in einem Raum im Erdgeschoss warteten, stellten wir fest, dass auf dem Couchtisch ein eingeschaltetes Babyphone stand. Und zwar der Teil des Geräts, der die Geräusche des Babys wiedergab. Es überraschte uns nicht, dass man unsere Unterhaltung mit Celeste belauschen wollte.

Nach einer halben Ewigkeit, in der wir uns vorkamen wie in der Höhle des Löwen, betrat eine nervös wirkende Celeste das Zimmer. Ich umarmte und küsste sie und machte sie mit Eman bekannt. Ständig wieselte jemand um uns herum, und zu meinem Erstaunen erkannte ich unter ihnen Solomon, meinen alten Freund aus Indien. Wir fragten Celeste, ob sie und Solomon uns zur Tankstelle in der Nähe begleiten würden, um ein paar Süßigkeiten zu kaufen.

Man wollte unbedingt verhindern, dass wir mit Celeste allein waren. Schließlich durfte Solomon mit Eman zur Tankstelle gehen, während ich bei Celeste blieb. Wir wurden zum Dinner eingeladen, aber die Atmosphäre war steif und gezwungen. Bevor wir gingen, stellte Matthew, der Sprecher der »Familie«, eine erstaunliche Forderung. Er verlangte von mir eine schriftliche Erklärung, dass bei unseren Treffen mit Celeste alles »in Butter« gewesen sei und dass uns der Kontakt mit ihr nicht verweigert oder eingeschränkt worden war.

Verblüfft starrte ich ihn an. »Ich werde mich mit dem Anwalt von Gillian Duckworth in Verbindung setzen«, wehrte ich ab.

Aber schließlich erklärte ich mich bereit, hielt aber mit meiner Meinung nicht hinter dem Berg. Ich gab an, dass unsere Unterhaltung aufgezeichnet worden war und Celeste nicht einmal für wenige Minuten unbewacht das Home hatte verlassen dürfen. Man hätte uns zwar nach außen hin freundlich begrüßt, aber das bedeute noch längst nicht, dass alles in Ordnung gewesen wäre. Danach hörten wir nichts mehr von Celeste, und wenig später erfuhren wir, dass sie nicht mehr in der Finchley Road wohnte.

Ich wurde zu Talkshows eingeladen und begann, Zeitungen und Zeitschriften und auch der BBC Interviews zu geben. Als ich hörte, dass man Celeste in eine Villa in Dunton Bassett gebracht hatte, tauchte ich dort mit einem BBC-Reporter und einem Kameramann auf. Matthew kam aus dem Haus gestürmt und begann, mich unflätig zu beschimpfen. »Du Verräterin! Wir haben dir vertraut und dich in unserem Haus willkommen geheißen. Auf keinen Fall lassen wir dich hier herein! Du würdest doch nur weitere Lügen verbreiten, genau wie in deiner schriftlichen Erklärung!«

»Die Sie von mir verlangt haben«, entgegnete ich gelassen. »Und ich lüge nicht!«

Das brachte Matthew vollends in Rage. Er trat von einem Fuß auf den anderen und brachte keinen zusammenhängenden Satz mehr heraus.

»Moment mal! Immer mit der Ruhe«, mischte sich der Reporter ein. »Sie will doch einfach nur mit ihrer Schwester reden.«

Trotz seiner Wut schien Matthew zu begreifen, dass er es sich nicht leisten konnte, sich vor einer Fernsehkamera wie ein Wahnsinniger aufzuführen, und erklärte sich schließlich bereit, Celeste zu holen. Mit Tränen in den Augen und am ganzen Körper zitternd, setzte ich mich auf die Mauer und versuchte, mich zu beruhigen. Wir warteten und warteten. Als Celeste mehr als eine Stunde später aus dem Haus kam, wirkte sie erschöpft und verunsichert. Arm in Arm schlenderten wir durch den Garten und redeten miteinander. Die BBC-Crew schirmte uns gegen Matthew ab, der immer noch aufgeregt herumhüpfte wie Rumpelstilzchen.

Ich erklärte meiner Schwester, warum ich an die Öffentlichkeit gehen musste, und sagte, ich würde nicht glauben, dass sie nie sexuell missbraucht worden war. Zum Schluss sagte ich ihr, wie schön es wäre, wenn wir ab und zu zusammen ins Kino oder in ein Restaurant zum Essen gehen könnten. Unsere Telefonnummern stünden in dem Notizbuch, das ich ihr geschenkt hatte.

Celeste nickte. »Ich melde mich«, versprach sie. Aber ich wusste, sie würde es nicht tun. Sie war noch nicht so weit. Auf der Heimfahrt hatte ich das Gefühl, dass sich der Besuch gelohnt hatte, weil der Sekte jetzt klar sein musste, dass wir sie »im Auge behielten«, aber das Treffen mit meiner Schwester machte mich auch unendlich traurig.

19 »*Täuschung im Dienste der Wahrheit*«

Celeste

MATTHEW BEAUFTRAGTE EINEN ANWALT, der mir bei der Abfassung einer eidesstattlichen Erklärung helfen sollte, in der es hieß, dass ich nicht sexuell missbraucht worden war. Im Verfahren um das Sorgerecht für den Enkel von Mrs Duckworth durfte ich allerdings nicht aussagen. Da der Leitung der »Familie« die Vorgänge bei *Music with Meaning* sehr wohl bekannt waren, hielten sie meinen Auftritt vor Gericht für zu riskant. Ich war nicht darauf eingestellt, Lügen über meine Vergangenheit zu erzählen. Ein in meinem Namen aufgesetztes Dokument zu unterschreiben, war eine Sache, doch ich konnte und wollte nicht unter Eid vor Gericht aussagen, dass sich niemand sexuell an mir vergangen hatte.

Matthew und ich trafen uns mit dem Anwalt zum Lunch. Während des Essens sah der Anwalt mir direkt in die Augen und fragte: »Wurden Sie jemals sexuell missbraucht?«

Unbehaglich rutschte ich auf dem Stuhl hin und her und richtete den Blick auf meinen Teller. »Nein.«

»Sie wissen doch«, begann er halb im Scherz, »dass es als Zeichen dafür genommen wird, dass man lügt, wenn man bei der Antwort auf eine Frage den Blick senkt?«

Ich schaute erst Matthew an, dann den Anwalt, und wir alle brachen in Lachen aus. Matthew erklärte, ich wäre nervös und offenbar eingeschüchtert, dann setzten wir unsere Unterhaltung fort. Der Anwalt stellte mir keine Fragen mehr zu diesem Thema. Ich wünschte, er wäre beharrlicher gewesen, weil ich kurz davor stand, die Wahrheit zu sagen.

Bei meiner eidesstattlichen Erklärung kam es weniger auf das an, was ich sagte – dass ich eine unbeschwerte, glückliche Kindheit gehabt hätte –, als vielmehr auf das, was ich *nicht* sagte. Nirgendwo behauptete ich ausdrücklich, dass sich mir jemals ein erwachsener Mann in eindeutig sexueller Absicht genähert habe. Durch eine haarspalterische Definition des Wortes »Missbrauch« überzeugten die Verantwortlichen der »Familie« uns davon, dass es *keine* Lüge war, wenn sexueller Missbrauch bestritten wurde. Ich war lange genug manipuliert worden, um zu glauben, dass selbst unsere schlimmsten sexuellen Erfahrungen im Vergleich zu dem, was Kinder im System zu erdulden hatten, »Liebe« waren.

Eines Tages erhaschte ich in Matthews Zimmer einen Blick auf Kristinas Erklärung, die zusammen mit der von Mene offen auf seinem Schreibtisch lag. Mir wurde übel, als ich las, was Joshua meiner Schwester angetan hatte, und ich wusste, dass sie nicht log. Mir war Ähnliches widerfahren. Aber Matthew hatte mir gesagt, dass Joshua verstoßen worden war. Ich wollte glauben, dass die »Familie« sich geändert hatte. Es war die einzige Welt, die ich kannte, und ich befürchtete, wenn ich etwas sagte, würden Dad und meine Freunde sich von mir abwenden müssen wie von meiner Mutter und von meiner Schwester. »Ich bin sehr stolz auf dich, mein Schatz, dass du mutig für den Glauben eintrittst«, hatte Dad mir am Telefon gesagt. Hatte ich mir das nicht immer gewünscht? Seine Liebe und seine Anerkennung? Die hatte ich jetzt, aber mein Gewissen ließ mir keine Ruhe. Ich las auch Teile von Menes eidesstattlicher Erklärung. Es war erschreckend, was sie durchmachen musste, aber Maria hatte in einem Brief geschrieben, dass Mene nicht mehr bei Verstand war, dass sie mit Dämonen sprach und dass man ihr nicht glauben durfte. Nachdem ich Mene in Macau gesehen hatte, erlitt sie einen Nervenzusammenbruch und wurde schließlich zu ihrer

Großmutter Jane Berg in die Vereinigten Staaten geschickt, um ärztlich behandelt zu werden. Maria vergaß jedoch zu erwähnen, dass Menes Zusammenbruch auf jahrelange Isolation und physische und psychische Misshandlungen zurückzuführen war. Ein Teil von mir empörte sich darüber, wie man ihr Leben zerstört hatte, und ich hoffte insgeheim darauf, dass ihre Aussage vor Gericht etwas Gutes bewirken würde. Aber öffentlich zu erklären, dass sexueller Missbrauch niemals stattgefunden hatte, kam mir vor wie ein Verrat an meiner Schwester und an meinen Freundinnen, die Schreckliches durchgemacht hatten, und so war ich in einem unlösbaren Dilemma.

In den nächsten anderthalb Jahren trat ich in verschiedenen TV-Sendern auf, darunter in Sky News und bei der BBC, um die Berichte von meiner Mutter und Kristina zu dementieren. Nachdem Polizeirazzien in Kommunen in Argentinien in den Medien für Aufsehen gesorgt hatten, richtete die »Familie« eigens eine Abteilung ein, die für den Umgang mit den Medien und die Reaktion auf öffentliche Untersuchungen zuständig war. Ich wurde gebeten, in England zu bleiben, um Gideon und Rachel, den Pressesprechern für Europa, zu helfen, und ich erledigte ihre Büroarbeit. Jedes Mal, wenn ich im Fernsehen erscheinen sollte, belastete mich das sehr. Ich fürchtete mich davor, wieder einmal erklären zu müssen, was ich dabei empfunden hatte, als Sechsjährige nackt zu tanzen.

»Das war in Griechenland am Strand«, sagte ich dann immer. »Wir lebten wie in einer Hippie-Kommune, und alle liefen nackt herum. Niemand fand etwas dabei.« Das war natürlich Quatsch, und ich gab keine sehr überzeugende Vorstellung.

Dann gab Lord Justice Ward eine wichtige Erklärung ab. Wenn sich die »Familie« nicht von David Bergs Lehren über Sex mit Kindern und Inzest distanzierte, könne er den Enkel von Gillian Duckworth nicht bei seiner Mutter lassen. Bisher hatten sie es strikt abgelehnt, sich zu äußern, aber als klar wurde, dass das Schicksal des Jungen davon abhing, schrieben Peter Amsterdam und Maria einen sorgfältig formulierten Brief an das Gericht.

Als Pressesprecher wurden wir über den Brief informiert und veranstalteten eine Pressekonferenz, auf der er verlesen wurde. »Damit geben wir das Gesetz der Liebe keineswegs auf«, betonte Matthew uns gegenüber. »Es handelt sich nur um einen weiteren Fall von ›Täuschung im Dienste der Wahrheit‹.« Die »Familie« konnte es sich nicht leisten, den Sorgerechtsprozess zu verlieren, aber sie konnte auch nicht zulassen, dass die Mitglieder den Eindruck bekamen, der Prophet könnte irren. Ich bin mir sicher, dass es zu der Distanzierung nicht gekommen wäre, wenn der Richter nicht Druck gemacht hätte. Zum ersten Mal erkannte ich, dass unsere Anführer nicht nur Gott gegenüber Rechenschaft ablegen mussten.

Eines Tages kam der Zusammenbruch. Ich war physisch und psychisch am Ende. Ich konnte nicht mehr lügen. Ich war so verzweifelt, dass mir sogar der Gedanke kam, mich umzubringen. Schon während der letzten fünf Jahre hatte ich unter schweren Depressionen gelitten und manchmal tagelang kein Wort gesprochen, aber jetzt war ich auf dem absoluten Tiefpunkt angekommen. Doch es war zu schwer, mich der Wahrheit zu stellen, und so beschloss ich, einfach vor allem davonzulaufen.

Ich ging zu Joan, Matthews Partnerin, die nur wenige Jahre älter war als ich. Ihr konnte ich mich anvertrauen, sie würde mich verstehen. »Ich muss unbedingt hier weg«, brach es aus mir heraus. »Sonst explodiere ich. Ich muss hier weg, und zwar jetzt – *sofort!*«

Sie sah, wie schlecht es mir ging, und sorgte dafür, dass ich in einer Kommune in Liverpool untergebracht wurde.

Ende November erreichte uns die schockierende Nachricht, dass Moses David, unser Prophet und Führer, tot war.

In einer Reihe von Briefen teilte uns Maria mit, dass er in den Himmel eingegangen war. Aber wir sollten uns nicht verlassen und einsam fühlen, da er uns durch Prophezeiungen aus dem Jenseits leiten und führen würde. Ich empfand keine Trauer, sondern hoffte nur, dass sich die »Familie« ohne seinen schädlichen Einfluss positiv verändern würde. Bestimmt wäre »Queen Maria« – die Jesus in einer Vision zur Königin gekrönt hatte – ganz anders als er, nicht so fanatisch.

Die Aufregungen um das Sorgerechtsverfahren überdeckten die Tatsache, dass das Jahr 1993 um war und Jesus noch nicht wiedergekehrt war. Die Prophezeiungen hatten sich nicht erfüllt. Queen Maria erklärte, Gott habe der »Familie« noch mehr Zeit gegeben, um die Welt zu Jesus zu bekehren. Jetzt glaubten viele, dass der Heiland im Jahr 2000 auf die Erde zurückkehren würde, um uns zu retten.

Mitten in meiner Verwirrung und in dem quälenden Ringen, was ich wirklich glaubte und was ich mit meinem Leben anfangen wollte, erhielt ich eine Nachricht von Dad. Er hatte vor, für zwei Monate nach England zu kommen, um Probleme wegen seines Passes zu klären. Ich freute mich darauf, ihn nach fünf langen Jahren wiederzusehen.

Ich fuhr nach London in eine Kommune für junge Leute, die von Ricky und Elaine geführt wurde, meinen ehemaligen Teenagerbetreuern in Japan. Einen Tag zuvor waren Dad und meine Schwester Juliana aus der Heavenly City School eingetroffen. Ich war überglücklich, endlich wieder mit ihnen zusammen sein zu können. »Es ist so lange her, Dad. Ich habe mich schon gefragt, ob ich dich überhaupt jemals wiedersehen würde«, sagte ich und umarmte ihn.

»Tut mir sehr leid, Schätzchen.« Er küsste mich auf die Stirn. »Ich konnte mein Visum nicht verlängern lassen und musste mich in der Schule verstecken. Es wäre zu riskant gewesen, sie zu verlassen, und ich wurde für neue Projekte gebraucht.«

Inzwischen stand Dad auf der Schwarzen Liste und musste seinen Namen ändern, um eine Chance auf die Rückkehr nach Japan zu haben.

»Meine Güte«, sagte ich und berührte sein Haar. »Du bist ja ganz grau geworden.«

»Ich weiß«, schmunzelte er. »Das bleibt nicht aus, wenn man alt wird, aber im Herzen fühle ich mich noch immer jung.«

»Wie groß du geworden bist, Julie«, staunte ich. »Größer als ich.« Sie war mindestens einsfünfundsiebzig groß, und ihre Haare waren länger als damals, als ich sie das letzte Mal gesehen hatte.

Neugierig erkundigte ich mich nach Dads neuen Projekten, und er erzählte mir, dass er die Drehbücher zu *Family Fun* und *Treasure Attic* geschrieben hatte, zwei Videofilmen für Kinder. Meine Augen leuchteten auf. »Das würde ich auch gern machen. Es wäre großartig, wenn ich mit dir nach Japan kommen könnte.«

Meine Idee gefiel ihm, aber er konnte das nicht allein entscheiden. Ich musste die Leitung der »Familie« schriftlich um Erlaubnis fragen und das Geld für das Flugticket irgendwie selbst aufbringen. Aber er versprach, nach seiner Rückkehr ein gutes Wort für mich einzulegen. Das gab mir Hoffnung.

Dad wollte sich mit Mum und Kristina treffen, bevor er England wieder verließ.

»Wirklich?«, fragte ich. »Ich hoffe, du streitest dich nicht mit ihr. Ihre Version über eure Trennung hört sich ganz anders an als deine. Ich glaube, was sie wirklich will, ist Verständnis und eine Entschuldigung.«

Aber er lehnte es ab, sich zu entschuldigen. »Dazu besteht kein Grund. Sie hat mich wegen Joshua verlassen, und ich habe zwei Jahre lang gewartet. Ich habe mir nichts vorzuwerfen.«

Bei der Vorstellung, ihn zu begleiten, zog sich alles in mir zusammen. Ich ahnte, dass es nicht angenehm werden würde.

Meine Befürchtungen erwiesen sich als begründet. Bei unserem Treffen in einem McDonald's in London ging Dad sofort auf Konfrontationskurs. »Wie konntest du die ›Familie‹ so verleumden?«

»Celeste ist missbraucht worden. Ich habe mir große Sorgen um sie gemacht«, verteidigte sich Mum.

»Missbraucht? Lächerlich«, entgegnete Dad verächtlich. »Sie ist noch Jungfrau.«

Warum fragen sie *mich* nicht danach, ging es mir durch den Kopf.

»Nein, das ist sie nicht. Sie wurde zum Sex mit Männern gezwungen, weil David Berg es für gut und richtig hielt. Er hat sich an seiner eigenen Enkelin vergangen, an Mene.«

»Das ist lächerlich.«

Die Diskussion war mir peinlich, und ich sagte, ich müsste zur Toilette. Als ich zwanzig Minuten später zurückkam, stritten sie immer noch. Ich bemerkte, dass Mum unglücklich war darüber, wie die Sache gelaufen war. Aber da sie nach Hause musste, streckte sie Dad einen Brief hin, in dem sie ihre Gedanken und Gefühle dargelegt hatte.

Mum umarmte mich und gab mir einen Stapel Bücher über Sekten und über die »Kinder Gottes«. »Ich habe ein paar Stellen angestrichen, die ich für wichtig halte. Bitte lies sie, wenn du die Möglichkeit dazu hast.« Ich nickte. Aber natürlich las ich sie nicht. Ich hatte zu viel Angst, in die Fänge des Satans zu geraten.

»Glaubst du tatsächlich, dass ich noch Jungfrau bin?«, fragte ich Dad, nachdem Mum gegangen war.

»Nun, bist du es etwa nicht?«, fragte er zurück.

»Nein. Du hättest mich fragen sollen, bevor du so etwas sagst. Es ist passiert.«

»Wirklich?«, stotterte mein Vater. »D… das habe ich nicht gewusst.«

Weder er noch ich vertieften das Thema weiter. Bisher hatten wir nur ein einziges Mal über Sex gesprochen: an meinem fünfzehnten Geburtstag in Indien. Damals sagte er mir, dass man in diesem Alter eigentlich noch keine Kinder bekommen sollte. Damals wurden etliche fünfzehn- und sechzehnjährige Mädchen schwanger, und Dad wollte nicht, dass mir das auch passierte. Und ich gab ihm recht.

Abends rief Dad seine Eltern an. Vor fünfzehn Jahren, bei ihrem Besuch in Loveville in Griechenland hatten Glen und Penny ihren Sohn das letzte Mal gesehen. Glen lud uns ein, über Weihnachten ein paar Tage zu ihnen zu kommen. Dabei lernten Juliana und ich unsere große Familie kennen. Da meine Schwester Kristina nicht weit entfernt wohnte, verbrachten Dad und ich einen Abend bei ihr und meinem Bruder David in ihrem kleinen, aber gemütlichen Haus. Inzwischen war ihr Sohn Jordan drei Jahre alt. »Er hat ja gar keine Locken mehr«, stellte ich fest und erinnerte mich an seine bezaubernden Ringellöckchen. Kristina kochte Lasagne für uns, und zum ersten Mal empfand ich es als angenehm, mich mit meiner Schwester zu unterhalten, ihre Gedichte zu lesen und mit ihr Familienfotos anzuschauen. Als wir uns verabschiedeten, versprach ich, mit ihr in Verbindung zu bleiben.

Eine Woche später flogen mein Vater und Juliana nach Japan zurück. Während ich auf die Erlaubnis wartete, ihnen nachkommen zu dürfen, versuchte ich, das Geld für meinen Flug zusammenzubringen. Da ich keine Lust mehr hatte, als Mitglied der »Familie« auf den Straßen zu singen oder Geschäfte um Spenden abzuklappern, tat ich etwas sehr Gewagtes. Ich überredete Ricky und Elaine dazu, mich von der Zeitarbeitsagentur »Office Angels« vermitteln zu lassen. Zu Mos Zeiten wäre das unerhört gewesen, aber inzwischen sah man in der »Familie« die Dinge lockerer. Schon am nächsten Tag wurde mir der Job einer Sekretärin in der JVC-Zentrale angeboten.

Bis zu diesem Punkt hatte ich keine wirkliche Vorstellung davon, wie man mit Leuten umgehen sollte, die keine Mitglieder der »Familie« waren. Im Gegensatz zu den *Traumatic Testimonies*, denen zufolge alle Angehörigen des Systems niederträchtig, hinterhältig und gemein waren, lernte ich meine Kollegen nur als rücksichtsvoll, freundlich und anständig kennen.

Ich bekam einen ersten Geschmack von Freiheit, verdiente eigenes Geld und wurde für meine Arbeit *wirklich* geschätzt. Ich fand heraus, dass ich Fähigkeiten besaß, mit denen ich meinen Lebensunterhalt bestreiten konnte, und mein Selbstvertrauen wuchs.

Und noch etwas geschah. In den vorangegangenen sechs Jahren war es mir zum Glück gelungen, alle unerwünschten sexuellen Kontakte zu vermeiden. Aber wenige Tage vor meinem Flug nach Tokio unterhielt ich mich stundenlang angeregt mit Elaines Sohn Richard, der in dieser Nacht ausnahmsweise im Wohnzimmer schlafen sollte. Ich hatte ihn mit dreizehn Jahren in Japan kennengelernt. Wir kamen gut miteinander aus, und ich fand ihn interessant und sympathisch. Eins führte zum anderen, und wir liebten uns leidenschaftlich bis zum frühen Morgen. Um fünf Uhr meldete sich unser Hunger. Wir schlichen in die Küche, um uns etwas zu essen zu holen.

So wünschte ich mir den Sex: gegenseitige Anziehung und wirkliches Verlangen, spontan und erfüllend – keine körperliche Pflicht, die nach Stundenplan ablief. Im April 1995 traf ich mit einer ganz neuen Lebenseinstellung in Japan ein. Ich bemühte mich sehr, mir selbst treu zu bleiben, aber das erforderte meine ganze Kraft, und es gelang mir nicht immer. Manchmal wurde der Druck zu groß, und ich gab nach.

Es kam mir fast surreal vor, nach achtjähriger Abwesenheit wieder in der Heavenly City School zu sein. Alles war noch genauso, wie ich es in Erinnerung hatte.

Während der nächsten zwei Jahre stürzte ich mich in meine Arbeit, schrieb Texte für die *Family Fun*-Shows und organisierte die Drehtermine. Es gab jedoch viel, was mich durcheinanderbrachte. Ich sah Männer wieder, die schmerzliche Erinnerungen an meine Kindheit auslösten: Michael, Jeremy Spencer, den Peruaner Manuel und Paul Peloquin. Es empörte mich, wie schamlos sie auch jetzt mit mir flirteten. Ich wich ihnen aus, so gut es ging, aber etwas in mir verlangte danach, sie wegen ihrer Taten zur Rede zu stellen. Anfälle von Depression überkamen mich, und ich dachte oft an Selbstmord. Ich brauchte unbedingt jemanden, mit dem ich reden konnte, und fand überraschenderweise einen Freund in Francis. Er war fünfzig Jahre alt und zog seinen zehnjährigen Sohn allein auf. Er kam mir vor wie ein großer Teddybär und gab mir ein Gefühl von Sicherheit. Die Freundschaft mit ihm war auch deshalb so wichtig, weil ich Männern bisher zutiefst misstraut hatte und dachte, alle »älteren« Männer seien schmutzig und schmierig und wollten nur »das Eine«. Aber bei Francis durfte ich ganz ich selbst sein, ohne befürchten zu müssen, dass ich ausgenutzt wurde. In meinen schwersten Zeiten konnte ich mich an seiner Schulter ausweinen.

Das hätte ich mir bei meinem Vater gewünscht. Viele Jahre lang hatte ich meinen Dad vermisst und mich danach gesehnt, mit ihm zusammenzuleben, aber es war zu spät, das nachzuholen, was in der Vergangenheit versäumt worden war. Obwohl wir beide in der Schule wohnten, sahen wir einander nur selten. Er war mit seiner neuen Familie beschäftigt, und ich hatte ein eigenes Leben und meine Arbeit.

Die einzige Gelegenheit, mit ihm zu sprechen, hatte ich beim gemeinsamen Dinner. Eines Abends erzählte er mir, dass er von unserer Halbschwester Davida vor einiger Zeit einen wütenden und vorwurfsvollen Brief aus Athen erhalten hätte. Sie fühle sich von ihrem Vater im Stich gelassen. Ich fragte ihn, was denn passiert sei.

»Nun, Schätzchen, sie wollte wissen, warum ich ihr nie Briefe oder Geburtstagsglückwünsche geschickt hätte. In habe ihr geantwortet, dass ich inzwischen eine neue Familie habe.«

»Was hast du?« Seine Gefühllosigkeit schockierte mich. »Du hättest dir bei deiner Antwort von mir helfen lassen sollen, Dad«, sagte ich. »Kein Wunder, dass sie verletzt ist! Du hättest dich bei ihr entschuldigen müssen.«

»Nun …«, begann er, verstummte aber wieder.

»Du musst ihr unbedingt noch einen Brief schreiben. Sie muss wissen, dass sie dir nicht gleichgültig ist.« Dad versprach mir, dass er das tun würde.

Zwei Jahre später fand ich heraus, dass Dad sein Wort nicht gehalten hatte. Inzwischen litt Davida unter schweren Depressionen und war drogenabhängig. Es erbitterte mich zutiefst, dass er seine Kinder vernachlässigte und es ablehnte, die Verantwortung für die Kinder, die er gezeugt hatte, zu übernehmen. Alles, was er vorbrachte, waren Entschuldigungen.

»Wenn das beim Gebot der Liebe herauskommt, dann ist es ein schlechtes Gebot«, hielt ich ihm vor, aber er nahm mich nie ernst. Mein Vater zog nie in Betracht, dass etwas, was unser Prophet verkündet hatte, falsch sein könnte.

Mir wurde bewusst, dass ich kaum noch etwas mit ihm gemein hatte. Ich war nicht mehr Daddys kleines Mädchen.

20 *Zwei Väter*

Kristina

ICH SETZTE MEINE KAMPAGNE FORT. Zusammen mit Ian Howarth, dem Gründer des Cult Infomation Centre, trat ich in der *Richard and Judy Show* auf. Als sich die Kamera auf mich richtete, klopfte mein Herz so laut, dass ich befürchtete, man könnte es über das Mikro hören. Aber sobald das Gespräch begann, entspannte ich mich, weil Ian neben mir saß.

Richard wollte wissen, warum bisher keiner der Männer, die Kinder sexuell missbraucht hatten, verurteilt worden war.

»Es ist nicht leicht, sie vor Gericht zu bringen, weil sie innerhalb der ›Familie‹ häufig ihren Namen wechseln«, antwortete ich. »Die Sekte hält diese Leute vor der Außenwelt versteckt, und sie wechseln ihren Aufenthaltsort innerhalb der einzelnen Kommunen.«

»War es schwer, sich an das Leben außerhalb der Sekte zu gewöhnen?«, fragte Judy.

»Ich wusste nicht mehr, was richtig und was falsch war. Plötzlich wird einem gewissermaßen die Lebensgrundlage entzogen, und man weiß nicht mehr, was man eigentlich glauben soll.«

Richard beendete die Sendung mit der Frage: »Ist es Ihnen inzwischen möglich, ein relativ normales Leben zu führen?«

»Ich bin hart im Nehmen«, antwortete ich lächelnd.

Nach der Talkshow versicherte mir Ian, dass ich sehr überzeugend gewirkt hätte. Das stärkte mein Selbstvertrauen, denn mir stand ein weiterer TV-Auftritt bevor: eine Begegnung mit Gideon und Rachel Scott, den Sprechern der »Familie«, in *GMTV.*

Zu meiner Überraschung rief mich Dad ein paar Tage vor der Sendung an. Er war in England! Ich freute mich, dass ich mit ihm sprechen konnte, und erzählte ihm, was es bei mir Neues gab. Dann wollte er von mir wissen, warum ich die »Familie« mit absurden Beschuldigungen verfolgte – seine Familie.

»Hast du meine Briefe denn nicht gelesen?«, hielt ich ihm vor.

Er wich der Frage aus, daher erkundigte ich mich nach Celeste und seinen anderen Kindern. Zu meiner Freude erfuhr ich, dass auch Celeste in England war. Ich erzählte ihm, dass ich zu einem TV-Auftritt nach London fahren würde, und schlug ein gemeinsames Dinner in meinem Hotel vor.

Mit wild klopfendem Herzen legte ich den Hörer wieder auf.

Der Tag, auf den ich mein ganzes Leben lang gewartet hatte, stand kurz bevor. Vor der Fahrt nach London zog ich mir etwas besonders Hübsches an und warf einen prüfenden Blick in den Spiegel. Ich wollte unbedingt eine Tochter sein, auf die er stolz sein konnte. Im Hotelrestaurant wartete ich gespannt auf Dad, bekam aber die Nachricht, dass er sich verspäten würde. Ich bestellte mir etwas zu essen und befürchtete schon, dass er mich versetzen würde.

Als ich danach durch die Lobby schlenderte, entdeckte ich ihn am Lift. Ich erkannte ihn sofort. Er entschuldigte sich für seine Verspätung, und wir umarmten uns – wenn auch ein bisschen verlegen und unbeholfen. Nachdem wir uns gesetzt hatten, kam ich schnell zur Sache und schilderte ihm – wie zuvor schon in meinen Beriefen – meine traumatische Kindheit. Er wirkte aufrichtig erschüttert, als er hörte, was Joshua und viele andere Männer mir angetan hatten.

»Das ist ja grauenhaft. Es tut mir schrecklich leid. Ich könnte sie umbringen«, fügte er mit vor Erregung zitternder Stimme hinzu. Auf diese Reaktion hatte ich gehofft.

»Aber das alles hat mit David Berg angefangen, Dad! Er hat es schwarz auf weiß in den Mo-Briefen geschrieben!«

Mein Vater wirkte in die Ecke gedrängt und schüttelte ablehnend den Kopf. Alles, was ich über das Verhalten von Sektenmitgliedern erfahren hatte, bestätigte sich, als ich sah, wie schnell er »umschaltete«, sobald ich David Berg und das »Gebot der Liebe« kritisierte. Er war seinem »Propheten« bedingungslos ergeben. Er wollte nicht akzeptieren, dass sein geistiger Vater pervers gewesen sein könnte, sondern behauptete weiterhin, dass diesen Liebe motiviert hätte.

»*Liebe?*«, wiederholte ich verächtlich. »Das war keine Liebe. Das war pervers. Du hast wirklich keine Ahnung, Dad, oder? Weil du offenbar nicht verstehen willst, wie sehr ich unter dieser ›Liebe‹ leiden musste – wie sehr sie mich traumatisiert hat.« Ich brach in Tränen aus und lief zur Toilette, um mich zu beruhigen.

Als ich zurückging, hatte er uns einen Drink bestellt. Ich blieb kurz stehen, ohne dass er mich sehen konnte, und betrachtete ihn, seine hängenden Schultern, den gesenkten Kopf. Er sah unglaublich hilflos und traurig aus. Da erkannte ich, dass es unmöglich für ihn wäre, etwas als falsch zu bezeichnen, was er ein Leben lang verteidigt hatte.

Ich setzte mich wieder, nahm mein Glas und nippte daran. Hin und wieder blitzte etwas von seiner eigentlichen Persönlichkeit durch, und er war spontan, humorvoll und sympathisch. Aber sobald ich etwas Negatives über die Sekte sagte, verschloss er sich und vertrat vehement die Doktrin der »Familie«, die ihm offenbar in Fleisch und Blut übergangen war.

Ich sagte ihm, wie sehr er mir als Kind gefehlt hatte, dass ich seine Briefe wie einen Schatz gehütet und immer voller Stolz

Music with Meaning gehört hatte. Ich erzählte ihm auch, dass ich noch immer eine *Child of Love*-Kassette mit ihm als Erzähler besaß und sie meinem Sohn zu Weihnachten vorspielte.

Mein Vater lächelte glücklich. »Es ist ein wundervolles Gefühl, Großvater zu sein! Ich würde meinen Enkel gern kennenlernen.«

Ich spürte, wie verletzlich er war. Er hatte sein ganzes Leben der »Familie« geopfert. Irgendwie tat er mir leid. Doch ich war auch wütend auf ihn und wollte Antworten. Es war eine schmerzliche Erkenntnis, dass er mir – einer »Feindin« – gegenüber immer zwei Gesichter zeigen würde, und ich wünschte, er könnte so ehrlich zu mir sein wie ich zu ihm.

Mir fiel auf, dass er mir nicht viele Fragen stellte. Was ich dachte und fühlte, schien ihm gleichgültig zu sein, und er stellte eindeutig klar, dass es mir nie gelingen würde, seine Einstellung zu ändern.

»Können wir uns nicht einfach darauf einigen, dass wir uns nicht einig sind?«, fragte er irgendwann.

Ich nickte. »Okay. Ganz wie du willst.«

Wir zeigten einander Familienfotos. Als ich ihn fragte, ob er Bilder von David und mir als kleine Kinder hätte, kramte er sie eilig aus seiner Sakkotasche. Es entlockte mir ein Lächeln, dass er sie noch immer bei sich trug.

»Es war wirklich traurig, ohne sie aufwachsen zu müssen«, sagte ich, als ich die Fotos von Celeste betrachtete. »Wir durften nie Schwestern sein – und es ist schwer, die Vergangenheit ungeschehen zu machen. All die verlorenen Jahre können nie nachgeholt werden.«

»Es tut mir leid«, sagte er nur.

»Und du kannst dir nicht vorstellen, wie tief es mich verletzt hat, dass du nicht protestiert hast, als man mich auf die World Prayer List setzte. Wolltest du wirklich, dass ich sterbe oder dass mir irgendetwas Schlimmes passiert?«

Er schwieg und starrte wie gebannt auf seine Füße. Ich fragte mich, was er dachte, was für seltsame Gedanken ihm durch den Kopf gingen. Aber vielleicht dachte er auch gar nichts. Oder er hat gebetet gegen das, was ich gesagt hatte.

Wir hatten gar nicht gemerkt, wie spät es schon war. Die Hotelbar wurde geschlossen.

»Oh nein. Ich habe meine U-Bahn verpasst«, stellte Dad fest.

»Du kannst gern in meinem Zimmer schlafen«, bot ich ihm an, und ich wollte es kaum glauben, als er einverstanden war. »Ich schlafe auf dem Boden«, sagte ich im Fahrtstuhl, »und du kannst das Bett haben.«

»Nein, es macht mir nichts aus, auf dem Boden zu schlafen«, entgegnete er. »Schließlich war ich ein Hippie. Ich bin an Unbequemlichkeiten gewöhnt.«

Wir mussten lachen, und ich war so glücklich, mit Dad zusammen sein zu können, dass mir fast schwindlig wurde. Plötzlich kam ihm meine Schwester wieder in Erinnerung. »Ich sollte Celeste anrufen, sonst macht sie sich noch Sorgen.«

Dad telefonierte fast eine Stunde lang mit ihr, und er erlaubte mir, mit ihr zu sprechen. Als er den Hörer auflegte, meinte er schmunzelnd: »Sie ist ein bisschen besorgt und vielleicht auch eifersüchtig, dass ich hier bei dir bin.«

Er vermittelte mir den Eindruck, dass sie ein Herz und eine Seele waren, und erklärte, Celeste und Juliana könnten ihn um den Finger wickeln.

Wieder lachten wir. »Du bist ein richtig nettes Mädchen«, sagte er, als wir uns die Zähne putzten.

»So?« Ich hob die Brauen. »Du hältst mich also nicht für eine Hexe oder einen Dämon?«

»Ich … habe dich nie für eine Hexe gehalten. Ich habe es … nicht geglaubt«, murmelte er.

»Glaub es auch nicht, wenn man es dir wieder einreden will, Dad.« Ich drohte ihm mit dem Finger.

Er versprach es, umarmte mich und wünschte mir eine gute Nacht.

Am nächsten Morgen wurde Dad um fünf Uhr wach. Der Zimmerservice brachte mir Croissants und Kaffee. Mein Vater fragte mich, ob ich mit ihm beten würde, und ich war einverstanden. Mit geschlossenen Augen rezitierte er eine halbe Stunde lang Passagen aus der Bibel und aus den Mo-Briefen. Leise knabberte ich an meinem Croissant und fügte an den passenden Stellen ein »Amen« ein. Als er geendet hatte, machte ich ihm Komplimente über sein fabelhaftes Gedächtnis.

»Eines Tages in der Endzeit wird von der Bibel nur noch das übrig sein, was wir in unseren Herzen tragen«, bekam ich zur Antwort.

Da um sieben ein Wagen kommen sollte, um mich zum Fernsehstudio zu fahren, beschlossen wir, in Covent Garden kurz einen Kaffee zu trinken. Ich war müde und sehr nervös. Als wir den Strand überquerten, griff er instinktiv nach meiner Hand. Ich lächelte. Im Alter von achtzehn Jahren ging ich mit meinem Daddy endlich wieder Hand in Hand.

Wir verabschiedeten uns voneinander, und ich sprang in das wartende Auto. Während der Fahrt zum Studio dachte ich darüber nach, dass Sekten von ihren Mitgliedern eine so bedingungslose Liebe zur Gemeinschaft und zu den Führern verlangen, dass sie darüber die eigene Familie vergessen, und wurde unsagbar traurig. Aber mein Wiedersehen mit Dad gab mir Hoffnung. Bevor ich in die Maske ging, erzählte ich Ian Howarth begeistert von den letzten vierzehn Stunden mit Dad.

Er wusste, wie viel es mir bedeutete. »Soll das heißen, dass du deine Meinung geändert hast?«, fragte er halb im Scherz.

»Eigentlich nicht.« Obwohl ich glücklich über das Treffen mit meinem Vater war, hatte sich an meiner Einstellung gegenüber der ›Familie‹ nichts geändert. Nein, ich mache weiter, dachte ich.

In diesem Jahr waren mir vom Criminal Injuries Compensation Board fünftausend Pfund für die Misshandlungen zugesprochen worden, die ich als Kind in Großbritannien erlitten hatte. Das Geld war mir jedoch nicht so wichtig wie die Tatsache, dass damit ein Präzedenzfall geschaffen wurde.

Die Gastgeber von *GMTV*, Eamonn Holmes und Anthea Turner, begannen die Sendung mit einem Foto von mir, das auf der Titelseite der *Daily Mail* und des *Guardian* erschienen war.

»Die gestrige *Daily Mail* widmete ihre Titelseite der Geschichte der achtzehnjährigen Kristina Jones. Kristina ist heute hier bei uns im Studio«, begann Eamonn Holmes. »Wie auch Gideon und Rachel Scott, die offiziellen Sprecher der religiösen Gemeinschaft.«

Er wandte sich an mich und fragte: »Trägt das Geld irgendwie dazu bei, Sie Ihre schlimmen Erlebnisse vergessen zu lassen?«

»Kein Geld der Welt kann mir die zwölf Jahre wiedergeben, die ich verloren habe«, antwortete ich. Dass Gideon und Rachel so dicht neben mir saßen, flößte mir Unbehagen ein.

Auf die Frage, was er dazu zu sagen habe, entgegnete Gideon: »Es ist schwierig für uns, zu Kristinas Behauptungen etwas zu sagen, denn auch wenn sie diese fünftausend Pfund erhalten hat, wurden ihre Anschuldigungen nie vor Gericht überprüft.«

In Anbetracht der Tatsache, dass eine Gerichtsinstanz mir die Entschädigung zuerkannt hatte, fand Eamonn Holmes Gideons Äußerung befremdlich. »Aber der Richter muss doch bei seiner Entscheidung davon ausgegangen sein, dass ihre Vorwürfe zutreffen«, gab er zu bedenken.

»Irgendjemand hat ihr die Geschichte geglaubt, nehme ich an«, erklärte er selbstgerecht. »Und ich bezweifle … ich kann keinen Kommentar zu einer Geschichte abgeben, deren Details ich nicht kenne. Aber ich weiß, dass ich es in meinen dreiundzwanzig Jahren in der ›Familie‹ nie erlebt habe, dass ein Kind sexuell missbraucht wurde. Und das beweisen auch die Ergebnisse der Untersuchungen, die von gerichtlich beauftragten Beamten bei fünfhundert unserer Kinder rund um die Welt durchgeführt wurden. Kein einziger Fall von Kindesmissbrauch konnte nachgewiesen werden«, antwortete er. »Die Untersuchungsergebnisse beweisen sogar genau das Gegenteil: dass unsere Kinder glücklich sind, dass man sich gut um sie kümmert und dass sie psychisch unauffällig und zufrieden sind.«

Über diese dreisten Lügen konnte ich nur den Kopf schütteln. Ich spürte, wie Wut in mir hochstieg, und mein Gesicht fühlte sich brennend heiß an.

»Kristina …« Eamonn Holmes wandte sich wieder an mich. »Wie es heißt, ist es Mitgliedern inzwischen freigestellt, die Sekte zu verlassen. Tröstet Sie das?«

»Nein, das tröstet mich nicht!«, rief ich aus. »Denn David Berg hat ihnen ihr ganzes Leben lang nur Angst gemacht: Angst davor, die ›Familie‹ zu verlassen, Angst vor dem System, Angst vor dem, was sie außerhalb der elitären Sekte erwartet.«

»Sie werden Ihre Kampagne also fortsetzen?«

Ich blickte Rachel und Gideon direkt an. »Ja, das werde ich.«

Ich war entschlossen, weiter auszupacken, aber ich hatte mich gerade von Bryan getrennt und brauchte dringend wieder einen klaren Kopf nach dem schwierigen und langwierigen Bruch, und außerdem brauchte ich ein bisschen Ruhe von dem emotionalen Stress, dem ich ausgesetzt war. Ich beschloss, mit meinem Sohn für ein paar Monate zu Nan und Papa nach Australien zu fliegen.

Auf dem Flughafen von Sydney erkannte ich sie sofort, und wir umarmten einander mit Tränen in den Augen. Sie nannten mich immer noch Nina, aber das machte mir nicht das Geringste aus. Es erinnerte mich an die guten Zeiten meiner Kindheit. Jordan fasste sofort Zutrauen zu Nan. Bei Nan und Papa bekam ich wieder das Gefühl, sicher zu sein und geliebt zu werden.

Als ich die vielen Fotos von uns in ihrem Haus sah, wurde ich traurig. Ich begriff, wie weh es ihnen getan haben musste, dass ihr einziger Sohn sie wegen der »Familie« verlassen hatte, und wie einsam sie ohne ihre Enkelkinder waren. Ich bemühte mich, ihnen so viel wie möglich von meinen Geschwistern in England zu erzählen.

Wir vier unternahmen viele Ausflüge in den Park, in den Zoo und in die faszinierenden Blue Mountains. Bei der Fahrt in die Berge fiel mir eine der wenigen komischen Geschichten von Joshua wieder ein: wie er früher hier Luft in Marmeladengläsern verkauft hatte. Nan und Papa machten uns mit Verwandten und Freunden bekannt, und es beruhigte mich, dass sie so viele Menschen hatten, mit denen sie etwas unternehmen konnten. Sie nahmen regen Anteil am Leben in ihrer Gemeinde, und Nan sang im Kirchenchor. Irgendwann fragten sie mich, ob ich etwas dagegen hätte, wenn Joshua und seine griechische Frau uns besuchen würden. Die beiden waren seit ein paar Monaten in Sydney. Joshua verdiente sich als Taxifahrer ein bisschen Geld, damit er sich bald wieder seiner Missionierungsarbeit widmen konnte. Ich nahm an, dass seine «Exkommunikation« rückgängig gemacht worden war – falls man sie überhaupt jemals ausgesprochen hatte.

Joshua begrüßte mich, als wäre nie etwas geschehen. »Du bist groß geworden«, stellte er fest und wuschelte mir durch die Haare.

Hastig wich ich zurück. Plötzlich kam ich mir wieder vor wie ein kleines Mädchen. Wir tranken Tee und plauderten höflich miteinander. Während des Essens machte Joshua mir Komplimente über Jordan und gab auf einmal zu, dass er sehr streng zu uns Kindern gewesen war. Es fiel mir schwer, das zu hören und nichts zu sagen. Mir war unbehaglich, ihn in der Nähe meines Sohnes zu sehen.

Nach dem Essen wuschen Nan und Joshuas Frau in der Küche das Geschirr ab. Joshua kam auf die Veranda und setzte sich zu mir. Wir gerieten in einen heftigen Streit wegen meiner Mum.

Er warf ihr vor, dass sie abtrünnig geworden war und ihm seine Kinder weggenommen hatte. Ich betonte, dass sie das Richtige getan hatte und dass ich sie für ihren Mut bewunderte.

»Du warst es doch, der uns aufteilen wollte«, sagte ich.

»Wahrscheinlich hätte ich deine Mum nicht drängen sollen, sich von deinem Vater zu trennen. Das tut mir leid«, war alles, was er dazu zu sagen hatte.

Dann kam ich auf die Mo-Briefe »Gesetz der Liebe« und »Eine Ehefrau« zu sprechen und erklärte, dass diese »Lehren« zu zahllosen Fällen von sexuellem Missbrauch geführt hatten, und schilderte ihm meine Erlebnisse in der Kindheit.

»Daran erinnerst du dich noch?«, fragte er überrascht.

»Natürlich.«

Er setzte zu der üblichen Litanei an: dass die »Familie« frei von den Zwängen des Systems sei, in dem so etwas fälschlicherweise als Missbrauch angesehen wurde. »Schau, es ist eigentlich kein Missbrauch ...«, fing er an, sich zu verteidigen.

Ein lautes Getöse im Haus ließ ihn verstummen. Auf einen Stock gestützt, kam Papa auf die Veranda herausgestürzt. Er hatte unser Gespräch in seinem Zimmer mitbekommen, wo er sich nach einer überstandenen Leistenbruchoperation ausruhte.

»Wie konntest du so etwas tun?«, schrie Papa. »Ich habe jedes Wort gehört!«

Er hob den Stock und versetzte seinem Sohn einen Schlag auf die Schulter. Als Nan besorgt herbeieilte, erzählte Papa ihr, was er gehört hatte. Sie war zutiefst schockiert, und ich erinnerte mich daran, wie sie in Indien drei Tage lang ihr Bett nicht verlassen hatte. Es musste für diese warmherzige Frau unerträglich gewesen sein, etwas von den Vorgängen zu ahnen und nichts dagegen tun zu können.

Überrascht und in Sorge um Papa sprang ich auf. Noch nie hatte ich ihn so wütend erlebt, geschweige denn, dass er je laut geworden war.

Sein Gesicht war rot angelaufen. »Wie kannst du es wagen, ihre Mutter zu kritisieren? Ich warne dich! Verschwinde! Das hier ist mein Haus, und ich will kein einziges abfälliges Wort mehr über sie hören!«

Alle begannen, laut durcheinanderzuschreien. Schließlich forderten Nan und Papa Joshua auf, mit seiner Frau das Haus zu verlassen.

An diesem Abend erzählte ich ihnen zum ersten Mal ausführlich über meine traumatische Kindheit. Es war für uns alle sehr schmerzlich, und wir sprachen nie wieder über dieses Thema.

Wenige Tage später schickte mir Joshua Geld, damit ich einen neuen Buggy für Jordan kaufen konnte. Aber ich hatte kein Verlangen, diesen Mann jemals wiederzusehen. Er schrieb mir, wie gern er unsere Beziehung kitten und weiter mein Dad bleiben würde. Es habe ihm das Herz gebrochen, dass Mum damals in London mit uns vor ihm davongelaufen war. Ich verzichtete darauf, ihn daran zu erinnern, dass er gedroht hatte, ihr ihre Kinder wegzunehmen und sie in der »Familie« großziehen zu lassen. Irgendwo in mir empfand ich Mitleid mit ihm. Aber auch wenn ich ihm vergeben hatte – es war zu spät. Die Vergangenheit ließ sich nicht ungeschehen machen.

21 *Ein neuer Führungsstil*

Juliana

ANFANG DER NEUNZIGERJAHRE wehte ein frischer Wind durch die »Familie«, angefangen mit der Nachricht von Mos Tod. In Bangkok kam die gesamte Schule in der Andachtshalle zusammen, als der Brief mit Einzelheiten über die »Erhöhung« unseres geistigen Führers in den Himmel verlesen wurde. Er war nach langer Krankheit im Schlaf gestorben, im Kreise von Angehörigen der »Familie«, genau so, wie er es sich gewünscht hatte. Im Raum blieb kaum ein Auge trocken; alle um mich herum weinten, redeten in Zungen und beteten. Ich verspürte keine Trauer. Mo war ein Name ohne Gesicht, ein Phantom, dessen Schriften sämtliche Bereiche meines Lebens bestimmt hatten, und doch bedeutete er mir als Mensch, Prophet oder Heiliger absolut nichts. Mit Gesängen, Anekdoten aus dem Leben unseres Propheten, Gebeten und Gelübden zog sich die Zusammenkunft stundenlang hin. Ich langweilte mich zu Tode.

Eine ganze Woche lang herrschte eine ausgesprochen bedrückte Stimmung. Niemand wusste, wie die Zukunft der »Familie« aussehen würde, und ob Maria, die von Mo auserwählte Nachfolgerin, Anspruch auf den »Mantel Elias'« erheben würde. Als wir hörten, dass ein neuer Leitfaden in Glaubensfragen geschrieben würde, regte sich Hoffnung, dass sich positive Veränderungen zeigen würden und dass Maria das Leben innerhalb der »Familie« modernisieren und verbessern würde.

In dieser Zeit der Ungewissheit, kurz vor meinem dreizehnten Geburtstag, teilte man mir eine überraschende und unerwartete Neuigkeit mit. Ich wurde nach Japan zu meinem Dad geschickt! Ich hatte längst die Hoffnung auf ein Widersehen mit meinem Vater aufgegeben und konnte kaum glauben, was ich da hörte. Zur gleichen Zeit bekam ich einen Brief von meiner Mutter mit einem Foto von Mariana, Victor und Lily. Der Brief war kurz, und ich überflog ihn nur, denn das Foto interessierte mich viel mehr. Stundenlang schaute ich das Bild von meinen Geschwistern an. Mariana war einen Kopf größer und stand hinter Victor und Lily. Das Bild zeigte sie in einem wundervollen Wald in der Schweiz, und ich war mir sicher, dass sie nur für mich lächelten. Stolz zeigte ich das Foto in der ganzen Schule herum. Ich freute mich so über die plötzliche Wendung der Ereignisse. Es war wie Weihnachten!

Die Heavenly City School beherbergte all die Stars der modernen »Familie« der Neunzigerjahre. Sie waren von Mo und Maria mit der Produktion moderner Musikkassetten und Videos beauftragt worden, die verkauft oder im Fernsehen ausgestrahlt werden konnten, um neue Mitglieder zu gewinnen. Um Angehörige des Systems anzusprechen, besonders die Jugend, begannen die jungen Mitglieder der »Familie«, sich modern zu kleiden und Make-up zu benutzen wie draußen in der Welt. Es wurde als notwendiges Übel betrachtet, um die verlorenen Schafe für Christus zu gewinnen. *Kiddie Viddie*, *Treasure Attic* und andere Videos hatten eine große Zahl neuer Berühmtheiten in der »Familie« hervorgebracht, und die Heavenly City School war ein cooler Ort, an dem sich coole Leute zusammenfanden, um einander an Coolness zu übertreffen. Ich brauchte Monate, um mich allmählich dreinzufinden.

Erst nach meiner Ankunft in der Schule erfuhr ich, dass Dad gar nicht hier war. Er wohnte in einer kleinen World-Services-

Kommune in Tokio, zusammen mit seiner neuen japanischen Frau Sunshine und ihrem gemeinsamen Sohn Kingdom.

1995 erklärte sich Maria zur »Queen Maria« und erläuterte in einer Reihe von Briefen, dass sie damit Mos Wunsch entsprach. Darauf erfolgte die Krönung von »King Peter« alias Peter Amsterdam, Marias neuem Lebensgefährten. Mos treue Anhänger hatten Probleme, eine Frau mit einem völlig anderen Führungsstil zu akzeptieren. Aber viele von uns Jungen hofften weiter darauf, dass mit der Änderung an der Spitze die Situation für die zweite Generation besser wurde. Mit einer gewissen Berechtigung, denn zu dieser Zeit hatte es den Anschein, als würden sich die Dinge geradezu dramatisch lockern, und wir durften uns wesentlich offener äußern. Es war diese Hoffnung auf eine andere Zukunft, die viele von uns bei der Stange hielt. Erfreut stellte ich fest, dass man mir in meinem täglichen Leben einen größeren Freiraum gewährte. Ich durfte anziehen, was mir gefiel, wurde nicht vierundzwanzig Stunden am Tag überwacht und konnte mich auch außerhalb der Gruppe bewegen. Man übertrug mir mehr Verantwortung, und ich hatte mehr Freizeit.

Hoffnung ist ein machtvolles Instrument in den Händen dessen, der sie wecken, aber auch zunichtemachen kann. Diese Autorität hatte Königin Maria.

Etwa ein Jahr später verließ Dad die World-Services-Kommune und zog mit Sunshine und Kingdom in die Heavenly City School. Er erzählte mir, dass Sunshine erneut schwanger war und er mit seiner neuen Familie und den Videoproduktionen rund um die Uhr beschäftigt sei. Ich sah ihn nur gelegentlich beim gemeinsamen Abendessen. Doch auch wenn ich mich nach außen unbeschwert und munter gab, fühlte ich mich im Stich gelassen und wertlos. Ich hasste meinen Vater. Weil er Mum verlassen hatte und weil er sich nicht um mich kümmerte, aber immer so tat, als wäre alles in Ordnung.

Damit konnte er sich selbst etwas vormachen, aber mir nicht.

Ich hatte allein aufwachsen müssen, und jetzt, wo mein Vater endlich in meiner Nähe lebte, war ich noch immer allein, hatte kaum Freunde und haderte mit der Welt und mit mir selbst. Ich fand, dass es an der Zeit war, der bedrückenden Zurückweisung, die mein ganzes Leben begleitet hatte, ein Ende zu setzen. Ich war so fest entschlossen, dass ich sogar ein »Testament« schrieb, in dem ich meine Habseligkeiten einer meiner wenigen Freundinnen vermachte. Dann kletterte ich in Dads Wohnung auf das Fensterbrett, um mich aus dem zweiten Stockwerk in die Tiefe zu stürzen. Als ich hinuntersah, durchzuckte mich plötzlich der Gedanke, dass ich vielleicht gar nicht sterben, sondern möglicherweise im Rollstuhl enden würde. In diesem Moment kam Dad ins Zimmer.

Er blickte nicht einmal auf, als ich hastig vom Fensterbrett ins Zimmer zurücksprang und mich fragte, was er wohl denken würde. Aber er dachte nie etwas. Er zeigte nicht einmal eine Reaktion.

Er geriet erst in Panik, als ich ihm sagte, dass ich die »Familie« verlassen wollte. Eigentlich hatte ich das nur gesagt, damit er mich endlich beachtete. Das gelang mir auch, allerdings anders, als ich mir vorgestellt hatte. Als er mich nach den Gründen fragte, erwiderte ich, dass ich sehr unglücklich war. Er wollte das Problem dadurch lösen, dass er mich nach Indien schickte; die Missionsarbeit würde mir helfen. Aus den Augen, aus dem Sinn, so war es bei Dad. Vielleicht beunruhigte es ihn zutiefst, dass ich so durcheinander war, und es machte ihm sein Versagen als Vater bewusst. Ich hatte jede Achtung vor ihm verloren.

In den Augen der übrigen »Familie« war jeder, der aus Japan kam, zu weltlich geprägt und zu wenig den geistigen Dingen zugewandt. Inzwischen hatte ich mich angepasst und trug zu knapp über dem Knie abgeschnittenen Jeans ein knappes Oberteil. Empört schrieben die Betreuer in Indien meinem Dad einen

Brief und erklärten, ich hätte ausgesehen wie eine Hure, als ich angekommen war. Man kaufte mir ein paar lange geblümte Röcke und wies mich an, nur noch feminine Kleider zu tragen wie die gottesfürchtigen Frauen in der Bibel.

Ganz gleich, was ich tat, nie konnte ich es recht machen. Es hatte mich große Mühe gekostet, mich den Gepflogenheiten in der Heavenly City School anzupassen. Jetzt wurde ich dafür verurteilt.

Nach wenigen Tagen in Indien bekam ich eine schwere Diarrhö und hohes Fieber. Eine Woche lang litt ich immer wieder unter Wahnvorstellungen. Ich konnte mir nur Linderung verschaffen, wenn ich eine kochendheiße Wärmflasche auf meinen Magen presste. Als Folge davon war mein Bauch mit roten Flecken übersät. Ständig musste ich mich übergeben; ich konnte nicht einmal Wasser bei mir behalten. Als die Beschwerden nachließen, war ich nur noch Haut und Knochen. Sobald es mir wieder besser ging und ich mich aufsetzen und etwas essen konnte, wurde ich dem üblichen Verhör unterzogen. Warum bestrafte mich Gott? Welche Lehren zog ich daraus? Ich musste eine Reihe von Mo-Briefen lesen, um zu ergründen, welche charakterlichen Schwächen eine derart heftige körperliche Reaktion hervorgerufen hatten.

Meine Zeit in Indien war ein Albtraum. Vom frühen Morgen bis zum späten Abend musste ich putzen, kochen und auf die Kinder aufpassen oder auf der Straße Musikkassetten und Videos verkaufen. Wir hatten nur einen freien Tag in der Woche. Es gab noch andere Jugendliche in der Kommune, aber aus Angst, ich würde ihren reinen Geist verderben, sahen die Betreuer es nicht gern, wenn ich mit ihnen redete.

Oft wurde ich in einen besonderen Raum gebracht, um für die üblichen Sünden bestraft zu werden: Ungehorsam, Aufmüpfigkeit, Oberflächlichkeit und mangelndes Streben nach Gottes Wort. Es kam mir so vor, als hätte man es regelrecht auf mich abgesehen. Besonders der Leiter der Kommune, ein Inder namens Matthew, jagte mir Angst ein. Er schrie mich an, bis ich in Tränen ausbrach. Dann lächelte er. »Und jetzt sag mir, dass du mich liebst. Liebst du mich?«

»Nein.« Voller Hass starrte ich ihn an.

Seine Augen begannen, wütend zu funkeln. Er packte meinen Kopf mit beiden Händen und zog ihn ganz nahe an sich heran. »Du wirst diesen Raum erst verlassen, wenn du sagst, dass du mich liebst.«

Auf diese Weise bewies er mir seine Macht, bis er mir die verlangten Worte abgepresst hatte. Dann umarmte er mich und bedeckte mein Gesicht mit Küssen, bevor er mich endlich gehen ließ. Er roch nach Curry. Danach lief ich ins Bad, schaute mich im Spiegel an, warf den Kopf zurück und machte meiner Verzweiflung mit stummen Schreien Luft. Dadurch war mir etwas leichter.

Nach drei Monaten hielt ich es nicht mehr aus. Ich wollte nur noch weg. Im Vergleich zu der indischen Kommune kam mir Japan vor wie das Paradies. Jeden Tag bettelte ich, zu meinem Dad zurückkehren zu dürfen. Da es ihnen nicht gelungen war, mich zu bessern, schrieben sie meinem Vater schließlich, er solle mich wieder abholen, denn man könne für sein schreckliches Balg nichts mehr tun.

Unverzüglich kam Dad nach Indien und machte mir die Hölle heiß. Ich versuchte ihm zu erklären, wie es wirklich gewesen war, aber er wollte nichts davon hören. Er war in Indien noch immer sehr bekannt, und ich hatte seinen guten Namen in Verruf gebracht. Er machte mir unmissverständlich klar, wie enttäuscht er von mir war und wie sehr er sich für mich schämte. In dieser Stimmung flogen wir kurz vor Weihnachten nach Japan zurück. Ich freute mich darauf, wieder heimzukommen.

Nach der Landung in Tokio vertieften sich die Beamten in unsere Pässe. Sie glaubten, dass mein Vater in Japan illegal gearbeitet hatte, und verweigerten uns die Einreise. Zurück konnten wir auch nicht, denn sämtliche Flüge waren ausgebucht. Und so wurden Dad und ich in einem gepanzerten Bus ins Gefängnis gebracht.

Wir verbrachten die Weihnachtsfeiertage hinter Gittern. Tagsüber war das Gefängnis ziemlich leer, und wir spielten im Speiseraum mit den Aufsehern Schnippschnapp. Es war urkomisch, wie sie ernst und konzentriert auf die Hände des austeilenden Spielers starrten und laut »Schnapp!« schrien, wenn sie die passende Karte hatten. Dad und ich waren bei den Aufsehern sehr beliebt. Sie hatten Mitleid mit uns, weil sie wussten, dass er eine japanische Frau und zwei Kinder hatte, mit denen wir nun nicht Weihnachten feiern konnten.

Nach vier Tagen wurden wir in ein Flugzeug nach Thailand gesetzt. Als ich hörte, wohin der Flug gehen sollte, verlor ich den Mut. Ich kam vom Regen in die Traufe. Wieder lieferte mich Dad in der Teen-Junior-Gruppe im Bangkok Training Centre ab. Er schien erleichtert zu sein, dass er mich los war, und kümmerte sich nicht darum, wie ich mich fühlte. Doch meine Pflegeschwester Vera war hier, und wir wurden wieder gute Freundinnen.

Da die indischen Betreuer mich potenziell als »faule Frucht« ausgemacht hatten, setzten die Central Reporting Officers das Training Centre unverzüglich über meinen bedenklichen Zustand in Kenntnis. Man beschloss, die Bemühungen, mich zu bessern, da fortzusetzen, wo man sie in Indien abgebrochen hatte. Mir wurde ein striktes Schweigegebot auferlegt, und ich musste schuften wie ein Sklave. Ich musste sämtliche Fußböden der riesigen Schule gründlich fegen und schrubben. Das war eine Mammutaufgabe; nach der langen Arbeit in gebückter Haltung konnte ich kaum noch aufstehen.

Außerdem musste ich Hunderte von Fenstern putzen. Und ich musste die Küche, den Speisesaal und die Besucherbereiche immer peinlich sauber halten. Ich musste sieben Tage die Woche arbeiten, ohne einen freien Tag, ohne Schule oder Zeit zum

Spielen. Das war die einzige Form von Disziplinierung, die sie mir auferlegen konnten, und sie reizten es voll aus. Alles, was mir Spaß machte, war verboten. Die wenigen Male, wo ich Dad sah, fragte ich immer, wann wir Bangkok endlich wieder verlassen würden. Erst sollten wir nur ein paar Wochen bleiben, aber aus den Wochen wurden Monate, und mich beschlich schreckliche Angst, dass ich für immer hierbleiben musste.

Im Februar fand weltweit die jährliche dreitägige Fastenzeit der »Familie« statt. Normalerweise wurden in dieser Zeit die neuesten himmlischen Offenbarungen kundgetan. In diesem Jahr gab es etwas ganz Besonderes. Die »Loving Jesus Revelation« sollte offenbart werden. Hunderte von Seiten mussten gelesen werden, was die gesamten drei Fastentage in Anspruch nahm. Uns, den auserwählten Bräuten Gottes, wurde offenbart, dass Jesus einsam war und sich nach unserer Liebe sehnte. In Büchern wie dem Hohelied Salomos machte die Bibel klar, dass wir, die letzte Kirche Gottes, die Braut Christi waren. Es genügte ihm nicht, dass wir ihn wie einen Vater oder wie einen großen Bruder liebten. Er verlangte eine andere Liebe von uns.

In äußerst symbolischen Wendungen erklärte die Revelation, dass wir »im Geiste« alle weiblich waren, ganz unabhängig von unserem Geschlecht. Demnach konnten selbst Männer Jesus körperlich lieben.

Im Geiste, im Geiste …
Stimmt ein in unser neues Lied.
Im Geiste, im Geiste
Braucht ihr auch kein Glied!
Denn im Geiste, im Geiste
Sagt ihr zu allem Ja!
Im Geiste, im Geiste
Habt ihr gar eine Vagina!

In der Schrift gab es viele Beispiele, wie man Jesus lieben sollte, aber ihren höchsten Ausdruck findet die Liebe angeblich beim Sex. Man sollte sich vorstellen, der Partner sei Jesus, und laut herausschreien, wie geil und scharf man auf Gottes Schwanz war, dann wäre Jesus tatsächlich da und würde zum Körper des anderen werden.

Für mich war das die bislang absurdeste Doktrin von allen. Am liebsten hätte ich schallend gelacht, aber das traute ich mich natürlich nicht. Zu meiner Erleichterung musste die neue Offenbarung nicht sofort umgesetzt werden; die Jünger sollten sich Zeit nehmen und sich langsam daran gewöhnen. Von uns Minderjährigen wurde nur verlangt, intensiv an Jesus zu denken, wenn wir masturbierten. Allerdings betonte man, dass es unsere Einheit als »One Wife« stärken würde, wenn die gesamte Kommune Jesus auf die neu geoffenbarte Weise liebte.

Wenn Erwachsene in den Andachten voller Inbrunst schrien, wie sexy Jesus war und wie sehr sie seinen Samen wollten, blieb ich einfach stumm. In meinen Augen war das nicht nur mehr als unnormal, sondern regelrecht blasphemisch. Wir hatten gerade einige schwierige Prozesse überstanden, und ich war sicher gewesen, dass wir in Zukunft »normaler« werden, uns auf gute Taten beschränken und den Menschen von Jesus erzählen würden.

Aber wer würde eine religiöse Organisation mit derart abstrusen Überzeugungen ernst nehmen?

Um unsere Visaprobleme zu lösen, flogen Dad und ich nach Großbritannien. Dad wollte wieder nach Japan einreisen und besorgte sich einen neuen Pass – mit einem anderen Namen. Aber da ich als Minderjährige meinen Namen nicht ändern durfte, erklärte mir Dad, dass ich nicht mit ihm nach Japan zurückkehren könne. Während er Formulare ausfüllte, setzte ich mich vor dem Gebäude aufs Pflaster und fühlte mich wie ein verstoßenes Waisenkind. Trostlos starrte ich auf die Füße der Leute, die an mir vorbeigingen. Ich muss tatsächlich mitleiderregend ausgesehen haben, denn drei Leute blieben stehen und versuchten, mich aufzumuntern. Aber ich wollte nur meine Ruhe haben.

Dad beschloss, mich zu meiner Mutter zu schicken, die im Süden von Frankreich lebte. Sie sollte mir dabei helfen, einen neuen Pass zu bekommen, damit ich doch noch nach Japan fliegen konnte. Mum, Victor, Lily und Mariana holten mich vom Flughafen ab. Als ich den Terminal verließ, erkannte ich Mum sofort, obwohl ich sie seit zehn Jahren nicht mehr gesehen hatte. Sie lächelte strahlend und drückte mich fest an sich. Die Zeit hatte es gut mir ihr gemeint, denn im Gegensatz zu Dad sah sie ausgesprochen jung aus und hatte noch kein einziges graues Haar. »Meine Güte! Wie hübsch du bist!«, rief sie stolz. Ich war unglaublich nervös, aber meine Geschwister zerstreuten meine Scheu schnell. Sie wohnten in einem wunderschönen kleinen Ort auf dem Land. Mum war inzwischen mit einem Franzosen namens Luke verheiratet, und sie hatten eine gemeinsame Tochter, die Corina hieß. Aber es traf mich wie ein Schock, als ich feststellte, dass es in ihrer Ehe einen dritten Partner gab – Crystal. Crystal war unsterblich in Luke verliebt, und Luke war ebenso unsterblich verliebt in Mum, und die drei hatten sich in ein reichlich verworrenes Dreiecksverhältnis verstrickt.

Crystal kannte meine Eltern von Loveville in Griechenland her. Sie hatte das Umerziehungslager für Jugendliche in Macau geleitet, in dem Mene gequält worden war. Ein weiterer Jugendlicher dort war Ben Farmon, der wenig später Selbstmord beging. Inzwischen hatte Crystal keine leitende Position mehr inne. Offenbar vermisste sie das, denn sie versuchte, unsere kleine Familie zu dominieren, und rief uns jeden Tag zu Bibelstunden und Gebeten zusammen. Wir nahmen ihr diese Bevormundung und die Einmischung in unser Leben übel. Ständig setzte sie Mum herab und behauptete, sie sei zuerst mit unserem Dad zusammen gewesen, und rieb ihr unter die Nase, wenn sie nicht aus

Griechenland weggeschickt worden wäre und sich von ihm nicht hätte trennen müssen, würde es keins von uns Kindern geben.

Sooft ich konnte, war ich mit Lily, Victor und meinen Stiefgeschwistern draußen. Zum ersten Mal konnte ich mich ziemlich frei bewegen, und wir unternahmen lange Radtouren am nahen Fluss, erkundeten verlassene Gebäude oder bauten uns Baumhäuser im Wald. Auf diese Weise entstand bald eine sehr enge Beziehung zwischen Lily, Victor und mir.

Was auf mein Verhältnis zu Mum nicht unbedingt zutraf. Sie hatte den Tag herbeigesehnt, an dem ich zu ihr zurückkehren würde, aber nun erfüllte dieses Wiedersehen ihre Erwartungen nicht. Meine Mutter verstand nicht, dass wir keine enge Bindung entwickeln konnten, weil sie mich schon so früh verlassen hatte. Es war nicht so, dass ich sie nicht geliebt hätte. Ich liebte sie sogar sehr, doch ich konnte ihr das nicht zeigen, und das enttäuschte sie tief.

Schließlich zog sie sich von mir zurück und traute sich kaum noch, mich zu umarmen – aus Furcht, ich könnte sie zurückstoßen. Sie hatte Schuldgefühle, weil sie mich damals im Stich gelassen hatte, und glaubte, ich würde sie deswegen hassen. In Wahrheit wusste ich nicht, wie ich auf eine Mutter reagieren sollte, die ich nicht wirklich kannte. Ich spürte die unsichtbare Mauer zwischen uns, fand aber keine Möglichkeit, sie einzureißen. Ich war kein kleines Kind mehr, das sich schmusend an sie schmiegen konnte, sondern eine verunsicherte Halbwüchsige, die das Gefühl hatte, nirgendwohin zu gehören – nicht einmal in die eigene Familie. Mich verbanden keine gemeinsamen Erinnerungen mit meinen Geschwistern, was mich von vielen ihrer Unterhaltungen ausschloss. Ich war die ewige Außenseiterin.

Irgendwann kam mir eine Idee, wie ich meine Probleme lösen könnte. Ich würde mich einfach umbringen. Das hatte ich schon einmal versucht, indem ich bei Dad auf das Fensterbrett geklettert war, aber dieses Mal würde ich es mir nicht im letzten Moment anders überlegen. Eines Tages, als sich alle zu einem Mittagsschläfchen in ihre Zimmer zurückgezogen hatten, holte ich ein Küchenmesser und schloss mich im Bad ein.

Ich setzte mich auf den Fußboden und drückte die Klinge auf die Innenseite meines Handgelenks, um mir die Pulsadern aufzuschneiden, doch das Messer war zu stumpf. Verzweifelt säbelte ich an meinem Handgelenk herum, aber die Klinge ritzte kaum die Haut. Schließlich schaffte ich es, ein Stück ins Fleisch hineinzuschneiden, aber es war nicht tief genug, um die Pulsader zu treffen. Mir wurde ganz flau im Magen, und ich hatte Angst vor dem Schmerz.

Ich gab auf, legte mich auf den Boden und schluchzte, bis ich einschlief. Ich schämte mich, weil ich zu feige war zum Leben und weil ich zu feige war zum Sterben. Schweißüberströmt wachte ich wieder auf. Die Hitze in dem kleinen Raum war unerträglich. Ich schlich die Treppe hinauf in mein Zimmer und verband mir das Handgelenk. Da ich immer langärmelige Sachen trug, bemerkte niemand etwas.

Sobald ich einen neuen Pass hatte, kehrte ich nach Japan und in die Heavenly City School zurück. Ein paar Monate später erfuhr ich, dass mein vierzehnjähriger Stiefbruder Philippe an einem Gehirntumor gestorben war. Ich wurde fast erdrückt von Schuldgefühlen. Ich hatte mich nicht genug bemüht, ihn besser kennenzulernen, und jetzt war diese Chance vertan. Auch wenn er mit mir nicht blutsverwandt war, gehörte er doch zu meiner Familie, und ich hätte mich mehr um ihn kümmern müssen. Aber vor allem war ich wütend auf mich selbst, weil ich nicht weinen konnte. Nicht lange nach Philippes Tod beging Wendy Selbstmord, ein Mädchen, das ich in Japan kennengelernt hatte. Die beiden Todesfälle trafen mich tief. Ich hatte immer geglaubt, dass das Ende der Welt kommen würde, bevor ich besonders alt wäre. Jetzt fragte ich mich, was für einen Sinn das alles hatte, wenn das Leben sowieso irgendwann endete, ob nun durch einen plötzlichen Tod oder durch den Weltuntergang.

Seit ich Thailand verlassen hatte, unterhielt ich einen regen Briefwechsel mit meiner Pflegeschwester Vera. In einem Brief kotzte ich mich richtig aus und erzählte ihr meine Devise »leben und leben lassen«, weil wir sowieso nichts anderes zu erwarten hätten als den Tod. Wenn ich gewusst hätte, dass meine Post zensiert werden würde, hätte ich das nie geschrieben. Ein paar Wochen später bekam ich einen Brief von meinen früheren Pflegeeltern Joseph und Talitha. Sie sagten mir, ich solle Vera und auch ihnen nicht mehr schreiben. Ich würde einen schlechten Einfluss auf Vera ausüben, und sie könnten mich nicht mehr länger als ihre Pflegetochter betrachten. Ihr Brief verletzte mich sehr. Nachdem ich alle Hoffnung aufgegeben hatte, Dad wiederzusehen, waren sie für mich eine Art Ersatzfamilie gewesen. Ihre kalte Zurückweisung empfand ich wie einen Schlag ins Gesicht.

Danach kapselte ich mich innerlich ab und ließ niemanden mehr an mich heran, um mich vor den offenbar unvermeidlichen Enttäuschungen zu schützen. Und um Enttäuschungen zu vermeiden. Ich wurde extrem aggressiv und neigte zu gewalttätigen Ausbrüchen. Wenn ich den Eindruck hatte, dass jemand mich nicht mochte, sah ich keinen Sinn mehr darin, mich um seine Zuneigung zu bemühen. Ich vernachlässigte meine Körperpflege und ließ mir einen nicht sehr kleidsamen Bob schneiden, damit ich mir die Haare nicht mehr bürsten musste. Ständig suchte ich Streit, und einmal stieß ich meinen Lehrer so heftig gegen den Esszimmertisch, dass der auseinanderbrach.

Ich verlor alle meine Freunde. Keiner von ihnen widmete mir Zeit, es sei denn, sie stachelten mich bei einer Schlägerei an. Ich war zu draufgängerisch, zu rowdyhaft und hatte ein Mundwerk wie ein Maschinengewehr. Mein beißender Witz wurde zu einer Waffe, um mein mangelndes Selbstwertgefühl zu kaschieren. Kein Wunder, dass ich mich auf der »Liste der zehn Leute, mit denen man am wenigsten gesehen werden möchte« wiederfand.

Celeste sah ich nur selten. Selbst Dad war es inzwischen egal, ob ich zum Essen erschien oder nicht. Ich brauchte dringend einen Ortswechsel. Eines Tages fiel mir ein Zettel am Schwarzen Brett der Schule ins Auge. Eine Familie in Tokio suchte eine Betreuung für ihre Kinder. Ich bewarb mich und bekam den auf drei Monate befristeten Job.

Ein junger Mann namens Marcus holte mich am Bahnhof Shinjiku ab. Es freute mich, dass es noch andere junge Leute in der Kommune gab. Schon bald zeigte Marcus mehr als nur oberflächliches Interesse an mir, aber ich war überhaupt nicht interessiert. So hatte mir noch nie jemand seine Zuneigung gezeigt, doch weil ich keine Erfahrung hatte, erkannte ich die Anzeichen für seine Verliebtheit nicht.

Wenig später kam Miguel, der älteste Sohn des Ehepaars, zu Besuch. Er hatte die »Familie« vor Kurzem verlassen und arbeitete in einer Bar in Tokio. Er war sehr anziehend und sah gut aus. Es schmeichelte mir, wie offen er mich anstarrte, und vielleicht habe ich ihn unbewusst sogar ermutigt. Trotzdem war ich überrascht, als ich eines Nachts wach wurde und ihn in meinem Bett entdeckte. Er machte sich an meinem Unterhöschen zu schaffen. Sein Atem stank nach Zigaretten.

»Nein«, keuchte ich.

»Nein?« Er drängte sich erregt an mich.

»Nein.«

»Komm schon, du willst doch. Ich weiß, dass du scharf auf mich bist.«

Ich schlief noch halb und etwas in mir sagte: Das ist nur ein blöder Traum.

»Lass das. Die Kinder …« Seine Brüder und Schwestern schliefen im selben Zimmer, und ich hoffte, das würde ihn zur Besinnung bringen.

»Dann solltest du besser den Mund halten.«

Ich hatte viel zu viel Angst, um mich zu wehren, und aus dem »blöden Traum« wurde ein zweistündiger Albtraum. Als er endlich von mir abließ, tat mir alles weh.

Am nächsten Morgen stahl ich mich ganz früh aus dem Haus, holte mein Rad und wagte mich erst wieder zurück, als ich sicher sein konnte, dass er nicht mehr da war. Sex mit einem Außenstehenden konnte zum Ausschluss aus der »Familie« führen. Die Vorstellung, für etwas exkommuniziert zu werden, was ich nicht freiwillig getan hatte, erschreckte mich. Immerhin war ich erst fünfzehn Jahre alt.

Ich beschloss, den Albtraum im geistigen Archiv meiner anderen Geheimnisse zu verwahren. Allerdings haben Geheimnisse mitunter die Eigenschaft, nicht geheim zu bleiben.

In meinem Fall dauerte es nicht lange. Als Marcus am nächsten Tag von der Arbeit kam, versperrte er mir auf dem oberen Treppenabsatz mit seinem kräftigen Arm den Weg.

»Was ist, Marcus?« Ich versuchte, ganz locker zu klingen, aber meine Stimme verriet mich.

»Du kleine Schlampe!«, zischte er. »Du kennst ihn kaum, und trotzdem springst du am ersten Abend mit ihm ins Bett.«

»Ich weiß nicht, was du meinst. Da war nichts.«

»Wirklich nicht? Er sagte, dass du geschnauft hast wie eine läufige Hündin. Du hättest dich benommen wie eine unersättliche Hure.« Diese Lüge verletzte mich mehr als die Vergewaltigung.

»Was? Das hat er doch nur behauptet, um dich eifersüchtig zu machen.«

Hinter meinen Augen brannte es, und alles um mich herum begann, sich zu drehen.

»Ich werde die Sache melden, und du weißt, was dann passiert. Du kriegst jede Menge Probleme.«

»Marcus, so war es nicht. Er hat mich dazu gezwungen«, versuchte ich ihm zu erklären.

»Was für ein Scheiß. Ich glaube dir nicht.«

Oder er wollte mir nicht glauben, denn er wusste, was er vorhatte.

»Es ist wahr, ob du mir nun glaubst oder nicht. Ich tu alles, was du willst, aber bitte melde mich nicht. Es war nicht meine Schuld.«

»Natürlich war es deine Schuld. Aber in einem Punkt hast du recht. Du wirst alles tun, was ich will, sonst ...«

An diesem Abend kam er zu mir ins Bett, wie auch in den folgenden Nächten. Manchmal tat ich so, als würde ich schlafen, oder behauptete, ich hätte meine Tage, aber schließlich glaubte er die Ausreden nicht mehr. Mein Leben wurde so unerträglich, dass ich mich in einen Zug setzte und zur Heavenly City School zurückfuhr.

»Was willst du hier?«, fragte mich ein Teeangerbetreuer, als ich dort ankam.

Die Frage schockierte mich. Ich hatte immer gedacht, die Schule sei mein Zuhause.

»Du hast nicht gefragt, ob du zurückkommen darfst. Wir haben nicht einmal ein Bett für dich.«

»Ich kann auf dem Boden schlafen.«

Aber man fand schnell eine Arbeit für mich. Doch ich kam kaum mit mir selbst klar, geschweige denn mit elf wilden Kindern von morgens um neun bis abends um sieben. Nach einigen Monaten war ich einem Nervenzusammenbruch nahe und bat um eine andere, weniger anstrengende Tätigkeit.

Daraufhin schickte man mich in die Kinderpflegeabteilung. Dort hatte ich oft ganz allein vier Babys zu versorgen, was auch nicht gerade leicht war. Irgendwann riefen mich die beiden

Betreuer zu sich, die für den Einsatz der Lehrer verantwortlich waren.

»Es gibt da Probleme mit einigen Kindern, die Schimpfwörter benutzen«, erklärten sie mir.

»So?« Ich hatte keine Ahnung, worauf sie hinauswollten.

»Wir haben den Eindruck, dass du dafür verantwortlich bist. Daher müssen wir dich bitten, deine Tätigkeit in der Kinderpflege aufzugeben.«

Ihre Logik verblüffte mich. »Ich arbeite den ganzen Tag in der Kinderpflege. Wie kann ich da für irgendwelche schlimmen Ausdrücke von Kindern verantwortlich sein, die ich nicht einmal sehe?«, erkundigte ich mich.

»Wir haben gebetet, und der Herr hat uns gesagt, dass du schuld bist.«

Ich fand das absurd. Warum beriefen sie sich eigentlich immer auf Gott, wenn sie eine Entschuldigung für irgendeine Entscheidung brauchten?

»Es sieht so aus, als ob du noch eine Menge lernen müsstest. Und das lernst du am besten da, wo du keinen negativen Einfluss auf die Kinder ausüben kannst.«

Ich protestierte nicht. Wenn ich ehrlich war, machte es mir nichts aus, die Kinderpflege zu verlassen. Ich war erschöpft. Aber es tat weh, dass man mich feuerte, nachdem ich so hart gearbeitet hatte, ohne viel Unterstützung zu bekommen.

»Statt in der Kinderpflege wirst du künftig draußen arbeiten. Vielleicht tut dir ein bisschen körperliche Betätigung ganz gut.«

Das »bisschen körperliche Betätigung« bestand darin, den Männern bei der Neugestaltung des Parks zu helfen und schwere Zementblöcke heranzuschleppen.

Ich rannte auf die Felder hinaus, wo niemand mich hören konnte, und begann, bitterlich zu schluchzen. »Warum, lieber Gott? Warum hasst du mich so? Warum hassen mich alle? Was habe ich getan?«, haderte ich mit dem Schöpfer. »Warum ist das Leben so hart? Macht es dir Spaß, mich leiden zu sehen? Sprich mit mir! Gibt es dich überhaupt? Warum antwortest du mir nicht? Lieber Gott, ich bin doch dein Kind, also antworte mir!«

Aber ich bekam nie eine Antwort. Vielleicht hatte sich auch Gott von mir abgewandt.

Die bedeutendsten Sänger und Musiker aus der ganzen Welt kamen in der Heavenly City School zusammen, um *Loving Jesus Music* aufzunehmen: Liebeslieder für Jesus. King Peter befand sich gerade auf einer Weltreise zu den größten Kommunen, um »seine und Queen Marias Anwesenheit fühlbar zu machen«, und er wollte an dem Künstlergipfel teilnehmen.

Ich war gerade mit einem Kunstprojekt für die Schule beschäftigt, als King Peter mit seinem Gefolge vorbeikam. Als Erstes fiel mir seine hünenhafte Gestalt auf. Er hatte seine langen Haare zu einem Pferdeschwanz zusammengebunden und trug Jeans, um hip zu wirken. Ich wusste, dass sie unserer Gemeinschaft ein neues Image geben wollten und sich bemühten, moderne, coole und sympathische Führer der »Familie« zu sein. König Peter zeigte uns Fotos von Königin Maria. Die meisten von uns sahen zum ersten Mal, wie sie aussah, und als ich die Bilder von Königin Maria betrachtete, war ich schockiert. Maria posierte nackt oder nur in einem hauchdünnen Negligé. Das sollte wohl ein Beweis für ihren revolutionären Geist sein.

Die gesamte Führungsspitze ahmte Peters Look nach. Es gab einen großen Impuls, die Generationen miteinander zu vereinen, und die erste Generation wurde dazu angehalten, in die zweite Generation hineinzuheiraten. Alle Spitzenleute mit ihren Pferdeschwänzen nahmen sich junge Bräute, sobald diese volljährig waren. König Peters Sekretärin Rebecca folgte ihm überallhin wie ein treuer kleiner Hund. Sie war in Celestes Alter, und alle wussten, dass sie sich in jeder Hinsicht um Peter kümmerte.

Während des Besuchs von König Peter holte man Celeste für eine Tätigkeit bei World Services. Ich wusste, dass sie Probleme hatte und ziemlich unglücklich war. Sie hatte eine Liebesaffäre mit einem jungen Mann, dem es nur um Sex ging. Ich wusste, dass keine der Frauen an der Schule vor ihm sicher war. Er hatte bereits drei Frauen geschwängert und nutzte die Gefühle meiner Schwester kaltblütig aus. Ich konnte sehen, wie sehr sein Verhalten Celeste verletzte. Ohne Zweifel wollte sie ebenso weg von hier wie ich.

Dad war außer sich vor Freude. Nur die Allerbesten wurden zu World Services berufen, und seine Tochter hatte es geschafft – sein kleiner Liebling, auf den er so stolz war. Aber ich regte mich auf. Meine Schwester würde im Nirgendwo verschwinden, und wer weiß, wann sie wieder auftauchte. Manche Leute blieben für den Rest ihres Lebens bei World Services. Ich würde nie erfahren, wo sie war oder was sie machte.

»Geh doch, wenn du unbedingt willst. Wir sind sowieso keine Familie mehr, also was soll's?« Ich wollte ihr keine Vorwürfe machen, aber die Worte kamen mir wie von selbst über die Lippen. Wieder einmal blieb ich zurück. Aber diesmal brach ich nicht in Tränen aus. Es war, als wären meine Tränen versiegt.

Nachdem Celeste die Heavenly City School verlassen hatte, kam mein Vater auf die Idee, dass ich eine Stimmprobe machen sollte für unsere Produktionen. Und ehe ich mich versah, hatte ich ein Skript in der Hand und Kopfhörer auf den Ohren. Aber im entscheidenden Moment versagte mir die Stimme.

Dads ungeheurer Erwartungsdruck führte dazu, dass mir einfach die Stimme wegblieb. Das Studio teilte ihm mit, dass ich es nicht geschafft hatte. Nach dem Dinner kam er auf mich zu.

»Was war denn los, Schätzchen?« Es war mehr ein Vorwurf als eine Frage.

»Was meinst du damit?«

»Ich habe dafür gesorgt, dass du diese großartige Chance bekommst, und du hast sie verpatzt!«

»Tut mir leid, Dad«, flüsterte ich. »Mir ist die Stimme weggeblieben.«

»Du hast mich schwer enttäuscht, meine Kleine. Ich habe mich für dich ziemlich weit aus dem Fenster gelehnt. Da hätte ich schon ein bisschen mehr von dir erwartet. Eine solche Chance bekommst du so schnell nicht wieder.«

Die Worte schnitten mir ins Herz. »Na gut, Dad!«, entgegnete ich wütend. »Dann habe ich dich eben enttäuscht. Ich kann dir ja sowieso nie etwas recht machen!« Ich machte auf dem Absatz kehrt und rannte davon. Warum konnte er mich nicht einfach nur lieben, weil ich seine Tochter war?

22 *Das Haus der offenen Muschi*

Celeste

ALS ICH MEINEN GEPÄCKKARREN in die Ankunftshalle schob, blickte ich mich nervös um und suchte nach einem lächelnden Gesicht, nach irgendeinem Hinweis darauf, dass jemand auf mich wartete. Achtzehn Stunden zuvor hatte man mir auf dem Flughafen in Tokio einen Umschlag mit einem Ticket und dreihundert Dollar in die Hand gedrückt und gesagt: »Deine Maschine startet in fünfundvierzig Minuten, also solltest du dich besser beeilen.«

Sobald ich die Passkontrolle hinter mir hatte, betrachtete ich das Ticket in meiner Hand. Mein Blick fiel auf das Wort »Porto«. Wo um alles in der Welt ist denn das, fragte ich mich, während ich auf das Gate zueilte. Erst als der Pilot nach dem Abheben Portugal erwähnte, wusste ich, wohin wir flogen. Ich war noch nie in Portgual gewesen und hatte keine Ahnung, was mich dort erwartete oder wo ich diese Nacht schlafen würde. Während des ganzen Fluges verspürte ich einen sonderbaren Druck im Magen – eine Mischung aus Vorfreude, Nervosität und Furcht. Ich war zweiundzwanzig Jahre alt und eher neugierig als ängstlich. Alles kam mir ungeheuer spannend vor – wie in einem Spionageroman.

Es war früher Abend, als ich die kleine Halle des Flughafens von Porto betrat. Ich entdeckte die beiden auf Anhieb: einen Mann und eine Frau, beide waren Ende vierzig.

»Herzlich willkommen, Liebes.« Die Frau schlang die Arme um mich. Ich hatte keine Ahnung, wer sie war, aber ihr Äußeres verriet sie als Mitglied der »Familie«: das strahlende Lächeln, die langen, glatten Haare und das sparsame Make-up.

»Hattest du einen angenehmen Flug?«, erkundigte sie sich.

»Ja.«

»Ich heiße Vicky, und das ist Terry«, erklärte sie lächelnd.

»Na, weißt du, wo wir sind?«, fragte mich Terry. Er hatte silbergraue Haare und musste in seiner Jugend ein attraktiver Mann gewesen sein.

»Na ja, erst wusste ich zwar nicht, wo Porto liegt, aber wir sind in Portugal, stimmt's?«, fragte ich, um ganz sicherzugehen.

»Ja, genau. Aber ist dir auch klar, wo du wohnen wirst?«

»Eigentlich bin ich mir ziemlich sicher, dass es sich um Mama Marias Wohnsitz handelt«, antwortete ich.

»Woher weißt du das?«, fragte Terry ein bisschen überrascht.

»Na ja, ich hatte so eine Ahnung.«

»Ist das nicht aufregend?«, warf Vicky ein. »Du darfst in der Residenz der Königin wohnen. Wahrscheinlich wirst du Mama in den nächsten Wochen nicht sehen, aber Terry und ich sind die verantwortlichen Betreuer und kümmern uns um alles.«

Alle nannten Queen Maria liebevoll »Mama«. Ihr Aufenthaltsort wurde streng geheim gehalten. Ich kannte sie, seit ich denken konnte, wenn auch nur aus Briefen und Schriften. Mein ganzes Leben war von ihren Regeln und Anordnungen bestimmt worden, und jetzt – endlich – würde ich sie persönlich kennenlernen. Es galt als große Ehre, zu den Auserwählten zu gehören, die in ihrer Nähe leben durften, da sie nach Mos Tod die Stimme des Herrn und Seine Stellvertreterin auf Erden war. Aber selbst in ihrem Haus begegnete Maria nur selten den Menschen, die für sie arbeiteten. Terry und Vicky führten ihre Anweisungen aus und hatten dafür zu sorgen, dass sich alle strikt an die Regeln hielten und ein »spirituell einwandfreies« Leben führten.

»Die Residenz ist etwa eine halbe Stunde entfernt, in einem kleinen Dorf an der Küste. Sobald wir da sind, führen wir dich durch das Haus«, sagte Vicky. Sie war eine temperamentvolle Frau, ein bisschen mollig und eher unscheinbar, aber geschmackvoll gekleidet und mit einem sonnengegerbten Teint. Da es bei der Fahrt zum Haus bereits dunkel war, konnte ich nur wenig von der Umgebung erkennen.

Ich war ungeheuer gespannt darauf, wer in Queen Marias Residenz lebte. Es kam mir so vor, als würde ich durch den trennenden Vorhang gehen und endlich entdecken, wer und was dahinter war. *Wie war es wirklich an der Spitze, im Herzen der »Familie«*? Ich stand kurz davor, das herauszufinden.

»Aus Sicherheitsgründen musst du deinen Namen ändern. Hast du dir schon überlegt, wie du gern heißen möchtest?«, fragte Vicky. »Wenn du dich schnell entscheidest, können wir dich gleich mit deinem neuen Namen vorstellen.«

Nicht schon wieder, dachte ich. Ich war Celeste gewesen, Rebecca, Joan, Joanna, Claire und dann wieder Joanna. Aber bei so vielen Namen kam es auf einen mehr oder weniger auch nicht mehr an.

»Wie wäre es mit Michelle?«, schlug ich vor.

Bei World Services, noch mehr als in der übrigen »Familie«, sollte man von niemandem den richtigen Namen oder den Nachnamen kennen. Sicherheit wurde großgeschrieben.

»Michelle … Ja, das hört sich gut an. Okay, also Michelle.«

»Wir sind da!«, verkündete Terry, als wir vor einem großen Portal hielten. Terry nahm meinen Koffer, und Vicky führte mich zum Kücheneingang. Das Haus war eine große Villa mit einem seitlichen Anbau. Ich war verblüfft, wie groß das Wohnzimmer war, das eher einer Hotelhalle glich. An der gegenüberliegenden Wand entdeckte ich ein paar Sofas, die nicht zusammenpassten, und in der Ecke war eine Videoanlage. Links stand ein Esstisch aus Holz, an dem etwa fünfundzwanzig Personen Platz hatten.

»Wir ziehen so oft um, dass wir kein Geld für Möbel ausgeben, die wir dann sowieso zurücklassen müssen. Die Sachen haben wir in einem Gebrauchtwarenlager gekauft.«

Über eine geschwungene Treppe gelangte man in die oberen Stockwerke. In der ersten Etage trennte ein Vorhang den Korridor zur linken Seite ab. Dahinter befanden sich Queen Marias Privatgemächer, zu denen der Zutritt natürlich verboten war. Eine Wendeltreppe führte in das zweite Obergeschoss, aber zunächst wurde ich in den Anbau an der rechten Seite des Hauses gebracht, in dem es vier weitere Zimmer gab. Ganz am Ende lag das Besucherzimmer oder der »Date Room«. Dort sah ich auf einem Tisch in der Ecke eine Schale mit Obst und ein Schild mit der Aufschrift »Herzlich willkommen«; außerdem gab es ein Doppelbett, neben dem ein kleiner Nachttisch mit einer Lampe stand. Terry informierte mich über die für Neuankömmlinge geltenden Regeln. Bevor ich meine Arbeit aufnahm, hätte ich drei freie Tage, um Schriftmaterial zu lesen und mich mit den Gepflogenheiten im Queen's Home vertraut zu machen. Da es schon spät war und ich eine bleierne Müdigkeit verspürte, schlief ich schnell ein.

Am nächsten Morgen wachte ich vom scharfen Geruch des Meeres und vom Rauschen der Wellen, die ans Ufer schlugen, auf. Ein Blick aus dem Fenster zeigte mir, dass die Villa direkt am Strand lag. Die Aussicht war atemberaubend. Dennoch überkam mich Traurigkeit, ich fühlte mich allein. Mir wurde bewusst, wie weit ich von meiner Familie und von meinen Freunden entfernt war. Sie hatten nicht die leiseste Ahnung, wo ich war oder wie sie mit mir in Verbindung treten konnten. Und ich durfte ihnen weder schreiben noch mit ihnen telefonieren.

Den größten Teil des ersten Tages verbrachte ich mit dem Studium der Schriften, die ich in meinem Zimmer vorgefunden hatte. Irgendwann am Nachmittag klopfte es an die Tür. Eine Frau Mitte vierzig stellte sich mir als Misty vor und lud mich zu einem Spaziergang ein. Ich erkannte sie sofort wieder. Es war die Mutter meines ersten Freundes, die ich ein paar Jahre zuvor kurz in Japan getroffen hatte. Sie sah noch genauso aus wie damals. Nur ihr hüftlanges Haar schimmerte inzwischen ganz grau. Eines Tages war sie aus Japan verschwunden, genau wie ich, und niemand wusste, was aus ihr geworden war. Als wir durch den Garten schlenderten, erklärte mir Misty einige Projekte der »Familie«. Sie half Maria bei der Produktion der Veröffentlichungen und Briefe, die alle zwei Monate an die Kommunen in aller Welt geschickt wurden.

»Der Herr weist der ›Familie‹ ganz neue, aufregende Wege«, schwärmte Misty. »Kürzlich hat unser Geliebter Herr sogar einen ganz besonderen Namen für das Queen's Home offenbart. Er nannte uns ›Das Haus der offenen Muschi!‹«

Ich schluckte. Obwohl ich kaum glauben konnte, was ich da gerade gehört hatte, gelang es mir, meinen Abscheu zu verbergen. Misty erläuterte, dass Jesus, unser »Geliebter«, seinen »goldenen Samen« in einer solchen Fülle auf Seine unersättlichen Bräute ergoss, dass sie ihre Beine ganz breit machten, um ihn zu empfangen.

Ich war wie vor den Kopf geschlagen. Ich hatte auf Veränderungen gehofft und darauf, dass die »Familie« ihre Sexbesessenheit endlich aufgab. Mir war angeboten worden, hier in Portugal eine Kinderzeitschrift mit dem Titel *Heaven's Library* herauszugeben, und ich hatte mich auf die Arbeit gefreut, bei der ich meine kreativen Talente einsetzen konnte. Ich war jedoch nicht darauf vorbereitet, mich an sexuellen Ausschweifungen, Gesprächen und Metaphern zu beteiligen.

Doch meine schlimmsten Befürchtungen sollten sich schon bald bestätigen. Die Analogie von der »offenen Muschi« war nicht einfach nur eine Metapher, denn jeder – Verheiratete, Verlobte, Singles – hüpfte mit jedem ins Bett. Das führte natürlich zu heftigen Eifersuchtsausbrüchen, besonders bei den Frauen.

Ich war fest entschlossen, mich von niemandem zum Sex zwingen zu lassen. Maria hatte zwar erklärt, es sei Jesu Wunsch, dass sich die Generationen der »Familie« miteinander »vermählten«, aber die Vorstellung, mit denselben Männern sexuell verkehren zu müssen, die mir schon als kleines Mädchen Gewalt angetan hatten, war für mich unerträglich und abstoßend. Während ich Misty zuhörte, kamen die Bilder in mir wieder hoch, wie ich als Kind Männer oral befriedigen musste. Auf keinen Fall würde ich mich zu so etwas zwingen oder überreden lassen, schwor ich mir. Ich hatte längst alle meine Miniröcke und knappen Tops weggeworfen und nur weite, konservative Sachen eingepackt.

Noch besorgter wurde ich, als Misty mir einen goldenen Ring an ihrem Finger zeigte und erklärte, dass ich in einigen Tagen im Rahmen einer Zeremonie auch so einen Ring bekommen würde, der meine Vereinigung mit König Peter und Königin Maria symbolisierte. Lieber Gott, bitte erspare mir jede Form von Sex, betete ich lautlos und erinnerte mich an Ami. Ihre Vereinigung mit Mo und Maria war sehr real und physisch gewesen – nicht nur symbolisch.

»Was passiert bei der Zeremonie?«, erkundigte ich mich beklommen.

»Sie findet während einer Andacht statt. Du wirst niederknien und ein Gelübde auf den König und die Königin ablegen. Keine Angst, das haben wir alle getan.«

Am nächsten Abend teilte mir Vicky mit, dass der Besitzer der Villa mit seiner Familie zum Dinner erwartet wurde. Ich sollte in meinem Zimmer bleiben, mein Essen würde mir gebracht. Während des Besuchs durfte sich keiner von uns blicken lassen. Dem Mann gehörte ein großes Casino in der Stadt, und er war weithin bekannt.

Einer von den drei jungen Männern, die im Queen's Home lebten, hatte sein Zimmer gegenüber von meinem. Vince und ich kamen ins Gespräch, und er bot an, mir Gesellschaft zu leisten. Er holte uns unser Essen und zwei Gläser Wein, und wir redeten mehrere Stunden miteinander.

Im Verlauf der nächsten Tage unterhielten Vince und ich uns öfter miteinander. Er war handwerklich sehr geschickt und zeigte mir eine wunderschöne Nachttischlampe, die er aus einer großen Muschel angefertigt hatte. Nachdem wir eines Abends wieder einmal lange miteinander geredet hatten, verabschiedete er sich schließlich und verließ mein Zimmer. Ein paar Minuten später klopfte ich an seine Tür. Nur mit einem kurzen T-Shirt bekleidet, wünschte ich ihm eine gute Nacht und gab ihm einen Kuss auf die Wange.

Wenige Minuten danach klopfte es an meine Tür. Es war Vince, der dort weitermachen wollte, wo ich angefangen hatte. In meiner Handtasche war noch ein Kondom, das ich aus Japan mitgebracht hatte. Es war zwar kaputt, aber das konnte uns nicht abhalten. Da ich in wenigen Tagen meine Periode bekommen würde, schien mir das Risiko nicht sonderlich groß zu sein.

Danach kam Vince jeden Abend zu mir ins Zimmer. Als er nach etwa zwei Wochen bereits von Heirat sprach, fing ich an, mir Sorgen zu machen. Ich hatte bei ihm Freundschaft und Zuwendung gesucht, keine dauerhafte Bindung.

Vince hatte Terry und Vicky wohl »gebeichtet«, dass wir miteinander schliefen, denn sie holten mich zu einem »Plausch«.

»Wir haben gehört, dass du mit Vince zusammen bist. Er scheint ganz hin und weg von dir zu sein, und wir möchten wissen, wie du die Sache siehst«, begann Vicky.

»Na ja … Ich mag ihn.« Es war mir peinlich, mit anderen Menschen über mein Intimleben zu reden, die ich kaum kannte,

»Vince hat uns erzählt, dass ihr ungeschützten Sex miteinander hattet. Du kennst die möglichen Folgen, oder?« Vicky hob vielsagend die Brauen.

»J… Ja«, stammelte ich.

»Es ist eigentlich nicht empfehlenswert, dass man so schnell nach der Ankunft eine Beziehung eingeht. Du brauchst eine gewisse Zeit, um alle hier kennenzulernen und dich in das Team einzufügen. Vince ist mit Jackie zusammen, weißt du. Sie ist seit mehr als zwanzig Jahren ein loyales und einsatzfreudiges Mitglied von Mamas Team«, erklärte sie.

Schnell fand ich heraus, dass es eine klare Hackordnung gab. Jackie war vor etwa fünfzehn Jahren eine Geliebte meines Vaters gewesen, als er für World Services arbeitete. Im Laufe der Jahre hatte mir Dad immer wieder von Jackie erzählt und mir sogar ein Andenken von ihr gezeigt: einen Ledergürtel. Jackie und ich hatten erst vor wenigen Tagen über meinen Vater geredet, als sie mir ihre zärtlichen Erinnerungen an ihn anvertraute.

Als ich hörte, dass Vince gleichzeitig mit der Exgeliebten meines Vater und mit mir geschlafen hatte, zog sich alles in mir zusammen. Das überstieg mein Vorstellungsvermögen.

»Wir möchten nicht, dass sie eifersüchtig wird oder dass eure neue Freundschaft zwischen Vince und Jackie steht«, unterbrach Vicky meine Gedanken. »Abgesehen davon solltest du Vince sagen, dass du auch mit den anderen Männern zusammenkommen musst.«

Ich murmelte etwas Unverständliches. Dass ich zum Sex mit anderen Männern auf keinen Fall bereit war, behielt ich für mich. So schnell ich konnte, verließ ich den Raum. Dann begann ich nachzudenken. Ich hatte geglaubt, dass ich Vince wirklich gern hatte, doch jetzt war ich mir nicht mehr so sicher. War ich bereit, schwanger zu werden, ihn zu heiraten und den Rest meines Lebens mit ihm zu verbringen? Diese Vorstellung jagte mir Angstschauer über den Rücken. Ich hatte sehr unüberlegt gehandelt und wollte nur noch eins: die Affäre beenden. Aber ich wusste, dass es ihm das Herz brechen würde, wenn ich ihm das sagte.

Als Vince am nächsten Abend in mein Zimmer kam, wollte ich ihm sagen, dass ich ein bisschen Zeit und Abstand bräuchte, konnte mich aber nicht dazu durchringen. Ich warte noch ein bisschen und sage es ihm nächste Woche, dachte ich.

Aber es war zu spät. Ich war bereits schwanger.

Jeden Morgen war mir hundeübel, und ich musste mich übergeben. Nach ein paar Tagen begann sich Vince darüber zu wundern, dass ich mich so abweisend verhielt, also beschloss ich, mit ihm zu reden. Es fiel mir nicht leicht.

»Ich bin schwanger, Vince«, sagte ich, »aber ich kann unsere Beziehung nicht fortsetzen. Wir können gern Freunde bleiben, aber mehr nicht. Es wäre nicht fair, dir etwas vorzumachen, Ich sehe keine Zukunft für uns.«

Meine Worte trafen ihn tief. Das merkte ich an seinem Gesichtsausdruck, an seiner Körpersprache. Ich wusste von ihm, wie sehr er sich nach einer Frau gesehnt und davon geträumt hatte, Vater zu werden. Meine Ankunft war für ihn die Antwort des Himmels auf seine Gebete gewesen, und nun zerstörte ich grausam alle seine Hoffnungen. Ich kam mir so schlecht vor wie noch nie in meinem Leben. Ich wollte ihm nicht wehtun. Wenn es mir möglich gewesen wäre, seine Liebe zu erwidern und mich darauf zu freuen, sein Kind zu bekommen, hätte ich es getan. Aber ich konnte es nicht. Ich konnte auch nicht einfach so tun. In diesem Moment wusste ich, dass ich das Queen's Home – und die »Familie« – unbedingt verlassen musste. Vince stand loyal zu den World Services, und ich war nicht bereit, isoliert und weit weg von meiner Familie ein Baby großzuziehen.

Nach sieben Wochen konnte ich mich kaum noch ins Bad schleppen. Ich konnte nichts bei mir behalten, nicht einmal Wasser, und litt unter gefährlicher Dehydrierung. Ich wog nur noch siebenundvierzig Kilo. Ich konnte mich nur in meinem Bett hin und her wälzen. Die Nächte waren endlos lang, einsam und qualvoll. Verzweifelt betete ich zu Gott, dass er mir genügend Kraft gab, den nächsten Tag zu überstehen.

Schluchzend flehte ich Terry und Vicky an, mir zu erlauben, nach Japan zurückzukehren. Ich sehnte mich nach meiner Familie und danach, ihnen zu erzählen, was mir widerfahren war, doch ich musste im Queen's Home bleiben.

»Wir haben dich gerade erst hergeholt, deswegen ist es zu früh, an eine Rückkehr zu denken. Du hast schon vorher gewusst, dass du eine langfristige Verpflichtung eingehst. Also halt einfach durch, okay?«, sagte Vicky.

Man erlaubte mir nicht, irgendjemandem zu schreiben, dass ich schwanger war, weil es ein schlechtes Licht auf sie werfen könnte, wie sie sagten. Ich fühlte mich total isoliert. Es gab Zeiten, da wollte ich am liebsten sterben, und Nächte, in denen ich stundenlang weinte und mir wünschte, das alles wäre nur ein böser Traum. Nach neun Wochen ging es mir so schlecht, dass ich ins Krankenhaus gebracht und drei Tage lang an einen Tropf gehängt wurde. Danach holten mich Terry und Vicky wieder ab, aber ich brach wieder zusammen und musste die nächsten sechs Monate im Bett verbringen. Ich hatte einen niedrigen Blutdruck, litt unter Sodbrennen und Anämie. Der Arzt wies darauf hin, dass es bei der Geburt zu einem bedenklichen Blutverlust kommen könnte.

Am 9. April 1998 wurde Cherie geboren. Nach achtzehn Stunden Wehen war ich erschöpft, aber froh, dass ich es überstanden hatte. Wenn ich sie im Arm hielt, summte sie ganz zart vor sich hin. Cherie war mein »kleines Wunder«. Überraschenderweise wog sie 4,1 Kilo und hatte die rundesten Bäckchen, die ich je gesehen hatte. Die Schwestern nannten sie »Gordo«. Das ist das portugiesische Wort für »dick«.

Ich war glücklich über meine kleine Tochter, aber meine Schwangerschaft hatte mich traumatisiert. Damals wusste ich nicht, dass ich zu *Hyperemesis gravidarum* neigte, zu übermäßigem Erbrechen während der Schwangerschaft, an der auch meine Mutter und Tante Caryn gelitten hatten. Der Gedanke an eine weitere Schwangerschaft war mir ebenso unerträglich wie die Vorstellung, mit jemandem intim zu werden. Vince teilte sich mit mir die Verantwortung für unser Kind, auch wenn wir kein Paar waren. Zunächst wollte ich nicht, dass Vince zu einem festen Teil ihres Lebens wurde, weil ich befürchtete, er könnte sich von mir zu viel erhoffen. Doch dann erinnerte ich mich an meine Kindheit und daran, wie gern ich mit Dad *und* Mum zusammengelebt hätte. Trotz unserer Differenzen hatte Cherie ein Recht darauf, ihren Vater zu kennen.

Bald nach der Geburt setzte ich meine Tätigkeit für die Zeitschrift *Heaven's Library* fort und ließ Cherie in der Obhut von Tina, einer Brasilianerin, oder von Marias Tochter Techi zurück, die einen dreijährigen Sohn hatte. Aber an meinem Entschluss, World Services zu verlassen, hatte sich sich nichts geändert. Es gab dort Menschen, die schmerzvolle Erinnerungen in mir auslösten. Zum Beispiel Dan, den ich von den Philippinen her kannte, weil ich dort bei ihm und seiner damaligen Frau Tina gewohnt hatte. Jetzt arbeitete er für *Activated*, die Monatszeitschrift der »Familie«, die sich an Nichtmitglieder wandte. Er bezeichnete sich als überzeugten Christen, aber ich wusste, wie brutal er seine Frau, seine Kinder und meine kleine Schwester verprügelt hatte.

Und dann war da John, der Krys im Alter von nur vierzehn Jahren geschwängert hatte. Seine ausgeprägten pädophilen Neigungen waren allgemein bekannt, und doch bekleidete er eine hohe Position innerhalb der »Familie«. Er entschied darüber, wer aus der »Familie« ausgeschlossen wurde, weil er sich nicht an die Bestimmungen der »Liebes-Charta« hielt – zu denen auch sexuelle Vergehen gehörten. Was für eine Farce!

Der Liebes-Charta nach mussten Eltern, die den sexuellen Missbrauch ihres Kindes bei der Polizei anzeigen oder den Behörden melden wollten, ihre Mitgliedschaft »aufgeben«. Ich habe es mehr als einmal erlebt, dass »treue Jünger« lieber ihr eigenes Kind der Lüge bezichtigten, als ihr Leben in der »Familie« aufzugeben.

Ein anderer Mann war drei Monate lang »teilweise ausgeschlossen«, weil er sich an einem minderjährigen Mädchen vergangen hatte. »Teilweiser Ausschluss« bedeutete: sechs Monate lang keine Filme, keinen Sex, keinen Alkohol, dafür stundenlanges Studium der Mo-Briefe, der Botschaften unseres pädophilen Propheten. Es war der blanke Zynismus.

Obwohl er »offiziell exkommuniziert« worden war, erhielt Eman Artist ein Gehalt von World Services, da er weiterhin Kinderbücher illustrierte, die vom Verlag Aurora Productions, dem eigenen Verlag der »Familie«, verlegt wurden.

Ich sagte Terry und Vicky immer wieder, dass ich World Services verlassen wolle, aber sie entgegneten immer wieder, ich solle »durchhalten«. Von Queen Maria hörte ich sehr selten etwas. Nur manchmal schickte sie mir ihre Visionen: dass ich spirituelle Fortschritte machte und dass der Herr Großes vorhabe mit mir, wenn ich standhaft im Glauben bleiben und meinen Kampf gegen den Teufel fortsetzen würde.

Zu Gesicht bekamen wir Queen Maria kaum. Sie blieb in ihren Gemächern, kommunizierte mit ihren engsten Vertrauten über eine Gegensprechanlage und ließ sich die Mahlzeiten nach ihren speziellen Wünschen zubereiten – fettarme, ausschließlich biologische, ballaststoffreiche Kost, die mit Vitaminen, Gelée Royale und Kalzium angereichert wurde. Nur sehr wenige sahen sie täglich, beispielsweise Misty, Rebecca und ihre persönliche Assistentin Becky. Rebecca erzählte mir, dass sie Mama die Haare wusch und ihr die Zehennägel schnitt. Ihre handverlesenen Dienerinnen lasen ihr jeden Wunsch von den Augen ab und waren bereit, den Preis für ihren Platz an der Spitze zu zahlen.

Wir hatten nur wenig freie Zeit, und die einzige Entspannung boten Tanzabende, die ich mied wie die Pest. An einem dieser Tanzabende war das Wohnzimmer hergerichtet worden wie ein Sexclub. Hinter Paravents mit Gucklöchern führten die Frauen Stripteasetänze auf und wurden von den anderen dabei begafft. Schon bald verschwand ich in das Zimmer, in dem meine drei Monate alte Tochter schlief. »Ich möchte sie nicht allein lassen«, entschuldigte ich mich. Aber in Wahrheit wurde ich von belastenden Erinnerungen an meine Vergangenheit übermannt.

Ich passte nicht in das vorgegebene Bild – ebenso wenig wie Davidito und seine Freundin Elixcia. Davidito wurde in der Residenz seiner Mutter noch immer Pete genannt, und mir fielen sofort seine traurigen Augen auf. Unter den wachsamen Blicken seiner Mutter leben zu müssen machte ihn unglücklich und depressiv. Mit dreizehn Jahren war er kurz an der Heavenly City School gewesen, und wir fanden wenige Monate nach seinem plötzlichen Verschwinden heraus, was mit ihm geschehen war. In einem seiner Briefe schrieb Mo, dass er seinen Enkel einer strengen Bestrafung unterzogen habe, weil er in »schlechte Gesellschaft« geraten sei und sich weltlichen Dingen zugewandt habe. Davidito tat mir sehr leid, denn er war einfach nur ein ganz normaler Teenager, der ein bisschen Spaß haben wollte. Als wir das nächste Mal von ihm hörten, war er zwanzig Jahre alt und durfte in Begleitung eines »Betreuers« mehrere Kommunen in Osteuropa besuchen, wo er Elixcia kennenlernte.

Er konnte seinen Käfig zwar endlich verlassen, aber jeder seiner Schritte wurde überwacht, und Maria wies die Betreuer an, über das, was er tat, Bericht zu erstatten. Natürlich begann er, über sein Leben in Mos Haus zu erzählen und darüber, dass er viele Jahre lang wie ein Verbrecher eingesperrt worden war. Seine Mutter sah sich gezwungen, sich um Schadensbegrenzung zu bemühen. Davidito wurde öffentlich getadelt und musste einen »Letter of Confession and Apology«, einen Beicht- und Entschuldigungsbrief, schreiben, weil er »Zweifel gesät« und »Lügen verbreitet« habe. Widerstrebend kehrte er ins Queen's Home zu seiner Mutter zurück und brachte Elixcia mit.

Eines Abends verkündeten Terry und Vicky, dass wir jeweils zu zweit zu Abend essen würden, um einander »besser kennenzulernen«. Die Mädchen mussten die Namen ihres Partners aus einem Hut ziehen, und ich bekam Davidito. Er stellte in seinem Zimmer einen Tisch auf, zündete eine Kerze an, und wir holten uns unsere Teller aus der Küche. Er war mir als schlaksiger, schmächtiger Teenager mit Akne in Erinnerung, aber nun hatte er einen wohlproportionierten, muskulösen Körper, den er sich offenbar durch hartes Training erworben hatte. Noch immer wirkte er schüchtern und zurückhaltend und schien, genau wie ich, jede Konfrontation zu hassen.

Wir kamen auf das Thema »Führung« zu sprechen, und Davidito sagte mir, dass er beschlossen habe, keine Führungsposition zu übernehmen. Er verabscheute die Art und Weise, wie sein Großvater und seine Mutter ihre Herde kontrollierten und von den Mitgliedern Geld, unverbrüchliche Treue und unbedingten Gehorsam verlangten.

»Wenn ich so werden würde wie sie«, sagte er, »könnte ich nicht mehr in den Spiegel schauen.«

Ich gab ihm recht. Auch mir hatten sich viele Möglichkeiten geboten, innerhalb der »Familie« aufzusteigen, doch das wollte ich aus Gewissensgründen nicht.

»Und die ganze ›Loving Jesus‹-Doktrin passt mir nicht. Ich lehne alle diese neuen ›Offenbarungen‹ ab. Sie sind absurd. Wir haben die Bibel, das reicht«, erklärte er.

Ich erkannte in ihm einen Seelenverwandten; auch ich hatte »Loving Jesus« noch nie akzeptieren können.

Nicht lange danach erlaubte Königin Maria ihrem Sohn und Elixcia, Portugal zu verlassen – im selben Monat wie ich, im Januar 2000. Terry und Vicky hatten offenbar erkannt, dass ich meine Meinung darüber, dass ich weg wollte, nicht ändern würde, und da man das Queen's Home an einen anderen Ort verlegte, stellte ich auch kein »Sicherheitsrisiko« mehr dar.

Wenige Tage vor meiner Abreise wurde ich zum Abendessen mit Queen Maria eingeladen. Es sollte in ihrem neuen Wohnmobil stattfinden, das auf unserem Grundstück abgestellt war und in dem sie mit Peter Amsterdam auf Reisen ging. Sechs Monate zuvor waren wir von Porto an die sonnige Algarve gezogen. Neben dem Haupthaus gab es auf unserem weitläufigen Grundstück drei weitere Bungalows, einen Pool, eine Sauna, ein Basketballfeld und ein zweitstöckiges Haus neben einem Fußballfeld, wo das Wohnmobil stand. In den zweieinhalb Jahren meiner Tätigkeit für Maria war ich nie in ihre Privaträume eingeladen worden. Sie hatte mich nur einmal nach Cheries Geburt besucht – für zehn Minuten. Kurz bevor ich ging, sollte mir also nun die besondere Ehre ihrer Aufmerksamkeit zuteilwerden.

Ich wurde von Becky, ihrer persönlichen Assistentin, begleitet. Sie klopfte an die Tür des Wohnmobils.

»Herein«, antwortete eine Stimme.

Maria begrüßte mich und forderte mich auf, Platz zu nehmen. Nervös setzte ich mich auf das Sofa.

»Ich dachte, es wäre schön, wenn wir zusammen essen«, sagte sie. Becky hatte die eigens zubereiteten biologischen Gerichte mitgebracht, und Maria wärmte sie in der Mikrowelle auf.

Die Portionen waren klein. »Ich hoffe, das macht dir nichts aus«, entschuldigte sich Maria. »Da ich nicht viel auf einmal essen kann, nehme ich alle paar Stunden einen kleinen Imbiss zu mir.«

»Nein, es ist schon recht«, antwortete ich. Ich hatte sowieso keinen großen Hunger.

Als wir uns an den Tisch setzten, stellte ich fest, dass sie sich große Mühe gab, liebenswürdig zu sein. Aber es kam mir irgendwie unecht und gekünstelt vor.

»Mein Sohn Pete und Elixcia verlassen uns ebenfalls«, teilte sie mir mit. »Wir haben einige sie betreffende Prophezeiungen erhalten. Ich werde meine Sekretärin bitten, dir einige davon zu geben, denn es sind wichtige Botschaften von Gott und Grandpa, die dich auf all das Neue vorbereiten sollen, mit dem du nach deiner Abreise konfrontiert sein wirst.«

Ich wusste nicht, was ich sagen sollte. Ich hatte so viel auf dem Herzen, Tausende von Fragen, aber ich war vor Angst und Unsicherheit wie erstarrt. Was sagt man zu der Frau, die einen so entscheidenden Einfluss auf sein Leben ausgeübt hat? Ich wünschte, ich hätte sie fragen können, warum man sich an uns vergangen hatte, als wir Kinder waren? Warum hatte sie zugelassen, dass Mo seine Enkelin Mene missbrauchte, und warum hatte sie es vertuscht? Warum die Umerziehungslager, und warum hatte man uns, als wir klein waren, den Vater weggenommen? War ihr das alles egal gewesen? Konnte sie sich überhaupt daran erinnern, oder hatte sie es verdrängt? Aber ich wusste genau, was sie zu diesen schmerzlichen Themen sagen würde und dass es mich nur verletzen würde, es wieder zu hören. »Für die, die Gott lieben, wird alles gut werden.« Mit diesem Spruch wurde alles entschuldigt. Stell deinen geistigen Führern keine Fragen, sondern finde dich mit Missbrauch, körperlicher Gewalt und Einschüchterung ab, denn der Herr hat für dich einen Plan, der letztendlich nur zu deinem Besten ist.

»Du hast den gleichen kämpferischen Geist wie dein Dad. Er hat sich auch nie entmutigen lassen«, unterbrach Maria meine Gedanken. »Füge dich in den Willen des Herrn, und vertraue auf Ihn, dann wird alles gut.«

Damit wollte ich mich nicht abspeisen lassen. Ich nahm meinen ganzen Mut zusammen und stellte eine Frage, die mir schon seit Langem durch den Kopf ging. Wenn jemand sie beantworten konnte, dann doch bestimmt die Prophetin der Endzeit.

»Aber woher weiß man, was Gottes Wille ist? Immer hat man von mir verlangt, mich dem Willen des Herrn zu beugen, aber was heißt das? Ich habe noch nie Gottes Stimme gehört, der mir aus den Wolken zugerufen hätte: ›Das ist mein Wille!‹«

Maria sah doch ein bisschen verdutzt aus bei dieser Frage.

»Nun, Schätzchen …« Sie lächelte und hielt einen Moment lang inne. »Im Allgemeinen führt uns der Herr durch Seine Hirten und Propheten auf den richtigen Weg. Halte dich einfach an die Gebote des Herrn, und alles wird zu gut.« Maria lächelte noch breiter.

Sie hatte meine Frage nicht beantwortet, und mir wurde klar, dass sie gar keine »Gottergebenheit« verlangte. Ich befolgte auch nicht den Willen des Herrn, wie mir mein ganzes Leben lang eingeredet worden war. Ich befolgte die Anordnungen einer »Prophetin«, die mit ihren unterwürfigen Anhängern spielte wie mit Figuren auf einem Schachbrett. Ich erkannte, dass sie sich völlig von der Wirklichkeit gelöst und in eine Art Kokon zurückgezogen hatte, der sie vor den Folgen ihrer Entscheidungen abschirmte.

Ich machte mir keine Sorgen um mich oder um meine Tochter, denn ich hatte den Eindruck, dass die Führer der »Familie« versuchten, mich zu besänftigen, um mich bei der Stange zu halten. Doch das konnte mich nicht überzeugen. Als ich vor meiner Fahrt zum Flughafen Vince und meinen wenigen Freunden zum Abschied zuwinkte, empfand ich fast so etwas wie Trauer, denn ich wusste, dass ich sie nie wiedersehen würde. Aber ich war auch glücklich darüber, dem Queen's Home endlich entkommen zu sein. Es war der erste Schritt auf meinem langen Weg in die Freiheit.

Das Central Reporting Office für Europa befand sich in Flüelen, einem kleinen Ort in der Schweiz. Dort wurde ich von Galileo begrüßt, der noch dieselbe Position bekleidete wie vor Jahren, als ich achtzehn war und er mich zusammen mit Dawn in die Kommune an der Finchley Road gebracht hatte. Am nächsten Tag begab er sich im Auftrag der »Familie« nach England. Im Reporting Office waren fünfzehn Leute beschäftigt, doppelt so viele Frauen wie Männer. Zwangsläufig kam es zu Eifersüchteleien und Rivalitäten, und in dem zweistöckigen alten Holzhaus hörte man jedes Geräusch, auch das Seufzen und Stöhnen bei den nächtlichen Sexspielen. Oft warf ich mich stundenlang in meinem Bett hin und her und fand keinen Schlaf.

Ich fühlte mich einsam, von allen verlassen. Die Erhabenheit der hohen, schroffen Berggipfel um uns herum und auch die Schönheit des Vierwaldstädter Sees ließen mich kalt. Ich war abgeschnitten von den Freunden, die ich soeben bei World Services zurückgelassen hatte, und durfte keinen Kontakt mit meiner Familie oder mit Freunden in anderen Kommunen aufnehmen. Ich kam mir vor wie auf einer Insel mitten im Ozean, völlig von der Außenwelt isoliert. Auf keinen Fall wollte ich in dieser Umgebung meine Tochter großziehen. Cherie war ein so gescheites und wissbegieriges Kind. Wenn sie in der »Familie« aufwachsen müsste, würden sie ihre unabhängige Persönlichkeit zerstören, die ich an ihr liebte. Ich hatte nur vorübergehend in der Schweiz bleiben wollen, aber nach sechs Monaten dämmerte mir, dass es Königin Maria darum ging, mich abzuschotten und in ihrem Einflussbereich zu behalten.

Aber ich hatte endgültig genug davon, folgsam und »gottergeben« zu sein. Galileo war gerade von einer Reise zurück, und ich ging zu ihm. »Ich muss unbedingt hier weg. Ich bleibe hier nicht noch eine Woche.« Es tat gut, mit Galileo zu reden. Er war zwar ein CRO, aber anders als viele der Männer, die ich kannte, höflich und voller Verständnis. Wäre er in der Sekte nicht zu einer wichtigen Führungsposition aufgestiegen, hätte ich ihn durchaus sympathisch finden können.

»Und wo willst du hin?«, fragte er mich, besorgt über die Verzweiflung in meiner Stimme.

»Genaue Zukunftspläne habe ich noch nicht«, erwiderte ich. »Aber ich würde gern meinen Vater besuchen und dann entscheiden. Ich weiß nur, dass ich verrückt werde, wenn ich hier auch nur eine Minute länger bleibe.«

Galileo sorgte dafür, dass ich über England nach Uganda fliegen konnte, um Dad und meine Schwester Juliana zu besuchen, die ich seit fast zwei Jahren nicht mehr gesehen hatte. Ich bekam genügend Geld für ein Ticket von London nach Kampala und zurück und machte mich auf den Weg nach Afrika.

23 *Magersucht*

Juliana

DÜSTERE VERZWEIFLUNG senkte sich auf mich wie ein klebriges Spinnennetz. Ich brauchte unbedingt meine Droge, ich verlangte danach mit der hungrigen Gier einer Abhängigen. Ich verriegelte die Tür, damit meine Mitbewohnerin mich nicht überraschen konnte, und zog mich hastig aus ... Der Spiegel war ganz nah. Mein Körper begann, in freudiger Erwartung zu kribbeln. Ich legte meine Hand auf die Klinke der Badezimmertür, stieß sie auf und richtete meinen Blick langsam auf den Spiegel an der Wand.

Ich war nur noch Haut und Knochen; mein Bauch war eine tiefe Mulde. Fast zärtlich strich ich mit den Händen über meine kantigen Beckenknochen hinauf zu meinen Brüsten und runzelte leicht die Stirn. Schade, dass sie so geschrumpft waren. Doch im Grunde machte das nichts. Alles andere an mir fand ich wunderschön – ein fast perfektes Skelett.

Jedes Verlangen nach Essen war längst der Besessenheit gewichen, *nichts* zu essen. Ich konnte es nicht mehr erwarten. Vorsichtig stellte ich mich auf die Waage und spürte die geriffelte Gummimatte unter den nackten Fußsohlen. *Spieglein, Spieglein an der Wand, wer ist die Dünnste im ganzen Land?*

Die Waage enttäuschte mich nicht. Wieder ein kleines Strichlein weniger, wieder ein paar Gramm weniger – dreiundvierzig Kilo. Der Schatten zog sich zurück. Ich konnte wieder atmen und erlaubte mir ein kleines, zufriedenes Lächeln, während mein ausgezehrter Körper unwillkürlich erschauerte.

Ich ging in mein Zimmer zurück und zog meine Sachen an, die mir am Körper schlotterten. Aber auf die Kleider kam es nicht an, nur auf das, was darunter war. Kleider waren nie wichtig gewesen.

Ich war nie wichtig gewesen.

Nichts war mehr wichtig.

Als ich sechzehn war, schickte mein Vater mich wieder weg. Doch diesmal aus eindeutig egoistischen Motiven. Das schmerzte mich mehr als alles andere. Unsere Visa mussten erneuert werden, und Dad befürchtete, sie könnten bei der Bearbeitung unserer Anträge feststellen, dass er vor der Wiedereinreise nach Japan seinen Namen geändert hatte. Dann würde er mit Sicherheit abgeschoben werden und käme auf die Schwarze Liste. So wurde ich zum Opferlamm. Dass Dad so über mich verfügte, verletzte mich mehr, als ich mir eingestehen wollte. Ich fühlte mich abstoßend und wertlos. Anders konnte ich mir nicht erklären, dass mich nie jemand geliebt und gewollt hatte.

Da meine Mutter inzwischen in Indien war, wollte Dad mich zu ihr schicken. Er könne mich überall hinschicken, nur nicht nach Indien, flehte ich ihn an. Dorthin wollte ich auf gar keinen Fall, und die Beziehung zu meiner Mum war nicht sonderlich eng. Ich bewarb mich bei einer Kommune in Irland und bekam eine Zusage.

Das große Haus am Rand von Limerick hatte weitläufige Rasenflächen, einen Tennisplatz und ein Basketballfeld und war an drei Seiten von Torfmoor umgeben. Dort lebten neben mir fünf weitere Jugendliche und drei Familien. Das Ehepaar, das der Kommune vorstand, hatte neun Kinder. Es bestand kein Zweifel daran, wer der Boss war. Onkel Elkannah führte die Kommune wie einen Sklavenbetrieb.

Schnell wurde klar, wie er die Miete für ein so großes Anwesen aufbringen konnte: Wir Jugendlichen verdienten das Geld durch unsere Auftritte mit Ballooning und Facepainting in Einkaufszentren überall im Land. Ich lernte eine Menge von Irland kennen – nun ja, eine Menge irische Einkaufszentren. Wir reisten quer durch die Republik und verbrachten täglich zwölf Stunden damit, auf Zuruf unserer Zuschauer aus Luftballons alle möglichen Tiere oder Trickfilmfiguren zu formen.

Wir scheffelten regelrecht Geld – für den psychopathischen Elkannah. In der einen Sekunde umarmte und küsste er mich, und in der nächsten verfluchte er mich. Er hatte lange, strähnige Haare und eine riesige, von purpurnen Adern durchzogene Knollennase. Sein Gesicht wurde dunkelrot, wenn er einen Wutanfall bekam. Seine unvorhersehbaren Wutausbrüche machten aus mir ein nervliches Wrack, und ich verlor immer mehr an Gewicht.

Bei mehr als zwanzig Bewohnern herrschte im Haus kaum jemals Ruhe. An einem meiner freien Tage nach einem arbeitsreichen Wochenende wurde ich wegen des Lärms schon früh wach. An Schlaf war nicht mehr zu denken. Ich stand auf, um mir in der Küche einen Kaffee zu holen. Elkannah war gut drauf und begrüßte mich mit einer freudigen Umarmung.

»Hallo, Julie! Na, wie war deine Nacht? Hast du gut geschlafen?«, trällerte er übertrieben fröhlich. Das hätte mich stutzig machen müssen.

»Geht so. Aber ich bin immer noch müde«, antwortete ich. »Konnte nicht wieder einschlafen. Es war zu laut.«

Blitzschnell wie ein Chamäleon wechselte sein Gesicht die Farbe. »Du undankbare kleine Schlampe!«, brüllte er mich an.

»Was?« Ich war völlig verwirrt. Machte er nur Spaß? Bestimmt war das einer seiner schlechten Scherze. Bei ihm konnte man sich da nie ganz sicher sein.

»Ich gebe dir zu essen und ein Dach über dem Kopf und sorge für dich, und du beschwerst dich, dass du nicht recht schlafen kannst! Du unverschämte, nichtsnutzige Göre!« Er packte mich an den Schultern und begann, mich heftig zu schütteln. Ich war mir sicher, dass er mich schlagen würde.

»Bitte lass mich los. Du tust mir weh«, murmelte ich.

»Ich tu dir weh? Du weißt nicht, was Schmerz ist!«, schrie er, sodass ich seine Spucketröpfchen in meinem Gesicht fühlte. Ich hatte die Nase voll. Ich hatte nichts getan, dass ich eine solche Behandlung verdient hatte.

»Du darfst mir nichts tun. Das steht in der Charta!« Ich machte auf dem Absatz kehrt, rannte in mein Zimmer und verschloss die Tür. Elkannah kam hinter mir her und trommelte mit beiden Fäusten gegen das Holz. »Mach auf!«, tobte er. »Mach sofort die Tür auf oder ich trete sie ein.«

Mit weit aufgerissenen Augen starrte meine Mitbewohnerin mich an. »Was war denn los?«

»Ich glaube, er ist übergeschnappt«, flüsterte ich.

»Aber ich muss aufmachen«, sagte sie. »Sonst tritt er die Tür ein. Ich kenne ihn. Und dann wird es für dich noch schlimmer.«

»Okay.« Ich schlüpfte schnell ins Bad und verriegelte die Tür.

»Wo ist sie?«, hörte ich Elkannah brüllen.

»Auf dem Klo«, antwortete meine Freundin.

»Du kommst sofort da raus!« Er hämmerte gegen die Tür. »Charta hin oder her. Ich bläue dir schon noch Respekt ein! Ich mein es ernst! Mach sofort auf!«

Ich hörte die Stimme seiner Frau Tamar. Sie war sanft, gutmütig, sie war der einzige Mensch, auf den er hörte. Offenbar wollte sie den Grund für den Krawall erkunden.

»Beruhige dich erst einmal, Liebling. Dann kannst du mit ihr reden«, hörte ich sie flüstern.

Eine Minute lang herrschte draußen Schweigen. Schweißperlen rannen mir den Nacken hinunter, aber ich wischte sie nicht weg, sondern blieb reglos stehen.

»In spätestens fünf Minuten will ich dich in meinem Zimmer sehen«, sagte Elkannah leiser, aber mit drohendem Unterton. »Und das ist keine Bitte.«

Das ganze Haus hielt den Atem an. Ich sank auf die Toilette und rang nach Fassung, während sich mein Magen vor Angst zusammenzog. Es war die gleiche Angst, die mich als Kind überkam, wenn ein Lehrer mich zu sich zitiert hatte, um mir eine Tracht Prügel zu verpassen.

Ich straffte die Schultern, ballte meine Hände zu Fäusten und lief die Treppe hinauf in sein Zimmer. Erleichtert stellte ich fest, dass auch Tamar da war. Offenbar wollte sie verhindern, dass ihr Mann etwas tat, was er später bereute. Sobald ich das Zimmer betrat, machte er mit seiner Tirade weiter und beschimpfte und beleidigte mich. Die Haare standen ihm zu Berge, als stünde er unter Strom, sein Gesicht war hochrot. Als er mich anschrie, ich sei von Dämonen besessen, dachte ich: Wenn hier jemand besessen ist, dann bist du das.

Nachdem sie sich Elkannahs Tiraden fast eine halbe Stunde lang angehört hatte, fand Tamar schließlich den Grund für seinen Wutanfall heraus: dass es mir im Haus zu laut war. Offensichtlich fand sie, dass da was dran war, denn während ihr Mann weitertobte, sagte sie zu mir, das Ganze sei lächerlich und dass ich gehen könne.

Aber ich verließ nicht nur ihr Zimmer, sondern ich wollte hinaus. Ich bekam keine Luft mehr und sehnte mich nach Luft, Sonne und Freiheit. Ich kletterte aus dem Fenster in meinem Zimmer und begann, ziellos durchs Torfmoor zu laufen. Schon bald verlor ich jedes Zeitgefühl. Als es mir endlich wieder ein bisschen besser ging, ging ich langsam zum Haus zurück, kletterte durch das Fenster in mein Zimmer und legte mich auf mein Bett.

Wenig später kam meine Zimmergenossin herein und stieß einen kleinen Freudenschrei aus.

»Du hast das ganze Haus in Panik versetzt. Seit zwei Stunden fährt Tamar durch die Gegend und sucht dich.«

»Was? Warum denn?« Bisher hatte man sich nur dann dafür interessiert, wo ich gewesen war, wenn ich zu spät zur Arbeit erschien.

»Na ja, nach Elkannahs Ausbruch war Tamar ziemlich nervös und kam her, um nach dir zu sehen. Du warst weder hier noch irgendwo sonst im Haus. Da sind wir in Panik geraten und dachten, du wärst abgehauen.«

»Also, dann sag Tamar, dass ich wieder da bin, damit sie sich keine Gedanken mehr macht.«

»Sie sucht immer noch nach dir.«

Da bekam ich Gewissensbisse. Tamar war eine freundliche, warmherzige Frau. Wenn ich gewusst hätte, was ich damit bei ihr auslöse, wäre ich nicht weggelaufen. Fünf Minuten später war sie zurück und stand in meinem Zimmer.

»Julie! Alles in Ordnung mit dir? Ich habe mir große Sorgen um dich gemacht.«

»Tut mir leid. Ich habe nur einen Spaziergang durchs Moor gemacht.«

»Und uns damit einen ziemlichen Schrecken eingejagt. Hör zu. Ganz gleich, was Elkannah auch zu dir gesagt hat, er meint es nicht so. Es hatte einfach einen schlechten Tag. Er mag dich. Sehr sogar.«

»Ja.« Glaubte Tamar das wirklich? Sie verließ das Zimmer, und ich sank erschöpft auf mein Bett zurück.

Plötzlich flog die Tür auf, und Elkannahs massige Gestalt kam herein. Hastig richtete ich mich auf und machte mich auf einen weiteren Wutanfall gefasst.

Er fiel theatralisch auf die Knie, packte meine Füße und bedeckte sie mit Küssen. »Es tut mir unendlich leid, Julie«, stammelte er. »Bitte verzeih mir. Ich liebe dich, Julie. Nie würde ich etwas tun, was dich verletzen könnte. Niemals! Du bist Zwilling wie ich. Du weißt, dass wir zu Stimmungsschwankungen neigen. Du weißt, dass ich dich liebe, oder?«

Seine Hände strichen in einem fort über meine Beine. Wenn ich den Mann nicht schon vorher für wahnsinnig gehalten hätte, wäre das jetzt der letzte Beweis gewesen.

»Ja, ja, Elkannah. Schon gut, ich verzeihe dir.« Verzweifelt versuchte ich, dem Griff seiner Pranken zu entkommen. Wann ließ er mich endlich in Ruhe? Tamar kam ins Zimmer zurück. Das absurde Benehmen ihres Mannes entging ihr ebenso wenig wie meine gequälte Miene.

»Okay, Liebling, das reicht. Sie verzeiht dir.«

Nachdem ich ihm noch mehrmals versichert hatte, dass ich ihm verzieh, stand er auf und verließ endlich den Raum. Ich wollte nur noch eins: Irland verlassen. Aber ich hatte kein Geld und war von Elkannah abhängig, der mich nicht gehen lassen würde. Ich war in einer Welt gefangen, in der ich nicht leben wollte. Wie ein eingesperrter Vogel starrte ich voller Sehnsucht auf den weiten, freien Himmel, aber jedes Mal, wenn ich versuchte, meinen Käfig zu verlassen, wurden mir die Flügel ein bisschen mehr gestutzt. Sie hatten meinen Geist brechen wollen, jetzt hatten sie es geschafft. Ich konnte nicht mehr kämpfen. Ich war es müde, mich nach jedem Tiefschlag wieder aufzurappeln, mich ängstlich zu fragen, aus welcher Richtung der nächste Angriff kommen könnte, Träume zu träumen, die niemals Wirklichkeit werden würden, und die zahllosen Enttäuschungen wegzustecken.

Ich wollte nicht mehr leben – und war doch erst siebzehn Jahre alt.

Ich brauchte nur zu warten, wie ich jeden Tag ein bisschen mehr dahinschwand. Weniger essen, weniger reden, weniger lachen, bis ich nur noch ein kläglicher Rest war, ein Schatten meiner selbst. Und wenn sich auch der aufgelöst hatte, dann wäre mein verfehltes Leben endlich vorbei.

Ich konnte nur darüber schreiben, wie schlecht es mir ging.

Denkt nicht, dass ich euch noch vertraue.
Das kann ich nicht, ihr seid krank.
In mir ist eine schwärende Wunde,
und ihr fragt, warum ich so blass bin?
Seht ihr nicht, wie beschränkt ihr seid?
Aber ihr nennt es Willensfreiheit!
Ich sehne mich weg!
Warum lasst ihr mich nicht gehen?
Hierzubleiben bringt mich um. Ich bin zu jung zum Sterben.
Man sagt, ich werde zu dünn. Das macht das Leid.
Warum lasst ihr mich nicht sein, wie ich bin?
Ich kann nicht begreifen,
was in euren Köpfen vorgeht.
Freiheit und Glück sind eine Illusion,
ein nächtlicher Traum oder ein Märchen
für Menschen, die nie gelebt haben.
Eines Tages werde ich entkommen –
aber in euren Albträumen werde ich wiederkehren.
Sie werden euch nicht vergessen lassen.
Niemals.

Zum Glück kehrte Mum mit ihrer Familie nach Europa zurück. Sie hatten genug von Indien und den kleingeistigen Mitgliedern der »Familie«, die ihnen dort begegnet waren. In Europa wollten sie genügend Geld zusammenbringen, um nach Afrika ziehen zu können.

In einem Brief schrieb ich Mum, dass es mir gar nicht gut ging, und fragte, ob ich sie besuchen könnte. Ich musste Irland unbedingt verlassen, bevor sich mein Zustand noch weiter verschlechterte. Ich flog nach Frankreich, und Mum holte mich zusammen mit Luke und Crystal vom Flughafen ab. Meine Veränderung war ein Schock für sie. Ich war in einem so schlechten Zustand, dass Mum sich auf der Fahrt zu ihrem Haus auf den Beifahrersitz des Van setzte, damit ich ihre Tränen nicht sehen konnte.

Meine Familie gab sich alle Mühe, mich wieder aufzupäppeln. Da auch meine Schwester Mariana kürzlich gekommen war, lebte unsere weit verstreute Familie zum ersten Mal zusammen. Und ebenfalls zum ersten Mal brachte man mir uneingeschränkte Liebe und Anerkennung entgegen. Wir bewohnten ein großes altes Bauernhaus in Vigy im Süden von Frankreich. Mit meinen Geschwistern unternahm ich lange Spaziergänge durch Felder und Wälder. Es war eine glückliche, friedvolle Zeit für mich.

Bei den Mahlzeiten unterzog mich Mariana einer regelrechten Zwangsernährung. Trotz meiner Proteste teilte sie mir meine Portion zu und beobachtete mich mit Adleraugen, bis ich auch den letzten Bissen gegessen hatte. Manchmal brach ich in Tränen aus und glaubte, ich müsste mich übergeben, aber sie ließ nicht locker. Ich dachte, dass sie grausam war, aber sie hielt durch – zu meinem Besten. Bei jedem anderen hätte ich mich energisch gewehrt.

Dann, nachdem World Services sie zwei Jahre lang versteckt gehalten hatte, bekam Celeste überraschend die Erlaubnis, uns zu besuchen. Zusammen mit Dad und ihrer kleinen Tochter Cherie kam sie aus England nach Vigy. Es war das erste Mal seit den Philippinen fünfzehn Jahre zuvor, dass wir alle einen Tag miteinander verbrachten.

Ihr Besuch hätte mir mehr bedeuten sollen, aber ich nahm kaum etwas wahr. Ich lief herum wie ein Zombie und war unfähig, irgendwelche Gefühle zu zeigen. Ich empfand weder Freude bei ihrer Ankunft noch Bedauern über ihre Abreise. Deswegen ist mir von dem Besuch nur wenig im Gedächtnis geblieben. Aber ich erinnere mich an einen kurzen Spaziergang mit Celeste und daran, dass ich ihr von meinen Erlebnissen in Irland erzählt habe.

Meinen achtzehnten Geburtstag feierte ich in Frankreich im Kreis meiner Angehörigen. Die wenigen Monate mit ihnen hatten meine Lebensgeister wieder geweckt, aber ich war noch nicht so weit, auf eigenen Beinen stehen zu können. Mir fehlte jedes Selbstvertrauen. Ich war dünn wie ein Strich und hatte immer noch mit Depressionen zu kämpfen.

Inzwischen hatte meine Familie genügend Geld für Afrika zusammen. Als man mir vorschlug, mit in den Senegal zu kommen, stimmte ich voller Freude zu. Ich erinnerte mich an einen Satz von Mos Mutter aus einer Zeit, in der sie an Selbstmord dachte: »Warum gibst du dein Leben nicht für eine gute Sache, wenn du es schon wegwerfen willst.« Genau das würde ich tun. Bevor ich recht wusste, wie mir geschah, saß ich in einem Flugzeug nach Westafrika.

Meine Familie half mir bei meinen ersten Schritten in Richtung Genesung, aber Afrika hat mich geheilt. Offenbar war es nötig, Menschen zu sehen, die viel schlechter dran waren, um meine Probleme in die richtige Perspektive zu rücken.

Der Senegal war heiß, staubig und wundervoll! Eine faszinierende Mischung aus arabischer, afrikanischer und französischer Kultur. Die Senegalesen sind hochgewachsene, beeindruckende Menschen. Es war ein Land voller Farben, Musik und Leben. Wir begannen, mit einem Heim für Straßenkinder in Dakar zusammenzuarbeiten. Wir traten als Clowns auf und sammelten Geld für Essen und Kleidung.

Der Jahreswechsel 2000 sollte möglicherweise eine dramatische Wende bringen. Einer Weissagung zufolge konnte das den Weltuntergang bedeuten – wieder einmal. In den Kommunen rund um die Welt sollten wir beten und mit einer »Fußwaschung« unser Leben erneut der »Familie« widmen. Jemand übernahm die Rolle von Jesus und wusch uns anderen die Füße. Dann sprachen wir alle den feierlichen Eid.

Als es am 31. Dezember Mitternacht schlug, aber in Dakar alles hell erleuchtet blieb, waren wir ziemlich überrascht. Queen Maria erklärte uns, dass Jesus die unausweichliche Endzeit hinausschob, damit wir noch mehr Zeit hatten, die »frohe Botschaft zu verbreiten«. Die Jahrtausendwende wurde als Meilenstein betrachtet, da wir nun als »ordinierte Streiter des Herrn« über die größte Macht im Universum verfügten.

Eines Tages bekam ich einen überraschenden Anruf von Dad. Er ging nach Uganda, um die Ausstrahlung eines Radioprogramms vorzubereiten, und fragte, ob ich ihn nicht begleiten wollte. Er meinte, dass ich mit meiner Begabung hervorragend für die Texte der Sendung geeignet war. Früher hätte ich sofort und begeistert zugesagt, aber jetzt lehnte ich ab. Ich wollte nicht mehr mit ihm zusammenleben. Seit er mich mit acht Jahren in Thailand allein gelassen hatte, war unsere Beziehung immer mehr abgekühlt. Er war nicht der liebevolle, fürsorgliche Vater, für den ich ihn gehalten hatte. Mehr denn je kam er mir vor wie ein Fremder. Ich fühlte mich geborgen bei meiner Familie, und ich liebte den Senegal.

Aber Dad blieb hartnäckig. Er betonte, man hätte eine Prophezeiung erhalten, nach der »das Team für Uganda vom Herrn persönlich auserwählt« worden war und dass mein Name darunter war. Diesem göttlichen Auftrag dürfe ich mich nicht verweigern.

Damals wurden Prophezeiungen zu einem neuen Druckmittel. Damit konnte man Menschen dazu zwingen, Dinge zu tun, die sie nicht tun wollten. Niemand wagte es, aus Gottes Glasglocke herauszutreten, indem er sich einer Prophezeiung widersetzte.

Meine ganze Familie im Senegal erhielt »Prophezeiungen«, die sagten, dass ich nach Uganda gehen müsste, daher konnte ich mich nicht mehr länger weigern. Mum glaubte, dass ich immer in Marianas Schatten stehen würde, wenn ich blieb. Ich müsse mir mein eigenes Leben aufbauen. *Sie wollen mich loswerden.* Das alte Gefühl, zurückgewiesen zu werden, brach wieder über mich herein. Völlig verzweifelt stieg ich auf das Dach des Hauses und weinte stundenlang. Gerade als ich dachte, ich hätte endlich eine Familie und ein Zuhause gefunden, wurde ich wieder ausgestoßen. Sie hatten mir doch gesagt, dass sie mich lieben. Warum schickten sie mich dann fort?

Schwerzen Herzens flog ich nach Uganda.

Ich konnte alle Länder, in denen ich gelebt hatte, an ihren ganz eigenen Gerüchen erkennen. In Uganda roch es nach üppiger Vegetation vor dem Regen und nach der roten, fruchtbaren Erde. Man nennt das Land auch die Perle von Afrika. Ich liebte die plötzlichen Wolkenbrüche. Dann lief ich hinaus und ließ den Regen auf meine Haut prasseln. Er war machtvoll und gleichzeitig voller Trauer, und er löste etwas in mir. Ein andermal stieg ich auf das Dach hinauf, legte mich auf den Rücken und schaute stundenlang die Sterne an. Ich wünschte, ich würde zu einem winzigen Stern werden und könnte die Welt aus der Ferne betrachten.

Unsere kleine Hausgemeinschaft bestand aus meinem Dad und Sunshine, Dads Sekretärin Kathleen, dem Studiotechniker Sims und den Kindern. Dad und Sunshine hatten inzwischen einen weiteren kleinen Sohn namens Rory. Es war ziemlich offensichtlich, dass Sunshine kein drittes Kind gewollt hatte. Sie wollte eine Aufgabe und ein eigenes Leben und nicht durch eine ständig wachsende Kinderschar an Heim und Herd gefesselt sein. Aber mein Vater war der Ansicht, dass die Aufgabe einer Frau darin bestand, Kinder zu gebären und für ihren Mann zu sorgen. Er war sehr stolz auf seine zahlreichen Nachkommen und brüstete sich damit, vierzehn Kinder mit sieben verschiedenen Nationalitäten gezeugt zu haben.

Gleich nach meiner Ankunft fragte mich Dad, ob es mir etwas ausmachen würde, mich um Rory zu kümmern. Es klang mehr wie eine Forderung als wie eine Bitte. Ich war mit der Vorstellung nach Uganda gekommen, beim Aufbau einer Radioshow zu helfen. Mein Vater hatte mir seine wahren Absichten verheimlicht, und ich fühlte mich betrogen. Ich hatte meinen geliebten Senegal verlassen, nur um für die wachsende Familie meines Vaters zu sorgen, für sie zu kochen und zu putzen.

Ich war zwar empört über Dads Täuschung, doch ich hatte Mitleid mit meinem kleinen Halbbruder. Der Umzug von Japan nach Afrika und die Ablehnung seiner Mutter hatten Rory zutiefst verunsichert. Sehr schnell fasste er eine so innige Zuneigung zu mir, dass er laut zu schreien und am ganzen Körper vor Angst zu zittern begann, sobald ich ihn aus dem Arm legte oder gar aus dem Zimmer gehen wollte. Ständig klammerte er sich an mich wie ein verängstigtes kleines Äffchen. Wenn er einen seiner Anfälle bekam, brauchte ich sehr lange, um ihn wieder zu beruhigen.

Dads Reaktion auf Rorys Schreien bestand darin, dass er ihn schlug. Das überraschte mich, denn bisher hatte ich es noch nie erlebt, dass er im Zorn ein Kind geschlagen hätte. Normalerweise war er fair und griff selten zum Mittel körperlicher Züchtigung.

Oft setzte ich Rory in seinen klapprigen Kinderwagen, und wir fuhren die roten Lehmstraßen entlang, um meine afrikanische Mama zu besuchen. Mary war eine kleine, drahtige alte Nachbarin, die ziemlich zäh war und die mich gewissermaßen adoptiert hatte. Jeden Morgen war sie in ihrem Gemüsegarten und riss mit einer Hacke das Elefantengras aus, das es wagte, auf ihrem winzigen Stück Land zu sprießen. Sie wollte unbedingt, dass ich etwas zunahm, und zeigte mir, wie man Grillen und Termiten zubereitete – eine Delikatesse in Uganda. Rory war in ihrer Gegenwart immer ruhig und friedlich, und sie freute sich, wenn wir sie besuchten.

Bald nach der Eröffnung von Radio Home stießen nach und nach Dads Freund aus Japan mit seiner großen Familie, ein alleinstehendes Mädchen und ein junges Paar zu uns. Wir wurden zu einer »richtigen« Kommune mit den bekannten Begleiterscheinungen. Da ich keine Lust auf allzu engen Körperkontakt hatte, zog ich aus meinem Zimmer aus und richtete mir in der Garage ein Lager aus Strohmatten her, um die ich ein Moskitonetz spannte. Es sah zwar nicht besonders toll aus, aber ich hatte meinen eigenen Bereich und konnte allein sein.

Manchmal gingen wir in eine nahe gelegene Kommune zu einem gemeinsamen Gottesdienst. Eines Tages lernte ich dort ein Ehepaar kennen, das aus Kenia zu Besuch war, einen älteren Australier, der mit einer jungen Frau aus Osteuropa verheiratet war. Als ich den Raum betrat, unterhielt sich mein Vater angeregt mit dem Mann. Dad winkte mir zu.

»Julia, das ist Michael! Ein alter Freund von mir!«

»Wirklich? Woher kennt ihr euch?« Ich hatte eine Menge über Dads alte Freunde gehört, aber an einen Michael konnte ich mich nicht erinnern.

»Wir kennen uns aus Indien. Und du müsstest ihn auch kennen!«

»Ja, wir waren mit derselben Frau verheiratet!«, fügte Michael mit seinem australischen Akzent hinzu, und beide Männer brachen in Lachen aus. Ich sah sie verständnislos an.

»Er hat nach mir Celestes Mutter geheiratet«, klärte Dad mich auf.

Ich hatte keine Ahnung, dass es sich bei diesem »Michael« um Joshua handelte, den Peiniger meiner Schwester Kristina. Sonst hätte ich ihm eine Ohrfeige verpasst oder zumindest erwartet, dass Dad das tat. Stattdessen taten sie ganz so, als wären sie die besten Freunde. Für meinen Vater war jeder, der der »Familie« angehörte, ein Bruder.

Kurz vor Weihnachten 2000 hörten wie wieder von Celeste. Sie hatte World Services verlassen und wollte uns in Uganda besuchen. Dad war außer sich vor Freude. Eine Zusammenarbeit mit ihr war sein großer Traum. Sie wirkte dünner als in Frankreich, wo wir uns das letzte Mal gesehen hatten. Da ich wusste, dass sie im Queen's Home gelebt hatte, wollte ich unbedingt von ihr erfahren, wie es dort war. Sie war ziemlich wortkarg und schien nicht besonders gern darüber zu reden, doch sie erzählte mir von ihrer schwierigen Schwangerschaft und von der Geburt ihres Kindes. Sie spürte offenbar, dass ich mich nicht wohl fühlte, so wie ich merkte, dass sie unglücklich war, aber wir redeten nur selten über persönliche Dinge. Es gelang uns nicht, die unsichtbare Mauer zu durchbrechen, die zwischen uns gewachsen war, seit sie mich in Thailand zurückgelassen hatte. Unsere Lebenswege waren in ganz verschiedene Richtungen verlaufen.

Drei Monate später beschloss Celeste zu Dads Enttäuschung, Uganda wieder zu verlassen. Ich konnte sie verstehen, auch wenn es mir leid tat, dass sie abreiste. Bei Dad zu leben war nicht länger die Verwirklichung eines Traums. Es war ein Albtraum.

24 *Ein Traum wird wahr*

Kristina

VÖLLIG UNERWARTET rief Dad mich an und sagte, er wäre auf Besuch bei seinen Eltern in England. Er würde Jordan und mich gern sehen. Er erzählte mir auch, dass Celeste eine Tochter hatte. Ich war seit mehr als einem Jahr Tante, ohne es zu wissen!

»Warum hat sie mir nichts davon geschrieben, Dad? Sie kennt doch meine Adresse«, sagte ich.

»Mach dir nichts draus, Schätzchen. Ich habe es auch erst vor Kurzem erfahren«, schmunzelte er. Dad klang so zufrieden und glücklich, dass ich mir vornahm, bei seinem Besuch keine Konfrontation zu suchen. Wir verbrachten einen angenehmen Nachmittag. Dad spielte mit Jordan, und wir unterhielten uns über alles Mögliche, nur nicht über das, was uns trennte. Ich glaube, zwischen uns herrschte das stillschweigende Einverständnis, dass wir beide eine sehr unterschiedliche Einstellung zum Leben hatten.

Ein Jahr später meldete sich Celeste bei mir und fragte, ob sie mit ihrer zweieinhalbjährigen Tochter Cherie für eine Woche zu uns kommen könnte. Da in meinem Haus Platz genug war, erwiderte ich, dass ich mich über ihren Besuch freuen würde. Seit unserem letzten Treffen waren vier Jahre vergangen, und mir kamen Bedenken. Einerseits war ich überglücklich, andererseits fragte ich mich, wie wir miteinander auskommen würden.

Meine Sorgen erwiesen sich als unbegründet. Celeste hatte sich sehr verändert. Sie war nicht mehr das verängstigte, zurückhaltende Mädchen, das ich in Erinnerung hatte. Ganz offen erzählte sie mir einiges aus ihrem Leben und von ihrem Besuch bei Dad und Juliana in Uganda. Zum ersten Mal kritisierte sie Dad und die Art und Weise, wie er mit seiner neuen Familie umging.

Celeste erzählte mir auch, dass wir eine griechische Schwester namens Davida hatten. Doch meine Freude darüber verwandelte sich in Entsetzen und Mitgefühl, als ich hörte, dass Davida unter schweren Depressionen litt, dass sie heroinabhängig war und einen Freund hatte, der sie schlug. Dad und Juliana wollten sie besuchen, wie ich von Celeste erfuhr. Ich fragte nach Davidas Adresse, aber Celeste kannte sie nicht.

Die Woche verging wie im Flug. Wir redeten stundenlang, kochten gemeinsam und genossen das Zusammensein mit unseren Kindern. Die Sekte war kein Thema zwischen uns, aber ich ließ überall im Haus Bücher über die Sekte herumliegen in der Hoffnung, sie würde einen Blick hineinwerfen.

Am Abend vor Celestes Abreise gingen David und ich mit ihr in einen Club, um mal so richtig »einen draufzumachen«. Wir schwatzten, wir lachten, wir tranken, wir tanzten, wir hatten einen Riesenspaß! Als der DJ *We Are Family* von Sister Sledge auflegte, waren wir nicht mehr zu halten. Untergehakt hopsten wir ausgelassen über das Parkett und sangen aus vollem Hals mit. Als der Song endete, brachen wir lachend auf dem Boden zusammen. Wir wünschten uns, dass dieser Abend nie enden würde.

Am nächsten Tag flog Celeste nach Ungarn, um in einer Kommune der »Familie« als Sekretärin zu arbeiten. Der Abschied fiel mir nicht leicht, aber sie gab mir ihre E-Mail-Adresse und versprach, mit mir in Kontakt zu bleiben. Ich begann, ihr regelmäßig zu schreiben, und sie schickte mir Fotos von

Cherie und erzählte von den neuesten Streichen ihrer kleinen Tochter.

Nur ein Jahr später rief Celeste uns an und sagte uns, dass sie die »Familie« verlassen würde. Mum, David und ich konnten es kaum glauben! Ich hatte so lange darauf gewartet und die Hoffnung fast schon aufgegeben.

Wir holten sie von der Victoria Station in London ab und fuhren mit ihr in die Midlands. Unser erster Abend als »freie« Familie war wundervoll. Wir redeten so schnell, dass sich unsere Worte fast überschlugen, aber ich wusste, dass uns genügend Zeit blieb, die verlorenen Jahre nachzuholen. Das erfüllte mich mit großer Freude. Celeste beschloss, bei uns zu wohnen, und im ersten Jahr kümmerte ich mich um Cherie, während Celeste als Sekretärin für »Office Angels« arbeitete. Da Cherie ihrer Mutter wie aus dem Gesicht geschnitten war, fühlte ich mich oft in die Vergangenheit versetzt.

Ich wusste, dass Dad Mum und mich für Celestes Entschluss verantwortlich machen würde. Es war ihm unbegreiflich, dass sich jemand freiwillig von der Sekte trennen konnte, und er warf uns vor, wir hätten sie »genötigt«. Das empörte und kränkte mich. Während wir einander von den Jahren erzählten, die wir getrennt verbringen mussten, erkannte ich, dass meine Vorstellung von meinem Vater als »Ritter in glänzender Rüstung« nur eine Illusion gewesen war.

Dad glaubte unverdrossen, Celeste würde ihren Schritt bereuen und in den Schoß der »Familie« zurückkehren. Daher überraschte es mich nicht, dass er uns im folgenden Jahr zu Weihnachten besuchte. Dabei konnte er sich davon überzeugen, wie wohl Celeste sich bei ihrer Familie fühlte und wie gut wir beide uns verstanden. Am letzten Abend gingen wir mit ihm zu einem mittelalterlichen Bankett, denn wir wussten, dass es ihm Spaß machen würde. Ich tanzte zum ersten Mal mit meinem Vater, und er sagte mir, ich hätte die gleichen Augen wie er.

Beim Abschied schlug er mir vor, über E-Mail in Verbindung zu bleiben. Und er sagte, dass er mich liebte. Ich konnte es kaum glauben! Aber vielleicht änderte sich seine Sicht allmählich doch. Diese Hoffnung werde ich nie aufgeben.

25 *Gerechtigkeit – eine Illusion?*

Celeste

HOFFENTLICH HABE ICH die richtige Entscheidung getroffen, dachte ich, als ich mit Cherie und zwei Koffern in Budapest ankam. Ich war keine gläubige Anhängerin mehr, aber ich hatte Angst, das einzige Leben aufzugeben, das ich kannte. Ich fürchtete mich davor, meine Freunde zu verlieren, und hätte die Enttäuschung und Ablehnung meines Vaters nicht ertragen.

Ich hatte gerade meine Mutter, Kristina und David besucht, und etwas in mir wäre gern geblieben, um sie besser kennenzulernen. Viele Jahre lang hatte man mich in einem ständigen Zustand der Angst gehalten, aber nun begann ich zu begreifen, wie sehr man mich getäuscht hatte. Nach meinem Aufenthalt bei Queen Maria stellte ich alles in Frage, was mir eingetrichtert worden war. Das machte mich offen für neue Möglichkeiten, und ich hatte keine Angst mehr davor, Grenzen zu verschieben. Ich hörte auf, mich selbst zu zensieren, und verabschiedete mich von meiner misstrauischen Wachsamkeit. Meine Mutter und meine Schwester waren nicht »meine Feinde«, und sie waren auch nicht darauf aus, mich zu verletzen. Sie waren meine Familie – mein Fleisch und Blut –, und es tat mir gut, mit ihnen zusammen zu sein. Ich hatte Kristinas E-Mail-Adresse mitgenommen und versprochen, mit ihr in Verbindung zu bleiben. Ich wusste nicht, was ich mit meinem Leben anfangen sollte, wenn ich die »Familie« verließ. Da ich eine kleine Tochter zu versorgen hatte, musste ich mir etwas einfallen lassen.

Der Blick vom Balkon der Kommune in Budapest aus war faszinierend. Man konnte die ganze Stadt sehen und die Donau, die sich mitten hindurchwand. Nachts funkelten die Lichter wie kleine Edelsteine in der Dunkelheit.

Joy, die Childcare-Central-Reporting-Beauftragte für Osteuropa, hieß mich willkommen. Auch sie gehörte der zweiten Generation der »Familie« an. Sie war Anfang dreißig, hatte hellblonde Haare und strahlend blaue Augen.

»Hier ist dein Zimmer.« Sie öffnete die Tür zu einem kleinen Zimmer neben dem Gemeinschaftsraum. Darin stand ein Hochbett, und darunter war ein Schreibtisch mit einem Computer – mein Arbeitsplatz. In der Ecke gab es eine kleine Schlafcouch für Cherie.

Am nächsten Morgen erzählte mir Joy von der schwierigen Situation mit ihrem Mann.

»Ben ist nicht mehr in der ›Familie‹, aber er hat eine Sondererlaubnis, weiter hier zu wohnen.«

Die jüngste Tochter von Ben und Joy war ein Jahr zuvor an Krebs gestorben. Ihr Tod hatte Ben tief getroffen, und er weigerte sich, seine drei anderen Kinder zu verlassen. Sie waren alles für ihn.

Vielleicht wird die »Familie« doch flexibler, dachte ich, denn ein solches Arrangement wäre früher undenkbar gewesen. Ich kannte Ben aus meiner Teenagerzeit an der Heavenly City School in Japan. Er hatte einmal sämtliche Alkoholvorräte für die Weihnachtsparty der Schule ausgepichelt, und man hatte ihn sturzbetrunken in der Vorratskammer gefunden, was ihn natürlich in große Schwierigkeiten brachte. Dieser Vorfall hatte sich mir eingeprägt.

»Ich bin mir im Moment selbst nicht ganz sicher, was die ›Familie‹ betrifft.« Ich wollte Joy gegenüber von Anfang an ganz offen sein. »Ich bin hier, weil ich dazu beitragen will, die Situation für die Kinder zu verbessern. Ich möchte, dass sie eine bessere

Ausbildung bekommen, eine bessere Sozialisation und Zugang zu Lernmitteln.«

Joy stimmte mir zu. Sie hatte nie eine anständige Ausbildung bekommen, nicht einmal in den grundlegendsten Dingen. Obwohl sie intelligent war und großes Organisationstalent hatte, konnte sie nicht korrekt schreiben und sprechen. Daher sollte ich ihre Sekretärin werden.

Ben war ein wunderbarer Vater, und seine Kinder hingen an ihm wie die Kletten. Er arbeitete hart, um Geld zu beschaffen, nicht nur für seine eigene Familie, sondern auch für die Kommune. Ich bewunderte, wie selbstlos er war. Er war der einzige Mensch, mit dem ich offen reden konnte, ohne Repressalien befürchten zu müssen. Wir wurden Freunde, und ich begann, mit ihm über meine Gefühle zu reden, die ich so lange für mich behalten hatte. Inzwischen war ich davon überzeugt, dass Queen Maria keine Prophetin war, sondern sich in nichts von irgendwelchen Sektenführern unterschied, die sich Titel anmaßten, die ihnen nicht zustanden.

Von zwei Gästen der Kommune bekam ich hochinteressante Informationen. Die erste Besucherin war Amana, die mich als Kind von Indien und Dubai her kannte.

»Wie geht es deiner Mutter?«, fragte sie. »Ich war mit ihr in Indien zusammen. Wo ist sie jetzt?« Amana hatte lange Zeit auf ausgedehnten Missionsreisen verbracht und wusste nicht, dass meine Mum die Sekte verlassen hatte. Ich erzählte es ihr.

»Ich erinnere mich gern an deine Mum. Die Schwangerschaften waren nicht leicht für sie, und sie hatte mit ihren Kindern eine Menge zu tun, aber ich habe sie nie anders als munter und fröhlich erlebt. Dein Vater war ein unglaublicher Luftikus … Nie da, wenn sie ihn gebraucht hätte.«

Eine Woche später tauchte ein Italiener in der Kommune auf, der meiner Mutter in Indien begegnet war. Auch er erfuhr erst von mir, dass sie nicht mehr zur »Familie« gehörte, und schwärmte davon, was für eine gute Frau meine Mutter war. »Aber dieser Joshua – ein schrecklicher Mensch. Immer schlecht gelaunt, cholerisch und so grob zu den Kindern. Ich habe ihn nie gemocht.«

Zum ersten Mal hörte ich die andere Seite der Geschichte. Irgendwie hatte ich zwar immer geahnt, dass das, was man über meine Mutter verbreitet hatte, üble Verleumdungen waren, aber jetzt hatte ich den Beweis dafür. Außerdem fand ich heraus, dass Joshua, der inzwischen als Vollmitglied der »Familie« in einer Kommune in Kenia lebte, eine junge Rumänin geschwängert hatte. Ihre beste Freundin – eine Bulgarin – wohnte bei uns in Budapest, und ich erzählte ihr, dass meine Schwester Kristina von Joshua sexuell missbraucht worden war. Meiner Überzeugung nach hatte sie als Freundin ein Recht darauf, über die Vergangenheit dieses Mannes informiert zu werden.

Ich war empört und fühlte mich hintergangen. Joshuas »Exkommunizierung« während des Prozesses war eine reine Farce gewesen. Ich schrieb Dad zwei Briefe, in denen ich ihm sagte, dass sich Kristina und David nach einer engeren Beziehung zu ihrem Vater sehnten und wir sehr es sie kränken musste, dass sie ihm offenbar gleichgültig waren. »Es war nicht richtig von dir, dich in all den Jahren überhaupt nicht um sie zu kümmern«, schrieb ich. Auf Dad schienen meine Briefe keinen Eindruck zu machen. Aber ich wollte versuchen, die tiefe Kluft zwischen uns zu überbrücken. Wir waren eine Familie und hatten es verdient, zusammen zu sein.

Schließlich wurde die Budapester Kommune von World Services aufgefordert, sich an die Bestimmung zu halten, nach der in Einrichtungen der Gemeinschaft keine Nichtmitglieder wohnen durften. Ben musste ausziehen und sich eine Bleibe in der Stadt suchen. Er war untröstlich, und seine Kinder waren völlig verstört. Das brachte für mich das Fass zum Überlaufen. Ich war nicht mehr bereit, in einer Sekte zu bleiben, mit deren Prinzipien ich nicht mehr übereinstimmte. Mir wurde klar, dass ich mich nicht wirklich um meine Tochter kümmern oder sie beschützen und zu ihrem Besten entscheiden konnte, solange ich verpflichtet war, einer selbst ernannten Königin zu gehorchen und willkürlich aufgestellte Regeln zu befolgen. Nachdem ich Joy über meinen Entschluss informiert hatte, schrieb ich eine E-Mail an Kristina, dass ich die »Familie« verlassen würde. In ihrer Antwort teilte sie mir Mums Telefonnummer mit, und ein paar Tage später rief ich dort an.

»Du kannst dir nicht vorstellen, wie glücklich mich das macht!«, sagte Mum. »Darf ich fragen, warum du die ›Familie‹ verlassen willst?«

»Ich stimme nicht mehr überein mit dem, was sie tun. Die ›Familie‹ hat nichts anderes getan als Familien zerstört. Ich war ziemlich lange unglücklich, und meine Tochter hat ein besseres Leben verdient, als ich es hatte.«

Ich brauchte drei Monate, um das Geld für unsere Zugfahrkarte zusammenzusparen. Joy steckte mir dreihundert Dollar zu. Ich war dankbar für diese Geste, doch es war kaum genug Geld, um mich auf meine eigenen Füße zu stellen.

Als ich schließlich mit Cherie auf der Victoria Station in London ankam, gingen mir Dads letzte Sätze in seiner E-Mail durch den Kopf. »Du tust mir leid. Was willst du als alleinstehende Frau mit einer Tochter denn anfangen? Du wirst ohne einen Penny in der Tasche auf der Straße enden.« Seine herzlosen Worte brachten mich auf. »Wenn du erst einmal im Sumpf des Systems untergegangen bist, wirst du sehen, wie gut du es in der ›Familie‹ hattest.« Kein Wort von Unterstützung oder Hilfe. Es kam mir fast so vor, als hoffte er, dass ich scheiterte. Aber Dads Selbstgerechtigkeit bestärkte mich nur in meinem Entschluss, ihm das Gegenteil zu beweisen. Früher hätten mich seine Worte in tiefe Verzweiflung gestürzt, doch jetzt brauchte ich die Zustimmung meines Vaters nicht mehr. Ich war erwachsen und jetzt für mein eigenes Kind verantwortlich.

Ich dachte nicht mehr an Dad, als ich sah, dass Mum, Kristina und David mich am Bahnhof erwarteten. Es war ein sehr seltsames Gefühl, endlich wieder mit ihnen vereint zu sein. Obwohl wir einander kaum kannten, umarmten und küssten wir uns wie Freunde, die sich lange nacheinander gesehnt hatten. Das letzte, bisher noch fehlende Puzzleteil hatte endlich seinen Platz gefunden. Zum ersten Mal in meinem Leben war ich mir sicher, den richtigen Weg eingeschlagen zu haben. Es war die beste Entscheidung, die ich jemals getroffen hatte.

Mum hatte nur ein kleines Haus in den Midlands, aber sie überließ mir ihr Gästezimmer, bis ich eine eigene Wohnung gefunden hatte. Das hörte sich vielleicht nicht nach einem großartigen Neubeginn an, aber ich hatte meine Freiheit und war überglücklich!

Zweieinhalb Jahre später, am 11. Januar 2005, rief ich eine Website auf, wo ehemalige Mitglieder der zweiten Generation Erinnerungen an ihre Kindheit in der »Familie« austauschen können. Mit Hilfe der Website war es mir gelungen, zu einigen Freunden Verbindung aufzunehmen, obwohl ich gedacht hatte, der Kontakt zu ihnen sei für immer abgebrochen. Aber diesmal las ich eine schockierende Nachricht: Davidito hatte einen Mord begangen und sich dann das Leben genommen. Ich war fassungslos. Am vorigen Freitag hatte ich noch eine Stunde lang mit ihm telefoniert. Meine Hände begannen zu zittern, und mir kamen die Tränen.

Ich hatte ihn und seine Freundin Elixcia zuletzt im Queen's Home gesehen. Und bis auf ein paar E-Mails war das Telefongespräch am Freitag unser erster Kontakt seitdem gewesen.

Zunächst brachten wir uns auf den neuesten Stand. Ich erzählte ihm, dass ich Psychologie und Erziehungswissenschaft studierte, eine Fächerkombination, die mir dabei half, die Wirkungsweise von Sekten zu verstehen.

»Ich habe im Sozialpsychologie-Kurs sehr viel Interessantes über Anpassungsdruck und den Zwang zu konformem Verhalten gelernt«, sagte ich.

Dann erzählte ich ihm, dass ich eine eigene Wohnung hatte – meine erste – und dass meine Tochter gern in die Schule ging. »Das Alleinleben ist noch ein bisschen ungewohnt, aber es macht mir großen Spaß, selbst einkaufen zu gehen und selbst zu bestimmen, wie ich meine Wohnung einrichte.«

Davidito schien sich zu freuen, dass es mir gut ging. Er erzählte mir, dass er, nachdem er aus der »Familie« ausgetreten war, erst auf einem Fischkutter und dann als Elektriker gearbeitet hatte. Er würde gern ein College besuchen, doch dazu fehle ihm das Geld. Aber sosehr er sich auch bemühe dazuzupassen, fuhr er fort, er könne seine Vergangenheit einfach nicht vergessen.

»Wenn ich mich mit Leuten anfreunde, fragen sie mich irgendwann nach meiner Familie und wollen wissen, wer meine Eltern sind. Und was soll ich dann sagen?«

Ich konnte ihn gut verstehen, denn ich bekam dieselben schwierigen Fragen gestellt.

Im Verlauf unserer Unterhaltung erkannte ich immer mehr, wie schwer Davidito traumatisiert war. Er erwähnte, dass er, als er zehn war, mitansehen musste, wie Mene missbraucht wurde. »Als ich in den Keller kam, sah ich, dass sie mit gespreizten Beinen ans Bett gefesselt war. Sie hat mich angefleht, ihr zu helfen, aber ich konnte nichts tun. Berg kam die Treppe herunter und verging sich vor meinen Augen an ihr.« Seine Stimme klang wütend.

»Mir tut auch Techi unheimlich leid«, sagte ich zu ihm. »Als ich mit ihr in Mama's Home war, schien ihr alles gleichgültig zu sein. Sie hat nicht auf ihr Äußeres geachtet, ihr Zimmer war in einem schrecklichen Zustand, und sie wirkte immer sehr niedergeschlagen.«

Davidito unterdrückte ein Schluchzen. »Aber du hättest sie sehen sollen, bevor man ihren Willen gebrochen hat. Sie war so voller Leben, sie war ein ganz anderer Mensch.«

Er kam auf die Techi-Serie zu sprechen und beschuldigte seine Mutter, Techi um den Verstand gebracht zu haben. Und dann erzählte er mir etwas, was mich noch mehr schockierte. Man wusste nicht, wer der Vater von Techis Sohn war, da sie erklärt hatte, dafür kämen zwei ältere Teenager in Frage, aber Davidito erzählte mir, dass höchstwahrscheinlich Frank der Vater war, ein Mann von Ende dreißig. Ich hatte Frank gleich nach meiner Ankunft in Mama's Home kennengelernt, aber er war kurz darauf abgereist.

»Was mich am meisten wütend macht, ist, dass es unsere eigene Mutter war, die sie in die Falle locken und über sie bestimmen wollte. Als Techi das Home verlassen wollte, weil außer ihr keine Jugendlichen dort wohnten, hat unsere Mutter sie mit Frank verkuppelt. Sie war damals erst sechzehn. Und soll ich dir sagen, was das Schlimmste ist? Frank war mein Freund. Es ist einfach beschissen.«

»Na ja, die Leute wurden dazu gebracht, Dinge zu tun, die sie normalerweise nie getan hätten«, sagte ich.

Davidito stimmte mir zu. Er wollte Techi dabei helfen, zusammen mit ihrem Sohn dem übermächtigen Einfluss ihrer Mutter zu entkommen, aber da er die »Familie« verlassen hatte, sah er keine Möglichkeit, mit ihr Kontakt aufzunehmen. Er war kein hilfloses Kind mehr und hielt es für seine moralische Pflicht, das Unrecht wiedergutzumachen und die körperlichen und psychischen Misshandlungen zu vergelten, die Tausende von Kindern wegen der kranken Vorstellungen seiner Eltern erdulden mussten.

Ich erzählte ihm von meinen eidesstattlichen Erklärungen, die der Polizei in Großbritannien und dem FBI übergeben worden waren. Darin hatte ich die Fälle von Missbrauch detailliert geschildert, die ich selbst erlitten oder mitangesehen hatte. Ich wolle die Bemühungen um Gerechtigkeit unterstützen, erklärte ich Davidito, aber er war skeptisch. Die Schwierigkeiten, denen wir uns gegenübersahen, die Schuldigen vor Gericht zu bringen und eine Verurteilung zu erreichen, schienen unüberwindlich zu sein.

Da Sektenmitglieder Namen aus der Bibel annahmen, konnte man sie nur schwer ausfindig machen. Viele der Verbrechen wurden in Ländern wie den Philippinen, Indien und Thailand begangen, wo die Polizei über zu wenige Mittel verfügte, um in komplizierten Fällen von Missbrauch zu ermitteln. Wir zogen oft um und kannten nur selten die Adressen der Kommunen, in denen wir lebten. In vielen Ländern – zum Beispiel in den USA – gab es eine Verjährungsfrist für Sexualverbrechen, und die Sekte hatte fast alle belastenden Beweise vernichtet. Während der Prozesse waren wir gezwungen worden, unsere Fotos und Privatbriefe zu verbrennen.

Aber trotz dieser Schwierigkeiten sei ich optimistisch, dass man unseren Aussagen schließlich glauben werde, wenn wir zusammenhalten und die Wahrheit sagen würden, sagte ich ihm. Doch Davidito war nicht überzeugt.

»Glaubst du das wirklich?« Er seufzte. »Ich habe einfach nicht mehr genug Kraft. Ich schaffe es nicht mehr. Ich habe mich bemüht, wirklich bemüht, aber ich kann nicht … Ich will nur noch Schluss machen.«

Ich wusste nicht, was ich sagen sollte. Am liebsten hätte ich ihm gesagt, dass er nicht aufgeben dürfte, dass das Leben lebenswert war, aber ich wusste nicht, wie ernst es ihm damit war, sich umzubringen.

Doch eins machte er klar: Er wollte seine Mutter finden. Für ihn war sie genauso schuldig wie Mo, denn sie hatte ihm die Mädchen zugeführt. Sie war für die »Besserungsprogramme« verantwortlich und damit auch für Menes Qualen. Er wollte sie zur Rede stellen. Wenn die Justizbehören sie nicht zur Verantwortung ziehen konnten, dann würde er es tun.

»Aber das kann dauern, und ich habe einfach nicht die Kraft weiterzuleben«, fügte er hinzu.

»Aber deine Aussage und das, was du weißt, ist wichtig. Würdest du es aufschreiben?«, fragte ich ihn. »Ich bin mir ganz sicher, dass die Behörden dann etwas unternehmen müssen.«

Er zögerte einen Moment. »Ich weiß nicht. Wie wäre es mit einem Video? Ich schicke dir ein Video, okay?«

»Bitte«, flehte ich ihn an. »Überleg es dir noch mal, ob du nicht doch mit der Polizei sprechen willst. Und ruf mich bitte wieder an, hörst du?«

»Okay, ich denke darüber nach. Und ich ruf dich wieder an. Es war gut, mit dir zu reden. Bye«, sagte er und legte auf.

Ich war fest davon überzeugt, dass ich bald wieder von ihm hören würde, doch dazu kam es nicht mehr. In der Nacht nach unserem Gespräch traf er sich mit Angela Smith, genannt Sue, die mit Davidito als Säugling nackt im Davidito-Buch abgebildet war. Sie war viele Jahre lang die Sekretärin seiner Mutter und sein Kindermädchen gewesen. Er erstach sie und jagte sich danach eine Kugel in den Kopf.

Ich brach in Tränen aus – über den Verlust eines Freundes, über seinen traurigen Tod und über die Verzweiflung, die er empfunden haben musste, wenn er bereit war, aus Zorn auf seine Mutter zu diesem letzten Mittel zu greifen. Er war nicht der Einzige, der seinem Leben ein Ende machte. Vor ihm hatte es andere gegeben – Freunde, Menschen, denen ich mich verbunden fühlte –, die ihr Leid nicht mehr ertragen konnten. Einen Monat nach Daviditos Tod schrieb mir Juliana, dass unsere Schwester Davida in Griechenland gestorben war. Ich hatte versucht, ihre Telefonnummer zu bekommen, um sie anzurufen und nach England einzuladen und sie und ihre Familie kennenzulernen. Ich wollte, dass sie wusste, wie wichtig sie uns war, doch jetzt war es zu spät.

Die beiden Todesfälle ließen mich nicht zur Ruhe kommen. Mitte Januar flog ich nach Kalifornien, um in *ABC News* über Davidito zu sprechen und darüber, was man ihm angetan hatte – und mir und meiner ganzen Generation. Es war eine sehr bewegte und schwierige Zeit, aber dann geschah etwas, womit ich nie gerechnet hätte. Als ich das Hotelzimmer betrat, in dem die *ABC*-Crew versammelt war, wurde ich von Armi begrüßt, meiner Freundin aus Kindertagen. Nach fünfzehn Jahren fielen wir einander endlich wieder in die Arme! An diesem Abend traf ich auch Elixcia, die aus Washington nach San Diego gekommen war, um *ABC News* ein Interview zu geben. Sie litt immer noch sehr unter dem tragischen Verlust ihres Mannes und brach oft in Tränen aus.

Auf dem Videoband, das Davidito am Abend vor seinem Tod aufgenommen hatte, brachen der lange unterdrückte Zorn und die Gefühle hilfloser Verzweiflung aus ihm heraus. Ich hörte die Qual in seiner Stimme, als er davon sprach, dass es keine Gerechtigkeit gebe. Er bekannte, dass er schon sehr lange darüber nachgedacht hatte, Selbstmord zu begehen, seit seiner Zeit im Teen-Training-Camp, und dass er wünschte, er wäre nie geboren worden.

»Es geht darum, diese kranken Hirne zur Verantwortung zu ziehen. Mama und Peter. Meine eigene Mutter! Diese perverse, kleine Fotze. Großer Gott. Wie kann man Kindern so etwas antun? Wie kann man nachts ruhig schlafen, wenn man Kindern so etwas antut? Das will mir verdammt noch mal nicht in den Kopf.«

Er saß an einem Tisch in seiner kleinen Küche und fuchtelte mit der Pistole herum, mit der er sich später umbringen sollte.

Am Schluss war ich in Tränen aufgelöst. Dieser Ausbruch passte so gar nicht zu dem schüchternen Jungen, den ich kannte. Als Davida, Sarahs Tochter, das Wort ergriff und ihre Geschichte erzählte, konnte ich Daviditos Verbitterung über seine Mutter noch besser verstehen. Demnach hatte sie mit Mo im Bett gelegen, während Maria Sex mit ihrem eigenen Sohn hatte. Mir war klar, dass Davidito darüber nicht selbst sprechen konnte. Das wäre zu demütigend und zu schmerzlich für ihn gewesen. Aber der Grund für seine Wut lag auf der Hand. Seine Mutter war nicht nur Zuschauerin gewesen. Sie hatte sich selbst des Kindesmissbrauchs schuldig gemacht.

Ich sprach Elixcia auf Daviditos Bemerkung über Techi und Frank an, und sie bestätigte mir, dass sie davon wusste. Ich besorgte mir Franks E-Mail-Adresse und forderte ihn auf, sich zu diesen Beschuldigungen zu äußern. Er hat nie geantwortet. Stattdessen bekam Elixcia einen erregten Anruf von Frank aus der Schweiz. Er hätte sich ein neues Leben außerhalb der Sekte aufgebaut, arbeite erfolgreich als Geschäftsmann, und seine Vergangenheit offenzulegen hätte verheerende Folgen. Deshalb könne er es nicht tun.

Was für ein Feigling, dachte ich.

Es gibt viele, die ihre Vergangenheit verheimlichen, aber Wunden können erst heilen, wenn sie freigelegt und behandelt werden. Ich fand den Mut, meinen Vater mit den Dingen zu konfrontieren, die uns entzweit hatten, und sagte ihm, was er meiner Meinung nach erfahren musste. In einer E-Mail schrieb ich ihm:

> *Es geht nicht um deine Motive, sondern um deine Taten und um die Folgen, die es für deine Kinder hatte. Jahrelang habe ich versucht, dir begreiflich zu machen, was ich und die anderen Kinder dabei empfunden haben, aber du wolltest nie etwas davon hören und hast es als belanglos abgetan. Das ist es, was mich schließlich dazu gebracht hat, mich von dir zu distanzieren. Du bist derjenige, der unsere Familie auseinandergebracht hat. Du hast mich von meiner Mutter, David und Kristina getrennt, dann von Julie, und jetzt willst du mit deinen anderen Kindern so weitermachen?*

Meiner Mutter gegenüber hatte Dad bestritten, dass es in der »Familie« zu irgendwelchen sexuellen Nötigungen gekommen war. Jetzt erinnerte ich ihn daran, dass ich ihn mit Armi überrascht hatte, und schrieb:

Du warst bei Weitem nicht der Einzige, der sich an Armi vergangen hat, aber du hast dich am kollektiven Missbrauch eines unschuldigen Kindes beteiligt. Meinst du nicht, sie hätte dafür eine Entschuldigung von dir verdient? Vielleicht sogar mehr?

In seiner Antwort gab es mein Vater schließlich zu:

Es tut mir aufrichtig leid, dass es bei Music with Meaning *zu abscheulichen Vorfällen gekommen ist, unter denen du immer noch leidest. Ich hatte wirklich keine Ahnung, dass du von Paul und von anderen zu diesen Dingen gezwungen wurdest. Nichtsdestotrotz bin ich als Vater für dein Wohlergehen verantwortlich, und ich gebe ich mir die Schuld, von diesen Ereignissen nichts gewusst zu haben. Was an sexuellen Kontakten zwischen Erwachsenen und Kindern vorkam, war meiner Überzeugung nach harmlos, kaum mehr als Schmusen und Kuscheln, während das, was du beschrieben hast, so ungeheuerlich ist, dass ich es hier nicht wiedergeben möchte. Ja, das war absolut unmoralisch, und ich danke Gott, dass die »Familie« vor vielen Jahren strenge Bestimmungen erlassen hat, um dem ein Ende zu setzen. Mir und zweifellos vielen anderen ist jedoch noch nicht wirklich klar geworden, dass diejenigen, die das Pech hatten, in Kommunen aufzuwachsen, in denen es zu solchen Exzessen gekommen ist, noch immer darunter leiden, obwohl inzwischen so viele Jahre vergangen sind. Ich kann nur noch einmal betonen: Ja, es tut mir sehr leid. Und ich bitte dich um Verzeihung – nicht für das, was ich getan habe, sondern für das, was ich nicht getan habe, um dich zu beschützen, und dafür, dass ich nicht gemerkt habe, was man dir angetan hat.*

Ja, du hast recht. Ich hatte eine sexuelle Begegnung mit Armi. Bis vor Kurzem hatte ich das völlig vergessen. An den von dir beschriebenen Vorfall erinnere ich mich zwar nicht, aber an einen anderen im Studio. Soweit ich mich erinnere, ist nicht viel passiert. Und wie sie selbst sagte, habe ich mich ihr nicht aufgedrängt. Die Initiative könnte sogar von ihr ausgegangen sein; so genau weiß ich das nicht mehr. Aber ich weiß, dass ich nie die Neigung hatte, solche Dinge zu tun. Das mit Armi war das einzige Mal. Allerdings wollte sich Mene danach mit mir treffen, aber soweit ich weiß, lagen wir dabei nur – schicklich bekleidet – nebeneinander und haben uns unterhalten, da ich nichts von ihr wollte ... Ich finde Sex mit Kindern abstoßend, aus diesem Grund tut es mir leid, dass deine Kindheitserinnerungen mit diesen Dingen belastet sind, und ich bedauere aufrichtig, sie unwissentlich zugelassen zu haben.

Ich erkenne durchaus an, dass mein Vater Schuldgefühle empfindet, aber ich glaube, dass seine Entschuldigung nicht weit genug geht. Noch immer will er nicht sehen, dass David Berg, der mit seinen »Lehren« das Leben so vieler junger Menschen aus meiner Generation zerstört hat, pädophil war. Er deutet an, dass ein elfjähriges Kind *ihn* zum Sex animiert hat – als könnte das seine Handlungen rechtfertigen –, während es seine Pflicht als verantwortungsvoller Erwachsener gewesen wäre, alle sexuellen Beziehungen zwischen Erwachsenen und Kindern der Polizei zu melden – und nicht die Augen davor zu verschließen.

Was er in diesem Brief schreibt, geht weit über das hinaus, was er zuvor eingestanden hat, aber die Entschuldigung kam dreißig Jahre zu spät, und sie war zu dürftig. Ich glaube nicht, dass mein Vater pädophil ist oder war, doch er deckt weiterhin die Sektenführer, die unseren sexuellen Missbrauch angestifet haben, und unterstützt sie mit seinem Geld. Er lobt die »Familie«

fälschlicherweise dafür, die sexuellen Vergehen unterbunden zu haben, verweigert aber seiner Tochter Kristina die Anerkennung für ihren Mut, offen und vor aller Welt über den Terror zu sprechen, dem wir auf Geheiß von Queen Maria und Peter ausgesetzt waren. Pädophile genießen weiterhin den Schutz der »Familie«, während die Opfer – ihre Kinder – bedroht und verleumdet wurden.

26 *Die Perle von Afrika*

Juliana

EIN KLOPFEN an meiner Schlafzimmertür riss mich aus dem Schlaf.

»Ja?« Benommen blickte ich auf die Uhr. Es war drei Uhr morgens, und draußen tobte ein heftiges Gewitter. Zwischen zwei Donnerschlägen hörte ich die Stimme meiner Freundin Tina, die mich bat, ihr aufzumachen. Ich hatte mir vorsichtshalber angewöhnt, meine Tür nachts immer abzuschließen. Ich stand auf und ließ sie herein. Was konnte sie um diese Zeit von mir wollen?

Hilflos sah Tina mich an. Hinter ihr standen zwei maskierte Männer mit einer AK47 und einer Machete. Sobald ich die Tür geöffnet hatte, richtete sich der Lauf der Waffe auf mein Gesicht.

»Du! Mitkommen!«, befahl einer der Männer. Ich trug nur ein dünnes T-Shirt und Shorts, hatte aber keine Zeit, mir einen Morgenmantel überzuziehen. Die Eindringlinge trieben uns in den Raum, in dem Dad und die Kinder schliefen.

Sie verlangten Geld, und Dad zeigte auf den Aktenkoffer unter dem Bett, in dem er seine Ersparnisse aufbewahrte: tausend US-Dollar. Die Männer drückten den Kofferverschluss mit der Machete auf, fanden den Umschlag mit dem Geld, gerieten beim Anblick der Scheine aber immer mehr in Erregung. Sie waren an den Umgang mit fetteren Geldbündeln gewöhnt. Ein US-Dollar entsprach ungefähr achtzehnhundert Uganda-Shilling. Ein paar Scheine waren in ihren Augen keine »Beute«.

»Wo hast du dein Geld?«, brüllten sie.

»Mehr ist nicht da. Alles andere habe ich auf der Bank. Niemand bewahrt große Summen bei sich zu Hause auf«, versuchte Dad zu erklären.

Sie glaubten ihm nicht. Einer der beiden Einbrecher drohte damit, uns Frauen zu vergewaltigen, wenn wir ihnen nicht sagten, wo unser Geld versteckt war. Wir taten, als würden wir sie nicht verstehen, und sie wandten sich Dad zu. Ein Mann drückte ihn aufs Bett, während der andere die Machete hochschwang. Wenn wir ihnen nicht endlich unser Geldversteck verrieten, würden sie ihm ein Bein abhacken.

»Jesus, hilf mir!«, schrie Dad verzweifelt, als der Mann zum Schlag ausholte.

»Halt!«, rief ich. »Ich habe Geld!« Vermutlich verblüffte das Durcheinander unserer Stimmen den Einbrecher, denn er erstarrte für einen Moment, ließ die Machete sinken und drehte sich zu mir um. »Was hast du gesagt?«

»Ich habe Uganda-Shilling in meinem Zimmer.«

Diesmal verstand er mich. Er beriet sich hastig mit seinem Komplizen, und sie teilten sich auf. Einer hielt Dad und die anderen mit der Waffe in Schach, während der andere mir auf mein Zimmer folgte. Ich gab ihm alles, was ich hatte – umgerechnet nicht mehr als zehn Dollar, aber die vielen Banknoten schienen ihn zu besänftigen. Dennoch durchsuchte er mein ganzes Zimmer nach Wertgegenständen.

Beflügelt von ihrem Erfolg marschierten sie nacheinander mit jeder Frau auf ihr Zimmer, um ihre Habseligkeiten zu durchstöbern. Mittlerweile waren sie bereits zwei Stunden im Haus, und schon bald würde die Sonne aufgehen. Es war höchste Zeit zu verschwinden. Sie befahlen uns, auf unsere Zimmer zu gehen und uns dort aufs Bett zu legen. In den folgenden anderthalb Stunden wagte niemand von uns, sich zu rühren, weil wir nicht sicher sein konnten, dass sie tatsächlich weg waren.

Schließlich verließen wir unsere Zimmer und sahen uns um. Sie hatten den Videorecorder, die Stereoanlage und Handys mitgehen lassen. Niemand von uns konnte so recht erfassen, in welcher Gefahr wir gerade geschwebt hatten. Es kam uns fast unwirklich vor. Die Einbrecher hatten weder das Musikstudio mit seinen wertvollen Geräten entdeckt noch die beiden jungen Männer, die im Haus schliefen und die die Situation unter Umständen verschärft hätten. Doch am erstaunlichsten fanden wir, dass niemand verletzt worden war. Wir wussten von vielen Leuten, die bei Einbrüchen fast zu Tode geprügelt, vergewaltigt oder sogar umgebracht worden waren. Wir hatten alles relativ unbeschadet überstanden

Über unsere Erlebnisse wurde in einer Zeitschrift der »Familie« berichtet. Und natürlich fragten sich manche Mitglieder, wie Gott so etwas zulassen konnte. Sollte Er Seine Missionare nicht besser beschützen? Die Reaktion bestand in einer Weissagung. Dieser Weissagung zufolge glaubten wir nicht inbrünstig genug und waren uneinig. So sei es dem Feind gelungen, bei uns einzudringen.

Dieser Artikel traf mich tief. Wir setzten Leib und Leben aufs Spiel, um die frohe Botschaft der »Familie« zu verbreiten, aber sobald etwas schiefging, wurden wir angeprangert. Wenn alles gut lief, hatten wir das Jesus (und der »Familie«) zu verdanken, aber wenn irgendetwas Unangenehmes geschah, waren allein wir dafür verantwortlich.

Ungefähr zur selben Zeit erhielten wir eine E-Mail, dass meine Schwester Davida wegen ihrer Heroinabhängigkeit jeden Tag sterben könne. In ihrer Verzweiflung hatte ihre Mutter Sotiria Mitglieder der »Familie« in Griechenland gebeten, Kontakt zu Dad aufzunehmen. Davida brauche dringend Hilfe, schrieben sie. Widerstrebend entschied Dad, dass es seine Pflicht war, nach Griechenland zu fliegen und herauszufinden, ob er etwas tun konnte. Ich beschloss, ihn zu begleiten. Irgendetwas sagte mir, dass ich ihr eher helfen konnte als unser Vater. Meiner Ansicht nach konnte er sich die Reise sparen. Bisher hatte er sich Davida gegenüber nicht gerade wie ein Vater verhalten – er kannte sie nicht einmal. Was glaubte er, tun zu können? Wollte er sie aus den Fängen ihrer Abhängigkeit befreien, indem er ihr Jesu Liebe predigte? Ihr versprechen, endlich ein Vater zu sein? Die rapide Verschlechterung ihres Zustandes sagte mir, dass es dafür inzwischen zu spät war.

Bei dem Einbruch war das Geld gestohlen worden, das ich für ein Ticket gespart hatte. Wenn ich zu Davida fliegen wollte, musste ich auf meine Reserven zurückgreifen – das Geld, das alle Mitglieder der »Familie« für Notfälle bereitzuhalten hatten. Ich versprach der Kommune, nach meiner Rückkehr zu arbeiten, um es zurückzuzahlen.

Davida war meine »verlorene« Schwester, und ich hatte schon immer davon geträumt, sie kennenzulernen. Irgendwie wusste ich, dass zwischen uns eine enge Verbindung bestand und dass ich ihr helfen konnte. Vom ersten Moment an waren wir unzertrennlich. Am Tag streiften wir durch Athen, und nachts teilten wir uns ein Bett, so selbstverständlich wie Siamesische Zwillinge.

Dad hätte genauso gut ein Möbelstück sein können; er war unwichtig. Sie gingen höflich miteinander um, sogar freundlich, aber von einer Nähe zwischen Vater und Tochter war nichts zu spüren. Die Zuneigung, die sie gegenüber Dad nicht empfand, schenkte sie mir, und für eine kurze Zeitspanne wussten wir beide, wie es gewesen wäre, mit einer vertrauten Schwester aufzuwachsen.

Sotiria steckte mir das Geld für unsere Streifzüge durch Athen zu, da sie befürchtete, dass Davida es für ihren nächsten Schuss verwenden würde. Alles von Wert in der winzigen Wohnung war entfernt und zu Geld gemacht worden. Bei diesen Plünderungen wurde Davida tatkräftig von ihrem Freund Stavros unterstützt.

Ihre Mutter musste alles Geld vor den beiden verstecken, dennoch gelang es ihnen immer wieder, es zu finden. Fast alles, was Sotiria von ihrer schweren Arbeit im Krankenhaus nach Hause brachte, wurde vom Heroin aufgefressen.

Nach zwei Wochen wollte Dad zurück nach Uganda fliegen. Es war ihm nicht gelungen, eine Beziehung zu seiner Tochter aufzubauen. Aber auf eigenen Wunsch und auf Bitten meiner Schwester blieb ich noch zwei Monate länger in Athen.

Bei einem Besuch im Stadtzentrum beschloss ich, mir ein Tattoo machen zu lassen – zur Erinnerung an Griechenland und an meine Schwester. Im Tattoo-Studio sagte Davida, sie würde einen Kaffee trinken gehen und mich zwei Stunden später wieder abholen. Ich war bereits in eine Broschüre mit den Mustern vertieft und nickte abwesend.

Ich entschied mich für einen altertümlichen Dolch, dessen Klinge aussah, als würde sie im Fleisch stecken, und der Tätowierer brauchte drei Stunden, um das Muster in meine Haut zu ritzen. An einer Stelle meines Körpers, die man für gewöhnlich nicht sah. Die »Familie« billigte keine Tattoos, hatte sie aber auch nicht offiziell verboten. Es war für mich ein Akt innerer Rebellion.

Als ich aus dem Studio kam, konnte ich meine Schwester nirgendwo entdecken. Ich wartete und wartete. Die Nacht war schon angebrochen, da tauchte sie endlich auf – total high. Ich war wütend, dass sie mich belogen hatte.

»Entschuldige, *agape mor,* es tut mir so leid. Aber ich konnte nichts machen. Ich habe ein paar Freunde getroffen, und sie wollten mich nicht gehen lassen, bevor ich nicht etwas genommen hatte.« Davida klammerte sich an mich und bat mich um Verzeihung. »Aber es war kein Heroin, das schwöre ich. Nur Koks. Bitte, bitte, sag meiner Mutter nichts.«

Ich versprach es ihr, denn das hätte sowieso nichts geändert. Davida zitterte wie Espenlaub, und ich zog meinen Mantel aus und legte ihn um ihre Schultern. Solange sie in Athen blieb, steckte sie auch im Drogenmilieu fest, und sie hatte nicht genug Kraft, sich daraus zu befreien. Ich flehte sie an, mit mir nach Afrika zu kommen. Ich würde ihr eine Unterkunft suchen und sie mit Geld unterstützen, bis es ihr besser ginge und sie sich nach einem Job umsehen könnte.

Da sich Mitglieder der Gemeinschaft nur drei Monate außerhalb ihrer Kommune aufhalten durften, erinnerte mich Dad mit einem Brief daran, dass die Frist fast abgelaufen war. Sotiria und Davida flehten mich an, in Athen zu bleiben, und ich flehte Davida an, mit mir nach Uganda zu kommen. Sie wollten, dass ich die Sekte verließ, aber damals dachte ich nicht einmal entfernt an eine solche Möglichkeit. Ich wollte bei meiner Schwester bleiben, musste aber wegen der Bestimmungen nach Uganda zurück. Ich fühlte mich hin- und hergerissen. Schließlich buchte ich einen Platz in einer Maschine und gab meine letzten zweihundert Dollar Sotiria, damit sie ein Ticket kaufen konnte, falls sich Davida doch noch entschied, zu mir zu kommen.

Nach meiner Rückkehr überraschte mich Dad mit einer unerwarteten Nachricht. »Schätzchen, Celeste hat geschrieben. Sie will die ›Familie‹ verlassen.« Mein Vater wirkte fassungslos. Celeste war immer seine Lieblingstochter gewesen, und die Neuigkeit erschütterte ihn zutiefst.

»Hat sie gesagt, warum?«, fragte ich. »Es kommt mir seltsam vor, dass sie direkt nachdem sie vom Queen's Home zurückkommt, die ›Familie‹ verlassen will. Vielleicht ist bei World Services doch nicht alles so, wie es scheint.«

»Ja, ich wundere mich auch.« Dads Bestürzung entging mir nicht. In seinen Augen konnte Celeste einfach nichts falsch machen. Vielleicht war seine Tochter durch irgendwelche Vorfälle im Queen's Home in ihrer Entscheidung beeinflusst worden.

Wenige Tage später bekam ich von Celeste einen Brief, in dem sie mir schrieb, dass sie mit einigen Überzeugungen der

»Familie« nicht mehr übereinstimme und ihre Tochter nicht dort aufziehen könne. Aber das reichte mir nicht. Ich wollte genauer wissen, was meine Schwester zu ihrer Entscheidung bewogen hatte. Ich war einundzwanzig Jahre alt und glaubte, ich hätte das Recht auf eine Erklärung.

In meinem Antwortbrief schrieb ich:

Eigentlich frage ich das alles, weil ich in letzter Zeit über mein Leben nachgedacht habe und darüber, was ich hier eigentlich tun und erreichen kann – hier und in der »Familie« im Allgemeinen. Als ich deinen Brief las, dass man »aus sich selbst heraus vollkommen überzeugt« sein müsste, erkannte ich, dass ich das nicht bin. Und zwar schon eine ganze Weile. Als ich dich einmal die »Tüchtigste« von uns allen nannte, meinte ich damit, dass du mit deiner Berufung zu WS den größten Erfolg in der »Familie« hast, aber wenn du feststellst, dass das alles so toll nun auch wieder nicht ist, frage ich mich wirklich, ob ich das »dumme Schaf« bin, das sich an der Nase herumführen lässt.

Wenn ich schon so lange deprimiert und unglücklich bin, sollte ich mich fragen, warum. Das habe ich getan und festgestellt, dass mein bisheriges Leben ein einziger Versuch war, mich davon zu überzeugen, dass ich für eine gute Sache lebe. Aber ich habe mir selbst etwas vorgemacht, daher die Desillusionierung, die Entmutigung, die fehlende Energie.

Ich möchte etwas tun in meinem Leben, auf das ich stolz sein kann, aber ich habe keine Ahnung, was … Ich weiß einfach nicht, wo ich anfangen könnte. Ich fühle mich absolut hilflos, und das ist frustrierend. Im Moment komme mir vor wie in einem dichten Nebel, in dem ich bleiben muss, bis er sich auflöst und ich meinen Weg klar erkennen kann. Ich kann nur hoffen, dass das bald passiert, denn ich finde es hier mittlerweile fast unerträglich.

Celeste war damit beschäftigt, sich ein neues Leben aufzubauen, und wir hörten seltener voneinander. Dads Verunsicherung schwand so schnell, wie sie gekommen war. Es sei nicht zu verhindern, dass diejenigen abtrünnig würden, die von unserer Sache nicht voll überzeugt seien, erklärte er mir. »Wir müssen weiter für Celeste beten. Sie wird zurückkommen, wenn sie erkennt, wie viel schlimmer es da draußen ist!«

Ich dagegen wusste, dass meine Schwester nicht ohne gute Gründe gegangen wäre. Ich kämpfte mit mir. Einen Tag dachte ich, ich gehe, aber dann hielt mich wieder die Angst davor, wie es da draußen war oder wie ich überleben sollte, zurück. Ich verdrängte meine Zweifel und funktionierte weiter wie ein Automat.

Eines Tages begann Kingdom, hemmungslos zu weinen, und konnte gar nicht mehr aufhören. Seine Mutter machte sich große Sorgen, aber er ließ niemanden an sich heran außer Dad. Meinem Vater gelang es schließlich, den Grund für Kingdoms Verzweiflung herauszufinden. Er war in der Nacht des Einbruchs wach geworden und musste die ganze schreckliche Szene mitansehen. Das hatte ihn sehr verstört. Er fragte sich, warum Jesus es zugelassen hatte, dass sein Daddy um ein Haar durch eine Machete verstümmelt worden wäre. Mein kleiner Bruder war zutiefst unglücklich. Er war den ganzen Tag im Haus, und sein Leben drehte sich ausschließlich um Schulunterricht, Putzen und Bibelstunden. Nie hatte er auch nur das kleinste Erfolgserlebnis, er fühlte sich ungeliebt, unbeachtet, weggeschoben, und für ihn bedeutete das offenbar, dass es nichts gab, für das es sich zu leben lohnte. Als er im Garten eine Machete sah, wurde er von dem Gedanken übermannt, sich damit umzubringen. Er war gerade zehn Jahre alt.

Als Dad die Situation vor der Kommunenversammlung schilderte, brach Sunshine in Tränen aus, und alle waren schockiert.

Ich war tief erschüttert. Ich kannte dieses Gefühl absoluter Verzweiflung nur zu gut, aber es überraschte mich, dass King schon so jung davon überwältigt wurde. Offenbar hatte mein kleiner Bruder seinen Kummer nur stumm in sich hineingefressen und sich nie jemandem anvertraut. Er und seine Schwester Shirley waren stille, in sich gekehrte und bedrückte Kinder. Sie hatten schon sehr früh gelernt, dass sie nur Probleme bekamen, wenn sie den Mund aufmachten. Zum ersten Mal bekam ich eine kleine Ahnung von der hilflosen Verzweiflung, die sie empfinden mussten.

Da sich seit dem Einbruch keiner von uns mehr sicher fühlte in dem Haus, zogen wir wieder einmal um. Das Geld für unseren Lebensunterhalt aufzubringen war nicht leicht. Die Musik- und Radioprogramme unserer Firma »RadioActive« Productions waren Teil unserer Aufgabe, die »Worte Davids« zu verbreiten, aber sie brachten kein Geld ein. Dad versuchte ein Comeback als Radiostar, aber wir konnten die Shows nicht verkaufen. In dem armen Uganda wollte kein Sender unsere Programme ausstrahlen, es sei denn, er bekam sie kostenlos.

Üblicherweise behalfen wir uns, indem wir die örtlichen Geschäfte abklapperten und um Spenden baten. Ich war nicht stolz darauf, im Namen Christi um Almosen zu bitten. Die »Familie« nannte es zwar »Lebensmittelbeschaffung«, aber in Wahrheit handelte es sich um eine andere Form von Betteln. Wir, die privilegierten Weißen, baten um Hilfe, obwohl wir eigentlich die Helfer sein sollten. Es kam mir fast pervers vor, in Afrika Lebensmittel und Kleidung zu schnorren, wo das monatliche Durchschnittseinkommen weniger als zwanzig US-Dollar beträgt. Mit unserem Fernsehapparat, den hübschen Möbeln und unserem geräumigen zweigeschossigen Haus mussten wir den normalerweise in Lehmhütten lebenden Ugandern reich vorkommen. Das wurde mir sehr wohl bewusst, wenn die Einheimischen zu unseren Bibelstunden kamen. Wer würde sich nicht gern der

»Familie« anschließen, wenn er nur ein paar seltsame Anschauungen übernehmen musste, um in Luxus leben zu können?

Hin und wieder stellten uns Lebensmittelgeschäfte oder Supermärkte Waren, deren Verfallsdatum überschritten war oder die schadhaft waren, zu karitativen Zwecken zur Verfügung. Offiziell waren wir ein Spendenzentrum, obwohl wir die meisten Dinge behielten und nur das, was für uns nicht gut genug war, an Waisenhäuser und Bedürftige weitergaben. Diese Aktionen wurden »Consider the Poor«, »Denkt an die Armen«, genannt. Bei den CTP-Austeilungen nahm uns ein Kommunenmitglied mit einer Kamera auf. Wir posierten mit den Afrikanern, die aus unseren mildtätigen Händen minderwertige Lebensmittel empfingen. Diese Bilder erschienen dann in dem monatlichen Nachrichtenblatt, das wir verteilten, um Werbung für uns machen.

Das Konzept mit den gestellten Fotos stieß mich ab. Es kam mir heuchlerisch vor und entwürdigend für die Einheimischen, und ich fragte mich, was sie von den Aufnahmen hielten. Aber Arme dürfen nicht wählerisch sein, und in ihrer Not waren sie vermutlich sogar noch dankbar, dass sie überhaupt etwas bekamen. Das belastete mich sehr. Wir nutzten ihre Armut zu unserem Vorteil aus: um weitere wohltätige Spenden zu bekommen, von denen wir das meiste für uns behielten und nur den schäbigsten Rest an wirklich Bedürftige weitergaben.

Unverfroren nannten wir uns Missionare.

Aber was blieb uns anderes übrig? Die meisten Missionare werden von ihrer Heimatkirche unterstützt. In der »Familie« war es genau andersherum. Wir, die Missionare, unterstützten unsere Zentrale. So überlebten wir, so gut wir konnten, und sammelten Spenden, indem wir für Fotos posierten. Die Zeitschriften, Bücher und Videos der »Familie« konnten wir nicht verkaufen, weil die meisten Menschen zu arm waren, um sie sich leisten zu können, und die wenigen Exemplare, die wir loswurden, waren ein Tropfen auf den heißen Stein.

Siebzehn Prozent unserer Einkünfte mussten an World Services abgeführt werden. Wir ernährten uns von Bohnen, Linsen, Reis und billigem Fleisch. Das Essen wurde streng rationiert. Es kostete uns große Mühe, unsere Rechnungen zu bezahlen. Wohnen ist in Uganda nicht ganz billig. Normalerweise kamen wir gerade so über die Runden. Dann kam ein Brief von Queen Maria mit dem Titel »Geschenke«, in dem sie uns schrieb, Gott sei unglücklich darüber, dass die Mitglieder der »Familie« World Services nur das absolute Minimum überwiesen, und dass sie nicht mit Seinem Segen rechnen dürften, wenn sie sich nicht großzügiger zeigten und mehr als den festgesetzten Prozentsatz abgaben. Falls also die Kommunen dieser Stimme aus dem Himmel nicht folgten oder der Sünde Zuflucht gewährten, sehe Gott sich genötigt, sie über Bord zu werfen.

Auf diesen Brief hin wurde bei unserer wöchentlichen Kommunenversammlung eine Erhöhung auf fünfundzwanzig Prozent beschlossen. Voller Ingrimm stellte ich fest, dass ich als Einzige dagegen stimmte. Ein Viertel unserer Kommuneneinkünfte würden an World Services gehen – in der Hoffnung, uns damit beim Allmächtigen einzuschmeicheln. Dann schauten wir tief in unsere Seele, um sicherzugehen, dass sich dort nicht irgendeine Sünde versteckte, auf die sich das »Alles Sehende Auge« richten konnte, und zu guter Letzt sogen wir den »Goldenen Samen unseres Spirituellen Ehemannes« mit doppelter Inbrunst ein.

Vielleicht war es der falsche Zeitpunkt, oder ich hatte den Herrn mit meiner Gegenstimme erzürnt, denn die von uns erhoffte Wende zum Besseren trat niemals ein.

Ein paar Monate später unternahm ich mit Tina eine Reise durch die Vereinigten Staaten. Wir kamen schließlich in das Care Foundation Home der »Familie« in Kalifornien, eine Wohltätigkeitseinrichtung der »Familie«, an die die Abgaben und Spenden steuerfrei flossen. Ich war schockiert, als ich in der Villa ankam.

Sie hatten ein riesiges Anwesen, aßen edlen Käse, tranken teure Cocktails und machten Urlaub in ihrem Ferienhaus in Mexiko – ein scharfer Gegensatz zu den ums Überleben kämpfenden Missionaren in Afrika, die Linsen und Bohnen essen mussten und kaum ihre Miete bezahlen konnten.

Ziemlich desillusioniert kehrte ich aus den Staaten zurück. Es war zwar sehr angenehm gewesen, mit vielen jungen Mitgliedern der »Familie« zusammenzutreffen, aber einige Erfahrungen auf dieser Reise brachten mich zum Nachdenken. Seit meiner Kindheit hatte sich die »Familie« sehr verändert. Strenge Disziplin und Drillcamps gehörten der Vergangenheit an. Mittlerweile konnten sich die jungen Leute cool und modern kleiden und auch »Wordstock« genannte Konzerte und große Versammlungen besuchen – all das mit dem Ziel, ihnen die Lehren der »Familie« auf eine attraktive, ansprechende Art nahezubringen.

Mir fiel auf, dass die heutige zweite Generation ausschließlich aus jungen Leuten bestand und nur noch wenige Mitglieder aus meiner Altersgruppe oder etwas älter in der Sekte geblieben waren. Von den mehr als einhundert Schülern der Heavenly City School gehörten, soweit ich wusste, nur noch etwa fünf der »Familie« an. Ich schätzte, dass es nur noch rund zweitausend junge Mitglieder der zweiten Generation gab, von denen mindestens die Hälfte unter zwanzig Jahre alt war und damit zu jung, um sich an die Vergangenheit erinnern zu können. Weniger als tausend Mitglieder waren in meinem Alter oder älter. Insgesamt hatten mehr als sechsunddreißigtausend Mitglieder die Sekte durchlaufen. Auch wenn ein Drittel davon zur zweiten Generation gehörte, bedeutet das, dass weniger als ein Zehntel in der »Familie« geblieben waren.

Während der Gerichtsverfahren waren alle belastenden Mo-Briefe und andere Unterlagen vernichtet worden, und es gab keine Beweise mehr für die dunkle Geschichte der Sekte, außer in der Erinnerung derjenigen, die sie durchgemacht hatten. Die meisten jungen Leute, die auf den Webseiten der »Familie«

Aussagen machten, waren unter zwanzig und hatten keinerlei Erinnerung an die schweren Zeiten. Ich fragte mich, wie sie behaupten konnten, dass die »Familie« der beste Platz auf der Welt sei, wenn sie nie in der Welt gelebt hatten.

Königin Maria verschickte Briefe, in denen sie darauf hinwies, dass jeder, der die Sekte verließ und »übertriebene« Geschichten erzählte, vom Teufel beeinflusst sei. Gegen junge Exmitglieder, die über ihre Erlebnisse sprachen oder Erklärungen und Entschuldigungen verlangten, wurde eine Verleumdungskampagne eingeleitet. Für jeden möglicherweise in der Vergangenheit vorgekommenen Missbrauch hätte man sich entschuldigt, erklärte Maria, und nur eine Handvoll verbitterter Abtrünniger, die darauf aus seien, die »Familie« zu vernichten und uns von unseren guten Werken abzuhalten, würden dreiste Lügen verbreiten. Das empörte mich, weil ich wusste, dass diese Dinge in einem weit größeren Ausmaß vorgekommen waren, als Maria behauptete. Ich hatte in vier Training Schools der »Familie« in verschiedenen Ländern gelebt und kannte unzählige Fälle von Pädophilie. Man konnte der jungen Generation jedoch keinen Vorwurf daraus machen, dass sie Maria Glauben schenkten, denn sie hatten keine Erinnerung an diese Zeit. Sie waren zu jung gewesen oder noch nicht einmal geboren.

»Aber es ist passiert!«, beharrte ich. Mir war klar, dass ich für meinen Widerspruch Probleme bekommen würde, aber ich war an einem Punkt angelangt, wo mir das egal war. Sie konnten mit mir machen, was sie wollten, aber ich konnte nicht mehr schweigen. »Ich erinnere mich sehr genau. Man hat sich an mir vergangen. An meinen Schwestern und an meinen Freundinnen! Die Geschichte ist umgeschrieben worden!«

Als Celeste Unganda verließ, kam Tinas Mutter Keda in unsere Kommune. Sie hatte viele Jahre lang eine Führungsposition inne und stand immer noch auf der Besoldungsliste von World Services, von denen sie ein monatliches Stipendium erhielt.

Sie hütete die Herde, und Dad kuschte vor ihr wie ein Lamm. Keda hatte ein untrügliches Gespür für Aufsässigkeit. Sie rügte mich für meine Ausbrüche und sagte, ich müsste ein befreiendes Gebet gegen meine Verbitterung sprechen.

Ich begann einen regelmäßigeren Briefwechsel mit Celeste. Inzwischen war ich nicht mehr bereit, mich mit den einseitigen Verlautbarungen der Sekte abspeisen zu lassen. Meine Zweifel ließen bei meinem Vater die Alarmglocken schrillen. Er wollte von mir wissen, ob ich mit Celeste in brieflicher Verbindung stand.

»Ab und zu schreibt sie, was es Neues gibt bei ihr«, erwiderte ich.

»Ich glaube, du solltest den Kontakt mit ihr einstellen«, meinte Dad.

»Was? Warum?« Aber ich kannte die Antwort sehr genau.

Celeste hatte in einer Zeitschrift über ihre Zeit in der Sekte geschrieben. Jetzt war sie ein »Vandari«, ein blutsaugender, schmarotzender Dämon. Sie war auf die dunkle Seite gegangen.

Dad wollte mit ihr nichts mehr zu tun haben, und auch ich sollte mich von ihr distanzieren. Ich war schockiert über die kaltherzige Art und Weise, in der er sich von seiner Tochter lossagte, nur weil sie nicht mehr zur »Familie« gehörte.

»Ich werde nicht aufhören, meiner Schwester zu schreiben, Dad. Aber keine Angst, ich werde ihr die Überzeugungen unseres Glaubens entgegenhalten.«

Ich wusste, dass das Dad so weit beruhigte, um das Thema erst einmal ruhen zu lassen. Dennoch fragte er von Zeit zu Zeit nach, und ich erkannte, dass alles, was ich sagte, verdreht und gegen Celeste verwendet wurde. Das empörte mich. Ich konnte eigenständig denken. Warum durfte ich nicht meine eigenen Zweifel haben, ohne dass Dad meine Schwester dafür verantwortlich machte?

27 *Die Befreiung*

Juliana

SCHLIESSLICH GEWANN DIE Vernunft in mir die Oberhand. Meine eigene Dummheit schlug mir ins Gesicht wie ein kalter, aber befreiender Windstoß. Danach gab es kein Zurück mehr.

Ich begann, die Enge meines Käfigs zu spüren, ich fühlte mich wie ein klaustrophober Mensch in einem zu kleinen Raum. Es war ein Gefängnis mit unsichtbaren Gitterstäben. Ein Verließ für den Geist. Oft wurde ich von heftigen Panikattacken übermannt und war mir sicher, ich würde den Verstand verlieren oder explodieren.

Trotz der unaufhörlichen Versuche, mich zu einem perfekten kleinen »Familie«-Mädchen zu formen, war es ihnen nie gelungen, in meinen Kopf, in meinen Geist vorzudringen, in das »Versteck«, in das ich mich schon als Kind zurückgezogen hatte, um mich selbst zu schützen. Ich hatte das unschuldige Kind in mir bewahrt und hielt es verborgen – weit weg von den Schlägen, den Demütigungen, der Einsamkeit.

Nach einiger Zeit vergaß ich völlig, dass es dieses Kind gab und ich es tief in meinem Inneren eingeschlossen hatte. Schließlich hielt es das Kind in seinem »Safe« nicht mehr aus und begann, an die Tür zu klopfen. Hin und wieder hörte ich das Pochen. Es klang wie das rhythmische Schlagen meines Herzens. Eine vertraute Stimme bat darum, freigelassen zu werden, aber ich konnte mich nicht erinnern, woher die Stimme kam.

Doch eines schicksalhaften Tages schlug das Kind schließlich die Tür ein. Obwohl ein erschreckend ausgezehrtes Geschöpf in die Freiheit gelangte, erkannte ich in ihm einen vergessenen Teil meiner Identität wieder.

»Warum hast du mich weggesperrt?«, fragten mich seine Augen im Spiegel.

»Weil ich dich beschützen wollte.«

»Wovor?«

»Vor Verletzungen und Leid.«

»Dann musst du die ›Familie‹ verlassen.« Die Antwort hörte sich so einfach an, dass ich mich fragte, warum ich nicht früher darauf gekommen war.

»Das werde ich tun.«

Es begann mit einer Reise nach Europa, wo ich mich in Portugal mit Verwandten meiner Mutter treffen wollte. Auf dem Weg dorthin wollte ich Celeste und meine anderen Geschwister, die ich kaum kannte, in England besuchen. Mein Vater war strikt dagegen und behauptete, meine Schwestern und Brüder würden mich satanischen Kräften ausliefern. Der Besuch wurde ein Wendepunkt, aber in welche Richtung, das war eine Frage der Perspektive.

Im Juli 2004 saß ich in Celestes behaglicher Wohnung in den Midlands und erzählte ihr von meinen jüngsten Erlebnissen in Afrika und von Dad. Danach fuhren wir zu meiner Schwester Kristina, die ich noch nie gesehen hatte. Sie begrüßte mich mit einer herzlichen Umarmung, und ich konnte sehen, was für ein wundervoller Mensch meine »dämonische« Schwester war und ist. »Blut ist dicker als Wasser«, sagt man oft, und bei diesem Besuch wurde mir klar, was diese Redewendung bedeutet. Keine noch so massive Verleumdung und Dämonisierung durch die »Familie« hatte meine instinktive Zuneigung zu ihnen beeinträchtigen können. Im tiefsten Innern hatte ich wohl immer gespürt, dass es nur niederträchtige Behauptungen gewesen waren, und nun bekam ich den Beweis.

Und doch war etwas in mir so nachhaltig konditioniert, dass es ein letztes Mal versuchte, sich durchzusetzen. Celeste, Kristina und ich gingen in einen Nachtclub und versuchten, uns trotz der lauten Musik zu unterhalten. Fast unvermeidlich kamen wir auch auf die »Familie« zu sprechen, und Kristina sprach von den Vergehen, deren sich die Sekte schuldig gemacht hatte, besonders Maria und Mo.

Plötzlich hörte ich von irgendwoher eine Stimme: *Vandari, Vandari, Vandari! Hör nicht auf sie!* Und vor meinem inneren Auge tauchte ein Bild dieser Kreatur auf, mit bluttriefenden Lippen, Nasenlöchern und Augen. Das erschreckte mich. Hatte man mich so umfassend programmiert, dass mir meine eigene Schwester wie ein blutrünstiger Dämon aus der Unterwelt vorkam? Voller Abscheu begriff ich, wer das wirkliche Ungeheuer war: eine Sekte, die es darauf anlegte, eine Familie auf diese Weise zu entzweien.

Das gab den Ausschlag. Ich flog zum Familientreffen in Portugal und war entschlossen, nicht zu Dad zurückkehren – in die »Familie«.

Im Süden von Portugal sah ich meinen Bruder Victor und meine Schwestern Mariana und Lily wieder. Victor hatte die »Familie« verlassen, und ich wollte mit ihm darüber sprechen. Bei einem schweren Autounfall im Senegal wäre er fast ums Leben gekommen. Nachdem er aus dem Koma erwacht war, begann er, über sein Leben nachzudenken und darüber, wie schnell es zu Ende sein konnte. »Als ich im Koma lag, war da absolut nichts«, erzählte er mir. »Keine andere Wirklichkeit, keine vergeistigte Welt, wie uns immer erzählt worden war, nur undurchdringliche Dunkelheit. Da wurde mir klar, dass es keinen Gott gibt.«

Jeden Tag lief ich zu einer verlassenen Stelle am Strand, setzte mich auf einen Felsen und dachte stundenlang nach. Die

Gleichmäßigkeit, mit der die Wellen sich im Sand verliefen und der Wind an meinen Haaren zauste, wirkte beruhigend auf das Chaos in meinem Kopf. Mein Verstand wurde es müde, die Flut neuer Gedanken und Ansichten zu verarbeiten. Ich hatte die Büchse der Pandora geöffnet und konnte sie nicht wieder schließen. Daher ließ ich meine Gedanken kreisen, bis sie sich erschöpft hatten, bis ich glaubte, ich würde wahnsinnig.

Es ist nicht leicht, sich einzugestehen, dass man sein ganzes Leben damit verbracht hat, den Lügen eines anderen Menschen zu glauben, dass man davon abgehalten wurde, seine eigenen Träume zu verwirklichen, nur um die manische Verblendung eines einzigen Mannes aufrechtzuerhalten. Es ist fast so, als glaube man, man sei von Geburt an blind, weil einem das ganze Leben lang die Augen verbunden worden waren. Wenn man dann plötzlich doch sieht, kann man nicht glauben, was man erblickt.

In Portugal teilte ich meiner Mutter mit, dass ich die »Familie« verlassen würde. Sie bat mich, meinen Entschluss ein halbes Jahr aufzuschieben. Wenn sich bis dahin nichts besserte, habe sie Verständnis für meine Entscheidung. Nachdem ich über ihren Vorschlag nachgedacht hatte, beschloss ich, während dieser sechs Monate nach Uganda zurückzukehren. Wenn ich der »Familie« den Rücken kehrte, dann nicht feige, indem ich mich sang- und klanglos verabschiedete. Außerdem war mir nicht wohl bei dem Gedanken, meine kleinen Geschwister im Stich zu lassen. Ich wollte sie im Auge behalten und dazu beitragen, den Kontakt zwischen ihrer leiblichen Familie und der Außenwelt aufrechtzuerhalten.

Während der nächsten Monate hielt ich mich streng an die Vorschriften, war aber nicht mehr mit dem Herzen dabei. Ich beschäftigte mich umfassend mit den grundlegenden Überzeugungen der »Familie«, studierte Mo-Briefe zu kontroversen Themen und verglich sie mit den entsprechenden Aussagen der Bibel. Dabei machte ich ein paar schockierende Entdeckungen. Jeder kann die Heilige Schrift zu seinem Nutzen auslegen.

Zu jedem Vers, mit dem die »Familie« ihre Lehren rechtfertigte, gab es vier andere, die dagegen sprachen.

Ich erkannte, dass ich bisher durch die falsche Seite des Vergrößerungsglases geblickt hatte. Wie Alice im Wunderland lebte ich in der verzerrten Wirklichkeit einer bizarren, auf den Kopf gestellten Welt, die keinen Sinn ergab. Entschlossen begab ich mich auf die Suche nach der Wahrheit. Ich begann unsicher und war am Ende sicher und entschlossen: gegen alles, was man mir als Gottes Wahrheit eingetrichtert hatte. Mos Wahrheit.

Mein Leben hatte aus einer Reihe verriegelter Türen bestanden, und diese Reise öffnete mir eine nach der anderen, bis sich ein Horizont voller unendlicher Möglichkeiten vor mir erstreckte. Ich stand auf der Schwelle zur Freiheit, doch ich fürchtete mich noch vor dem entscheidenden Schritt.

Davidito schob mich schließlich über die Schwelle.

Als wir uns an jenem Morgen zur Verkündung einer wichtigen Mitteilung an alle Kommunen versammelten, ahnten wir schon, dass etwas Ernstes vorgefallen sein musste. Wir wurden informiert, dass Davidito Angela Smith getötet und sich anschließend erschossen hatte. Am Abend vor seinem Tod hatte er ein Videoband aufgenommen, aber niemand von uns wusste, was darauf war.

Im Raum breitete sich entsetztes Schweigen aus. Der Botschaft zufolge war Davidito den Einflüsterungen von Satan erlegen, aber es gebe hoffnungsvolle Weissagungen. Inzwischen sehe Davidito ein, wie falsch er gehandelt hatte, und bereue zutiefst. Auf dem Weg in den Himmel habe er bittere Tränen vergossen, und nicht nur Jesus, sondern auch Angela Smith hätten ihm vergeben.

Zunächst rührte sich niemand. Seit dem Tag seiner Geburt war Davidito als Prinz der Königlichen Familie glorifiziert worden. Wir alle hatten voller Verehrung und Bewunderung zu ihm aufgeblickt. Diese Tragödie erschütterte die »Familie« in ihren Grundfesten.

Das war so unerwartet und so nervenaufreibend, dass alle anfingen durcheinanderzureden, um ihrer Erregung Luft zu machen. Ich schwieg, denn ich fand diese Äußerungen fast unerträglich. Bei den »Weissagungen« hatte sich mein Magen verkrampft, und mir war zum Kotzen.

»Das ist ein böses Omen! Der Glaubenskampf wird heftiger. Der Antichrist fährt größere Geschütze auf.«

»Das beweist, dass selbst jemand, der Grandpa so nahe stand wie Davidito, dem Bösen verfallen kann.«

»Wenn nicht einmal er gefeit war, wie groß ist dann die Gefahr für uns andere?«

Ich war empört und wütend. Es kam mir so vor, als würden sie auf sein Grab spucken. Nach zehn Minuten hielt ich es nicht mehr aus. »Glaubt ihr nicht, dass etwas entsetzlich schiefgegangen sein muss, wenn jemand zu diesem letzten Mittel greift?« Alle blickten mich an. »Ich meine, man muss doch schon ziemlich verzweifelt sein, wenn man keinen anderen Ausweg mehr sieht als den Tod! Davidito war ein ganz normaler, gutmütiger Mensch. Niemand dreht grundlos durch, und …«

»Richtig, Julie! Das tut niemand«, unterbrach mich Keda. »Es ist ein geradezu perfektes Beispiel dafür, wie der Teufel jeden Menschen zu einem Mörder machen kann, wenn er sich mit ihm einlässt.«

Ich verließ den Raum, bevor mich die Wut übermannen konnte. Wut über die selbstgerechte Annahme, dass Davidito nun in Jesu Armen bereute, und über die Blindheit all derer, die nicht begreifen wollten, was ihn zu seiner Tat bewogen hatte.

Davidito war nur eines von vielen ehemaligen Mitgliedern der »Familie«, die freiwillig aus dem Leben geschieden waren. Aber niemand hatte nach den Gründen gefragt. Queen Maria, seine Mutter, schien keine besonders große Trauer zu empfinden. Anscheinend fand sie es besser, dass ihr Sohn tot war als in den Klauen des Teufels.

Am nächsten Tag packte ich meine Sachen und verließ das Media Home. Zunächst kam ich bei einer Freundin unter, aber ich musste ganz weg von hier. Ich beschloss, den Tsunami-Opfern zu helfen, und ging mit einer Freundin nach Sri Lanka.

Die Verwüstung war unbeschreiblich. Der Tsunami hatte zwei Drittel der Küste überflutet. Wir sammelten Geld, und es gelang uns, fünfhundert obdachlose Kinder wieder zur Schule zu schicken und mit Büchern, Heften, Stiften, Rucksäcken und Uniformen auszustatten. Wir suchten die Familien in ihren behelfsmäßigen Zelten auf und brachten ihnen Propangaskocher. Und wir hörten ihnen zu, wenn sie uns erzählten, dass sie neben geliebten Menschen, ihrem Besitz und ihren Häuser auch die Hoffnung verloren hatten. An einer Mauer las ich ein Zitat:

Verliere nie deine Träume aus den Augen,
denn ohne Träume ist man ohne Hoffnung.
Und ohne Hoffnung ist man ohne Ziel.

Ich hatte aufgehört zu träumen, weil »unerfüllte Hoffnung das Herz krank macht«. Doch endlich war ich frei und für mein Leben selbst verantwortlich. Und konnte wieder träumen. Ich fühlte mich so lebendig wie nie zuvor, denn ich wusste, ich könnte mit allem fertig werden, was sich mir auch in den Weg stellte. Ich durfte hoffen. Mit dieser Überzeugung flog ich nach Uganda zurück.

Kaum eine Stunde nachdem ich in Kampala angekommen war, bat mich Dad um ein Gespräch unter vier Augen. »Hier gibt es zu viele neugierige Ohren.«

Nachdem er dafür gesorgt hatte, dass die Kinder uns nicht hören konnten, sagte er: »Während du in Sri Lanka warst, ist Davida von uns gegangen.«

Mein Kopf war wie leer gefegt. Ich wusste nicht, wovon er redete. »Wer?«

»Deine Schwester Davida.«

»Was ist mit ihr?«

»Nun, sie … sie ist tot.«

Ich lachte. »Ja, sehr komisch, Dad. Entschuldige, aber hältst du das wirklich für einen Witz? Davida ist doch nicht tot!«

Aber der Ausdruck in seinen Augen sagte etwas anderes. »Sie ist gestorben, Schätzchen. Die Familie in Griechenland hat mich benachrichtigt.«

»Ich … ich verstehe immer noch nicht. Wann? Wie?« Ich konnte es einfach nicht glauben. Es *musste* irgendein Missverständnis sein.

»Eine Woche nach deinem Abflug. Ich bekam eine E-Mail. Die genauen Umstände kenne ich nicht. Aber Sotiria hat mich angerufen und geweint und immer wieder gestammelt: ›Er hat sie umgebracht. Er hat sie umgebracht.‹«

»Wer? Wer hat sie umgebracht?«

»Ihr Freund. Stavros.«

»Und du machst wirklich keine Witze?«

Er schüttelte den Kopf. »Ich wollte es dir erst sagen, wenn du zurück bist, um dich nicht von deiner Arbeit abzulenken.«

Während ich den Überlebenden des Tsunami in Sri Lanka geholfen hatte, war meine Schwester gestorben. Ich stand zu sehr unter Schock, um irgendetwas zu fühlen. Ich blickte in Dads Gesicht, konnte darin aber nichts von der Trauer eines Vaters um seine Tochter entdecken. Stattdessen las ich in seiner Miene so etwas wie: *Ach, wie schade, aber so ist das Leben …*

»Du wirkst nicht besonders erschüttert«, stellte ich fest. »Tut es dir denn gar nicht leid?«

»Aber natürlich, Julie! Auch wenn wir uns nicht besonders nahestanden, aber sie war doch immerhin meine Tochter. Als ich die Nachricht bekam, brauchte ich ein paar Tage, um darüber hinwegzukommen.«

Ich spürte, dass mein Blut zu kochen begann. »Tatsächlich? Ein paar Tage?«

»Julie, du weißt, dass deine Schwester drogenabhängig war. Jetzt hat sie es überstanden. Es ist tröstlich zu wissen, dass sie jetzt an einem besseren Ort ist.«

»Oh, ich kann mir gut vorstellen, dass es ein Trost für dich ist«, entgegnete ich. »Vor allem, weil du für Davidas Tod verantwortlich bist!«

»Was? Gibst du mir etwa die Schuld an ihrem Tod?«

»Warum ist sie denn deiner Meinung nach süchtig geworden? Wenn du ihr ein richtiger Vater gewesen wärst, hätte sie weder zu Drogen gegriffen noch diesen Stavros kennengelernt, und sie könnte heute noch leben.«

Dad war fassungslos. »Du weißt, dass das nicht stimmt, mein Schatz. Natürlich brauchst du in deiner ersten Erregung jemanden, dem du die Schuld geben kannst, aber wie ich mich ihr gegenüber verhalten habe, hat absolut nichts mit ihrem Tod zu tun.«

»Aber natürlich, Dad.«

»Julie, du bist irrational!«

»Na und? Meine Schwester, deine Tochter, ist tot! Da ist es wohl nur verständlich, wenn ich irrational bin. Hast du Sotiria angerufen? Hast du mit ihr gesprochen?«

»Nein. Ich dachte, wenn sie Kontakt mit mir aufnehmen will, wird sie sich schon melden. Ich glaube nicht, dass sie mit mir sprechen möchte.«

»Kein Wunder! Hast du es deinen anderen Kindern gesagt? Wissen Kristina und Celeste Bescheid?«

»Von mir nicht.«

»Gib mir bitte Sotirias Nummer. Ich werde sie anrufen, um herauszufinden, was wirklich passiert ist. Es überrascht mich, dass du es nicht getan hast.«

»Na ja, ich hielt es für besser, wenn du das machst.«

Ich war kurz davor, die Beherrschung zu verlieren. Um mich zu beruhigen, atmete ich ganz tief durch. »Such mir bitte die Nummer heraus. Ich warte unten.«

Hastig rannte ich die Treppe hinunter. Ich konnte Dads Anblick nicht mehr ertragen. Ich wollte nur weg. Weg von ihm. Weg aus diesem Haus, in dem der Tod offenbar alles Unrecht wiedergutmachte. Wie lange würde Dad um *mich* trauern, fragte ich mich. Wenn überhaupt …

Er kam herunter und gab mir einen Zettel mit der Telefonnummer. »Halt mich auf dem Laufenden«, sagte er.

Die folgenden Tage verbrachte ich mit Selbstvorwürfen. Das Gefühl, meine Schwester im Stich gelassen zu haben, überwältigte mich. Ich war nicht noch einmal nach Griechenland gefahren, um sie zu besuchen. Ich hatte sie fast zwei Jahre lang nicht angerufen. Und jetzt war sie tot und vermutlich in der Überzeugung gestorben, dass sie von mir ebenso im Stich gelassen worden war wie von allen anderen. Ich wusste, wie weh es tat, sich einsam und allein zu fühlen, aber was hatte ich getan? Ich hatte einen Menschen, den ich liebte, für eine Sekte im Stich gelassen, die mich nicht liebte.

Warum? Hatte ich unbewusst einem Druck nachgegeben? Dad hatte sich immer darüber lustig gemacht, dass er auf mir spielen könne wie auf einer Violine. Das stimmte; ich sehnte mich nach seiner Liebe und seiner Anerkennung. Dad konnte Liebe geben oder sie versagen, wie es ihm passte. Davida hatte er seine Liebe versagt, weil sie nicht zur »Familie« gehörte. Sie war nicht nur eine Außenseiterin gewesen, eine »Systemitin«, sondern viel schlimmer, sie war auch noch drogensüchtig gewesen!

Mit Davidas Tod erstarben auch meine Bindungen an die »Familie« und an meinen Vater.

In diesen drei Monaten lernte ich mehr über das Leben und den Tod als in meinem ganzen bisherigen Leben. Es gibt keinen bärtigen Mann im Himmel, der entscheidet, wer es verdient, zu leben oder aber zu sterben. Der Tod macht keinen Unterschied. Der Tod ist ein großer Gleichmacher, er ereilt jeden. Es ist nur eine Frage der Zeit. Durch den Tod meiner Schwester wurde ich gleichsam noch einmal geboren. Sie war gestorben, und ich lebte. Also würde ich meine Zeit verdammt gut nutzen! Für Davida, sagte ich mir. Lebe für zwei und doppelt intensiv!

Zum ersten Mal erlaubte ich mir, in die Zukunft zu blicken. Ich erkannte, dass ich alles erreichen konnte, was ich mir vornahm, und der einzige Mensch, der mich daran hindern konnte, war ich selbst. Ich beschloss, meinem Vater und der »Familie« zu beweisen, dass ich auch ohne ihre Hilfe überleben konnte. Ich verließ die Kommune mit dreihundert Dollar meiner schwer verdienten Ersparnisse und gab sie einem Freund, der ein Waisenhaus im Kongo leitete. Dann zog ich »in den Kampf«.

Mein erstes Ziel war klar: Ich wollte den Kindersoldaten im Kongo und im Norden von Uganda helfen, die von Rebellengruppen gekidnappt und zum Töten abgerichtet worden waren. Die Aufständischen setzten unglaublich brutale Methoden ein, um aus Kindern kleine Tötungsmaschinen zu machen. Ich hatte andere, weniger tödliche Formen von Gewalt erlebt, wusste aber, wie es ist, wenn einem die Kindheit gestohlen wird.

Mit Kirsten fuhr ich nach Gulu im nördlichen Uganda, und die Schottin wurde eine meiner engsten Freundinnen. Wir nahmen große Mengen an Versorgungsgütern mit und wollten Spenden sammeln, um den gescheitesten Kindern einen Schulbesuch in Kampala zu ermöglichen, damit sie sich nach ihrer Ausbildung in ihren Heimatgebieten für Versöhnung und Frieden einsetzen konnten. Mit einer Reihe einheimischer und internationaler Künstler bereitete ich eine Kunstausstellung zum Thema »Children in Conflict« vor und fand Sponsoren für das Projekt.

Über die Vernissage im Sheraton Hotel wurde in den zwei größten englischen Zeitungen und im Lokalfernsehen berichtet. Wie zu erwarten war, erschien die ganze Kommune zur Eröffnung der Ausstellung und machte Fotos, die später im monatlichen Nachrichtenblatt veröffentlicht wurden – mit dem Hinweis, dass die Initiatorin eine der Ihren war.

Innerhalb von drei Monaten hatte ich eine Wohnung, ein Auto und einen Job als Managerin eines der größten Nachtclubs in Kampala. Ich bekam die Nachricht, dass Mariana und Lily die »Familie« verlassen hatten. Bis auf die jüngsten Geschwister waren inzwischen alle von uns aus der Sekte ausgetreten.

Ich stürzte mich in die Arbeit, um nicht nachdenken zu müssen, konnte das Tempo aber auf Dauer nicht durchhalten. Irgendwann musste ich mich der Realität stellen: Man kann vielleicht verzeihen, aber nicht vergessen oder die Erinnerungen eines ganzen Lebens einfach auslöschen. Im Gegensatz zum Computer hat das Gedächtnis keine Delete-Taste.

Meistens gelang es mir, die Erinnerungen zu verdrängen, aber beim kleinsten Anlass brachen sie wieder hervor. Vier Monate nach meinem Austritt aus der Sekte und zwei Monate nachdem ich meine Arbeit im Club aufgenommen hatte, fing ich an, mich in mich selbst zurückzuziehen. Es war das gleiche Gefühl wie zu Beginn meiner Magersucht: eine tiefe, erdrückende Traurigkeit. Der einzige Ort, an dem ich etwas Ruhe fand, war das Dach des viergeschossigen Apartmenthauses, in dem ich lebte. Ich stand da oben und balancierte auf einem Fuß auf der höchsten Zinne. Nicht weil ich in die Tiefe springen wollte, sondern weil so der ganze Wahnsinn wieder in die richtige Perspektive rückte.

Ich wusste, dass ich nicht mehr lange so weitermachen konnte, aber als ich in meinem Büro sexuell belästigt wurde, reichte es mir. Mein Job im Nachtclub war unerträglich geworden. Ich hatte es satt, unvernünftigen Säufern Vernunft zu predigen, Auseinandersetzungen zu schlichten und Waffen wegzuschließen. Mitanzusehen, wie Jugendliche vor meinen Augen mit Koks dealten. Zu erleben, wie perverse alte Männer minderjährige Mädchen abschleppten, die zu betrunken waren, um zu erkennen, wie ihre Nacht enden würde. Von fast jedem Mann im Club angemacht zu werden, nur weil ich die Managerin war. Reiche Tycoons zu bedienen, die schwelgten und prassten, während anderswo im Land Kinder verhungerten. Ich war es leid, ohnmächtig zusehen zu müssen und nichts dagegen tun zu können.

Hinter mir lag ein ereignisreiches Jahr, und ich brauchte Zeit zum Nachdenken, wenn ich die Vergangenheit hinter mir lassen und mich auf die Zukunft konzentrieren wollte. Ich hatte Sotiria versprochen, sie zu besuchen. Ich wusste, wie sehr sie unter Davidas Tod litt, und das ließ mir keine Ruhe. Und so kündigte ich meinen Job und flog nach Griechenland.

Sotiria holte mich vom Flughafen in Athen ab, und wir verbrachten den Abend draußen in einer kleinen Pizzeria. Ich erzählte von meiner Reise nach Sri Lanka und von der Hilfsaktion für die Opfer des Tsunami.

»Ach ja, schrecklich. So viele Kinder sind gestorben. Davida hat geweint, als sie die Berichte im Fernsehen gesehen hat. Und kurz danach ist sie selbst gestorben.« Ihre Augen wurden traurig.

»An dem Tag, als ich zurückkam, sagte mir Dad, dass meine Schwester gestorben ist«, fuhr ich fort. »Ich war so wütend, dass ich nicht einmal weinen konnte. Ich warf ihm vor, wenn er sich mehr um sie gekümmert hätte, wäre sie mit Sicherheit nie drogenabhängig geworden und könnte heute noch leben.«

»Und was hat er gesagt?«

»Er sagte, ich sei aufgeregt und bräuchte nur jemanden, dem ich die Schuld geben kann, und ich soll mich nicht lächerlich machen.«

»Liebes …« Sotiria drückte ihre Zigarette aus. »Ich wollte deinem Vater schon lange schreiben, habe mich aber immer wieder dagegen entschieden. Jetzt ist Davida tot … Er sollte die ganze Wahrheit erfahren. Bei eurem gemeinsamen Besuch in Athen wollte ich nicht darüber sprechen, aber Davida ist seinetwegen süchtig geworden. Sie konnte nicht verstehen, warum ihr Vater nichts mit ihr zu tun haben wollte. Sie war ein sehr sensibles Kind. Es hat sie sehr verletzt.«

»Nicht nur sie. Alle seine Kinder. Auch mich.«

Sie schwieg, und wir hingen unseren Gedanken nach. Sotiria zündete sich eine neue Zigarette an und nahm einen Zug. »Du hast sogar noch mehr gelitten als Davida. Am Tag nach deiner Abreise sagte sie zu mir: ›Mum, wenigstens habe ich dich. Julie hat niemanden. Was ist das nur für ein Vater? Er nutzt sie nur aus. Er ist kein Vater. Ich möchte ihn nie wiedersehen. Nur Julie.‹«

»Das hat sie gesagt?«

»Ja. Danach wollte sie nichts mehr mit ihm zu tun haben. Sie war sehr enttäuscht. Aber dich hat sie immer sehr gerngehabt. Das darfst du nicht vergessen. Sie hat dich geliebt.«

»Ja, ich weiß. Ich habe sie auch geliebt.« Ich fand unsere Verbundenheit erstaunlich, denn wir waren uns nur einmal persönlich begegnet.

Mein Handy klingelte, und ich kramte in meiner Tasche, bis ich es gefunden hatte. Es war Nikos, Davidas Onkel. Meine Schwester und er hatten sich sehr nahegestanden. Er liebte sie wie seine Tochter, und sie war seine beste Freundin und Vertraute gewesen. Vielleicht konnte er mir ein wenig mehr über das Leben meiner Schwester erzählen. Wir verabredeten uns für den nächsten Tag, um am Meer einen Kaffee miteinander zu trinken.

Nikos und ich gingen in ein nettes Café am Strand, an das ich mich vage erinnerte, und fanden einen Tisch mit Blick aufs Meer.

»Sotiria hat mir erzählt, dass Davida Tagebuch geschrieben hat.«

»Ja. Sie hat viel geschrieben. Ich habe mir vorgenommen, ein Buch über sie zu schreiben. Mit Hilfe der Tagebücher. Aber eigentlich ist alles hier drin.« Er tippte sich an die Stirn. »Aber nicht sofort. Jetzt ist es noch zu früh.«

»Ich würde sie gern lesen, weil ich so viel wie möglich über sie erfahren möchte. War sie glücklich, nicht mehr abhängig zu sein?«

»Das war ganz verschieden. Manchmal war sie glücklich, aber meistens war sie sehr deprimiert.«

»Warum? Worüber war sie deprimiert?«

Er goss sich Kaffee nach. »Nun … Davida lebte in zwei verschiedenen Welten. In der materiellen um uns herum …«, er brach ab und schien nach den passenden englischen Worten zu suchen, »… und in der geistigen. Sie konnte sich in der Realität nicht zurechtfinden. Das war sehr schwer für sie. Sie hat mir gesagt, dass sie nichts empfinden kann. Sie fühlt sich wie tot.«

»Wegen den Drogen?«

»Ja vielleicht. Manchmal ging es ihr gut. Sie hat sich mit Freunden getroffen und ist ausgegangen. Aber dann hat sie wieder ihr Telefon ausgeschaltet und ein, zwei Wochen lang mit niemandem gesprochen. Sie war gern allein. Sie mochte die Menschen nicht und war zu keiner längeren Beziehung fähig. Einmal hat sie mir erzählt, dass sie einen Mann kennengelernt hätte, den sie mag, aber eine Woche später war es schon wieder vorbei.« Bedauernd verzog er das Gesicht. »Sie wollte ihn nicht mehr sehen. Männer – und Frauen – langweilten sie. Deswegen war sie lieber für sich.«

Wenn ich doch hier gewesen wäre, dachte ich. Ich hätte sie verstanden. Sie wäre nicht so einsam gewesen.

»Dabei war sie wunderschön!«, fuhr Nikos fort. »Sie hat mir gesagt, dass sie ihre Schönheit für einen Fluch hält. Ständig liefen ihr die Männer auf der Straße nach und wollten sich unbedingt mit ihr verabreden, verliebten sich Hals über Kopf in sie. Aber sie hatten bei ihr keine Chance. Sie konnte niemanden lieben, denn sie hatte Angst, am Ende doch verlassen zu werden. Aus dieser Angst heraus hat sie jeden weggestoßen, für den sie etwas empfunden hat.«

Da verstand ich allmählich. »Und das hat mit unserem Vater angefangen.«

»Ja. Sie glaubte, dass alle Männer so sind wie ihr Vater. Auch Freunde. Sie konnte sich nicht vorstellen, wirklich geliebt zu werden.«

»Sotiria denkt, dass Stavros Davida umgebracht hat. Denken Sie das auch?«

»Ja, ich weiß, dass Sotiria das glaubt, aber ich bin mir da nicht so sicher. Ich kann mir nicht vorstellen, dass er sie umgebracht hat. Ungefähr einen Monat bevor sie gestorben ist, hat sie mir gesagt, sie kämpft gegen die Drogen an. Jeden Tag kämpft sie. Und sie ist müde zu kämpfen. Eines Tages wird sie wieder etwas nehmen, und an diesem Tag wird sie sterben.«

»Hat sie das wirklich so gesagt?«

»Ja. Sie hatte keinen Lebenswillen mehr. Sie war müde. Ich weiß es nicht, vielleicht ist es, weil sie eine Woche, bevor sie gestorben ist, Stavros getroffen hat.«

»Sie hat sich wieder mit ihm getroffen?«

»Er kam zu ihrer Arbeitsstelle, und sie hat sich mit ihm unterhalten. Keine Ahnung. Vielleicht hat er ihr Drogen gegeben, und sie … Großer Gott, Sotiria!«

Ich war auf Nikos' Schilderungen so konzentriert gewesen, dass ich Sotiria gar nicht bemerkt hatte. Sie küsste ihren Bruder, zog sich einen Stuhl heran und setzte sich zwischen uns. Ich erzählte ihnen von Daviditos Tod.

Sotiria bekreuzigte sich. »Gott sei ihm gnädig. Ich bete jeden Tag für diese Kinder, für ihre Seelen. Die armen, armen Kinder!« Sie zog eine Zigarette aus ihrer Schachtel und steckte sie an. »Ich habe Davida nie nie angelogen. Immer sage ich zu ihr, dass ihr Vater sein Leben führen muss und wir unseres. Aber wenn sie will, kann sie später, wenn sie achtzehn wird, zu ihm. Aber dann, als sie fünfzehn ist, ruft diese Frau an, die mit deinem Vater zusammenlebt, und erzählt ihr viele Sachen über ihren Vater. Also schreibt Davida ihm, und ihr Vater schickt ihr einen Brief.«

Ich räusperte mich. »Ich … Ich erinnere mich an diesen Brief.«

Celeste und ich waren entsetzt gewesen, als er uns den Brief zeigte. Wir sagten ihm, wie gefühllos wir es fanden, sie mit seiner »Verantwortung« für seine neue Familie abzuspeisen, und baten ihn, sich mit einem neuen Brief dafür zu entschuldigen, dass er sich nie um sie gekümmert hatte. Wir schrieben auch an Davida und legten ein paar kleine Geschenke bei, aber ein Jahr später sagte Dad uns, dass das Päckchen nie in Athen angekommen war. Wenig später hörten wir, dass sie angefangen hatte, Drogen zu nehmen.

»Nach diesem Brief hört sie nichts mehr. Sie wird sehr deprimiert. Dann fängt sie an zu trinken und nimmt Drogen. Als ihr zu Besuch wart, habe ich ihm nichts davon gesagt, aber jetzt weiß ich, er kam nicht wegen Davida. Er kam seinetwegen. Um sein Gewissen zu beruhigen. Jetzt, wo sie tot ist, werde ich ihn anrufen, denke ich. Um ihm zu sagen, was ich von ihm halte. Glaubst du, dass es etwas bringt? Wird er überhaupt zuhören?«

»Vielleicht. Ich denke, er wird begreifen, dass er viele seiner Kinder vernachlässigt hat, wenn man es ihm nur oft genug vor Augen führt.«

»Weißt du, nachdem du gegangen warst, war sie sehr wütend auf ihn. ›Er ist kein Vater‹, sagt sie zu mir. ›Nicht für mich, nicht für Julie. Ich will ihn nicht wiedersehen. Warum will er, dass ich zu ihm nach Uganda komme? Was soll ich da? Ich müsste nur für ihn arbeiten wie Julie. Nein, ich will nicht nach Uganda. Ich würde mich nur mit ihm streiten.‹«

Inzwischen war es dunkel geworden, und ein kalter Wind wehte. Nikos sah auf seine Armbanduhr.

»Komm, lass uns essen gehen«, schlug Sotiria vor. »Morgen besuchen wir Davidas Grab.«

Unter einem bedeckten grauen Himmel gingen wir über den Friedhof. Endlose Reihen von Kreuzen, wohin ich auch blickte.

Es dauerte fünf Minuten, bis wir zu dem Bereich gelangten, wo das Grab meiner Schwester lag. Schon von Weitem hob es sich von den anderen Gräbern ab.

»Ich wollte keinen Marmor«, erklärte Sotiria. »Er hätte nicht zu ihr gepasst.«

Das Grab sah aus wie ein üppiger Garten. Purpurrote und orangefarbene Chrysanthemen und Gardenien blühten zwischen Rosen in allen Farben. Eine große rote Rose umrankte das hohe Kreuz am Kopf des Grabes – zwischen einer Engelskulptur auf der einen und der Statue einer Tänzerin auf der anderen Seite. Auf einem herzförmigen Stein entdeckte ich ein Bild von Davida und einen kurzen, von ihrer Mutter verfassten Grabspruch.

»Könnte ich vielleicht ein paar Minuten mit ihr allein sein, um mit ihr zu reden?«, fragte ich.

»Ja, natürlich. Nimm dir so viel Zeit, wie du willst. Ich gehe inzwischen eine rauchen, okay?«

Ich wartete, bis sie sich ein gutes Stück entfernt hatte. Doch auch als sie schon außer Sicht war, wartete ich noch immer. Worauf, wusste ich nicht. Auf die richtigen Worte vielleicht. Ich wollte ihr unbedingt etwas sagen, doch was, war mir entfallen. Der Friedhof wirkte unglaublich still, ganz so, als hielte er den Atem an – meinetwegen.

»Ich bin gekommen, um dir etwas zu sagen, Davida, aber jetzt weiß ich nicht mehr, was. Ich nehme an, ich wollte dich einfach wiedersehen.«

Seit ich hierhergekommen war, hatte ich dagegen angekämpft, doch jetzt brach ich in Tränen aus. »Es tut mir leid. Es tut mir sehr leid, dass ich dich nicht wieder besucht habe. Es tut mir leid, dass ich dich im Stich gelassen habe, als du dich einsam fühltest. Es tut mir leid, dass du ein so schweres Leben hattest. Aber am meisten tut mir leid, dass ich nicht für dich da war, als du meine Hilfe gebraucht hast. Ich weiß, jetzt ist es zu spät, aber ich möchte, dass du weißt, wie viel du mir bedeutet hast. Wie sehr ich dich geliebt habe, wie sehr ich dich immer noch liebe und immer lieben werde. Goodbye, Schwester.«

Ich legte meinen Finger an die Lippen, drückte ihn auf Davidas Foto und ging davon, ohne mich noch einmal umzublicken.

Als ich Griechenland verließ, dachte ich an den letzten Eintrag in Davidas Tagebuch:

Ich betrachte den Himmel, die Bäume, die Lichter und die Menschen. Alle hinterlassen ihren Duft in dieser Welt. Ich möchte den Schmerz und die Einsamkeit vergessen. Ich wünschte, ich könnte in das Zentrum von Athen zurückkehren, um die Menschen wiederzutreffen, die mir das Herz gebrochen haben, und meine Ängste in ihren traurigen Gesichtern sehen. Sie sahen nur meine blauen Augen, aber nicht den Schmerz in meinem Herzen. Ich weine, ich singe und warte darauf, dass mich jemand in die Arme schließt.

28 *Ein Adler in der Schlinge*

Juliana

ICH FUHR ZUR KOMMUNE und holte Dad ab, um mit ihm etwas trinken zu gehen. Seit meiner Rückkehr aus Griechenland hatten wir kaum mehr als ein paar Sätze miteinander gewechselt, und ich fand, es war höchste Zeit, das Patt zu beenden. Außerdem hatte ich einen Brief von Sotiria für ihn.

Wenn ich die Kommune besuchte, fühlte ich mich immer äußerst unbehaglich. Die aufgesetzte Herzlichkeit erinnerte mich an die Bibelstelle, in der Heuchler mit »übertünchten Gräbern« verglichen werden, die »auswendig hübsch erscheinen, aber inwendig voller Totengebeine sind«. Die »Familie« benutzte den Vers gern, um die Angehörigen herkömmlicher christlicher Kirchen zu diffamieren, doch ich fand, er passte weit besser auf sie selbst. Ich wusste, dass die Lippen, die so freundlich lächelten, oft feindselige Gebete gegen Menschen sprachen, die wie meine Schwestern und ich die Wahrheit sagten.

Ich fuhr mit Dad zu einem Weinlokal in der Nähe.

Natürlich war ich diejenige, die bezahlte.

Wir setzten uns an einen Holztisch, bestellten zwei Gläser billigen Weißwein und redeten über belanglose Dinge. Dann holte ich den Brief hervor.

Umständlich öffnete Dad das Kuvert, zog die eng beschriebenen Seiten heraus und lehnte sich zurück, um sie zu lesen. Er überflog die Zeilen, faltete die Seiten zusammen und schob sie in den Umschlag zurück.

Eine unbehagliche Stille breitete sich aus, während er zu überlegen schien, was er sagen sollte. Ich ließ ihn schmoren, ich war nicht gewillt, das Gespräch zu beginnen.

»Was soll ich dazu sagen?« Dad blickte mich an. Ich schwieg.

»Was soll ich dazu sagen?«, wiederholte er, als könnte ich ihm ein Stichwort liefern. Er hörte sich an wie eine Schallplatte, die einen Sprung hatte.

»Wenn ich noch einmal von vorn anfangen könnte, würde ich es anders machen.« Der große Schluck Wein, der er genommen hatte, schien seine Zunge geölt zu haben.

»Tatsächlich?« Der sarkastische Ton meiner Stimme überraschte mich. Ich hatte nicht vorgehabt, einen Streit anzufangen. Auseinandersetzungen mit Dad sind zu ermüdend, und ich hatte nicht die Kraft dazu. Ich hätte ihm einfach den Brief geben und ihn für sich sprechen lassen sollen. Aber seine Reaktion brachte mich in Rage.

»Aber selbstverständlich, Schätzchen.«

»Was? Was würdest du anders machen?«

»Nun, ich würde euch Kinder nicht mehr allein lassen.«

»Oh doch, das würdest du!«, entfuhr es mir ein wenig zu schnell.

»Aber natürlich nicht, mein Schatz!«

Dieses kindische Hin und Her führte zu nichts. Ich zählte bis zehn, bevor ich antwortete.

»Dad, du hättest nicht einmal im Traum daran gedacht, deine Frauen und deine Kinder zu verlassen, wenn man es dir nicht befohlen hätte.«

»Nein! Ich habe mich von euch getrennt, weil Gott es von mir verlangt hat.«

»War das, bevor die Führung der Gemeinschaft an dich herangetreten ist und dir nahegelegt hat, Gott im Gebet zu fragen, ob du uns für den Dienst an Ihm verlassen sollst, oder danach? Die Idee wäre dir doch gar nicht gekommen, wenn sie dir nicht jemand in den Kopf gesetzt hätte.«

»Nein! Ich habe von mir aus Gott um Rat gefragt und hatte den Eindruck, dass es Sein Wille ist. Abgesehen davon habe ich dich in der allerbesten Obhut zurückgelassen.«

Ich konnte mich nicht mehr beherrschen. »In der allerbesten Obhut? Woher willst du das wissen?«

»Weil sie mir Berichte darüber geschickt haben, und ich habe Briefe von dir bekommen. Es hat immer so geklungen, als ob du glücklich und gut versorgt wärst.«

»Und du hast ihnen jedes Wort geglaubt.« Ich lächelte. Aber es war das zornige Lächeln, das immer dann mein Gesicht überzieht, wenn ich kurz vor der Explosion stehe. »Bist du nie auf den Gedanken gekommen, deine Kinder könnten missbraucht werden? Jeder kann Bilder von lächelnden Kindern machen. Durch Manipulation. Jedes Wort von uns wurde zensiert. Sie haben uns für die Fotos hübsch herausgeputzt, doch gleich danach hat man uns die schönen Sachen wieder ausgezogen, und wir haben sie nie wiedergesehen!« In mir begann es zu kochen. »Wenn es dir nicht ausschließlich um deine Karriere gegangen wäre, hätten wir einen Vater gehabt. Wie konntest du nur Menschen blind vertrauen, die du nicht einmal kanntest?«

»Ich habe dich dem Schutz des Herrn anvertraut«, entgegnete er. »Und du warst in den besten Händen. Sieh dich doch an! Aus dir ist eine prächtige junge Frau geworden.«

»*Trotz* der ›Familie‹ und einem Vater, der nicht da war! Ich war ein verängstigtes, unglückliches kleines Mädchen, ein suizidgefährdeter Teenager. Das hast du gewusst. Hast du dich denn nie gefragt, warum?«

»Überall auf der Welt müssen Tausende von Kindern bittere Not leiden. Sie hungern, können keine Schule besuchen und werden misshandelt. Im Vergleich dazu ist es dir sogar sehr gut gegangen.«

»Oh bitte! Versuch nicht, unsere traumatischen Erfahrungen zu bagatellisieren, indem du sie mit anderen Schicksalen vergleichst. Eins deiner Kinder ist tot. Bis auf die jüngsten haben wir alle die ›Familie‹ verlassen. Ist dir noch nie der Gedanke gekommen, dass deine Vorstellungen von der ›Familie‹ vielleicht nicht ganz mit der Realität übereinstimmen?«

»Die ›Familie‹ ist unvergleichlich, es ist die beste Gemeinschaft der Welt, allerdings nicht für jeden. Für die, die sich berufen fühlen, ist sie eine Gnade.«

»Eher ein immerwährender Kampf! Wirst du es denn nicht leid, ständig das Stadium höchster Vollkommenheit anzustreben und doch nie zu erreichen? Ich zumindest war es mehr als leid!«

»Nun, ich weiß nur, dass ich, wenn die Endzeit anbricht, nirgendwo anders sein möchte!«, erklärte er im Brustton der Überzeugung.

»Wenn die Endzeit anbricht? Und wenn sie nicht anbricht? Als Kind habe ich nie damit gerechnet, älter als zwölf Jahre zu werden. Du hast dein ganzes Leben wie auf glühenden Kohlen verbracht, weil jeden Moment die Posaunen des Jüngsten Gerichts erklingen konnten. Was machst du eigentlich, wenn du auf dem Sterbebett liegst, Jesus aber immer noch nicht wiedergekehrt ist? Sagst du dann immer noch: ›Du wirst schon sehen.‹?«

»Du kannst glauben, was du willst, mein Schatz, aber wenn es so weit ist, werdet ihr alle mit eingekniffenem Schwanz in die ›Familie‹ zurückgekrochen kommen.«

»Bildest du dir noch immer ein, ihr werdet euch an die Spitze der Christen setzen, um die Welt zu retten? Meinst du, sie würden euch als Anführer akzeptieren? Siehst du nicht ein, dass euch eure Vergangenheit in den Augen der Welt für immer disqualifiziert hat? Glaubst du wirklich, ihr werdet die Hubschrauber des Antichrist mit Laserstrahlen aus euren Fingerspitzen vom Himmel holen? Ich bitte dich, Dad! Das Leben ist kein Science-Fiction-Film!«

»Natürlich glaube ich das. Ich weiß nicht, wie es geschehen wird. Ich weiß nur, dass der Herr es uns verheißen hat. Und es fängt doch schon an! Vergiss nicht, dass unsere Radioshow von Tausenden ugandischer Christen gehört wird.«

»Ich glaube, du warst zu lange hier in Afrika, um die Realität zu sehen.« Seine Naivität brachte mich auf, obwohl ich ihn auch ein wenig bedauerte. »Die ›Familie‹ hat es in den Medien zu trauriger Berühmtheit gebracht«, fuhr ich fort. »Besonders nach Daviditos Tod. Was wissen deine christlichen Zuhörer über die ›Glaubensgrundsätze‹ der Gemeinschaft? Glaubst du denn, ihr hättet noch Anhänger, wenn euer ›Gebot der Liebe‹ bekannt würde, eure sexuellen Ansichten, eure ›Loving Jesus‹-Doktrin?«

Mein Vater fand keine Antwort. Aber nach längerem Schweigen erklärte er wie ein programmierter Roboter: »Nun, wir werden sehen! Es ist eine Verheißung Gottes, also wird es geschehen.«

»Mehr als zwei Drittel unserer Generation hat der ›Familie‹ den Rücken gekehrt. Tausende von ihnen haben Schreckliches erlebt. Viele leiden unter Depressionen, manche haben Selbstmord begangen. ›An ihren Früchten sollt ihr sie erkennen‹, heißt es in der Bibel. Ist das nicht ein guter Hinweis darauf, dass die Lehren der ›Familie‹ großen Schaden angerichtet haben?«

»Nein!«, entgegnete er schnell. »Wer die ›Familie‹ verlässt, steht nicht mehr unter Gottes Schutz und gerät in die Fänge von Satan. In der Bibel steht auch: ›Viele sind berufen, aber nur wenige sind auserwählt.‹«

»Ein sehr bequemer Spruch, um die rapide schwindende Zahl eurer Mitglieder zu erklären. Ich kenne die Bibel genauso gut wie du. ›Wer aber ärgert dieser Geringsten einen, dem wäre besser, dass ein Mühlstein an seinen Hals gehängt und er ersäuft würde im Meer‹, sagt Jesus. Ich frage mich, was er zu den Hunderten von Kindern gesagt hätte, die von der ›Familie‹ in seinem Namen missbraucht wurden.«

»Ich kann nicht verstehen, warum du so verbittert bist. Warum kannst du nicht einfach Ruhe geben? Ich kritisiere dich doch auch nicht wegen deines weltlichen Lebensstils, warum verurteilst du uns dann für unseren?«

In seinen Worten zeigte sich das bekannte Feindbild der »Familie«: Wir gegen sie.

»Ich verurteile dich nicht, Dad. Ich möchte dir nur begreiflich machen, dass furchtbare Dinge passiert sind, aber dass du die Augen davor verschließen und so tun willst, als hätte es sie nie gegeben.«

»Ich bestreite nicht, dass es unter besonderen Umständen und in seltenen Fällen dazu gekommen ist, aber dafür hat sich die ›Familie‹ unzählige Male entschuldigt.«

»Nein, man hat ausweichende Erklärungen abgegeben, in denen es hieß, es täte der ›Familie‹ leid, wenn es durch das extreme Verhalten einzelner Mitglieder zu Verfehlungen gekommen wäre. Nur, bis jetzt ist niemand zu dem Eingeständnis bereit, dass es sich keineswegs nur um Einzelfälle gehandelt hat. Da viele aus unserer Generation noch heute unter psychischen Schäden leiden, kann man es auch nicht als Vergangenheit abtun. ›Verfehlungen‹ ist eine glatte Untertreibung. ›Verbrechen‹ würde der Wahrheit näherkommen.«

»Du hörst dich an wie eine verbitterte Glaubensabtrünnige.«

»Gut gelernt, Dad. Das klingt verdächtig nach Gehirnwäsche.«

Ich trank einen Schluck Wein und wartete auf eine heftige Reaktion, aber da mein Vater nur schweigend ins Leere starrte, fuhr ich fort: »Ich dachte, Gott macht keine Fehler.«

»Gott nicht. Aber die Menschen.«

»Stammten die ›Offenbarungen‹ denn nicht von Gott, in denen freie Liebe gutgeheißen wurde – mit Kindern. Also war es theoretisch nicht falsch, nur in der praktischen Umsetzung? Denn immerhin haben sie eingeräumt, dass es in der Praxis zu ›Verfehlungen‹ gekommen ist.«

»Die Praxis war nicht falsch. Das System hat sie zu etwas Falschem gemacht.« Aus diesem Grund hatte er nie geglaubt, dass man sich an seinen Kindern vergangen hatte. Für ihn war es kein Missbrauch gewesen.

»Wach auf, Dad! Das, was du ›System‹ nennst, ist das Gesetz. Sexueller Verkehr mit Kindern ist illegal. Ebenso wie Inzest. Dafür wird man mit Gefängnis bestraft. Es ist nicht nur pervers, sondern es ist ein Verbrechen. Würdest du einem alten Mann gestatten, mit der kleinen Shirley ins Bett zu gehen!«

»Nein, natürlich nicht! Und niemand hat Inzest getrieben!«

»Das stimmt nicht! Deine sogenannten geistigen Führer – Zerby und Maria – hatten Sex mit ihren eigenen Söhnen, und Berg mit seinen Töchtern und mit seiner Enkelin Mene!«

Dads Gesicht wurde blutrot vor Zorn. »Wie kannst du es wagen, so vom Propheten Gottes zu reden!«

»Vom Propheten Gottes? Ich weiß, dass er sich so bezeichnet, aber mit welchem Recht? Jeder kann weissagen, aber einen wahren Propheten erkennt man daran, dass seine Vorhersagen richtig sind. Nenn mir nur eine Prophezeiung von Berg, die eingetroffen ist!«

Da er keine Antwort wusste, wechselte er das Thema. »Zerby! Berg! Warum nennst du sie so?«

»Das sind ihre Namen, Dad. Was ist falsch daran, ihre Namen zu benutzen? Warum regt dich das so auf?«

»Würde ich dich Buhring nennen? Oder du mich Carruthers?«

»Ich bin deine Tochter. Das ist ja wohl nicht dasselbe.« Seine Argumente wurden von Minute zu Minute grotesker. Offenbar sah er seine Felle davonschwimmen. »Ich würde Keda ›Yamaguchi‹ nennen. Zufällig weiß ich, dass sie an der Entführung eines kleinen Jungen von seiner Mutter beteiligt war und Dokumente und Pässe für die Führer der ›Familie‹ gefälscht hat. Zweifellos hält sie sich in Afrika auf, weil man hier am besten untertauchen kann.«

»Und was willst du tun? Sie hinter Gitter bringen?« Er griff nach seinem Weinglas. Zitterte seine Hand, oder bildete ich mir das nur ein?

»Ich glaube, dass sie alle irgendwann für ihre Verbrechen bezahlen müssen. Die Missbrauchsopfer wollen nur eins: Gerechtigkeit. Nicht mehr und nicht weniger. Früher oder später kommen alle Geheimnisse ans Licht. Wie heißt es in der Bibel? ›Denn es ist nichts verborgen, das nicht offenbar werde, auch nichts Heimliches, das nicht kund werde und an den Tag komme.‹«

»Hört, hört! Gerechtigkeit. Vergeltung. Du bist auf die andere Seite gewechselt. Auf die dunkle Seite.«

»Die ›dunkle Seite‹?«

»Ja. Du lässt dich von deiner Verbitterung leiten. Du hast dich von deinen Schwestern beeinflussen lassen.«

»Und jetzt bin ich von Vandari-Dämonen besessen?«

»Das habe ich nicht gesagt.«

»Aber wenn ich auf die dunkle Seite gewechselt bin, müsste ich doch unter dem Einfluss von Dämonen stehen. Davon ist die ›Familie‹ doch überzeugt, oder? Komm schon, Dad. Schau mir in die Augen, und sag mir, dass ich von Dämonen besessen bin!«

»Ich weiß es nicht.« Er blickte mich unschlüssig an. »Es wäre möglich.«

»Du weißt es nicht? Dad, ich bin deine Tochter, mit der du in den letzten fünf Jahren zusammengelebt hast, aber du hältst es tatsächlich für möglich, dass ich von Dämonen besessen sein könnte?«

»An deinem Verhalten erkenne ich, dass du eine Widersacherin meines Hauses geworden bist.«

»Eine Widersacherin deines Hauses?«

»Ja, das bist du. Du greifst die Menschen an, die ich liebe wie meine eigene Familie.«

»Dad, wir sind keine Widersacher deines Hauses. Wir sind dein Haus! Wir sind deine Familie!«

»›Denn wer den Willen tut meines Vaters im Himmel, der ist mein Bruder, Schwester und Mutter‹, sagt Jesus. Du hast auf dein Geburtsrecht verzichtet, deiner Berufung den Rücken gekehrt und bist eine Systemitin geworden. Die Menschen in der ›Familie‹ sind meine wahre Familie.«

»Also hast du gelogen, als du sagtest, du wärst stolz auf mich und meine Arbeit? Woher weißt du, dass die ›Familie‹ meine Berufung war?«

»Es ist die erhabenste Berufung der Welt.«

»Was für den einen richtig ist, kann sich für den anderen als falsch erweisen. Wie kannst du behaupten, Gottes Absichten zu kennen? Wenn Kristina und andere nicht öffentlich über die Vorkommnisse gesprochen hätten, wäre in der ›Familie‹ alles beim Alten geblieben. Es ist durchaus möglich, dass sie dem Willen Gottes entsprechend gehandelt haben.«

»Du wirst von Bitterkeit aufgefressen!« Das schien er für sein bestes Argument zu halten, denn er benutzte es ständig.

»Bitterkeit? Gegen wen?«

»Gegen mich.«

»Nein, Dad. Ich empfinde dir gegenüber keine Bitterkeit, nur Mitleid.«

Und ich machte mir bewusst, dass er mir tatsächlich leidtat. Unbeirrbar hielt er an Bergs Lehren fest, obwohl er dafür mit dem Verlust seiner Lieben, seiner Kinder und seiner persönlichen Identität bezahlen musste. War es das wert gewesen? Würde er endlich zur Einsicht kommen, wenn auch die letzten Kinder ihn verlassen hatten, fragte ich mich. In die jüngsten Kinder setzte er seine ganze Hoffnung wie früher in Celeste, und nachdem sie ihn enttäuscht hatte, in mich.

»Also, da du offensichtlich nicht mehr auf der Seite der ›Familie‹ stehst, wird mir klar, dass ich dir nicht mehr trauen kann.«

»Was meinst du damit?«

»Ich kann dir die Kinder nicht mehr anvertrauen. Schließlich weiß ich nicht, welche Hirngespinste du ihnen in den Kopf setzt.«

»Das ist doch lächerlich, Dad! Nie habe ich ihnen gegenüber auch nur ein negatives Wort gesagt. Das weißt du genau. Wenn sie sich dazu entschließen, die ›Familie‹ zu verlassen, dann tun sie das aus eigenem Antrieb, weil sie sehr schnell erkennen werden, wie absurd und gefährlich das alles ist.«

»Falls mir zu Ohren kommt, dass du sie gegen die ›Familie‹ aufhetzt, warst du das letzte Mal mit ihnen zusammen.«

»Natürlich, Dad. Ich verspreche dir, ich werde kein Wort sagen. Dann weißt du, dass es ihre eigene Entscheidung ist, wenn sie die ›Familie‹ verlassen.«

»Das werden sie nie tun.«

»Wirklich nicht? Warum bist du dir da so sicher?«

»Weil ich ihnen meine ganze Aufmerksamkeit schenke und immer für sie da bin.«

»Dann hätten wir uns also nicht von der ›Familie‹ abgewendet, wenn du uns ein besserer Vater gewesen wärst?«

»Vielleicht.«

»Du nimmst das alles zu persönlich, Dad. Aber unsere Trennung von der ›Familie‹ hat nichts mit dir zu tun, sondern mit den Irrlehren von Zerby und Berg. Sie sind für die Verbrechen verantwortlich, zu denen es gekommen ist und die großes Leid über zahllose Menschen gebracht haben. Sie sind diejenigen, die zur Rechenschaft gezogen werden müssen.«

Als ich die Namen nannte, zuckte mein Vater sichtlich zusammen, und ich fragte mich wieder einmal, was Menschen dazu brachte, einem einzelnen Menschen gegenüber mehr Loyalität zu empfinden als gegenüber der eigenen Familie. Berg hatte sich zu einem gottgleichen Idol erhoben, und sein Wort galt als Gottes Wort. Für meinen Vater war er die Stimme Gottes. Ihm keinen Respekt zu erweisen, war so, als würde man Gott den Respekt verweigern.

Letzten Endes führten alle diese Diskussionen zu nichts. Es war das Beste, einander wie Freunde die Hand zu schütteln und darin übereinzustimmen, dass man nicht übereinstimmte.

Früher hatte ich mich so verzweifelt nach Dads Liebe gesehnt, dass ich alles für ihn getan hätte. Heute empfinde ich für ihn nur noch Gleichgültigkeit. Weder Achtung noch Respekt. Heute ist er nur der Schatten des Mannes, der er hätte sein können.

Mein Vater sagt noch immer, er würde mich lieben. Eine Beteuerung, die schwer zu verdauen ist. Er predigt Liebe, aber wenn man sein Leben betrachtet, merkt man, dass er nicht weiß, was Liebe ist. Doch wenn es Liebe ist, die eigenen Kinder im Stich zu lassen, ihrem Leid gegenüber blind zu sein, eher zuzulassen, dass sie sterben, als für sie zu sorgen, ihre Peiniger »Familie« zu nennen, während man die Opfer dämonisiert, die Entscheidungen über ihr Leben nicht zu akzeptieren und nicht stolz auf ihre Leistungen zu sein, dann … ja, dann ist mein Vater in der Tat voller Liebe.

Es ist eine Liebe wie ein Feuer ohne Wärme, nur Rauch und Asche. Ein »übertünchtes Grab voller Totengebeine«.

29 *Die Macht der Liebe*

Kristina

AUF EINER BUSFAHRT mit meinem fünfjährigen Sohn Jordan sprach mich ein fremder Mann, der neben uns saß, an und bat mich um ein Rendezvous. Ich lehnte höflich ab, aber mein Sohn krähte begeistert: »Au ja. Das wäre schön! Mum hat keinen Freund.«

Obwohl ich vor Verlegenheit am liebsten im Erdboden versunken wäre, merkte ich, wie sehr sich mein Sohn einen Vater wünschte. Meine Brüder verbrachten ihre Ferien bei uns, und dort hatte Jordan genügend männliche Vorbilder, aber das war nicht dasselbe wie ein Vater. Es tat mir weh, meinen Sohn immer wieder fragen zu hören: »Wann bekomme ich endlich einen Vater?«

Nach Bryan hatte ich zwar etliche Freunde gehabt, aber mit keinem von ihnen wollte ich eine feste Beziehung eingehen. Ich war nicht bereit, mich mit dem Erstbesten zufriedenzugeben. Diese Entschlossenheit verlangte eine Menge Geduld.

Als ich Karl kennenlernte, hatte ich schon fast die Hoffnung aufgegeben, einen Lebensgefährten und Stiefvater für Jordan zu finden. Nachdem ich so oft enttäuscht worden war, traute ich mir nicht mehr zu, die richtige Wahl treffen zu können. Vertrauen war etwas, was ich nicht leichtfertig schenkte, und ich war es gewohnt, für mich zu sein.

An einem verschneiten 24. Dezember stolperte ich, mit Geschenken beladen, in ein Pub, um mit Kiron noch kurz ein Glas zu trinken, bevor er eine Reise machen wollte. Er war schnell erwachsen geworden und längst kein »kleiner Bruder« mehr. Als ich das Pub betrat, saß er mit Karl zusammen, den ich flüchtig kannte.

Nachdem Kiron gegangen war, lud Karl mich auf einen Drink ein. Wir redeten stundenlang miteinander und stellten fest, dass uns vieles verband. Er war im Alter von achtzehn Jahren zum Mathematikstudium nach Nottingham gekommen – etwa zur selben Zeit, als ich mit meiner Familie dorthin zog. Nach dem Abschluss entschied er sich, seinen Traum zu verwirklichen und Musikproduzent zu werden. Wir kannten dieselben Leute und besuchten dieselben Lokale. Es war verblüffend, dass wir uns nicht schon früher begegnet waren. Die Zeit war wohl noch nicht reif gewesen. Unsere Begegnung an diesem Weihnachtsabend war schicksalhaft. Wir fühlten uns spontan zueinander hingezogen.

Lange, zu lange hatte ich meine Vergangenheit »bewältigt«, indem ich mich darauf konzentrierte, für andere zu sorgen. Das ließ mich meine Ängste und meinen Kummer vergessen, es bedeutete aber auch, dass die »kleine Nina« in mir weiterlebte. Manche meiner Entscheidungen enttäuschten sie und gaben ihr das Gefühl, allein und verlassen zu sein. Karl brachte mir bei, ausgeglichener zu werden und auch einmal an mich zu denken. Er erklärte mir, es wäre mein gutes Recht, wütend zu sein. Ich lernte, meine Gefühle zu zeigen, ohne zu befürchten, deswegen weniger geliebt zu werden. Karl gab mir die Sicherheit, die ich brauchte, um eine selbstsichere Erwachsene zu werden.

Wir wussten von Anfang an, dass wir füreinander bestimmt waren. Allerdings erzählte mir Karl später, dass er erst dann eine ernste Beziehung mit mir eingehen wollte, wenn er sich sicher war, Jordan ein guter Vater sein zu können.

»Wir fahren über den Valentinstag für eine Woche nach Krakau«, verkündete er eines Abends.

Ich fiel ihm um den Hals und küsste ihn. Es rührte mich, wie romantisch und einfühlsam er war.

In Polen herrschten eisige fünfzehn Grad minus, und alles war schneebedeckt. »Ganz in Weiß« wirkte die Landschaft mit ihren malerischen kleinen Dörfern einfach faszinierend. Das behagliche Hotel Retro lag direkt an der Weichsel und war nur einen kurzen Fußweg vom größten Marktplatz Europas entfernt. Krakau ist die alte Königsstadt Polens, und ihre Altstadt ist eine der wenigen, die den Zweiten Weltkrieg unzerstört überstanden haben. Es war ein eigenartiges Gefühl, in der Heimat der Großmutter zu sein, von der ich meinen Namen hatte.

Am ersten Abend schlenderten wir über den riesigen Großen Platz. Ich stellte fest, dass Karl in der letzten Stunde seltsam unschlüssig gewirkt hatte, und zeigte auf eins der vielen Restaurants. Ich fror, ich hatte Hunger, ich sehnte mich nach einem romantischen Dinner.

»Ich gehe nur kurz da hinüber«, erklärte er und marschierte mit seiner Kamera davon.

Während ich auf ihn wartete, begann es zu schneien. Laternen und Straßenlampen verbreiteten ihren warmen Schein, und ich blickte mich wie verzaubert um. Da bemerkte ich, dass Karl mit schnellen Schritten auf mich zukam.

»Nimm deine Mütze ab«, sagte er. »Ich habe jemanden gefunden, der ein Foto von uns beiden macht.«

Ich zog meine Wollmütze vom Kopf, stopfte sie in meine Tasche und wollte mich für das Foto bei Karl einhaken. Aber ich griff ins Leere, denn er war vor mir auf die Knie gesunken.

»Willst du mich heiraten?« Er streckte mir einen Ring entgegen.

Ich war sprachlos, aber ich strahlte über das ganze Gesicht.

»Wie darf ich dein Schweigen deuten? Als Ja?«, fragte Karl, der mittlerweile nasse Knie bekam.

Ich hob den Kopf und bemerkte, dass sich um uns eine große Menschenmenge versammelt hatte, die die Szene gespannt verfolgte.

»Ja!«, rief ich, und Karl steckte mir den Ring an den Finger. Die Leute klatschten, als Karl mich hochhob und mich durch die Luft schwenkte. Uns war schwindlig vor Glück, und als wir den Großen Platz verließen, stimmte eine Straßenband *All You Need is Love* an.

Das fanden wir auch.

Wir gingen in das nächstbeste Café – The Moon Bar – und tranken ein Glas Sekt auf unsere Verlobung. Dann riefen wir unsere Verwandten und Freunde an, um ihnen die Neuigkeit mitzuteilen.

Als ich meinen Ring bewunderte, entdeckte ich die eingravierten Initialen KJ.

»Diesen Ring hat meine Mutter Kathleen von meinem Vater bekommen«, erklärte Karl. »Als mein Vater vor wenigen Jahren starb, hat sie ihn mir zur Erinnerung geschenkt. Meine Mutter, mein Vater und ich haben die gleichen Initialen – KJ. Als ich beschloss, dir einen Heiratsantrag zu machen, habe ich mich an den Ring erinnert. Er trägt auch deine Initialen, Kristina Jones.«

Ich hatte das Gefühl, dass der Kreis sich schloss und ich nicht mehr glücklicher sein konnte.

NACHWORT

MEHR ALS ZWEI DRITTEL der Mitglieder der zweiten Generation haben sich von der »Familie« befreit und bauen sich ein neues Leben auf. David Bergs Nachfolger Karen Zerby und Peter Kelly halten sich weiterhin versteckt, sogar vor ihren eigenen Anhängern. Sie weisen Forderungen nach Entschuldigung und Wiedergutmachung zurück. Stattdessen bezeichnen sie uns als Lügner und verbitterte Abtrünnige, tun unsere Schilderungen als maßlose Übertreibungen ab und stellen uns als blutrünstige Dämonen hin.

Karen Zerby hat niemals irgendeine Verantwortung übernommen, aufrichtiges Bedauern gezeigt oder jenen Entschädigungen angeboten, denen durch die von ihr und David Berg initiierten Lehren und Praktiken Schaden zugefügt wurde. Sie behaupten zwar, dass es in der »Familie« keine körperlichen Züchtigungen und sexuellen Vergehen an Kindern mehr gibt, aber kann das die Verbrechen ungeschehen machen, die einer ganzen Generation von Kindern die Unschuld gestohlen haben? Die »Familie« versucht, sich ein humanitäres Image zu geben, aber während sie behauptet, den »Kindern der Welt« zu helfen, verweigert sie ihren eigenen Kindern jede Hilfe. Die meisten Schuldigen wurden nie angeklagt, und viele werden weiterhin von der »Familie« geschützt, die auch heute noch weltweit ohne jede Form von Kinderschutz operiert. In England muss sich jeder, der in der Kinderbetreuung tätig werden will, einer polizeilichen Überprüfung seiner Vergangenheit unterziehen. Aber in Kommunen der Gemeinschaft kann jedes Mitglied Kinder »betreuen«, was das Risiko von Missbrauch bedenklich erhöht.

Unsere jüngeren Brüder und Schwestern leben noch immer in Isolation. Der Zugang zu Informationsmitteln wird ihnen ebenso verweigert wie eine angemessene Schulbildung oder die Aufklärung über ihre grundlegenden Menschenrechte. Sie werden weiterhin indoktriniert und darauf getrimmt, Gottes Endzeitsoldaten zu werden, da das Weltende nahe sei.

Wir mussten plötzlich »ganz normale« Erwachsene sein, ohne auf das Leben außerhalb der Gemeinschaft vorbereitet zu sein. Wir hatten keine Personalausweise, kein Bankkonto, keine Sozialversicherungsnummer, keine Krankengeschichte. Man hatte uns nie beigebracht, selbstständig zu denken und zu entscheiden. Wir mussten unsere persönlichen Grenzen abstecken und unseren Selbstwert erkunden. Eine große Zahl von Kindern ist in Sekten oder ähnlichen Organisationen aufgewachsen, und es gibt zurzeit nur wenige Maßnahmen, um ihnen dabei zu helfen, sich in der Realität zurechtzufinden. Viele müssen ohne jede Unterstützung auskommen, haben das Gefühl von Unzulänglichkeit und »Fremdheit« sowie Wissenslücken, die ihnen die Integration in die Gesellschaft erschweren. Wie in der Kinderrechtskonvention der Vereinten Nationen formuliert, glauben wir, dass Kinder das Recht auf »freie Meinungsäußerung« haben und auch das Recht, »Informationen und Gedankengut jeder Art durch vom Kind gewählte Mittel zu empfangen und weiterzugeben«, sowie den Anspruch auf eine Ausbildung, die ihnen erlaubt, ihre Persönlichkeit zu entwickeln und ihre Begabungen voll auszuschöpfen, um sie auf ein »verantwortungsbewusstes Leben in einer freien Gesellschaft im Geist der Verständigung, des Friedens, der Toleranz, der Gleichberechtigung der Geschlechter und der Freundschaft zwischen den Völkern« vorzubereiten. Zwischen dem Recht auf freie Religionsausübung und dem berechtigten Schutz von Kindern vor im Namen der »Religion« verübten Vergehen muss ein Ausgleich geschaffen werden werden.

Obwohl uns niemand die verlorene Zeit zurückgeben kann, sind wir für jeden Tag dankbar, an dem wir neue Freundschaften schließen und neue Erinnerungen begründen können. Wir betrachten die Geschichte unserer Familie als Beweis für die Stärke des menschlichen Charakters. Wenn wir uns anschauen, was wir erreicht haben, erkennen wir, dass es viele Gründe zum Feiern gibt. Unser Bruder David hat in Oxford einen Abschluss in Mathematik gemacht. Jonathan arbeitet nach seinem Philosophiestudium an der Durham University als konzessionierter Buchprüfer. Mariana lebt mit ihrem Freund im Senegal und ist im Import/Export tätig. Victor lehrt Jura an der Universität, und Lily studiert in Südfrankreich, um Restauratorin zu werden. Rosemarie hat einen Collegeabschluss in Musik und ist eine begabte Sängerin. Christopher steckt mitten in der Ausbildung zum Krankenpfleger.

Celeste war ehrenamtlich für »Parentline Plus« tätig und hat ihr Studium an der Nottingham Trent University 2006 mit einem Abschluss in Psychologie und Erziehungswissenschaften beendet. Sie lebt inzwischen in Bristol und arbeitet in einem Kinderhilfswerk. Juliana verfolgt ihren Traum, Schriftstellerin zu werden, und studiert Philosophie mit dem Nebenfach Psychologie auf Magister. Nach einer dreijährigen Weltreise lebt Kiron inzwischen in Nottingham und arbeitet im Pflegedienst. Kristina leitet eine Chocolaterie. Karl und sie haben im Sommer 2008 geheiratet.

Die Schwestern haben zusammen eine Organisation namens RISE International (Resources Information Socialisation Education) gegründet, die sich für den Schutz von Kindern vor jeglicher Form von Missbrauch in abgeschlossenen und/oder extremen Sekten einsetzt.

Wir danken allen, die uns in schweren Zeiten geholfen haben, denn wir wissen, dass wir uns auf sie verlassen können. Trotz aller Hindernisse, die man uns in den Weg gelegt hat, können wir nun über unser Leben frei entscheiden und freuen uns auf eine bessere Zukunft. Eine Zukunft, die wir nie für möglich gehalten hätten.